太空作战概论

Introduction to Space Operations

姜连举　主编

图书在版编目(CIP)数据

太空作战概论 / 姜连举主编.— 上海：上海社会科学院出版社，2024
ISBN 978-7-5520-4346-4

Ⅰ.①太… Ⅱ.①姜… Ⅲ.①航天战—概论 Ⅳ.①E864

中国国家版本馆CIP数据核字(2024)第066935号

太空作战概论

主　　编：姜连举
责任编辑：霍　覃
封面设计：霍　覃
出版发行：上海社会科学院出版社
　　　　　上海顺昌路622号　邮编200025
　　　　　电话总机021-63315947　销售热线021-53063735
　　　　　https://cbs.sass.org.cn　E-mail:sassp@sassp.cn
排　　版：南京展望文化发展有限公司
印　　刷：上海龙腾印务有限公司
开　　本：710毫米×1010毫米　1/16
印　　张：18.5
字　　数：330千
版　　次：2024年4月第1版　2024年4月第1次印刷

ISBN 978-7-5520-4346-4/E·024　　　　　定价：98.00元

版权所有　翻印必究

国家社科基金后期资助项目
出版说明

后期资助项目是国家社科基金设立的一类重要项目,旨在鼓励广大社科研究者潜心治学,支持基础研究多出优秀成果。它是经过严格评审,从接近完成的科研成果中遴选立项的。为扩大后期资助项目的影响,更好地推动学术发展,促进成果转化,全国哲学社会科学工作办公室按照"统一设计、统一标识、统一版式、形成系列"的总体要求,组织出版国家社科基金后期资助项目成果。

全国哲学社会科学工作办公室

主　编　姜连举
副主编　姜　帅　袁红斌　耿志强
参编者　邹常超　王富军　董小龙
　　　　史志达　倪天友　左　源

前　　言

　　战争紧随着政治持续不断演进，科学技术的发展使现代战争形式越来越智能化、多元化，太空作战在航天技术快速突破的助推下，以全新的面目走向战争前台，并引领着作战理念朝着更加未知的前沿疾速飞进。太空作战这种引领作用，正不断地改变着作战理念、战场空间、力量建设、作战样式、装备发展等作战基本要素，进而战争形态也在悄然改变。变，是必然的，是事物发展的基本规律。遵循事物发展规律，跟上变的节拍，站在太空作战迅猛发展的潮头，以投身大考的姿态拥抱太空时代的来临，成为迎接世界军事变革大潮的重大现实命题。

　　军事变革的巨浪推涌着太空作战"抢滩登陆"，以何种姿态应对直面而来的太空作战，又以怎样的方式去破解这一命题，是世界各国都必须认真面对的严峻挑战。挑战的背后蕴藏着无限的机遇。"机遇总是留给有准备的人。"面对悄然走来的太空作战，应该进行怎样的准备？

　　打有准备之仗，是作战胜利的核心前提。准备的方式各有不同，有领跑式的主动准备和跟随式的被动准备。战争规律证明，未来的作战需从现在着手，明天的战争要从今天准备。面对看上去很远，其实却很近的太空作战，遵循战争规律前行是"必须的"。未来的太空作战，地对天打击，天对天对抗进攻，天对陆地、海洋和空中作战目标攻击等作战样式将会相继出现，若把明天可能发生的作战当成动人的故事和传说，不从今天做好应对准备，离吃败仗的日子就不远了。为了不被动地充当"配角"，世界主要军事强国早已加紧各种太空作战准备，加大研究和构建太空作战体系，建设与之配套的作战力量，发展相关的武器装备，使太空作战的脚步不断提速。

　　早在2001年，美军就开展了代号为"施里弗"的太空战模拟演习，二十年来演习均以太空为主要战场，以太空系统攻防交战为重点，动用了所有可运用的太空力量，包括各类军用和商用卫星、反卫星武器、天基反导武器、载人航天器、空间轨道战斗机、地基激光武器和电磁波武器、陆基弹道导弹等。与此同时,美军还加紧研发动能、定向能、激光和新概念反卫星武器。俄罗斯十多年前就成立了航天部队,并在天基反卫星武器等太空作战装备上发展迅速。就连日本、印度也在忙乎开发反卫星技术,提升反卫能力。这些国家及早地开展太空作战演习,不断地研发太空作战武器装备,其抢占太空高地、提升太空竞争能力的目的不言自明,就是为了夺取太空优势。太空作战离我们是近是远,走势或快或慢,只是个衡量尺度,关键是在这个尺度面前应做好行动准备,以多维视角审视其发展趋势,把脉其走势,因为,太空作战关乎太空安全,太空安全紧系国家安全。太空作战的脚步已经踏入战争之门,以何种姿态去应对和迎接挑战,这个重大问题必须放到战略的"天平"上。

在这个只有不停地奔跑才能不被抛弃的时代里,军事领域发展不断提速,准确把握判定时代趋势走向,才能跟上世界军事变革大潮的脉动。太空作战未来将逐渐朝着不断完善和成熟的阶段迈进。在这个发展阶段中,太空作战的突出特点越发显露:航天技术越来越精尖,太空轨道等各种太空资源的争夺日益加剧,竞争范围扩大,太空作战的不确定因素增多;各种太空作战武器装备越来越先进,武器装备将由实验进入作战,太空战略威慑与实战并进;太空作战需求不断向战术层次延伸,新的作战样式将相继出现;太空强国手中高精尖的"王牌"越来越多,作战力量不断专业化,实力强弱悬殊,太空作战演绎成强者的"游戏"。

太空作战就各国实力而言,也有"硬实力"和"软实力"之分。论"硬实力",太空作战确实只有强者才能玩得起,没有强大的经济和军事实力支撑,太空作战无法持续。但是,如同"硬实力"不能完全决定作战胜负一样,太空作战的"硬实力"并不能主导全部,"软实力"因素的作用也不可忽视。如作战观念的更新、作战理论的深化、作战指导的科学正确和战法的创新等,这些都是不可或缺的重要"软实力"因素。审视太空作战的发展趋势,越是强者对太空作战系统的依赖度就越高,尤其是太空信息支援保障作战——发生在地面、海上和空中的各种作战行动都离不开太空系统的支援。由此可见,具有"硬实力"优势的强者,也有其软肋可攻,弱点可击。这样一来,看似航天军事大国的强者"游戏",就有了更多变数。认清变数,心中才会有数。开展太空作战,不论大国还是小国,强者还是弱者,都身在"游戏"之中,虽然弱者无法选择发展"硬实力",但可以寻求创新"软实力"。太空作战并没有一成不变的

"游戏规则",面对强者,要不落窠臼,有"最强大脑",不能按老规矩出牌,要创新求变。在太空作战指导上,不盲目跟风,坚持以我为主,确保决策科学;在作战策略上,不求硬碰硬,谋求以巧对强,非对称制胜;在作战力量建设上,要弄清想干什么,应该有什么,标准是适度够用;在战法创新上,不求剑锋利刃,力求剑法超人,出奇招制胜。有时,以柔克刚是取胜之首选,尤其太空作战这种强者的"游戏"。

综合分析世界航天技术创新、太空资源竞争、军事战略需求、太空武器装备发展等态势,太空作战已走到了历史的拐点,太空军事化的趋势将不断扩展,太空安全威胁越来越大,太空作战也将呈现多样化。在太空作战运用上,将由侧重战略层面运用向战略、战役和战术相互融合运用发展,实现太空作战运用多元化。广泛多元的作战运用,以及无与伦比的作用和功能,使太空信息主导地位凸显,将为推进战争形态转变提速;在太空作战任务上,将由"信息支援型"向"制天作战型"趋势发展,并最终实现"向地球表面投入战略性力量",不仅为陆、海、空作战提供火力支援,还可从太空攻击地面目标,甚至直接达成战略或战役目的;在太空作战武器装备上,将由"种类单一"向"系统配套"方向发展,研发攻防兼备、系统配套的太空武器装备成为竞争的焦点。太空武器装备将由被动防御、单一保障为主,向攻防一体、以攻为主、系统配套的方向过渡;在太空作战样式上,将由"威慑为主"向"慑战并举"方向发展,用于作战的手段多样,威慑、攻击、防御、干扰等多种作战样式并施,太空作战更趋向整体性发展;在空间作战力量建设上,将由"简单结构"向"复合结构"方向发展,太空力量的组织结构将更加合理、体系功能更趋完善。太空作战这些具有拐点性的发展趋势,不论向左或是向右,都需严阵以待,直面威胁与挑战。因为,趋势发展既是未来进行时,也是现在进行时。

太空作战方兴未艾,这把"双刃剑"既考验人们的智慧,也挑战太空和平安全的神经。和平利用太空,是人类需要共同遵循的法则,但从太空作战发展趋势看,这一法则早晚会被不按规矩出牌的个别航天强国所践踏。如何应对这种违规行为可能带来的政治、军事、社会和经济等一系列重大国际性问题,维护国家太空安全,应尽早拿办法、思对策。纵观人类发展史,没有哪一段是在完全和平的境况下走过来的,相对短暂的和平无不笼罩着战争的阴云,而战争在某些程度上又是获取和平的重要手段。在追求和平的同时,要牢牢记住,战争的魔爪时刻都在挥舞,尤其是在高速发展的信息化时期,战争的触角正在慢慢伸向人们生活的每一个角落。人们愿意不愿意、自觉不自觉,都与战争相瓜葛、相联系。特别是"天"这个人类共有的家园,已经不再是歌舞升平、祥和宁谧的人类乐园,太空军事化雾霾已经趋向"重度污染"。虽然现今还听不到来自太空的厮杀声、爆炸声,但是,争夺太空资源,抢占太空优势的一系列明争暗战已经开始。太空作战箭在弦上,不能只停留在"戏说"的层次上,对这样攸关全人类利益的"天等大事",要时刻准备着,更要有所作为。

编　者

2021 年 7 月于北京

目 录

第一章　绪论 / 1

　　第一节　太空作战基本概念 / 2

　　第二节　太空作战的基本特征 / 9

　　第三节　太空作战的基本原则 / 22

　　第四节　太空作战对战争的主要影响 / 28

第二章　太空作战理论 / 37

　　第一节　太空作战理论的形成 / 37

　　第二节　太空作战理论的研究对象、任务和内容 / 42

　　第三节　太空作战理论的重要意义 / 44

　　第四节　太空作战理论的基本特征 / 49

　　第五节　太空作战理论的分类 / 54

　　第六节　太空作战理论与其他军事理论的关系 / 58

　　第七节　太空作战理论研究原则及方法 / 61

第三章　太空作战力量 / 66

　　第一节　太空作战力量基本特点 / 66

　　第二节　太空作战力量构成 / 69

　　第三节　太空作战力量的主要任务 / 80

　　第四节　太空作战力量的地位作用 / 83

　　第五节　太空作战力量的运用 / 86

第四章　太空作战样式 / 97

　　第一节　太空威慑作战 / 98

　　第二节　太空封锁作战 / 109

第三节　太空进攻作战 / 119

第四节　太空防御作战 / 127

第五节　太空信息支援保障作战 / 136

第五章　太空作战指挥 / 144

第一节　太空作战指挥的本质与要素 / 144

第二节　太空作战指挥的特点与原则 / 151

第三节　太空作战指挥体系 / 158

第四节　太空作战指挥活动 / 163

第五节　太空作战指挥方式 / 173

第六章　太空作战武器装备与技术 / 181

第一节　太空作战武器装备的特征 / 182

第二节　太空作战武器装备种类 / 187

第三节　太空作战技术 / 222

第七章　太空作战实践运用 / 231

第一节　太空作战实践运用的主要标志 / 232

第二节　太空作战实践运用的历程 / 234

第三节　太空作战实践运用的主要特点 / 248

第八章　太空作战发展趋势 / 261

第一节　太空作战理论发展趋势 / 261

第二节　太空作战力量的发展趋势 / 265

第三节　太空作战样式的发展趋势 / 268

第四节　太空作战指挥的发展趋势 / 272

第五节　太空作战武器装备的发展趋势 / 276

后记 / 283

主要参考文献 / 284

第一章 绪　　论

　　如果说人类发展的历史是一条长河,那么对抗博弈就是涌动在这条长河里的不息浪花,这朵浪花是推动历史前行、牵引社会发展的重要要素。当人类活动的足迹跨入一个全新时代、进入一个崭新空间、探索一个未知领域的时候,对抗博弈不仅与之同行,而常常在其前行发展过程中,不断演绎为激烈的军事角逐。世界发展到各种先进技术飞速猛进的今天,这种对抗角逐已经进入一个全新阶段,对抗的利刃上无不烙着军事印迹,太空领域正在成为军事逐利的新维战场,太空作战已经演绎成信息化战争的新样式。近期发生在人们眼前的多场局部战争表明:谁是太空军事力量的强者,谁就是战场争锋的王者;太空优势在谁手中,作战的胜算就在谁囊中;谁具有作战的制天权,谁就握有战争主动权;有"天"支持能取胜,无"天"保障打不赢。

　　20 世纪后半叶,航天技术的飞速发展引领人类步入崭新的太空时代,围绕太空主动权的争夺也随之而来。早在 20 世纪 60 年代初,美国前总统肯尼迪就明确指出:"争夺宇宙霸权是未来 10 年的主要内容。哪一个国家能控制宇宙,它就能控制地球。"此后几十年间,世界主要大国围绕"天"这个战略核心,展开了太空资源开发利用、军事航天技术、太空军事理论、太空作战运用等重大问题的研究与探索。随着太空军事化脚步不断加快,竞争日益激烈,太空对抗的帷幕就此拉开。太空作战力量、太空作战指挥、太空信息系统、太空武器装备等诸多内容,正在逐步演绎为信息化战争不可或缺的基本要素,同时,也正在成为信息化条件下联合作战的重要基础支撑。

　　虽然和平利用太空成为国际共识,但是围绕争夺太空军事优势的脚步却一刻也没有停止。以美国为首的世界军事大国和航天强国,把开展太空作战已经列为未来战争的主要研究领域,以此牵引作战力量、武器装备、作战样式、作战理论等的快速建设和创新发展。当下的太空作战,不再是战争舞台上悄然演出的"新童话",已经成为现代战争频繁上演的"常态剧"。太空作战走向前台并贯穿于作战全过程,正由单一太空信息支援样式向复杂的太空对抗作战发展,并不断渗透到作战的各个重要环节,对战争胜负发挥着决定性作用。

第一节　太空作战基本概念

太空作战亦称空间作战,由于太空作战与网络电磁空间作战容易造成学术理解上的混淆,所以现在一般都将空间作战统称为太空作战。太空作战的基本概念是由两个词组成,一个是"太空",另一个是"作战"。这两个词意不同的词构成的"太空作战",已经成为如今研究现代信息化战争的热点主题词。研究太空作战,必须把太空作战的基本概念理清楚,从基本定义、内涵、外延入手,重点搞清与太空作战相关的各种基本要素,及其在现代战争中所发挥的作用等重点学术问题。

一、太空的基本概念

在对事物经过细致的观察、认真的辨析、缜密的思考之后,方能使人得到准确反映事物的抽象化概念。克劳塞维茨在《战争论》中提出:"任何理论必须首先澄清杂乱的、可以说是混淆不清的概念和观念。只有对名称和概念有了共同的理解,才可能清楚并顺利地研究问题,才能同读者经常站在同一立足点。如果不精确地确定它们的概念,就不可能透彻地理解它们内在的规律和相互关系。"[①]因此,研究太空作战,必须首先把太空的基本概念弄明白,以此深化对太空作战概念的认识,从理论上有层次地推进对太空作战的深入理解和研究。

搞清太空的基本概念,首先要厘清什么是太空空间、空中和临近空间等相关概念。"天"与"空",是两种不同的空间表述,代表着不同的空间领域,也有其不同的空间划分界定和内容要义。人们通常把太空空间称为天,与天相关的一些重要技术活动,学术和理论上称为航天,进一步解释航天可理解为"载人、不载人的航天器在地球大气层外的航行活动"。由此可见,航天的"天",是指地球大气层外的太空空间。"空"是指地球大气层内的空间,飞机只能在大气层内飞行,所以叫航空。早在1960年,"国际航空联合会"在巴塞罗那开会时,就规定100千米的高度为大气层的上界,并被航天界和航空界

[①] 〔德〕克劳塞维茨:《战争论》,中国人民解放军军事科学院译,北京,解放军出版社,1964年,第143页。

广泛接受。所以,人们把大气层之外距地球海平面 100 千米以上的广阔宇宙空间,称为"空间",也常称为"太空""外空",简称"天",并区分为三类:距地球表面 100~40 000 千米为近地空间,40 000~384 000 千米为远地空间,384 000 千米以上为星际空间。当前,人类对空间的利用,尤其是军事利用,还主要是在近地空间。

明晰太空的概念,还必须了解什么是大气层。大气层又称大气圈,为地质学专业术语,指因地球重力作用而围绕地球外表面的气体层。其主要成分为氮气占 78.1%,氧气占 20.9%,另含氩气 0.93%、少量二氧化碳、稀有气体和水蒸气。大气层高度越高,其空气越稀薄。大气层的最高限度可达 16 000 千米。大气层可分为对流层、平流层、中间层、热层和散逸层。

对流层:指自地球海平面至 18 千米高度范围内的大气层。75%的空气集中在地表至 10 千米的高度范围内。对流层大气对流明显,受地球影响大,云、雾、雨等自然现象都发生在对流层。

平流层:指高度 18~55 千米范围内的大气层。平流层又称同温层,在对流层顶部至 30 千米高度区间,其温度均在-55℃左右。平流层内基本没有水汽,气流主要表现为水平方向运动,对流现象较少,适合飞机飞行。在高度 20~30 千米范围内,氧分子受太阳照射紫外线作用形成臭氧层。

中间层:指高度 55~85 千米范围内的大气层。该层空气对流强烈。在 60~90 千米高度会产生一个只有在白天出现的电离层。电离层存在相当数量的自由电子和离子,能影响电磁波的传播。

热层:指中间层顶端区域至距地球表面 800 千米距离的区域。热层以外空间成为散逸层。

大气在平流层以外就已经非常稀薄了。在距离地球海平面 80 千米的高度,大气的密度为地球表面空气的万分之一。当距地球海平面高度达到 960 千米时,大气含量为地表的万亿分之一,近似真空。在距地球海平面 100 千米以上的区域大气非常稀薄,大气阻力近似为零,因此,在该空域飞行的飞机就失去了升力,相应的空气动力舵也失效,飞机无法在该空间飞行。而距离地球海平面 100 千米却是飞行器绕地球飞行的最低高度。

临近空间亦属于太空空间领域,又称近太空、近空间、空天过渡区等,通常是指现有飞机飞行的最高高度(约 20 千米)和卫星运行轨道的最低高度(约 100 千米)之间的空域,主要包括大部分大气平流层区域、全部大气中间层区域和部分大气热层区域。需要明确的是,临近空间不是太空,临近空间空气稀薄,温度变化大,大气压低,臭氧层臭氧浓度高,太阳辐射强。20~24千米平均风速最小。临近空间是万有引力定律和开普勒定律共同作用的区

间,即遵循万有引力的航空飞行器和遵循开普勒定律的航天飞行器均不能在其空间自由机动。虽然这一空间对飞机来说高度太高,对卫星来说高度又太低,不能满足卫星运动的轨道要求,但却又极具战略价值。因此,目前已经成为各国争夺的焦点。由于作战需要和技术装备的发展,临近空间渐成太空作战的重要领域。临近空间在军事上具有广泛的应用前景,过去对于临近空间在作战领域提及的比较少,近年来,不仅临近空间的概念成为学术领域的流行词,频频见于各类学术报纸、杂志和其他媒体,而且在军事运用领域也成为各界关注的热点。如今各航天强国正在加紧研制临近空间飞行器,临近空间的军事作战装备研发与运用也越来越走入实战化。

二、太空作战的基本概念演变

太空的概念为研究和实践太空作战提供了重要基础和基本支撑,是形成太空作战的根本前提。太空作战的定义不是固定不变的,长期以来随着太空领域军事化前行的脚步加快,关于太空作战的基本概念也随之而不断更新变化,一直与太空作战实践发展前沿相随相伴。

太空作战一词最早是以空间作战(space operation)的表述出现的,1971年美国空军颁布的《美国空军航空航天力量基本概则》(空军 AFM1-1 号条令)中,出现了空间作战的概念。该条令对太空作战的表述是按照当时作战的力量、行动及基本需求而形成的。对太空作战的具体表述为:"空间作战是指包括空间控制(space control)、力量加强(force enhancement)和空间支援(space support)等在内的一系列作战行动。"这种表述是符合当时空间力量发展、作战行动实施、武器装备使用及作战理念等实际情况的。随着战争形态的变化、太空作战力量的建设、太空武器装备的发展、太空作战需求的升级、太空作战样式的创新及其太空作战理论的深化,太空作战的基本概念也在不断变化与创新。由于太空作战日益成为军事斗争领域的核心,世界各国都对太空作战投以高度关注,并对相关理论问题展开了深入广泛的研究,世界各主要航天强国更是将太空作战理论研究提升到战略高度,从不同角度、不同需求阐释太空作战。

美国是军事航天大国和强国,对太空作战的研究更加具体务实,更多是从太空作战的任务和样式来界定太空作战的概念,这也就意味着随着太空作战模式的不断改变,美军对太空作战的概念也不断产生新的变化。在 1975 年和 1984 年美军所颁布的新版的空军 AFM1-1 号条令中,对航天力量的使用一直局限在侦察和防天作战,但在 1975 年版的条令中,美军已经明确认识到空间武器的存在和对卫星的有效防护与攻击问题。而在 1984 年版的空军

AFM1-1号条令中,开始规定航空航天部队的基本任务是"打赢航空航天战争,占领和控制航空航天环境,并直接果断地对敌人的战争能力采取决定性行动"。占领和控制航空航天环境第一次在美国空军的条令中被提及,标志着美军对太空作战的认识逐渐成形。1985年美军建立北美航天司令部标志着美军太空作战力量的正式形成。1998年8月,美国空军正式颁布《空间作战条令》(空军AFD2-2号条令),2002年又颁布了《联合太空作战条令》(JP3-14)。把太空作战定义为:"包括空间战斗(包括空间控制和力量运用)、战斗保障(主要指力量加强)、空间支援(包括航天器发射、在轨维护等)在内的一系列作战行动或军事活动。"

美国国防部的官方文件中,明确了太空作战的4种作战类型:一是进攻性反太空作战,即对敌实施主动攻击,削弱、破坏、摧毁敌人的空间力量。进攻性反太空作战使用软杀伤和硬杀伤两种手段达到欺骗、中断、拒止、剥夺、摧毁5个目的。二是防御性反太空作战,即采用主动防御和被动防御的方式,确保美国空间力量免遭敌方攻击或干扰。其中,主动防御是指探测、跟踪、识别、截击敌太空力量与弹道导弹;被动防御是指利用伪装、隐蔽、欺骗、机动、分散等措施确保太空力量的安全。三是对地攻击作战,即使用航天装备对敌空中或地面重要目标实施攻击。四是力量加强作战,即以太空侦察监视、导弹预警、导航定位、太空通信等系统增援陆、海、空等作战力量为目的的作战行动。从美军对太空作战定义的不断更新不难看出,与太空作战相关的各种要素,逐步成为太空作战定义的新内容。

苏联是美国在航天领域相互竞争的主要对手,在相互开展太空军事竞争的过程中,苏军不但在太空力量建设、战法创新、装备研发等重要问题上与美国争高下,而且在太空作战的理论研究上也不落下风,不断提出自己的太空作战新概念,以正确引导太空作战的全面推进。苏军在定义太空作战时,多是从战略高度界定太空作战,对太空作战的概念理解更加抽象,但所阐述的基本要义适用范围更加广泛。他们认为,太空作战是在国家最高军事指挥机关统一领导下,使用太空武器及太空军事系统,抗击敌太空武器及太空军事系统,以削弱敌人的太空力量、夺取制天权为目的的作战行动的总和。苏联解体后,俄军继续把太空力量作为决定其大国地位的关键因素,始终没有间断对太空作战理论的研究。根据俄1995年出版的《航天器的作战应用》以及《俄罗斯军事学说》(草案)、《航天活动法》,俄军又对太空作战进行了新的界定:利用空间力量支援己方武装部队顺利遂行作战任务,以及与敌方在太空进行攻防对抗等一系列军事行动。太空作战的任务,主要由打击(地面目标)、拦截(航天器)、侦察、通信、电子对抗、预警、测地、气象、搜索救援、控制、核爆炸探测、导航、辐射预测和运输等14项基本任务构成。太空力量不仅可以独立遂行作战任务，而且可以参加联合作战，与其他军种密切配合，共同完成作战任务。俄军对太空作战新的定义，使太空作战的内涵与外延都有了全新的变化，这种变化既是航天技术发展的推动，也是太空作战发展需求的必然结果。从相关概念的定义可以看出，俄军把太空作战力量的运用首要放在军兵种联合遂行作战任务的层面，更多的是作为支援力量使用，但也是具备单独遂行作战任务和能力的作战力量。

在太空作战基本定义的表述上，我军也有自己的不同阐释与表述。1993年出版的《中国军事百科全书·战争、战略分册》这样定义："天战是敌对国家在外层空间进行的军事对抗。亦称空间战或太空战。包括外层空间的军事攻防行动，由外层空间攻击空中或地面目标的行动，以及由地面或空中实施的、目的在于破坏航天系统或使之失效的行动。"[①]1997年出版的《中国人民解放军军语》认为，"太空战，亦称天战，敌对双方主要在外层空间进行的军事对抗活动。包括外层空间的相互攻防行动以及外层空间同空中或地面之间的相互攻防行动。"[②]2011年出版的《中国人民解放军军语》（新版）认为，"太空战，亦称天战或外层空间战。以军事航天力量为主，在外层进行对抗的活动。包括外层空间的攻防行动，以及外层空间与空中、地面、海上之间的攻防行动。"[③]简而言之，我军将太空作战描述为与相关力量的对抗活动。我军在表述太空作战定义时，把太空作战也称为太空战，这是对太空作战的定义逐步演绎为太空战的新阐释。

太空作战发展到今天，已经成为世界军事理论研究的共识概念。从空间作战的定义到太空作战的定义，经过了不断的发展和研究探索，对推动太空作战的实践意义非常重要，太空作战定义的演进是太空作战实践的理论基础和源泉。综上所述，对太空作战概念的理解必须多视角、多侧面、多要素。高度概括太空作战的定义，可表述为：太空作战是敌对双方主要在太空空间进行的军事对抗活动。其实质是，敌对双方以太空力量为主要作战力量，以太空空间为主要战场，为争夺、保持和利用制天权而进行的一系列作战行动。它直接服务于战争的某一局部乃至战争的全局，对于夺取战争的胜利发挥着

---

① 中国人民解放军国防大学：《中国军事百科全书·战争、战略分册》，北京，军事科学出版社，1993年，第96页。
② 中国人民解放军军事科学院：《中国人民解放军军语》，北京，军事科学出版社，1997年，第17页。
③ 中国人民解放军军事科学院：《中国人民解放军军语》，北京：军事科学出版社，2011年，第75页。

无可替代的独特作用。

三、太空作战概念的基本要素

上述与太空作战直接相关的概念，是构成太空作战基本定义的核心内容，但并不是太空作战基本内涵的全部，正确认知和理解太空作战的基本概念，还要全面分析理清与之相关的基本要素，才能更好、更深刻地掌握太空作战的基本内涵。

基本要素之一：太空作战力量在太空作战中的主体地位。太空作战力量是组织和实施太空作战的物质基础，是太空作战的主体。太空作战力量根据任务可划分为：太空信息保障力量、太空攻防力量、太空作战指挥力量、太空勤务保障力量等。太空信息保障力量，是指从太空为陆、海、空、天等作战力量提供侦察监视、导弹预警、通信中继、导航定位、气象观测和战场测绘等信息支援的力量。太空攻防力量，包括太空进攻力量、太空防御力量，其中，太空进攻力量是指对敌太空、空中、海上和陆地的重要军事目标实施太空攻击的力量，太空防御力量是指阻止敌方对己方实施太空侦察和攻击，确保己方太空安全的力量。太空勤务保障力量，是指为确保顺利遂行控制太空、利用太空而提供太空运输、作战物资供应、基地工程保障、装备技术维护等勤务保障的力量。太空作战指挥力量，是指确保各种太空作战行动顺利实施的指挥控制力量。太空作战力量和空中、地面、海上、网络及特种作战力量的一体化，意味着更强的多种作战能力。充分发挥太空作战力量的作用，不仅可以大大增强联合部队的作战能力，加快联合作战力量的反应速度，同时还能大幅度地提高联合部队的防护能力，从而确保以最快速度、最小代价取得最大的战果。离开了太空力量的有效支援和保障，各军兵种将难以顺利展开和实施各种作战行动。

基本要素之二：太空空间为主要战场的重要性质。太空作战的战场虽然是多元的，包括太空、空中、海上、陆地和网络电磁空间，但是其主要战场是太空空间，主要作战平台是航天军事系统。航天军事系统不仅是作战双方各种杀伤武器、防护装备和信息设备的搭载平台，各类作战物资、人员的输送工具，同时也是作战双方相互攻击的目标。无论遂行何种类型的太空作战行动，其作战活动主要是围绕着确保航天军事系统顺利提供信息支援，输送人员物资，攻击作战对手太空、空中、海上、陆地和网络电磁等重要目标，以及消灭对手执行上述任务的航天装备系统来进行，这些作战活动主要在太空进行。而陆地、海上和空中战场虽然也是太空作战的重要战场，但它们只是航天器发射、返回的基地和对天侦察、对天攻击的阵地。弄清这个基本前提，可以有效进行太空作战战场建设,合理构建各种航天军事信息系统平台,正确运用太空作战力量组织实施太空作战。

基本要素之三:夺取、保持和利用制天权为作战任务的基本含意。未来太空作战的任务将主要体现在两个方面。一方面,夺取和保持制天权,即确保己方太空作战力量充分发挥效能的同时,限制、削弱、摧毁对手的太空作战力量。既包括针对对手太空作战力量在太空进行的攻防行动,也包括利用陆、海、空、网等作战力量,实施远程火力打击、信息对抗和特种部队纵深突击等手段,对作战对手太空作战力量位于陆、海、空和网络的各类设施所实施的攻击行动,以及针对对手各种攻击而采取的防御行动。另一方面,利用制天权,即运用太空作战力量,不仅为己方陆、海、空等作战力量提供侦察监视、导弹预警、通信中继、导航定位、气象观测、战场测绘等战场信息支援,而且从太空对作战对手太空、空中、海上和陆地重要目标实施火力打击。无论将太空作战力量作为其他军种的作战支援力量来使用,还是作为独立的作战力量单独完成作战任务来使用,其作战目的都是利用制天权,为己方作战创造有利的太空优势。

正确理解太空作战的基本内涵,就必须科学准确认知制天权的概念。首先,可以将制天权理解为一种实际控制权。这种控制权有三个层级。第一层级是占领。占领是任何事物享有控制权的初级表现形式,如果没有占领,那么控制权将无从谈起。第二个层级是掌握和管理。掌握和管理是对事物享有控制权的中级表现形式,表明已经具有驾驭事物的能力。第三个层级是利用。利用是对事物享有控制权的高级表现形式,在实现占领和管理之后,能够利用事物的特点和属性实现自己的目标。

其次,要清楚制天权是受时间限制的一种控制权。享有制天权的表现形式之一是,可以自由地向太空投送力量,这种力量主要以航天器为表现形式,而任何航天器都是有使用寿命的,如苏联的宇宙系列卫星的使用寿命仅仅有13天。时间的长度是无限的,航天器要在有限的时间内享有制天权,而这种有限的时间主要以作战时间来体现。而人类的生命是有限的,人类的人力、物力、财力也是有限的,所以人能够投入太空作战的力量也是有限的,这也就从另一个层面说明,太空作战的时间也是有限的。所以制天权必然受到时间的限制。

第三,要正确认识制天权又是受空间限制的控制权。外太空拥有人类目前所无法想象的广阔空间。人类无法控制整个地球上海洋的制海权,也无法控制空中的制空权,更无从谈起在广阔的太空获取广阔空间的制天权。需要说明的是,各主权国家的领空是拥有主权的,主权的最大特性表现是具有排他性,但太空没有主权属性,没有排他性。根据联合国《外层空间条约》规定:任何国家不得通过主权要求,使用或占领等以其他任何方式将外太空占为己有。但航天器有归属权,航天器所体现的制天权仅仅表现在其所运行的轨道和轨道的临近区间,主要是近地空间。从上述意义来解释太空作战,就是以运用太空力量为主,在一定时间和一定空间内夺取、掌握、利用制天权的活动,能够实现对制天权的夺取、掌握和利用的只有太空作战力量。

基本要素之四:航天技术装备在太空作战中的重要支撑作用。前面提到夺取、掌握、利用制天权是太空作战的目的,实现这一目的离不开航天技术装备的重要支撑。航天技术装备不仅是实现制天权目的的重要手段,同时也决定了太空作战的诸多作战样式。特别是对制天权的利用,航天技术装备是提供战场侦察监视、导弹预警、导航定位、通信中继、气象预报、战场测绘等重要信息支援的基础平台。利用侦察卫星可以实时和不间断地跟踪、监视作战对手的活动情况,使作战指挥机构时刻掌握作战对手的力量部署、火力配系及阵地设置等情况,有针对性地采取相应措施;利用通信卫星可以实现全球、全天候、不间断通信,而且保密性强、可靠性高,使指挥机关可以对下属部队实施灵活、有效的指挥与控制;导航卫星不仅可保障各级部队快速、准确机动,还可保障各种精确制导武器克服天候、气象等不利因素影响,对敌实施远程精确打击等。航天技术装备在太空作战中的这种强大支撑作用,是其他技术装备无法替代的,全面认识其在太空作战中的重要作用,有助于对太空作战基本内涵进一步的理解。

第二节　太空作战的基本特征

认清事物的基本特征,是认识事物、了解事物、掌握事物自身发展规律的重要途径和方法。太空作战是建立在军事航天技术高度发展基础上的一种全新的作战样式,特殊的战场形态、战场环境、武器装备、作战方式以及特殊的作战目的,使太空作战与其他作战相比,具有更加鲜明的特点。研究这些特点,对于认清太空作战的本质内涵,确立太空作战的指导思想,掌握太空作战的行动规律,具有重要意义。

一、作战空间的广阔性

太空作战的战场空间,是指运用相关力量夺取、掌握、利用制天权时,作战双方进行太空作战活动的主要空间。太空作战空间的主体为整个太空,它主要指外层空间，同时也包括相关的大气层、地（海）域和信息空间。与陆上、海上和空中作战相比，太空作战空间超过人类历史上所有战争的作战空间，比目前已知的整个人类的生存空间还要广阔复杂，作战对抗更具不确定因素。

外层空间是太空作战的主战场。从航天器的性能分析，一方面，为避免因大气阻力的作用而陨落，航天器环绕地球作无动力飞行至少一圈的最低轨道高度，即临界高度为100千米，因此，外层空间战场的下界面是距地球表面100千米的球面。另一方面，太空作战旨在夺取制天权并支援和配合陆、海、空战场作战，而环地航天器在轨运行主要靠地球引力来维系，地球引力作用的球面半径为930 000千米。因此，太空战场是以距地球表面100千米为下界面，以距地心930 000千米为上界面的空心球体。根据人类航天技术发展现状和趋势以及军用航天器轨道分布情况，在当前及今后相当长的一个时期内，太空作战平台及其武器装备将主要部署和运行于外层空间，作战行动也将围绕控制并利用该空间，同时剥夺或削弱对方在该空间的行动自由所进行。基于此前提，外层空间作为太空作战的主战场，敌对双方必将综合运用软硬攻击手段，直接进行太空攻防对抗，对抗程度将十分激烈。

大气层是太空作战的重要通道。在陆、海、空、天、网一体化的联合作战中，大气层空间不仅构成空中战场，而且作为连接外层空间战场与传统的陆、海战场之间的桥梁和纽带，成为太空作战的重要通道。一方面，航天力量投送必须穿越大气层。航天器发射受到发射窗口的限制，在发射起飞阶段飞行速度较慢、目标较大、特征明显，在大气层容易遭到对方太空进攻武器的拦截；返回式航天器再入大气层时受到强烈的气动加热和减速过载，在穿越"黑障区"时因与地面站失去无线电联系而易受攻击；弹道导弹在大气层很可能遭到对方反导系统的拦截。另一方面，太空作战的信息获取和传输必须穿越大气层。太空信息系统通过航天遥感器吸收地球上各种目标的电磁辐射或反射能量，通过大气层通道获取侦察监视信息；雷达成像侦察设备虽然不受气象和光照条件限制，能够实施全天候侦察，对隐蔽于地下和水下一定深度的目标具有探测能力，但是容易受到空中雷达干扰机和假目标的干扰和欺骗。因此，大气层作为太空作战的重要通道，同时也是进行太空作战的重要战场，敌对双方为了确保己方大气层通道的安全畅通，必将采取相应手段进行对抗。

地面是太空作战的根本依托。从世界航天技术发展和太空力量建设的现状及趋势来看，在当前乃至今后相当长的时期内，陆战场仍将是一体化联合作战战场体系的根本依托，对其他各战场的作战行动起着支撑作用。太空作战亦如此。一方面,虽然航天器部署于外层空间,航天基地也可以在海上修建,甚至可以在空中发射航天器入轨,但太空作战指挥控制机构、发射基地、测控部队和勤务保障部队以及航天科研和生产基地仍将主要部署于地面。航天器的设计、制造和试验以及返航维护和修理都需要在地面进行;无人航天器的发射、在轨运行以及载人航天器的返回离不开地面指挥控制系统的严密监控;航天飞行部队的装备、后勤保障任务需要由地面航天勤务保障部队来完成。另一方面,在太空作战中,打击对方太空军事力量的地面基地可收到釜底抽薪之效。地面航天和防天基地是太空力量赖以生存和作战的基础与依托,摧毁对方航天和防天基地就等于大幅削弱或使其丧失太空作战能力。与运行于外层空间的航天器相比,地面基地位置固定、目标特征明显、防护能力比较弱,极易遭到对方各种远程精确制导武器的打击。因此,陆战场是敌对双方重点打击和防护的战场,对太空作战的成败起到关键性的作用,对抗必将十分激烈。

信息空间是太空作战的必争领域。信息已成为战争制胜的关键要素。未来太空作战,主要表现为军事情报信息的获取、传输、处理和分发,以及通过信息流控制航天器并释放各种太空武器系统的作战能量,其信息对抗的激烈程度将远远超过其他战场的作战行动。太空作战起源于太空信息作战,是由太空信息作战的不断演进产生的作战样式。太空作战将首先围绕军事信息的获取与反获取、控制与反控制等信息对抗而展开,并贯穿于作战全过程,争夺制信息权必然成为其作战行动的焦点。首先,高度信息化的太空作战系统,为太空信息对抗提供了坚实的物质和技术基础。未来太空作战必然表现为交战双方太空作战系统之间全面的信息对抗,其结局将直接影响制信息权的归属。其次,外层空间特有的高位优势,为太空信息对抗提供了最为有利的作战环境。天基信息网居高临下,覆盖全球,拥有获取和传输信息的巨大优势,因此,切断对方信息链条中的太空环节将是夺取制信息权最有效的方法。再次,军事信息本身的"力量倍增"作用,导致太空信息对抗空前激烈。在未来太空作战中,拥有并且能够有效使用信息的一方将极大地提高其陆、海、空、天军事力量的作战效能,并因此获得巨大的整体优势,而丧失信息获取和控制能力的一方将处于极为不利的境地。交战双方对制信息权的强势争夺,必然加剧信息对抗的激烈程度。

二、作战环境的复杂性

太空作战环境极端复杂,是在地球引力、高温差、高辐射、高真空、微流星体高速运动等因素综合作用下而形成的。这些都是太空空间的自然属性,人力无法改变，只能在作战时加以适应和利用。

牛顿的万有引力定律揭示了地球引力的作用，卫星就是在地球引力作用下进行绕地圆周运动的。地球引力随着物体与地球距离的增加而减小，当距离为 300 千米时，地球引力为在地表时的 91%，当距离达到 2 700 千米时，地球引力为在地表时的引力大小的 50%，当距离达到 930 000 千米时，地球引力作用消失。因此，所有进入太空的航天器内部均为失重环境。失重环境对航天器的设备影响有限，但对航天器的姿态控制和轨道机动有较大影响。特别是对宇航员的影响更大。当人处在失重状态时，人的血液会大量涌向头部，内分泌和血液循环均会紊乱，人会产生错觉、眩晕、呕吐等不良反应。人无法长期处于太空之中，长期处在太空之中，人的骨骼会因为钙的流失而变得脆弱，肌肉也会萎缩。

太空中的高温差对航天设备提出了更高的要求。航天器在近地空间绕地飞行，其环境温差为 300℃。由于太空中近似为真空状态，所以没有导热的良导体。航天器面向太阳的一侧环境温度为 200℃，而背向太阳的一侧环境温度为 −100℃。

太空环境的另一个特点就是高真空。高真空不是绝对真空，而是非常接近真空的一种状态。绝对真空是指一个完全没有物质的空间体积。实际上绝对真空基本是无法达到的。高真空环境给航天器带来了"空气的烦恼"。在地球表面，一些含有石墨和环氧的特殊复合材料，会在正常大气压情况下吸收部分微小气泡，但在太空中，这些气泡将会从材料中脱离，造成电子元器件的损坏或在传感器周围形成气罩，影响传感器工作。在地表，航天器材的部件的中间缝隙是由空气填充，但在太空中，由于气压的变化，缝隙中的空气将消失，两个部件会产生"冷焊"现象而"拧"在一起，不得不利用太空高温差的特点和物体热胀冷缩的自然属性，使一个部件膨胀，另一个部件收缩来实现让航天器正常工作的目的。

太空中包含多种宇宙射线，而且辐射性较强，同时太空中还有多种带电粒子。以银河宇宙射线为例，其能量为 108～1 018 电子伏特，可以穿透航天器的外壳。太阳的能量输出主要是以电磁波形式，辐射集中在可见光和近红外线的频谱段。各种辐射对航天器的影响主要取决于辐射的波长长度，如可见光照射到航天器的太阳能帆板上将为航天器提供可靠的动力。但红外或热辐射照射到航天器表面使其受热，极有可能引起航天器过热，影响航天器的工作。当太阳耀斑爆发时，在电磁辐射和带电粒子的共同作用下，航天器的通信将受到严重干扰。

微流星体是指宇宙中的碎片，小至宇宙尘埃，大至小行星和彗星。航天器被微流星体击中的概率很小。但随着近年人类探索太空步伐的加快,人类在近地空间制造了大量的太空垃圾,给航天器在近地空间的飞行带来了很大的影响。每一次航天任务都会产生太空垃圾,保守估计已知的太空垃圾高达2 200吨。早在1983年,"挑战者"号被太空中一块0.2毫米的漆片击中,形成一个4毫米的凹陷。1996年,"瑟瑞兹"号航天器的6米长的重力梯度杆被"阿丽亚娜"火箭碎片击断。太空垃圾在近地轨道以7千米/秒的速度高速飞行。为此美国特别指定北美防空司令部负责记录和跟踪地球轨道上的太空垃圾。有科学家曾戏言:"20世纪最赚钱的职业是太空清洁工。"

太空战场空间的全维性决定了其自然环境的复杂特殊性,太空作战包括外层空间的攻防行动以及外层空间与空中、地面和海上的攻防行动。外层空间、大气层、陆地和海洋自然环境因素不可避免地对太空作战行动产生不同程度的影响。大气层自然环境对航天力量投送、太空信息获取和传输以及武器投射产生重要影响。一是航天器发射和返回易受到大气环境的影响和制约。航天发射场所在地区的大气环境因素对航天发射活动具有很大的影响和制约作用。美国"挑战者"号航天飞机爆炸主要是大气环境因素(低温)造成的。二是航天测控和航天遥感信息的上、下行传输必须经过大气层空间,而电磁波在大气层空间传播时受到"大气窗口"的限制,会产生大气衰减。三是太空作战中的武器投射必须穿越大气层。在实施反导、反卫星和天对地攻击作战时,定向能、动能武器的投射必须穿越大气层,会受到大气环境的较大影响,例如激光、微波、粒子束在大气层空间传播时,会因大气衰减而损失部分能量;动能拦截弹和电磁炮弹在大气层空间飞行时,风和空气阻力等环境因素会对其作战距离和打击精度产生较大影响。陆地和海洋自然环境直接影响太空作战效率。照相侦察卫星的可见光成像侦察设备在夜暗条件下不能发挥作用,红外成像侦察设备不易发现融入环境背景中的目标,而且他们都不能发现隐蔽于地下工事内的目标。海洋监视卫星在复杂气象和海况条件下对水面舰艇的侦察监视能力有所下降,对水下潜航的潜艇较难探测。天基激光武器难以打击地下和水下目标,动能武器的打击精度受陆上和海上气象因素的影响较大。

太空作战必须要适应太空环境,只有适应太空的各种复杂自然环境,才能满足太空作战武器装备对作战的需求,只有达到太空环境的要求才能使太空武器有用武之地,发挥应有的作战效能。太空作战以太空武器装备为物质基础,因此,太空作战激烈高效的特点,客观上由太空武器的属性来决定,而太空武器的属性又受太空环境的自然属性所制约。这些太空客观自然环境,给太空作战造成了极为不利的复杂情况,组织实施太空作战,就必须完全克服上述诸多的复杂因素,为作战胜利创造必要的有利条件。

三、战场形态的非线式性

非线式作战是指没有固定的战线,可对作战对手全纵深实施大范围的机动作战方式。其特征是,战场没有前后方之分,战斗在双方的全纵深同时展开。其实质是在全纵深内进行的机动作战,是作战力量的侦察能力、指挥控制能力、机动能力和软硬打击能力发展到一定阶段的产物。

太空作战力量的全纵深侦察、超远距离通信、精确打击和远程突击等作战能力,使太空作战真正具备"全球到达、全球作战"的能力,即太空作战效能将不仅可辐射到地球表面的每一个角落,而且可辐射到地球上方的大气层和外层空间内的每一个区域。在未来太空作战中,太空力量的作战行动完全不受战线和阵地的限制,整个太空战场呈现出一种不规则的非线式状态。

在未来太空作战中,太空战场已无明显的前沿和后方区别,传统的敌对双方围绕战线的对峙和攻防已被全纵深同时攻击所取代,作战调整线取代了作战对峙线。在这种非线式战场上,太空攻防作战不仅频繁转化,而且两者的具体形式也趋于相同,基本作战活动一般都包括分散配置、快速集结、穿插分割、立体攻击、伪装欺骗、机动规避等。无论是太空作战进攻方还是防御方,都将力图通过主动积极的攻势行动来达成自己的目的。同时,由于太空作战力量具备极强的高速机动能力和远程精确打击能力,交战双方都将十分注重利用先进的侦察监视系统掌握敌情,增大战场对己方的单向透明度,争取在尽可能远的距离,综合运用火力和信息一体攻击的方式,打击敌方处在多维空间内的指挥控制系统及其他重要目标,迅速削弱、破坏、摧毁敌方包括太空力量在内的整个作战体系。因此,太空作战的非线式性战场形态特点将十分突出。

四、作战武器装备的尖端智能性

太空作战是运用航天、防天以及其他高新技术武器装备在太空以及相关的陆域、海域、空域和网络电磁空间实施的作战行动。太空作战武器装备,作为以航天技术为核心的高新技术群在军事领域的物化成果,代表着军事工业和科技发展的最高水平。太空作战与陆上、海上和空中作战相比,其武器装备技术的尖端性更加突出。

军事航天技术是当代世界高技术领域的重要技术。当代高技术主要包括相互支撑、相互联系的六大技术,即信息技术、新材料技术、新能源技术、生物技术、海洋技术和航天技术。军事航天技术是将航天技术应用于军事领域,为军事目的而进入、开发和利用外层空间的综合性工程技术,包括航天器和航天运载器设计与制造技术、运载火箭与航天器试验、火箭制导与控制、航天器发射、测控和返回技术、航天器信息获取与处理、航天医学工程技术以及航天、防天新概念武器技术等。军事航天技术涉及的领域广,综合性极强,其主要的学科领域包括空气动力学、航天动力学、航天器制造工艺学、航天热物理学、航天材料学、宇宙航行学、航天系统工程和管理学等。作为太空作战的支撑技术,军事航天技术几乎囊括了现代高新技术的各个方面,特别是运载火箭技术、卫星、宇宙飞船、空间站、航天飞机和空天飞机技术、新概念武器技术、微电子技术、新材料和新能源技术以及巨型智能计算机技术等当今世界上最尖端的先进技术,从而构成一个庞大复杂的高技术群体,为太空作战奠定了坚实的技术基础。

太空武器装备是高新技术成果的结晶。太空武器装备是进行太空作战的物质基础和主要工具,它综合运用了信息技术、航天技术、新材料、新能源和人工智能技术等高新技术成果,其高科技含量和技术集成度远远高于陆战、海战和空战武器装备。太空武器装备系统由军用航天器、航天运输系统、航天器发射与回收系统、航天测控、通信系统和应用系统以及防天系统组成。作为太空武器装备的核心,

军用航天器包括军用卫星、载人飞船、军用空间站、航天飞机以及未来的空天飞机等。它们一般由结构系统、热控制系统、电源系统、轨道与姿态控制系统、跟踪系统、遥测遥控系统、通信系统、数据管理系统以及专用有效载荷系统等组成。返回型航天器还需配备返回着陆系统,载人航天器还设有环境控制、生命保障和应急救生系统。

军用航天器的设计与制造涉及航天器设计与制造技术、运载火箭设计与制造技术、火箭与航天器试验、飞行环境模拟技术、喷气推进技术、航天器热控制技术、航天器电源技术、火箭制导与控制技术、航天器发射、测控、返回技术、航天遥感、通信、导航技术、人工智能技术以及天基新概念武器技术等,集当今高新技术成果之大成。总之,太空武器装备系统结构之复杂,信息化程度之高以及对作战、保障人员要求之严,是其他战场的武器装备及人员所不能比拟的。

人工智能技术近十几年才普遍被大众熟知,是高科技的代名词,太空作战对人工智能技术的运用也已经走入实践。制造太空作战武器装备是一项庞大的系统工程,对系统的可靠性要求极高,任何环节都不能出现瑕疵,这就需要不断提高太空作战武器装备的机械化和自动化程度,特别是自动化程度,而人工智能是实现这一目标的有效手段。人工智能是研究开发用于模拟

延伸和扩展人的智能的理论、方法、技术及应用系统的新兴尖端技术,机器人、语言识别、图像识别与匹对、专家系统等都是人工智能的研究领域。太空军事装备智能化是现实太空作战的客观需要,也是太空武器装备发展的必然选择。太空武器装备现在已经可以实现数据的自主采集和传输,包括军用侦察卫星和通信卫星。在不久的将来,太空武器装备将可以实现自主变轨,规避危险物等其他能力,其作战效率更加高效。

五、作战部署的高度分散性

太空作战主要是运用军用、军民两用、民用和商用航天器遂行太空侦察监视、通信中继、导航定位等信息支援,反导、反卫星,以及从外层空间打击陆、海、空战场目标等作战任务。航天器运行于外层空间,而其基地则部署于地球表面。航天和防天力量部署的天地一体化和高度分散性是其他作战力量所不具备的。

航天器轨道的多层分布。军用航天器分为无人和载人航天器,其运行轨道大多为圆轨道或近圆轨道。圆轨道按其高度通常分为低轨道、中轨道和高轨道三大类。军用航天器根据其任务需要选择不同的运行轨道。成像和电子侦察卫星一般选用倾角较大的圆形低轨道。成像侦察卫星的轨道高度一般为130～300千米,电子侦察卫星的轨道高度一般为300～1 000千米。海洋监视卫星通常采用倾角较大的近圆形轨道,轨道高度在1 000千米左右。预警卫星和核爆炸探测卫星一般选用地球静止轨道或周期为12小时的大椭圆轨道。通信卫星一般部署在高轨道,特别是地球静止轨道,以保证覆盖范围并便于地球站对其进行跟踪。导航卫星采用圆形轨道,高度从低轨道、中轨道直至地球同步轨道。气象卫星采用太阳同步轨道或地球静止轨道,其太阳同步轨道为圆形,轨道高度一般为800～1 500千米。轨道轰炸武器和天基定向能、动能武器的轨道高度一般在1 000千米以下。载人飞船、空间站、航天飞机、空天飞机等军用或军民两用载人航天器一般运行于500千米以下的低轨道。

航天和防天基地的分散部署。航天、防天基地是实施航天器发射、测控、回收和反导、反卫星作战的一整套地面设施和设备的综合体,是实施太空作战的根本依托。航天器发射、测控和返回以及防天作战行动的特殊需求,决定了地面航天和防天基地部署的高度分散性。航天基地由航天发射场和航天测控网组成,其部署必须综合考虑国家的政治、经济、航天力量发展和作战运用以及技术、环境等诸多因素。航天发射场选址必须符合国家战略部署和战备要求,适应国家军用和民用航天任务需要,有利于国家航天力量发展,拥有良好的社会和自然环境。因此,航天发射场通常选在地理纬度较低、人口稀少、利于防卫,地质、水源、地形、交通和气象条件适宜的内陆沙漠、草原或滨海地区。为了保证在航天器发射、在轨运行以及返回式航天器回收过程中对其进行有效的测量和控制,一般都是沿航天运载器发射段的航线、航天器的航区和返回式航天器的落区设置多个测控站,形成全球或一定范围的航天测控网。防天基地由反导和反卫星武器发射场以及地面预警雷达网组成。反导和反卫星武器发射场,一般都是沿对方弹道导弹和天基武器平台来袭主要方向的作战纵深梯次部署,以增大火力纵深和拦截次数,地面预警雷达网则前推部署于边境和浅近纵深地区,以增大发现距离和概率。

六、作战行动的实时性、精确性和高效性

太空作战平台及其武器装备的特性,决定了太空作战力量能够快速、精确、高效地遂行各种作战任务,其作战行动的实时性、精确性和高效性与其他作战行动有着非常大的差别。

信息支援实时快速。未来联合作战中,由侦察卫星、通信卫星、导航卫星、气象卫星和测地卫星及其地面用户系统构成的太空信息系统,能够为陆上、海上和空中作战力量提供实时快速的信息支援,满足其信息需求。

在太空侦察监视方面,卫星侦察和载人航天侦察能够实时感知全球态势,并将所获信息通过地面信息中心或以用户点播方式快速传递给作战部队。例如,美国研制的"监视、瞄准与侦察"卫星星座由24～48颗小卫星组成,采用24颗卫星组网,能够在15分钟内向地球上南北纬65度之间任何地方的作战人员传送一份卫星图像;若卫星数量扩展到37颗,则重访时间可缩短到8分钟;若采用48颗卫星组网,重访时间将进一步缩短至5分钟。

在太空通信方面,军用通信卫星可提供远程直至全球范围的战略通信、地区性战术通信以及舰艇、飞机、车辆乃至单兵的移动通信。例如,美国"军事战略与战术中继"卫星(简称"军事星"系统),能够保证总统的作战命令在1分钟内下达到战略部队,3～6分钟内下达到一线作战部队。

在太空导航定位方面,导航卫星能够为陆地、海洋、空中和太空低轨道用户提供三维空间位置、三维空间速度和时间信息,帮助其迅速测定自身位置和运动速度,并引导其沿预定方向运动。美国GPS导航卫星全球定位系统,具有全天候、全天时、全球覆盖和七维高精度导航定位能力,可为作战部队提供全球范围连续、近实时的定位、测速与授时服务。

在太空气象观测方面,气象卫星能够及时拍摄全球各个地区的气象云图,为军队提供气象情报保障,观测气象武器的使用效果,以尽可能降低天气

对军事行动的不利影响,或利用不良气象条件达成军事行动的突然性。

在太空大地测量方面,测地卫星能够为导弹部队提供对方目标的准确位置和地球引力场参数,从而提高导弹的命中精度。

火力打击精确高效。陆基、海基和空基反导、反卫星武器,以及天基定向能、动能武器等太空武器装备的研制成功并投入使用,为未来太空作战提供了多种精确高效的火力打击手段。在反导和反卫星作战方面,陆基、海基、空基和天基反导、反卫星武器,能够以直接碰撞或破片杀伤方式精确拦截对方弹道导弹和运行于外层空间的各种轨道航天器。美国部署的国家导弹防御系统,能够对远程弹道导弹进行中段拦截;战区导弹防御系统包括低层防御系统、高层防御系统和助推段防御系统,能够对战役战术弹道导弹进行助推段、中段和末段拦截。据科学计算,天基高能激光武器能够在5分钟内击毁400颗卫星,在15分钟内击毁对方同时发射的1 000枚弹道导弹。虽然这只是理论上计算给出的可能,但这种发展趋势存在于未来的作战行动之中。在太空对地攻击作战方面,轨道轰炸武器平时在环地轨道上运行,战时一旦接到作战命令,能够借助于反推火箭迅速脱离轨道再入大气层攻击地面目标;部分轨道轰炸武器平时储存在地面,战时根据作战需要发射入轨,进入目标区后利用反推火箭再入大气层对目标实施攻击;天基激光、微波、粒子束、动能拦截导弹等定向能和动能武器能够从外层空间对陆、海、空、天各种目标实施精确打击并且能够快速转换攻击目标。

攻防转换灵活迅速。以太空信息系统为主体的一体化指挥控制系统,能够全面感知外层空间和地球表面战场态势,为航天和防天力量快速灵活地转换攻防作战行动提供情报信息保障;太空武器装备和作战平台本身的快速反应和机动能力,使航天和防天力量具有比其他作战力量更快的攻防转换速度和更大的灵活性。因此,太空作战攻防转换将比其他作战行动更为灵活迅速。

在导弹攻防作战中,成像侦察卫星、电子侦察卫星、海洋监视卫星和导弹预警卫星,时刻严密监视对方战略导弹力量的行动,能够及时发现其陆基弹道导弹的发射准备和发射,以及导弹核潜艇的航行活动等情况,保证己方部队及时进入临战状态,并根据对方陆基弹道导弹和导弹核潜艇的活动情况做出快速反应。当发现对方实施弹道导弹袭击时,可根据最高指挥机构的命令立即对对方实施反击,或迅速组织机动转移以保存反击力量。反导部队则根据预警卫星和远程预警雷达提供的信息实施反导作战。

在航天器攻防作战中,宇宙飞船、航天飞机、空天飞机等天基作战平台能够利用自身轨道机动能力避开对方反卫星武器的攻击,或利用所载武器直接摧毁对方反卫星武器。天基定向能武器具有快速转换攻击目标的能力,在攻击对方航天器和地面目标的过程中,可以随时转为攻击反卫星武器,保证作战平台的安全。具有轨道机动能力或采取组网方式工作的卫星和卫星网,在执行任务的同时,能够利用其星载告警装置或借助天基、地基监视雷达和红外探测器对对方反卫星武器进行预警。当发现对方反卫星武器来袭时,能够迅速关闭卫星传感器,进行轨道机动或使部署于卫星周围的伴星自爆以保护真卫星;当被对方载人航天器捕获时,可启动星上自爆装置与敌卫星同归于尽。如果卫星网中部分卫星被毁,其余卫星则能通过轨道机动重新组网继续执行任务。

七、作战保障的艰巨性

任何作战都需要得到有效的作战保障,太空作战更是如此。太空作战是高技术、高投入、高消耗的作战。交战双方强调对对方太空作战系统的打击,以及太空作战系统本身的复杂性和脆弱性,决定了太空作战保障任务将十分艰巨和繁重。物资的补给、武器装备的补充和维修都是最基本的作战保障任务,即便是平时,物资的补给和武器装备的补充和维修都是异常困难的,并不是每一次的航天器发射都会获得成功,世界各航天大国均有发射失败的先例。以国际空间站为例,由于空间站需要定期进行补给,以保持宇航员基本生活需要和空间站的正常运行。但仅仅在 2015 年,连续出现了两次补给失败的情况,俄罗斯发射的"进步-59"号火箭还没与国际空间站对接就已经失去控制,无法进行补给。继而美国立刻着手安排 Space X 公司发射补给飞船,结果在当年 6 月的发射中,补给飞船在发射几分钟后便爆炸解体,2.5 吨补给物资付之一炬。

各国发射的航天器主要以卫星为主,卫星是有使用寿命的,这种限制不是因为卫星携带的电子元器件的老化,通常是因为卫星没有足够的燃料来支撑其在太空的有效机动。但目前各国均没有给卫星加注燃料的先例和方法。平时的物资补给和太空装备补充和维修尚且如此困难,那么战时的最基本的太空作战保障任务都将是异常艰巨的。

技术保障复杂。由于航天装备构造异常精密、复杂,技术性强,作战行动节奏快,战损率较大,太空战场的特殊性,给技术保障带来了巨大的困难。一是航天装备复杂、系统性强,技术保障任务重。太空力量是一个技术密集的作战力量,对它的技术保障涉及面极广。二是作战行动节奏快,技术保障难度大。未来太空作战突发性强,时间极为短促,并且技术装备数量大、型号多、技术要求高、完成时限急,因而保障难度大。三是太空作战的战损大,修理任务艰巨。未来太空作战,由于精确制导技术、信息对抗技术、新概念武器技术的广泛运用,远程突击、精确突击等战法得以充分的发展,武器装备战损率大,战斗抢修任务相当艰巨。四是太空环境的特殊性,使技术保障条件复杂。对受损航天装备,通常采取在轨维修和地面维修两种方式。对在轨维修而言,必须建立机动性极强的技术保障力量,随时进入太空,对航天装备进行伴随保障;对于地面维修,必须采取各种措施,将受损装备安全回收后,方可对其实施维修。

作战物资消耗巨大。未来太空作战中,弹药、燃料、武器装备、生活用品等消耗量巨大。敌对双方的相互对抗异常激烈,因而需要太空力量实施连续、高强度的机动作战。这必然导致能源燃料、武器弹药消耗量的增加;随着太空武器系统命中精度和破坏威力的不断提高,造成太空力量战损率的不断增大;由于太空战场处于高真空、微重力、强辐射的状态,因而,需要为直接进入太空实施作战的人员提供大量的日常补给以维持其生存。同时,作战物资的大量消耗,极大地增加了太空运输的负荷量。目前,国际公认的将1千克物品送入太空的成本是7 000~10 000美元,人在太空生存每天要消耗2.6千克水,0.91千克食物,每年至少要消耗1.6吨物品。一架次航天飞机的起降就要消耗10亿以上美元,目前太空中由16个国家参与的国际太空站的造价是600亿美元以上。单单20世纪进行的"阿波罗"登月计划,美国就耗资超过了1 000亿美金。从世界航天发展进程看,有过太空作战保障实践的只有美国和俄罗斯。

在未来太空作战中,作战物资能否源源不断地运送到太空,受损的武器装备和作战人员能否及时地返回地面,太空力量能否实施快速机动,关键在于太空运输。由于太空作战行动速决性强,作战物资消耗量大,使得太空运输必须具备反应快、规模大、成本低等特点,才能满足未来太空作战的需求。太空作战是大国的博弈,弱小国家是无力发展太空力量的,但太空作战保障不是富国就可以进行的,英、法、德、日等强国虽然富有但仍然不具有太空作战保障的能力。太空作战保障费用高昂、任务艰巨,是当今各国都没有解决的难题。

八、国际社会对作战的制约性

外层空间作为人类活动的第四空间环境,已成为世界各航天强国大国争夺的制高点,正在成为遂行太空作战任务的主战场。随着航天技术在军事领域的广泛应用与发展,制约外层空间军事行动的国际因素越来越多,对太空作战产生着全面影响。这些具有国际社会背景的制约性人为因素,是世界上各航天军事大国政治博弈的结果。

外层空间法、双边或多边国际空间公约和协议制约太空作战行动。外层空间法属于国际法,是调整世界各国在外层空间活动的关系,规定外层空间的法律地位以及各国从事太空探索、资源开发和利用应遵循的原则、规定和规章制度的总称。1957年人类发射第一颗卫星进入太空不久,联合国便于1958年成立了"联合国和平利用外层空间委员会"(简称"外空委员会"),下设法律和科技两个小组委员会,分别负责审议和研究有关外层空间的法律问题。20世纪60年代以来,联合国已制定一系列关于外层空间活动的原则和规定,如《各国在探索与利用外层空间活动的法律原则宣言》《关于各国探索与利用包括月球和其他天体在内外层空间活动的原则条约》《关于登记射入外层空间物体的公约》等。联合国外层空间委员会宣称制定这些条约、协定遵循七个原则,其中一个重要原则就是限制军事化原则。要求各国在遵守国际法和联合国宪章的基础上,和平探索和利用外层空间。要求各国保证不在绕地轨道部署核武器或其他类型的大规模杀伤性武器,不在外层天体装置这种武器,不在外层空间部署这种武器;禁止在天体上建立军事基地、设施和工事;禁止在天体试验任何类型的武器和进行军事演习。这些举措有效地减慢了太空军事化的节奏,成为大国之间政治博弈的有力筹码,时至今日依然具有非常强的国际法约束力。这些国际法规的确对于保证各国航天活动有序进行具有一定的积极作用,对未来太空作战具有一定的制约力。

但人类第一颗卫星进入太空就是以核力量的延伸为目的,现在太空中的卫星无论军用、民用都或多或少地存在军事色彩,太空军事化的来临只是时间和形式的问题。太空作战的爆发必然是有大国力量参与其中,美国就曾扬言,谁攻击了美国的太空目标,美国将采取严厉的报复手段。因此,各航天大国的太空力量巧妙地达成一种战略平衡,没有哪个国家敢轻易触碰这个时刻与战争相连的细细红线。

为了在未来太空作战中争取主动,各个航天大国都在研究如何利用外层空间法这一法律武器,在太空作战中规避国际法律风险,既善于运用外层空间法,又不完全被其所限制与制约。为此,强化外层空间的法律意识,全面了解和掌握外层空间法的有关内容,积极参与外层空间法的制定,争取制定有利于己而不利于对手的太空法律,已经成为主要航天军事强国的重要战略选择。

双边或多边国际空间公约和协议也是制约未来太空作战的重要因素。军民兼顾、国际合作已成为世界航天事业发展的重要趋势之一。国际航天合作的领域和内容非常广泛,既有民用航天的合作,也有军用航天的合作;既有经济与技术合作，也有政治合作。美国、西欧英法几国、俄罗斯、日本等16国联合建造"国际空间站"属于经济与技术合作，而海湾战争和科索沃战争中，美、英、法等国联合运用军事卫星系统则属于军事合作。通过签署双边或多边国际空间公约和协议，走国际合作的道路发展自己的航天军事力量，既可以迅速增强己方太空军事实力，又能在一定程度上制约对方攻击己方航天器的行动。因此，准确把握国际航天合作趋势，密切关注主要作战对手国家在航天领域进行国际合作的动向，积极开展"太空外交"，不断扩展与其他友好国家在航天领域的合作范围，为未来实施太空作战营造有利的国际太空政治、外交和军事环境，成为一些航天军事大国的战略共识。

第三节　太空作战的基本原则

太空作战有其自身特点和一般指导规律，同时也具有符合太空作战实际的基本原则，基本原则正确与否，关系到太空作战的成与败、输与赢。美俄两国是航天大国和强国，两国军队也都相应制定了较为详细的太空作战原则。

美军结合太空作战实际需要，制定了九大军事原则：明确目标、主动进攻、集中力量、节约兵力、灵活机动、统一指挥、确保安全、行动突然、简明计划，并进行了细化，使其在指导太空作战过程中更具针对性。明确目标：是指每次军事行动都要指向明确定义的、决定性的并可达成的目标。主动进攻：将夺取制太空权作为优先考虑事项，并剥夺敌人的太空行动自由。集中力量：是指在关键的地点和时间，集中运用太空作战能力，以取得决定性的战果。节约兵力：是指把最低限度的太空作战力量分配给次要方向。灵活机动：是指通过灵活运用太空作战力量将对手置于不利的位置。统一指挥：是指由负责的指挥官控制每一个目标，以确保统一行动。确保安全：是指通过恰当地管理己方太空资源以降低不确定性，并通过采取保护措施限制和消除来自敌方的威胁和气象的影响。行动突然：太空行动通过保密、及时提供情报、提高信息共享度以及精确地选择目标来达成突然性。简明计划：是指通过清晰简明的指挥系统、协调系统、计划和命令来确保每一个参与行动人员的透彻理解。

俄军在太空作战方面也提出了具体原则，虽然与美军的太空作战原则有所区别，但总的原则要求基本一致。一是统一指挥，集中使用。太空作战行动中指挥权必须尽可能做到集中统一，各种作战力量要尽可能地在关键时间集中于关键目标上。二是快速决策，机动灵活。一方面，太空系统本身具有的高机动性特点,要求其作战运用过程中必须遵循灵活机动的原则。另一方面,太空空间局势瞬息万变、信息量大的特点,要求指挥官必须紧跟快速变化的太空战场态势,快速处理大量的信息,做到快速决策,才能把握战机,掌握主动权。三是预有准备,积极主动。太空作战及其保障的组织和实施的复杂性,以及太空武器系统射速快、精度高、威力大的特点,一方面是准备不充分的进攻很难夺取太空优势,另一方面又将使消极被动的防御变得防不胜防。太空作战力量的特性决定其优长在于进攻,即使实施太空防御也应是积极主动的攻势防御。

鉴于美俄制定的太空作战基本原则,综合世界上其他国家研究制定太空作战原则的主要经验,未来指导开展太空作战,主要有以下基本原则:"整体运筹,缜密部署;责任到位,协调一致;统一指挥,密切协同;军民融合,平战一体;整体联动,攻防一体;把握战机,隐蔽突然。"这些原则是顺利夺取、掌握、利用制天权的先决基础,是保证武器装备和相关设施良好率的重要前提,是保证作战指挥顺畅有效的必要条件。这些原则既是保证顺利遂行太空作战任务的基本"硬杠杠",也是完成太空作战任务的配套"软实力",领会落实这些基本原则,才能使太空作战发挥出应有的威力。

一、整体运筹,缜密部署

充分的运筹谋划和缜密的作战部署,是确保作战胜利的重要前提,组织开展太空作战必须全面落实整体运筹,缜密部署的原则。整体运筹,缜密部署,是指临战准备阶段,根据太空作战总体战场态势、指挥员的作战意图、太空作战任务和太空作战力量的编成情况,全面有重点地掌握敌情,从战略上分析判断作战的发展趋势,对太空作战的各种力量和太空作战的各种行动进行整体运筹和周密谋划,通盘考虑,系统安排。正确科学的整体运筹和作战部署,是取得作战主动和胜利的重要条件。未来太空作战,情况复杂多变,突然性、破坏性大,武器装备高度复杂,更需要整体运筹和认真而周密的组织准备,为打赢太空作战奠定坚实的基础。

贯彻"整体运筹,缜密部署"的作战原则,应综合运用各种信息侦察手段,全面有重点地掌握对手太空作战有关情况,不间断地监视作战对手太空力量的行动,分析预测其实施太空作战的企图、目标、样式、规模和主要作战方向,可能使用的武器装备和采取的战术、技术手段等重要问题;重点明确太空作战目的、主要目标、基本战法和作战部署;对参加太空作战的力量进行科学的编配、组合,形成配置得当、相互衔接、布局合理的太空作战力量体系;正确选择太空作战的打击目标、发起时机、空间域和频域,周密制订太空作战计划;

根据太空作战的特点,周密组织保障。

二、责任到位,协调一致

责任到位,协调一致,是指对参战的诸军兵种和各种太空作战力量,以及各种太空作战力量之间,形成顺畅协调的机制,实施不间断的、密切的协同,在明确作战任务的前提下,分清各自的责任并落实到位,使太空作战的各种力量始终围绕作战全局行动,达到行动协调一致的目的。太空作战力量属于战略性力量,构成多元、部署分散,太空作战方法、手段多样,太空作战效能覆盖全维空间、范围广阔,太空作战行动与其他作战行动结合紧密,太空作战的成败往往直接影响战争的全局。因此,只有明确各种参战力量的作战任务落实责任,实行高度统一的组织协调,才能保证太空作战的各种力量协调一致的行动,发挥最大的作战效能。

贯彻"责任到位,协调一致"的作战原则,必须以太空作战指导思想统一太空作战各种力量的行动,使各种太空作战行动紧密围绕太空作战目的和任务实施;应根据太空作战需要,按照权威、精干、灵便、高效的要求,建立一体化的太空作战指挥机构,明确指挥关系和指挥权限,统一组织和使用太空作战力量,统一筹划所属太空作战力量的行动;依托指挥信息系统,完善太空作战指挥网络,确保太空作战指挥的顺畅、高效;根据战场情况,灵活采取相应的指挥方式。

太空作战既是一种独立的作战样式,也是联合作战的重要组成部分,往往是在联合作战的背景下实施。但无论太空作战是单独实施,还是某种作战背景下的作战行动,都不是孤立存在,都需要与其他作战行动密切协同,相互策应,相互支援,有顺畅的机制保障,才能发挥太空作战力量和行动的整体合力,达成太空作战目的。贯彻"责任到位,协调一致"的作战原则,还应建立完善太空作战力量与其他作战力量的协调机制,运用多种协同方法,加强相互支援,力求顺畅持续;应根据作战决心和计划,针对太空作战行动的不同发展阶段,合理区分主战力量和支援保障力量的任务,明确协同和支援保障关系;应以计划协同为主,根据太空作战态势发展变化,适时组织临机协同,加强协同保障,保持不间断的协同,确保各种作战行动的协调一致;应缩短太空信息在外层空间和大气层通信链路中的传输、流动和滞留时间,确保协同通信顺畅,提高太空作战各种力量的战场反应能力。

三、统一指挥,密切协同

太空作战力量部署高度分散,统一指挥成为太空作战的必然选择。太空作战参战力量的多元性和战法的多样性,决定了统一指挥和密切协同的重要性。没有统一指挥,各力量将是一盘散沙,无法形成太空作战的整体合力。统一指挥是遂行太空作战任务的关键,贯彻"统一指挥,密切协同"的作战原则,必须在平时就建立统一指挥太空力量的指挥机构,目前各太空强国相继设立了专门的太空力量指挥机构,不断完善指挥体系,理顺指挥关系,使指挥机构能顺利履行指挥职能。完善的指挥体系和高效的协同机制,是任何作战行动的骨骼,没有健康的骨骼,再强壮的肌肉也无用武之地。而太空作战较之其他作战力量应用,作战时间更短、难度更大、影响愈加深远,所以完善指挥体系和健全协同机制,是遂行太空作战的重要原则。

贯彻"统一指挥,密切协同"的作战原则,除了完善太空作战指挥体系,建立健全协同作战机制之外,在作战中还必须正视太空作战力量的多元性,正确指挥使用各种参战力量,更好地进行协同作战。实施太空作战时,虽然是以太空军事力量为主体展开作战,但也是多军兵种参与的联合作战,进行的各种打击行动都需要不同的力量参与。诸如在太空进攻作战中,不同的作战力量采取的打击方法和效果就完全不同,进攻对手在轨航天器,如果是阵地打击力量在指定发射阵地发射反卫星导弹,被发现的概率高达40%,而使用海上力量潜艇发射反卫星导弹,被发现的概率仅为15%,这就需要在太空作战中,及时做好各种参战力量的协同打击行动。在防天作战中,为保护航天基地的安全,不仅需要太空作战力量的全程参加,也需要陆军、空军和网络等作战力量的适时支援和防护。而在太空支援作战中,其他军种力量几乎无时无刻不需要太空作战力量的支援,这就需要各力量之间进行密切的协同,明确协同力量、时间、地点、战术动作等重大作战问题,特别是在战时的临时协同,应尽可能缩短各作战力量对敌的应对时间,快速制敌。

四、军民融合,平战一体

目前,世界上太空在轨的航天器数量不断攀升,无数功能不同的航天器构成了太空信息系统,承担着各种太空任务。太空运行的航天器,一般分为军用和民用两大类,民用航天器又细分为商用、科学研究等几个不同类型。民用航天器有一个特殊的属性,就是平时为"民",战时为"兵",这种特殊的运行性质,随着平战需求而转换。美军自海湾战争开始就租用民用通信卫星,以满足战时通信的需要,为"民"转"兵"首开先河。

航天器的通用性和多用性,为实施军民融合、平战一体的太空作战,提供了充分的运用空间。首先,民用航天器部分功能与军用航天器互有交集,其功能相互通用。民用的气象卫星、通信卫星、测绘卫星、资源勘测卫星等,这些卫星所具有的功能都是可以军民两用的。如著名的谷歌地图,就是利用太空CCD光感元件,所拍摄的照片清晰度极高,可准确看到居民小区内的道路、车辆等,完全能够实现军用的标准。这些民用太空装备系统平时为民用,担负着人们正常的各种社会生活保障,战时则可以被征用完成预定的太空作战任务。

其次,在轨航天器都具有可自然利用的攻击性。只要航天器在轨,则航天器必然以一定速度运行,质量一定的物体在高速运动时其本身必然具有巨大的能量,这一自然特性在战时可以被太空作战充分利用,完全可以使用不重要的民用航天器去撞击作战对手重要的军用航天器,这样能以较小的代价破坏对手的太空信息系统,削弱其夺取、掌握、利用制天权的能力,实现非对称性攻击,为获取太空作战胜利创造有利条件。

再次,民用航天器的多用途功能,可以及时补充军用航天器的作战需求。平时,国际相关法律法规对军用航天器的研发使用有着严格规定,这是控制太空军事化的重要手段。正是因为受诸多因素的制约,军用航天器的数量和运用功能都受到一定的限制,在战时对航天器的需求量大增,军用航天器会出现不能满足作战需求的状况,很有可能不能及时投送和机动到指定的作战空间。而民用航天器数量多,各太空系统对作战区域辐射范围大,如果作战有需求,可以及时调整调动民用航天器为太空作战所用,有效弥补太空作战力量不足的短板。

贯彻"军民融合,平战一体"的作战原则,必须深刻理解和认识航天器的通用性和多用性,在组织开展太空作战中,坚持太空资源民为军用,军民互用,平战一致。平时要做好军民在太空作战方面的技术融合工作,建立各种军民融合的协作机制,将民用太空信息系统纳入军事作战应用范畴,开展军民融合参加太空作战的实际演练,理顺军民太空力量在战时的各种协调关系。随着航天技术的不断迅速发展和太空作战迈向实战脚步的加快,太空作战平时与战时界限已经越来越模糊,所以战时的关键取决于平时,平时也成为战备之时。

贯彻"军民融合,平战一体"的作战原则,还必须保证平时的太空力量建设能够全面为战时提供作战服务,包括各种民用航天领域和太空资源。对各种民用航天机构、企业、公司与军事运用之间的关系,平时要明确,便于军事作战运用能够在平时对民用航天有关部门履行部分职权,这样才能将民用太空力量与军用太空力量融合为一体,有效保持太空作战需要。各种太空力量的部署、建设必须建立在战时的基础之上,包括民用设施的建设和民用航天器的发射,须为军事全局考虑,成为太空军事部署的一部分。当前世界上广为应用的GPS卫星导航系统,就是美国太空军事部署的重要组成部分,研制试验周期漫长,从发射第一颗卫星到全部建网运行长达六年时间,GPS卫星导航系统已经在实战中显示出了强大的生命力。太空军事部署是国家战略部署的重中之重,关键在于军民融合、平战一体,只有真正贯彻落实了这一基本原则,战时才能发挥出军民融合应有的合力和战力。

五、整体联动,攻防一体

整体联动,攻防一体,是指与太空作战相关的各种作战力量,通过对全维空间的共同认知与同步规划,将机动力、火力、防护力和信息力融合,实现太空攻防作战行动的无缝链接,形成体系、协调一致。全面严密地搞好太空防御,可降低敌方太空力量攻击的效能,保障己方对太空的有效利用,并可促进太空进攻行动的顺利进行,是变被动为主动的重要条件。但太空防御无法从根本上削弱敌方太空力量,有效的太空进攻可破坏、摧毁敌方太空力量,降低其利用太空的能力。太空进攻可使太空防御得到强化,相对增强太空防御的能力,保障太空力量效能的正常发挥。太空进攻与空间防御是太空作战中不可分割的两个重要组成部分,片面强调一个方面忽视另一方面都是不可取的。在两者并举的同时,更应强调只有通过统一的太空作战筹划,依托指挥信息系统的融合功能和太空作战平台的智能化特性,才能实现太空攻防作战行动的无缝链接、协调一致,达到真正意义上的"整体联动,攻防一体"。因此,"整体联动,攻防一体"是太空作战成败的关键,是太空作战的一项重要原则。

贯彻"整体联动,攻防一体"的作战原则,各不同维度空间或作战方向的太空作战攻防行动要紧密配合,各种作战力量应自主协调、整体联动。同一维度空间或作战方向的太空作战攻防行动转换速度要快,行动空间紧密契合,不给对手以可乘之隙,实现攻防转换的无缝衔接,从而实现太空作战"进攻——防御——再进攻"的快速和有效衔接。

六、把握战机,隐蔽突然

把握战机,隐蔽突然,是指综合运用各种方法和手段,隐蔽太空作战企图和行动,欺骗迷惑对手,力求在对手意想不到的时间、地点和目标方面,充分把握作战时机,集中太空作战进攻力量,实施突然攻击,制对手于被动境地。太空作战系统易被攻击的特点明显,把握好战机,对其实施隐蔽突然的进攻,可有效增强己方太空作战优势,致敌被动,收到空间"闪击"作战的效果,能够加快太空作战进程发展,避免大幅消耗战争潜力,还能防止太空作战行动的不断升级和恶化,有效提升对战争规模和强度的控制能力。

贯彻"把握战机,隐蔽突然"的作战原则,应充分做好太空作战准备,制定多种应急预案,确保随时实施太空作战行动。不打无准备之仗,已经成为作战胜利的箴言。战争必须未雨绸缪,料敌于前,太空作战更是如此。太空作战是一种全新的作战样式,参战力量众多,投入的武器装备高端精尖,技术要求极高,作战准备因此烦琐而又复杂,准备时间较长,准备的内容涉及人员、物资、装备、检测、安装等众多方面,并且都是标准高、系统性强的必要性准备工作。如果没有相关方面的充分准备和周密部署,等到战时再进行相关准备工作,就会完全失去作战的有利战机。所以,对太空作战必须有预先的研判,对整个作战态势应有初步的预期,根据从难从险的原则,统筹做好太空作战相关准备工作。

太空作战的准备工作细致而又相对漫长,且在战时消耗极大,准备越充分,胜率就越大,为先发制人提供了有利条件。强调一个"先"字,在太空作战中先敌一秒发起攻击都会带来决定战局的影响,太空作战的影响必然比其他战争的影响更加深远,备战、慎战、先战成为取胜的关键。要根据战场情况,选择和创造战机,力求从战役战术层面先敌发起攻击,保持太空战场主动;采取严格的保密措施,加强太空信息系统及太空作战装备的严格管理,隐蔽太空作战企图,重视使用太空轨道伴动、太空信息欺骗等手段,对己方太空作战企图、部署和行动隐真示假,达成迷惑、调动敌人,造成敌判断、决策失误的目的。

第四节 太空作战对战争的主要影响

信息化战争是指交战双方在信息时代,利用信息化装备,以信息战为主要作战形式的战争。虽然人类社会尚处在由工业社会向信息化社会的过渡转型期,但在军事领域普遍认为20世纪90年代由美国主导的海湾战争是人类战争史上的第一次信息化战争。在双方人数和传统作战装备对比上,相差无几,但多国部队集中调用了72颗卫星和拥有先进的指挥自动化系统。在42天的战争过程中,多国部队以阵亡382人,换取了伊拉克军队伤亡近10万人、被俘8万人的战果,宣告了信息化战争时代的来临。在信息化战争的时代,太空作战力量的运用成为重要标志,太空力量在信息化战争中的作用更为重要,它是一种本原上的支撑力量,是构成信息化战争的要素,信息化战争就是有"天"能取胜,无"天"打不赢的现代战争,太空作战对信息化战争影响巨大。

历史上,每当新的空间成为军事对抗的重要战场,都会给战争形态和世界军事发展带来强烈冲击。19世纪海上作战、20世纪空中作战相继主导战争并极大改变了世界军事面貌,21世纪太空作战已经跃然而出,并对现代战争和世界军事发展产生着决定性和根本性影响。

一、太空作战对战争时空观的影响

太空作战的出现,再次延伸了战争的足迹,带来了战争时空观念的新变化,战争已经延伸到大气层外,在多维空间进行。海湾战争中,多国部队的指挥所是设在海湾前线,到了"沙漠之狐"行动和科索沃战争时,凭借太空指挥和通信系统,美军的指挥所已经移到美国本土,指挥机构距战场达1万多千米。作战平台也是如此,由潜艇和飞机发射的巡航导弹,凭借卫星导航定位系统,可以打击1 000千米以外的目标。随着太空军事信息系统的发展和完善,战场范围进一步扩大,前后方界限逐渐消失,"全球战场"时代正逐步成为现实。

太空作战使战争节奏也空前加快,在太空作战样式出现以前,作战平台运动速度最快也不过每秒几十米以至几百米,弹丸飞行速度也不过每秒几百米以至几千米。太空作战中,作战力量的机动速度和投射速度大大提高,航天器飞行速度可达到每秒几千米,定向能武器、激光武器攻击时速度可达每秒30万千米,分别是空中机动和投射速度的几十倍乃至上万倍,可对全球目标实施瞬时打击。战争的突然性空前增大,战略预警时间短促,战场情况瞬息万变,"闪击战"可以真正实现以闪电般的速度进行,小时级、分钟级、甚至秒级战争已初显端倪。由于太空作战的出现,使战争节奏不断加快,时间和空间的相互关系发生重大变化。战争时间呈增值趋势,国土大小与纵深长短,在太空作战时代已基本不再成为一个重要的限制因素,以空间换时间难以达成目的,以时间争取空间将成为新的战略选择。

二、太空作战对战争主动权的影响

太空作战赋予了战争主动权新的内涵。随着战争形态演进,战争主动权的重心从制陆权转到制海权,再转到制空权,目前已经转向制天权,并日益体现其主导战争决胜的巨大价值。太空已经取代空中成为新的战争制高点,谁夺取了制天权,控制了空,谁就可以居高临下控制其他战场,并能有效利用太空信息系统,保障地面、海上、空中武器系统稳定运行;反之,没有制天权或局部制天权,就很难夺取和保持制空权、制海权,在战争中就可能处于被动地位,太空信息系统也难以有效运行,对地面、海上、空中和网络武器系统的保障更是无从谈起。争夺制天权的基本目的,是破坏对手的太空作战系统和限制其在太空行动的自由,保护己方太空系统和保证己方在太空行动的自由。由于太空系统的脆弱性、易毁性以及太空防御技术的复杂性,使得太空打击可能成为争夺制天权的主要方式,成为争夺战争主动权的重要内容。

三、太空作战对军事战略的影响

军事战略是筹划和指导战争全局的方针和策略。在太空军事力量没有出现之前,军事战略多是谋划武装力量的建设、发展与转型,科学合理地建设与部署军事武装力量,依据军事发展现实状况,规划军事力量体制编制调整,以适应新的战争形态发展需要,满足作战实际需求,以实现军事利益的最大化。太空作战的诞生,全面影响着军事战略的发展趋势,直接渗透到军事作战实践的各个方面。太空作战力量虽然是在冷战时期核战略的基础上产生,但经过不断实践得到快速发展,早已经超出了与核战略相关的不同军事应用领域。正因为美国是冷战的主要角色国,所以也最先意识到太空作战对于军事战略的巨大影响,并在一系列军事战争中不断地运用太空军事力量,从各个不同时期的军事斗争中尝到了巨大的甜头,也得到了太空军事力量给予军事战略的高效回报,使其本身就强大的军事强国,更加强中之强,长期保持着军事帝国的发展态势,这就是美国太空军事战略的真实写照。

综观第二次世界大战后美军所参与的战争,最大的失败是在越南战场上的失败。美军作战部队机械化程度已经达到较高程度,但并没有在与装备较差的越南游击队的战斗中取得决定性优势。反观装备精良、训练有素、经过八年"两伊"战争洗礼的伊拉克军队,在拥有太空作战力量的美军面前显得不堪一击。毫无疑问,在战后美军建设最强、最好、战斗力提升最快的就是太空作战力量。也可以说是美军太空力量的发展带动整个美军的转型,将一支传统的机械化军队升级为一支信息化程度越来越高的新型军队。通过近20年来的几场战争,美军对太空作战力量的依存度越来越高,在情报侦察、作战通信、导航机动、水文气象等方面都是依靠太空作战力量来完成的。

回眸美国近几十年所走过的军事战略发展历史,太空作战力量建设与之相随相绕,证明了太空作战对军事战略的巨大影响力。太空作战可以完全改变一个国家的军事战略,使其武装力量转型、升级,由机械化军队向信息化军队转变。在未来的一定时期内,太空作战对军事战略的影响仍旧深远,太空作战力量的发展依然是世界高度关注的军事战略发展的核心。即便一些国家在常规军事力量,甚至核力量的对比上处于绝对劣势,但只要这些国家具备太空作战的绝对优势,也将完全扭转战略上的不利态势。太空作战力量是比现有任何作战力量更有前途、更有效能的作战力量,其巨大的军事潜在魅力,不仅让世界各主要军事大国为之倾力而行,也让一些军事力量相对较弱的国家为之动心。这些经济不发达的国家,有的集中全国之力,发展自己的太空力量,发射自己的军用卫星,有的小国、弱国也以合作的方式积极参与国际太空项目的开发,只要具备建立、发展太空作战力量的国家,无不将太空作战力量的发展作为本国军事战略中的重中之重。这足以说明太空作战对于军事战略的重大影响。

太空作战的诞生叩开了信息化战争的大门,在人类已经进行过的信息化局部战争中展现了其无与伦比的巨大威力,这种威力还只是太空作战力量参与战争的小试牛刀,太空作战对军事战略的影响将是革命性的,这种革命性不是一朝一夕就能够完全体现出来的,而是随着太空作战力量的增强,随着军事航天技术向作战领域的不断科技渗透而逐渐显露的。未来军事战略受太空作战的影响将越来越大,这种影响有的是直接的,有的是间接的;有的是现实的,也有的是潜在的。不管什么样的影响,太空作战终将走向更加完美的战争舞台,演绎出信息化时代战争的精彩大剧。世界各国也将根据自身国力、军事力量的实际,来制定适合信息化战争、具有本国特色的全新军事战略。

四、太空作战对空天防御的影响

太空作战的出现带来了战争威胁的新变化,从太空实施打击日益成为战争的新方式,并与空中打击一起,成为信息化战争中的主要威胁,进而加速了空天防御一体化步伐。空天防御具有广阔性和复杂性的特点,战略侦察、战略空袭既来自空中,也来自太空,这使得空天防御一体化成为必然。太空作战对空天防御的如此影响,因之就必须建立一体化的防空防天指挥机构并实行一体化指挥,使防空和防天作战相互协同、相互支援、密切配合,进行整体抗击。空天防御具有全方位、多层次、大纵深、多样式的特点,依靠任何单一力量都无法达成防御战略空袭的目的。因此,建立以太空军事力量和空军为主体,陆军、海军和其他防空相关力量共同参与的一体化力量体系,就成为当前世界军事发展的一个重要目标。空中、太空袭击武器装备具有攻击手段多样、杀伤破坏效能各异、突然性大、突防能力强的特点,直接影响空天防御方式的改变和武器装备的创新。带来了军事上实现太空防御武器装备和陆、海、空防空武器装备一体化,主动防御手段和被动防御手段一体化,硬手段和软手段一体化,抗、反、防系统一体化等一系列防御手段与方式的出现。这些由于太空作战影响而出现的军事作战创新手段,为夺取战争胜利创造了有利条件,在战争中既能充分发挥各种作战手段的作用,又可避免相互失调、产生内耗,形成"1+1>2"的整体作战效果。

五、太空作战对战争打击重心的影响

英国著名军事理论家富勒曾指出:"一支军队的战斗威力存在于它的组织之中。杀伤敌人是躯体的战争;使指挥权失效是头脑的战争。"信息技术的飞速发展及其在军事领域中的广泛运用,把人类真正带入了"头脑战争"时代。冷兵器的厮杀、热兵器的摧毁,曾先后成为"躯体战争"时代达成战争目的的主要方式。"头脑战争"时代,对敌方指挥控制系统和心理认知实施攻击已经成为达成战争目的的主要方式,大大取代曾经的血腥方式。战争方式的变化,带来了打击重心的转移。指挥控制系统成为关键打击对象,太空信息系统在"头脑战争"时代,则成为关键中的关键,直接决定指挥控制系统能否有效运转。因而,通过摧毁对方的太空军事信息系统,破坏对方指挥控制系统,成了战争打击的新重心。

太空作战的影响催生了战争打击的新重心,在已经发生的信息化局部战争中,对打击重心的选择已经给出了实践的范例。打要害攻节点,成为信息化战争打击目标的重要选择,正是由于太空作战力量的出现,才使得打要害攻节点成为可能和现实,为现代战争提供了新的理念和方式。

从已有的战争实践分析,打击重心节点的目标选择主要体现在三个方面。一是选择对方的指挥中枢。无论太空力量部署得如何,从作战执行的角度来说,太空作战的指挥中枢必然在地面,有足够的设备和手段来指挥作战,如果指挥中枢设置在太空或在空中、海上,指挥手段必然受到限制,从而影响指挥效率。打掉地面太空作战指挥中心这个节点,是太空作战的首选目标。

二是选择中继点。太空力量各点间联系方式主要是点对点直通、太空中继和地面中继,但受太空军事装备能力限制,军事中继应用已无法满足现实中的实战需要,必须要租用商用通信卫星以满足军事上的需要,这些通信卫星不但满足指挥通信,而且负责将侦察卫星所侦察到的情报传送到地面站。打掉中继点之后,虽然对手的太空力量还在,但已经失去体系作战能力,变成各自为战的散兵游勇。

三是选择观测站。观测站是太空军事力量必然组成部分,发挥着不可替代的作用,但为了便于太空军事力量的指挥和控制,观测站成全球分布的态势,通常在高山、海岛、沙漠等偏远地点,各种观测站基本没有防护措施,特别是远离本土的观测站,当航天器运行到地球的另一侧,背向航天器所在国的半球,航天器所在国只能靠有限的观测站掌握太空军事力量动态,如果此时发动攻击,根据地球自转和大气层对电磁波的影响,对手太空力量将会暂时"致盲",这段真空时间就是作战的黄金时间,即便敌人"复明",也会遭到巨大的损失。太空作战对指挥中枢等节点性的打击和破击只是冰山一角,未来战争中这种打击产生的影响将越来越凸显,由太空作战而带来的信息化战争剧目也将越来越精彩。

六、太空作战对军事力量部署的影响

太空作战将改变军事力量的部署,这既是作战的实际需求,也是信息化战争的必然结果。对太空作战力量本身而言,太空力量部署的空间非常广阔,包括地球外层空间和地球表面。因为太空作战力量的参与,大大提高了其他军兵种部队的作战效能,其他军兵种的作战部署、行军部署、兵力编组和配置也必然发生相应的改变。

一是太空作战对自身军事部署的影响。太空作战力量的组成多元,除了根据作战需要在太空中部署的在轨航天器,还有遍布全球的地面站、测控船。通常人们关注太空军事力量往往关注太空进攻力量,但实际上,组织太空进攻战斗的基石就是各地面站和测控点。地面站和测控点能有效接收和传输来自航天器的信号,获取航天器位置、姿态等相关信息,必要时履行遥控航天器的职能。航天器的轨道不同,就需要地球表面不同位置的地面站和测控船。在和平时期地面站和测控点会相对安全,在战时,地面站需要地面防御力量和空中防空力量的保护,远洋测控船站也不可能在远海自由航行,也要配属相当的海上护航力量。而在轨航天器的部署,则要根据其他军事力量作战需要或自身独立作战需要来进行部署。以简单地实施太空作战的电子侦察卫星为例,轨道的选择至关重要,高度过高则传感器灵敏度过低,高度过低则卫星的使用寿命过短,通常为300~1 000千米高度,但即便在如此明确的范围内,也要根据任务的性质,准确部署航天器的轨道。

二是太空作战对其他军事力量部署的影响。太空作战对军事力量部署的影响是决定性的,直接影响部队的作战决心。太空力量为军事力量部署提供的情报支援是无可替代的、持续的、准确的。1973年中东战争,以色列正是通过美国"大鸟"军事侦察卫星提供的准确情报,及时调整了其作战决心,对埃及军队间的缝隙进行猛烈攻击,从而彻底扭转战局。太空作战可以直接改变部队的行军部署,军事力量无论做任何行动都必须有两个不可改变的基准点。一个是作战时间的基准点,一个是所使用的地理坐标位置的基准点。而太空中的卫星导航系统能够及时、准确、连续地向作战单元提供这两种基

准点。卫星导航系统早已成为信息化战争的定盘星、瞄准镜,对作战目标的精确制导打击,太空作战力量不可或缺。

三是太空作战对军事力量编组的影响。力量编组是根据任务的情况对所属兵力进行任务区分而进行的科学、有效的组合。因为有了太空作战力量对其他军兵种作战力量的有力作战支援,军兵种的作战效率大为提高,在相同的时间内可以完成更多的作战任务。在机械化战争时代,部队的机动性的增强可以有效弥补兵力的不足,在信息化战争时代,太空作战力量支援作战能力的增强,也可以起到节约兵力的作用,以更少的兵力完成更多的任务。海湾战争期间,美军一艘航母每天的作战能力是攻击敌方 162 个重要目标,而现在美军一艘航母可每天攻击敌方近 700 个重要目标,作战效能提高了 4.3 倍,在相同时间内一艘航母可以完成比过去 4 艘航母还要多的作战任务。从数量上看,如果将整个航母编队计算在内,可节约的兵力约为 20~30 艘海上大型现代作战舰艇,相当于一个中等海上强国的海军全部作战力量。

七、太空作战对作战样式的影响

太空作战对信息化作战样式的影响可以用焕然一新来形容。在信息化战争中对制信息权的获取主要通过对制天权的获取来支撑。信息化战争必然首先在太空打响,太空作战是信息化战争的先发之箭。

太空作战随着作战需要不断出现新的作战样式,目前太空作战样式可以分为太空威慑作战、太空封锁作战、太空进攻作战、太空防御作战、太空信息支援保障作战和太空火力支援作战。这些都是信息化战争中的新生作战样式,如太空威慑作战和太空信息支援保障作战已经在信息化战争中得到战争实践的检验。一些航天强国已经具备实施太空封锁作战、太空进攻作战、太空防御作战的能力。太空作战力量是一支重要的战略力量,太空作战的正面对决带有战略决战的性质,甚至有可能引发世界大战。古巴导弹危机正是由于美苏双方忌惮冲突后产生的严重后果才罢兵收手。如果不是军事斗争激烈到了极高程度,大规模的太空封锁作战、太空进攻作战、太空防御作战不会发生。太空火力支援作战目前受到《外层空间法》的制约,各国均不敢冒天下之大不韪,将进攻性武器送入太空,太空武器化的节奏被大大放慢。但并不意味着太空火力支援作战的能力不存在。现在各种太空作战武器装备不断研发并应用,使越来越多的国家充分认识到发展太空武器的必要性和重要性。在积极发展卫星、航天飞机、空间站等军用航天器的同时,如何阻止敌方利用太空,或在敌方对己方航天器发动攻击时如何进行反击,如何发挥太空的高度优势,如何夺取和保持制天权,如何从太空对地面、空中和海上的目标进行攻击,这些问题都促使太空武器应运而生。

值得关注的是,当前一些军事航天强国在反卫星武器装备的研发上,已经取得实质性进展,有的已经进入作战实验。已知的反卫星武器就有以下几大类:一是导弹武器,包括携带核弹头或常规弹头的反卫星导弹和依靠直接碰撞杀伤卫星的动能拦截弹;二是定向能武器,包括激光武器、粒子束武器和高功率微波武器;三是电子对抗武器,用于干扰卫星的通信和数据传输。

这些太空武器装备如果未来用于太空作战,对整体战争领域的影响将是全面的,尤其是对作战样式的影响更具颠覆性,有的作战样式将消失,有的作战样式将全新登场亮相。太空作战空间是其他各维作战空间的交集点,太空作战力量也是各军兵种作战力量的枢纽和核心,太空作战力量有效地将诸军兵种的作战力量联合在了一起。在太空作战力量没有出现以前,陆、海、空军最大的联合作战出现在第二次世界大战时期盟军的诺曼底登陆,盟军投入兵力288万人,德军防御部队兵力138万人,但作战的区域仅仅是在诺曼底附近区域。在太空作战力量出现之后,无论是联合作战的空间、联合作战的层次、联合作战的方式都有了质的飞跃,作战空间由有限的沿岸岛屿地域扩展到外层空间,可以遂行全球作战,联合作战的层次从战略层级贯穿到战术层级,作战的样式不但可以实现各军兵种间的近、中、远程的互联互通和火力支援,也能实现诸军兵种作战力量配合太空作战,产生了多种新型作战样式。信息化战争的作战样式就是诸军兵种作战力量围绕太空作战力量,根据不同任务属性而产生的。

八、太空作战对作战指挥的影响

太空作战使信息化战争拥有了更为广阔的作战空间,更多的指挥对象,更高效稳定的指挥手段,更准确及时的指挥信息,更短的指挥周期,更高的作战效率。现代信息化战争不但有陆战场、海战场、空战场还有广阔的太空战场。陆、海、空、天、电磁、网络、心理等作战力量,全维一体参战。卫星通信质量高、稳定性好、延迟小、覆盖面积大的特点,可随时满足信息化战争对指挥通信的需要。1964年美军在越南战场上首次使用卫星通信,克服了越南的恶劣天气和地理条件对通信的制约,出色地完成了指挥通信的任务,使之前短波指挥通信不稳定、易受天气、地形影响的缺陷得到了较好的解决。卫星通信在美军的作战指挥中得到极大的推广,陆军通信的70%、海军通信的90%都使用卫星通信。除海军陆战队外,美国各军种都有独立的卫星通信系统。军事通信卫星承担了美军70%以上的远距离军事通信任务。

太空军事侦察力量的使用,改变了传统以人力和电磁获取为主要手段的情报获取方式,成为信息化战争最重要的情报来源,对作战决心生成、指挥手段方式的创新、作战计划的执行起到了决定性影响。太空侦察力量可以及时准确地获取敌方的兵力部署、机动的具体情况,即便对方使用了伪装防护措施,也可以通过星载合成孔径雷达破解敌人的伪装。数字地球公司发射的民用"快鸟"卫星的黑白照相机的分辨率达到 0.61 米,有的军用卫星的分辨率已经达到了厘米级。有如此高分辨率的军事卫星存在,就犹如身在敌营一样看着对方一举一动,准确了解敌人的部署情况,可在第一时间做出有针对性的指挥行动。

　　信息获取能力的增强,指挥决策时间的缩短,高效能武器的使用,必将缩短作战指挥周期,根据作战任务的不同,作战指挥的周期也不尽相同。每次作战又有每次作战的特殊情况,所以信息化作战指挥周期缩短并不是一个定值。信息化战争从作战筹划开始到战争结束,从作战人员的编组到武器装备的使用,从指挥方式的改变到作战方式的改变,都受到了太空作战深深的影响。没有太空作战力量参与的信息化战争,不是一场真正的信息化战争。随着航天技术的进步和太空作战力量的发展,太空作战对信息化战争的影响将逐渐加深,信息化战争也会随着太空作战的变化而产生相应的变化,以更加全新的面貌展现在现代战争舞台。

第二章 太空作战理论

理论是人类对某一事物的理性认识的高度总结，是对人类实践认知的经验积累并反作用于人类实践。理论是经过先行后知，知而后行，行而修知，知行合一的复杂过程而形成的。作战理论是军事理论体系中的重要支柱，是人类几千年战争史的智慧结晶，是人类发现战争规律和战争指导规律的客观展现。太空作战是人类战争史上的新兴事物，虽然起步晚，但发展快、作用大、受重视程度高，其作战理论也从无到有、由少到多、自浅入深，日益形成太空作战理论体系，内容日趋丰富，犹如新生的婴儿，虽仍在襁褓之中，但早已显示出蓬勃的生命力。

太空作战理论是一门研究太空作战规律与指导规律，并用于指导太空作战准备与实施的学科，是人们在对不断积累的太空作战实践经验进行理论升华，在广泛吸收和科学整合的基础上，对太空作战形成的系统化理性认识。其内容囊括太空作战理论的研究对象、任务、内容、方法、历史沿革、力量建设、作战样式、作战指挥、武器装备、作战保障等方方面面，对现有的作战理论进行了高度的提炼和融合，准确、全面反映太空作战这一新兴作战模式，揭示其主要矛盾，发现其发展规律，将太空作战理性化、科学化、具体化，从而得出太空作战的一般原理，指导太空作战的实战应用。

第一节 太空作战理论的形成

随着太空技术与装备的出现及其在战争实践中的应用，太空作战实践与理论开始出现并不断发展，大体经历三个阶段：萌芽雏形阶段、渐进形成阶段和快速发展阶段。

一、太空作战理论的雏形阶段

从 20 世纪 50 年代中后期至 80 年代初,为太空作战发展的萌芽雏形阶段。这个阶段,正是美苏激烈对抗的冷战时期,太空力量的发展深深地打上了"冷战"烙印。美苏两国太空力量主要服务于各自的核威慑战略。一是为战略核防御提供早期预警,并设想从太空对敌方弹道导弹实施拦截。如美国于 1983 年提出"战略防御倡议",俗称"星球大战"计划,拟通过数十年努力,在太空建立一道防御屏障,该倡议后因政治、经济、科技等原因未能实现。二是为战略核攻击提供侦察、导航、通信、气象等信息保障,确保战略核攻击的准确性和有效性。三是为国际核武器核查行动提供监视、探测手段,有效控制核扩散,以维持世界范围内核稳定。可见,太空力量实际上成了核威慑力量的延伸。同时,太空力量还运用于各种重大的政治危机和局部战争中,诸如柏林危机、古巴导弹危机、第四次中东战争和英阿马岛战争。由于受历史条件的制约,太空力量主要运用于战略层面,服务于大国核威慑战略,并在一定程度上部分满足了常规战争对战场信息的需求,增强了参战部队的作战效能,太空作战雏形已初步显现。

在这一阶段,太空作战理论初步产生。随着各种军用卫星系统迅速出现并应用于军事领域,各种反卫星武器的研制也为美苏等太空大国所热衷,太空对抗作战思想开始出现。1958 年,美国国防部着手研究把近地外层空间变为可能的战场,确定武器和技术兵器系统的样式,夺取近地外层空间制空权的途径等问题。1959 年《美国空军基本条令》首次使用"航空航天"这一术语并替代了"空中"一词,同时将空军的战场定义为"地球表面以上的整个空间",即"航空航天"空间。1962 年由苏联索科洛夫斯基元帅主编的《军事战略》一书认为,未来战争的空间规模巨大,宇宙将成为战场,军事行动可能席卷宇宙。随着军用卫星的种类和规模迅速扩大,能够服务于战争的技术功能得到了重点开发。美苏两国都形成了包括侦察卫星、通信卫星、导航卫星、气象卫星、测地卫星在内的较为完善的军用航天装备体系,并多次进行反卫星试验,初步具备了反卫星作战能力。

在太空作战实践催生下,太空作战理论初步产生。1971 年《美国空军作战条令》第一次规定空军在外层空间的作用,明确表示美国空军具体负责与航天器有关的军事活动,并"确保其他国家不能利用空间探索获取战略上的利益"。这标志着美国空军太空作战理论的诞生。1979 年版的该条令将空军的空间任务进一步明确为:航天保障、战斗力增强和太空防御。20 世纪 70 年代末《苏联军事百科全书》指出:"为了抗击敌人从航空航天进行的突击,就应使用各种兵器实施抗击航空航天突击的战略性战役。"受太空军事技术装备水平限制,太空作战理论尚未融合整个作战理论之中,处于萌芽状态,没有实现与当时作战理论、作战体系和作战装备的有机"对接"。

二、太空作战理论的形成阶段

从20世纪80年代初至90年代末,为太空作战发展的形成阶段。在这个发展阶段,不仅太空作战力量在种类、规模上得到了较大的发展,而且太空作战的技战术性能也得到了较大的提高,具备了较强的战场信息支援保障能力,并在几场局部战争中得到了较大规模运用。特别是1991年海湾战争中,以美国为首的多国部队动用了70余颗卫星,实施了太空侦察监视、导弹预警、导航定位、通信中继、气象观测等多方面的信息支援保障,为多国部队的胜利做出了巨大贡献。海湾战争展示了太空作战的巨大魔力与魅力,但也暴露出太空作战由服务于国家核战略为主向服务于现代局部战争拓展过程中的一系列问题。这些问题主要包括:一是太空作战力量的应急部署耗时过长;二是系统兼容性不强;三是航天装备的技战术性能不高,难以适应瞬间万变的战场环境;四是太空作战的指挥体制僵化、信息流程不合理,各级指挥、战斗人员对太空作战力量不够了解,无法在作战中有效运用。

海湾战争后,美军总结了关于太空作战的经验教训,进一步加强了太空力量的建设。1999年科索沃战争中,以美军为主的北约部队,其太空作战力量对于作战行动的支援,无论是规模还是质量,都较海湾战争有大幅的提高。美军前空间司令部司令迈尔斯上将指出:"科索沃战争,确实是一场从空间发动的战争。在科索沃战争中,我们的空间信息支援达到了一个全新的高度。众所周知,在沙漠风暴行动中,很多人抱怨空间支援没有深入到战役、战术层次,而我们这次行动在这一方面有了很大改进。"

在这个阶段,太空作战理论逐步形成。美苏相继提出"空地一体作战"和"大纵深立体作战"理论,主张必须瞄准现代战争"全球性、大纵深、全方位、高立体"的新特点进行战争准备,在作战中更加重视太空信息系统对战场的支援作用。在这一背景下,美国的三军航天司令部和联合航天司令部相继成立。美国空军航天司令部于1982年10月正式颁发了第一部太空作战理论,即《军事航天理论》,标志着美军太空作战理论的初步形成;1990年完成的《航天作战》,对太空作战理论进行了全面系统的阐述,美军太空作战理论由此正式确立。美国空军的任务被进一步明确为太空控制、力量运用、力量加强、航天支援等内容,航天作战逐渐开始强调太空力量投送,主张利用太空环境对地面力量进行加强。1992年以来,美军先后颁布了《空军航空航天基本理论《军事航天作战理论》《美国空军太空作战条令》和《美国空军空间对抗条令》等一系列关于太空作战的条令文件,提出"空天战役"的概念,明确了防御性空间对抗行动和进攻性空间对抗行动的指挥控制和指导原则,具体规定了实施联合空间战役的要求和程序。

苏军高级将领依据天基侦察、监视、导航和预警系统发展情况,提出了针对航天作战的"信息战"概念及理论。1995年6月,俄罗斯出版了《航天器的作战应用》一书,全面论述了武装部队特别是空军部队,在制订作战计划与执行作战任务时,如何运用航天器以及对抗敌方航天器的基本理论与实际操作问题,同时重点分析了美国的太空力量,并指出了与其对抗的基本方法。太空作战理论从战略指导层面走向战术操作层面,逐步形成了与太空作战力量相配套的太空作战理论体系。

三、太空作战理论的成熟发展阶段

从20世纪90年代末至今,为太空作战的快速成熟发展阶段。20世纪90年代的几场现代局部战争,凸显了太空作战的地位作用,引发了世界各国尤其是军事大国发展太空作战力量的热潮,相继出台了国家太空军事发展规划,加快太空作战力量建设步伐,太空作战理论也全面步入实战应用准备阶段。1998年4月,美军联合航天司令部推出了《长期规划—2020年设想》,提出了未来四大太空作战概念:控制太空、全球交战、全面力量集成、全球伙伴关系。该理论特别强调应充分利用一体化太空力量,进行以太空为基地的弹道导弹防御和从太空攻击各种航天器、弹道导弹、飞机、舰船及陆地高价值目标。为适应未来太空作战的需要,美国于1999年底将太空作战指挥中心和太空与指挥控制局合并为太空指挥、控制、通信、情报、监视与侦察中心,由太空司令部直接领导。同时,美国2001年退出1972年美苏两国签订的《反导条约》,为国家导弹防御系统和太空作战扫除障碍,并正式部署导弹防御系统,全面启动太空作战计划。

为提高太空作战实战能力,美军组织开展了两年一次的"施里弗"系列演习,并于2001年1月22日至26日首次举行了"施里弗Ⅰ"的太空作战模拟演习,迄今为止,已经组织八次"施里弗"演习。2012年4月19日至26日美军进行的第七次"施里弗"演习,与以往的演习有很大的不同,演习的名称为"施里弗-2012国际"演习(SW 2012 International)。这次演习重点围绕"在未来冲突中如何运用太空与网空力量"进行演练,检验美空军航天司令部的作战指挥系统、航天系统以及航天与地面系统的配合状况,是美军加强太空和网络空间威慑能力的重要手段。这次演习将北约多国和澳大利亚纳入进来,利用更多太空资源,提升美军与盟友的太空与网络空间作战能力,使美军太空作战又向前迈进了一大步。

俄罗斯将太空优势作为国家安全的重要基础。为确保在未来战争中获取太空优势,俄军在大力发展太空进攻性武器和完善其太空作战理论的同时,还于2001年6月1日在原战略火箭军太空部队和反导弹太空部队的基础上,正式组建了航天部队,直接隶属于俄军总参谋部指挥。俄罗斯总统普京还承诺,在美国一意孤行地搞导弹防御系统的情况下,"俄罗斯再穷也不能穷太空作战部队",今后国防开支将重点向航天事业倾斜,以确保"太空作战部队得到合理而足够的经费支持"。

在这个阶段,太空作战理论不断发展完善,主要体现了美军和俄军太空作战理论的逐步成熟。美国空军1998年颁布AFDD2-2《太空作战》条令,并分别于2001年、2004年及2006年进行了3次修订和重新发布,其中2004年修订版改名为《空间对抗作战》条令。这些条令比较详细地规定了美国空军进行太空作战指挥控制和部署实施的方式。2002年8月,美军参联会颁布了《美军联合太空作战条令》(TP3-14),并于2009年1月颁布其修订版(JP3-14)《太空作战联合条令》。该条令旨在为计划和实施联合太空作战提供指导方针,为空中、陆地、海上、太空及特种部队等所有作战人员提供太空作战的基本依据,确立太空作战的基本原则,为太空力量和太空能力的利用建立指导框架。2013年,美军新版《太空作战联合条令》出炉,规定了太空作战的六大任务领域,阐述了拟制太空作战计划的程序方法。上述这些文件和条令的出台,标志着美军太空作战理论已经趋于成熟,太空作战理论体系初步形成。

俄军太空作战理论也取得突破。2001年,俄罗斯提出在2010年前"国家航天计划"中,要建立一整套完善的太空作战理论,对太空作战原则、作战区域划分、作战对象、作战武器系统和主要作战样式做出了系统的界定;设想出应对未来太空作战的三种作战样式:太空进攻作战、太空防御作战和太空保障作战;把太空作战武器系统分为两大部分:太空攻防作战武器系统和太空保障作战武器系统;重提了陆基高能反卫星激光武器、轨道轰炸机、载人太空战斗站和航空航天飞机等一系列研究设想。

美俄两个航天军事大国,在太空作战力量和太空作战理论方面的竞争式发展,对世界各国的太空作战和理论研究也起到了推波助澜的作用,使一些国家和地区的太空作战力量建设和太空作战理论发展,都受到了一定的影响,有了很大的提高与进步。目前,虽然太空作战在一定程度上仍然是大国和强国间的"游戏",但是这种"游戏"对现代战争的影响是全方位的,对世界军事发展的推动力是空前的。

第二节 太空作战理论的研究对象、任务和内容

深入研究太空作战理论,需要弄清太空作战理论的研究对象、研究任务、研究内容和理论体系等。

一、太空作战理论的研究对象

有无独立的研究对象,是任何一门学科能否独立存在的重要标志和根本依据。毛泽东指出:"科学研究的区分,就是根据科学对象所具有的特殊矛盾性。因此,对于某一现象的领域所特有的某一种矛盾的研究,就构成某一门科学的对象。"太空作战理论作为一门独立的学科,其研究对象就是太空作战。

太空作战是太空作战理论研究的客体,由已经发生过的太空作战和未来可能实施的太空作战两部分组成。太空作战理论是一门实践科学,源于实践并指导实践。考察和研究以往已经发生过的太空作战实践,对于揭示太空作战规律,预测太空作战发展趋势,指导未来太空作战都十分重要。人类战争史表明,人们总是在总结过去战争经验的基础上,提出新的战争理论指导战争实践,又通过战争实践修正和发展战争理论,为指导下一次战争做准备。离开了以往发生过的战争实践,太空作战理论便成为无源之水、无本之木。但是,太空作战理论又不能仅仅停留在对已经发生过的太空作战经验的总结上,更重要的是在下一次太空作战还没有发生之前,对未来太空作战及其发展趋势做出科学预测,并制定出相应的对策。因此,未来可能发生的太空作战,也是太空作战理论研究的重点内容。

太空作战理论,应根据太空作战装备技术的发展、体制编制的调整、未来太空战场诸多因素的变化、作战观念的更新等,设想、研究和解决未来太空作战可能遇到的新情况新问题。由于太空作战是敌对双方的残酷对抗,对未来作战不可能进行真枪实弹的试验,所以,在和平时期只能通过训练和演习等形式来模拟未来可能发生的太空作战实践,也可以借鉴外国军队的实践,启发思维,开拓创新,从而把握应变的主动权。

二、太空作战理论的研究任务

太空作战理论的研究任务,概括起来主要包括:揭示太空作战规律和指

导规律,预测太空作战发展趋势。

一是揭示太空作战的规律。太空作战作为人类社会军事活动的重要组成部分和一种客观现象,存在着内在规律。太空作战规律包括自身产生与发展的规律和太空作战行动规律。这些规律是客观的、必然的,不以人的意志而存在和转移,但可以被人所认识、所掌握和加以运用。人们要正确认识、驾驭太空作战并将其导向胜利,就不能不研究和遵循太空作战规律。正如毛泽东所说:"战争的规律——这是任何指导战争的人不能不研究和不能不解决的问题。"太空作战规律,是信息时代战争指导者必须深刻洞察的重大问题。只有把握太空作战规律,才能在太空作战实践中获得行动自由。否则,就要遭受挫折,导致失败。因此,太空作战理论把揭示太空作战规律作为首要研究任务。

二是探索太空作战的指导规律。太空作战指导规律是太空作战指导者指挥太空作战活动过程中的内在规律。从认识论的角度讲,就是太空作战指导者在客观物质条件基础上,遵循太空作战客观规律,能动地解决太空作战过程中出现的各种矛盾和问题,以夺取太空作战胜利的规律。它具体表现为符合太空作战客观规律并用于指导太空作战的原理、原则等。毛泽东曾经形象地把它称之为"大海中的游泳术"。因此,太空作战理论把揭示太空作战指导规律作为重要的研究任务。太空作战客观规律决定太空作战指导规律,太空作战指导规律是对太空作战客观规律的正确反映,是太空作战指导者在认识太空作战客观规律的基础上引申的。揭示太空作战的客观规律固然重要,但最难能可贵的是制定出一套符合太空作战客观规律的克敌制胜对策,即太空作战指导规律。

三是预测太空作战的发展趋势。太空作战是一个动态发展的客观事物,过去、现在、将来都不会出现完全相同的两次太空作战。研究太空作战的目的是为了指导未来太空作战实践。因此,预测太空作战发展趋势,也成为太空作战理论的重要任务,主要是在分析研究太空作战内部诸要素运动和外部诸因素影响的基础上,揭示太空作战发展、变化的规律,对未来太空作战的发展趋势做出科学判断。只有这样,才能在未来太空作战还没有发生之前,就预先有准备,在太空作战发生时,掌握主动,取得胜利。

三、太空作战理论的研究内容

太空作战理论作为一门综合性的军事理论学科,涉及动力学、系统学、航空航天学、控制论、信息论、新材料技术、信息技术、人工智能技术、生物技术等诸多现代先进理论与技术,形成了特定的研究范畴。太空作战理论主要研究内容包括：太空、太空作战等相关概念及内涵，太空作战理论的学科地位、性质、研究对象、研究方法及学科理论体系；太空作战的产生条件和发展趋势；太空作战的主要特点、指导思想、基本原则，太空作战行动的组织实施、指挥控制与综合保障等；太空作战的样式、方式、手段及它们之间的相互关系和协调配合；太空作战力量的构成、建设以及发展趋势；太空作战技术的发展趋势、发展重点及太空作战武器装备的发展原则；太空作战的战场建设；太空作战的训练和保障组织实施；联合作战中的太空作战理论，等等。

第三节　太空作战理论的重要意义

研究太空作战理论的意义，不能简单用重要两个字来形容。太空作战理论作为一种新兴的理论知识，其蓬勃的生命力只是刚刚展示出黎明时分的曙光之一瞬，其发展前景一片光明。太空作战理论虽然在作战理论中属于新生事物，但却占据了作战理论体系中的核心位置，是各种作战理论的交集所在，也把各个相互独立的作战理论分支紧密地联系在一起。太空作战理论不但引领作战理论的全面发展，而且加速现代战争模式转变，大大加快武器装备研发，很大程度上决定着现代信息化战争的结果。当前，世界主要大国围绕太空主导权开展的争夺日趋激烈，太空作战能力建设方面也在你追我赶，并在太空作战实践与理论上不断取得相应成果，在这样的背景下，创立太空作战理论具有十分重大的现实意义和重要理论价值。

一、指导太空作战实践的需要

自人类进入太空以来，围绕太空主导权的争夺就愈演愈烈，这种争夺的帷幕悄然拉开之后，太空军事化发展的趋势也不断加剧，太空军事化竞争发展的结果，快速催生了太空作战。如何直面太空作战这个登上战争舞台的"新生儿"，已经成为未来信息化作战面临的紧迫而现实的课题。进入21世纪以来，世界主要军事强国尤其是美国大力发展太空作战力量和装备，太空作战实战化能力和步伐不断加快，不断拉大与其他国家优势差，太空军事力量发展态势非常紧迫逼人。美国先是于2001年退出《反导条约》，为国家导弹防御系统和太空作战扫除障碍，并正式部署导弹防御系统，全面启动太空作战计划；提出新的战略规划，公布新的国家政策，在总结近几场局部战争中太空作战经验的基础上出台了多项太空作战条令，并通过模拟演习来检验与完善太空作战理论，加强航天队伍建设，积极投入巨资研究太空技术与装备，为太空作战的付诸实施进行实质性准备。信息时代,太空作战胜负已经成为战争成败的决定性因素,要想在未来信息化战争中立于不败之地,打赢信息化条件下的太空作战,就必须加强太空作战准备,全面提升太空作战能力。因此,创立和研究太空作战理论,指导太空作战力量建设与运用,已成为太空作战发展的不二选择。

二、完善和发展军事科学的需要

军事科学是一个发展的、开放的理论体系,总是随着科学技术和战争实践的发展而不断发展。随着太空技术的迅猛发展及深度运用,尽快创立与太空作战在信息化战争中的地位和作用相适应的新兴学科——太空作战理论,已成为完善和发展军事科学的当务之急。

一是太空技术和手段的发展,为太空作战理论学科的发展奠定了客观基础。人类军事科学研究史表明,任何新兴学科的建立,都是以科学技术和作战手段的发展为基础。例如,有了航空动力技术和作战飞机的发展,才创立了空军作战理论学科;有了现代核技术和核武器的发展,才创立了核战争理论学科。今天,日益先进的太空技术及手段,为太空作战理论学科的创立奠定了坚实基础。

二是太空作战样式的出现与运用,提出了创立太空作战理论学科的迫切要求。海湾战争以来的局部战争中,太空作战正悄然登上战争舞台,并日益凸显和展示出巨大威力,成为信息化战争的重要样式和行动,迫切需要创立与之相适应的军事学科为其提供理论支撑。

三是创立太空作战理论学科是发展军事科学体系的必然趋势。军事科学理论体系,需要经历逐步发展、不断完善的进程。在这个发展完善的进程中,现有军事科学理论体系与迅猛发展的太空作战技术与作战样式相比,出现了明显不足。若不在其体系中增加太空作战理论学科体系,就无法适应信息化战争发展的要求,也就无法实现军事科学理论体系的现代化。

三、培养太空作战人才的现实需要

信息化条件下作战,太空作战能力的高低,决定着战争获胜把握的大小,在这种能力中,人是核心要素。因此,人才队伍建设成为世界军事强国发展军事力量的重要内容。太空作战武器装备规模、质量如果存在差距,可以在短时间内加速发展起来,但如果科研和军事人才的数量严重不足、整体素质偏低,太空作战的能力就很难快速提高,在这一领域出现的差距也会越拉越大。要实现太空作战能力的整体提升,全面具备打赢未来信息化战争的能力,就必须把太空作战人才队伍建设,纳入新型作战力量之列,重点建设、加速发展。太空作战从根本上讲,是太空作战人才的高端博弈。没有一大批高素质的太空作战人才,就不能有效掌握太空作战武器装备、及时创新太空作战战法,也就很难赢得未来太空作战的胜利。加强太空作战人才建设,必然要求开展太空作战理论研究,推出一批以太空作战理论为代表的理论教材,形成太空作战理论学科,支持太空作战理论教学。目前,尽管太空作战理论研究取得了不少成果,但较为零散、不够完善,尚未真正形成系统的太空作战理论体系。在这一背景下,创立和研究太空作战理论显得尤为迫切。

四、引领作战理论全面发展的需要

太空作战理论是新生事物,新生事物必然来源于旧事物。航天科技的基础是航空技术的发展。军事理论界普遍将第一次海湾战争,当作是人类历史上真正的第一次太空作战,但不应忘记人类第一次发射航天器这一伟大壮举,应该说这一非常成功的人类太空行动,就是太空作战的最先发令枪。正是苏联发射的第一颗人造卫星,让美国实实在在地感觉到了冷战时期的核威慑,与其说这是核威慑的发展,不如说是太空作战的开端。在人们没有认识到太空作战理论时期,只是将这一作战理论简单地归结为核战争作战理论的一个重要组成部分。太空作战理论基础的物理萌芽就是核弹和导弹相碰撞而产生的,特别是导弹的产生,间接打开了人类通往太空的通天大道。目前世界上几个航天大国,特别是具有太空作战能力的航天大国,都是在核技术领域和空气动力学领域异常先进的国家。

太空作战理论是人类作战理论发展的必经阶段,也是人类作战理论发展的必然结果,在当前作战理论发展体系中占据核心位置并起龙头作用。现代战争理论有两个突出特点,一是突出信息化,二是格外注重联合作战。信息化和联合作战的具体体现,充分融入太空作战理论之中。实践是检验真理的唯一标准,实战是检验作战理论正确与否的唯一准绳。信息化是情报、指挥、控制、通信等作战要素的全面信息化,不能简单地理解为作战单元的通信畅通。联合作战是诸军兵种从指挥链、控制链、打击链等作战方式的全面联合,不能简单理解成为各个作战力量在不同作战时间和区间的简单联合。如果作战理论研究仅仅将信息化和联合作战理论,停留在通信联络和多元作战力量在不同时空和时序上起主导作用的话,按其定义第二次世界大战时期的盟军大规模的登陆作战就是现代战争,其作战理论就是现代作战理论。事实上当然不是这样,这是机械化战争的高级表现形式,也是机械化战争理论发展的一个高峰,但并不等同于现代战争和现代战争理论。现代信息化战争较之以往战争,在表现形式上的最大不同就是有了太空作战,也就是说在没有太空战的情况下,现代战争只是机械化战争的更高形式,既无法达到信息化的要求也无法实现精干、高效的联合。

太空作战理论从核战争作战理论中延伸出来,逐渐发展完善,但太空作战理论的重要性,在此期间并没有引起世人的高度关注。20世纪的美国好莱坞大片《星球大战》可以看成人们对太空作战意识的完全苏醒,之后美国也提出了"星球大战"计划,无论这个计划究竟有多少可行性,但是,这种间接表现形式充分表达了太空作战理论的重要地位。第二次世界大战结束后,军事作战理论研究主要是研究核战争相关作战理论,但自20世纪80年代以来,太空作战理论成为军事作战理论的研究龙头。20世纪80年代,一方面美军从越南撤军,苏联入侵阿富汗,在没有核武器使用的情况下,两个超级大国的机械化程度已经非常高,但仍然解决不了现实战争中的实际问题,越南战争的困局促使美国军方思变,而苏联入侵阿富汗之初,苏军顺利占领了首都坎大哈,则麻痹了苏联人的进取雄心。另一方面航天技术和航天军事技术的迅猛发展,其在侦察、预警方面的军事作用日益凸显,太空作战理论的萌芽随之产生而且迅速发展,太空作战理论的重要性被世界各国全方位地认知,太空作战理论研究也迎来自己发展的黄金时期。太空作战是现代战争的核心之所在,太空作战涉及现代战争的方方面面。

太空作战理论研究既是军事理论研究的重中之重,又是全面推进军事理论研究发展的引擎。从现在条件来看,无论从物质基础上,还是从思想基础上,军事作战理论的革命性变革,始于太空作战军事理论的全面发展。没有制天权的全面保障,就无法取得对其他作战领域的控制权,没有太空作战理论的牵引,其他作战理论也将遇到发展性瓶颈,其发展空间受到严重制约。太空作战理论,是机械化作战理论向信息化联合作战理论发展的革命性推动力。

五、牵引作战装备升级换代的需要

作战理论研究的历史源远流长,从冷兵器时代到核时代再到太空作战时代,科学技术的进步使战争中的作战装备有了极大发展,也促使了作战理论的极速发展。与此同时,由于作战实际需求和作战理论的发展,也反过来极大地促进了科学技术的进步,而其中最具代表性的就是火药和航天器的使用。火药的使用使冷兵器逐渐退出世界的战争舞台,针对火药的使用,相关作战理论得到了大发展,直接促进了相关科学技术向前沿推进,坦克、火炮等重要军事装备都是由此应运而生。航天器的使用和火药的使用有着异曲同工之妙，火药的使用引发了作战装备的升级换代，航天器的使用也使信息化战争的武器装备不断升级更新，新的太空作战装备如雨后春笋般相继出现。信息化战争形态下的太空作战武器装备发展，离不开科学的作战理论牵引，武器装备的升级换代，呼唤着先进的太空作战理论不断深化发展。

太空作战理论较之其他军事作战理论具有其独特魅力，它是一种极具超前性特征的作战理论，这也客观决定了太空作战理论对未来的战争具有更大的指导性，这种指导性主要体现在武器装备的升级换代上。太空作战理论按层次来划分，可以分为战略、战役、战术三个层次，无论哪个层次的太空作战理论，都是以太空作战武器装备的存在作为物质基础。目前，太空武器装备的主要形式还是卫星、航天飞机、空间站、远程运载火箭等形式，相当一部分既可民用又可军用，但不能否定其军事价值。随着太空作战理论的发展和航天军事技术的进步，会有更多的太空武器装备应运而生。太空武器装备的诞生必然带来一批传统武器退出现代战争的舞台。现有的一批武器装备也必须进行应对太空作战时代来临的升级改造，必须依靠太空武器装备来构造精干、高效、适用的指挥链、打击链和通信网。这也是目前各国正在努力对装备进行改造的重中之重。除此之外随着新型航天装备的产生，还需要对传统的武器装备进行防御空天打击能力的加装改造。

武器装备的升级换代势在必行，要想成为世界上有绝对话语权的军事航天强国，就必须提升武器装备的性能质量，在武器装备升级换代中占得先机。就世界技术和军事发展的现实而言，武器装备升级换代的核心指导理论就是太空作战理论，每种装备都要根据作战实际需要，以太空作战理论为指导来升级换代，使各种武器装备在信息化战争中发挥出最大的作战能力。

六、引领战争形态转变的需要

战争形态随着作战需要和科技的高速发展也在不断转变之中，从石器时代到现代文明从未停止，引领战争形态转变的助力器是作战思想和现代科技，而作战思想又是主要因素，作战理论就是作战思想的系统表述。

促使战争形态发生转变的两个直接因素是作战理论和武器装备，而武器装备的发展又直接受到作战理论发展的影响，所以说促使战争形态发生转变的最重要因素是作战理论的发展。火药的发明较之人类真正进入热兵器战争时代要早800年，虽然早在宋朝时代的军队就大规模使用火药，但直到20世纪初期的中华民国时期，西北地区的部分西北军却仍以冷兵器为主要武器，物质基础和先天条件完全具备的情况下，为什么还会出现这样奇怪又惊人的现象，就是因为没有正确的作战理论作为指导，没有使武器装备升级换代,没有促使作战模式的转变,反而使用较为陈旧的作战理论将战争模式固化。

反观西方军事史,以最近的第二次世界大战中最著名的闪击战理论为例,其理论形成于20世纪早期,实践于20世纪中前期,但直到20世纪80年代仍受到一些军事强国将领的推崇,影响如此深远而被众人津津乐道的原因,就是闪击战作战理论较好地发挥出机械化时代武器装备的特点,改变了以往战争中阵地战的作战模式,最大限度地提高了部队的作战效能。太空作战理论的诞生,在人类战争史中具有革命性的意义,远非闪击战理论和其他军事作战理论可以比拟。太空作战理论对军事作战理论来讲具有跨时代的意义,将颠覆其他以往一些实践过的军事理论,也将较之以往的作战理论更加直接和深远地改变着战争形态和作战模式。

人类战争的空间发展是由平面向立体发展,以陆地和海平面为基准面向两端发展,无论何种战争模式,战争的发展都有其方向性,这个方向是目标向"上",由陆地上到空中,再由空中上到人类迄今能够达到活动的高边疆——太空。目前的科技水平已经能够满足人类进行太空作战的一般技术需求,一些较为初级的太空作战武器也由此而生。未来战争的主战场在太空,决定性的战斗、战役发生在太空,太空作战的胜利与否直接决定战争的成败,具有太空优势的一方对战争的胜利有着更充分的胜算。现代战争和未来战争的核心都在太空,不通过太空作战而取得制天权的一方将无法与对手抗衡。太空作战将完全改变现有的战争形态,以太空作战为核心的陆、海、空、天、电、网的全时空作战已经成为必然趋势。未来战争以争夺制天权为核心,其他作战围绕如何实现和利用制天权而展开,战争主要模式将是空天大战,如何进行空天大战要依靠太空作战理论来指导,太空作战理论是进行太空作战的依据。先进的太空作战理论必然有先进的太空武器作为支撑,落后的太空作战理论不可能催生出先进的太空武器,太空武器如何使用也要靠太空作战理论来指导,太空武器的出现是改变战争的直接原因,太空作战理论的发展是改变战争模式的深层次原因,人类生产力发展是改变战争模式的根本原因。

目前,人类的太空作战实践还只停留在太空威慑作战、太空信息支援保障作战等层面,全面实施太空作战尚未实践,太空作战未来的发展模式如何,亟待向太空理论求解,广泛深入的太空作战理论研究,将给出一个完美答案。

第四节　太空作战理论的基本特征

太空作战理论是随着人类步入太空时代,太空技术与装备广泛运用于太空探索,太空对抗成为军事博弈重要内容的背景下,产生的一门新兴学科,并逐渐进入人们的视野。太空作战理论和太空技术的发展及广泛应用一样,已经融入人们生活的方方面面。太空作战理论在迸发出蓬勃生命力的同时,也呈现出政治性、首创性、渗透性、综合性、开放性和超前性等特征。

一、太空作战理论的政治性特征

著名军事家克劳塞维茨曾经有句名言:"战争是政治的继续。"战争的各个组成要素,都具有不同程度的政治性体现。在中华人民共和国成立初期,我国也曾把军事理论划分为资产阶级军事理论和无产阶级军事理论。但真理只有一个,每种军事理论都不可避免地受到其时代和阶级的影响,而在自身的理论中留下深深的烙印。军事理论的阶级性是军事理论政治性的体现,但太空作战理论的政治性却有别于其他军事理论的政治性。

太空作战理论的政治性是受其特殊的作战环境和作战模式直接影响的,太空作战理论的政治性要比其他军事理论的政治性要强,主要原因是实施太空作战需要更多从政治上进行考量。由于太空空间的开放性和无主权性,使得太空作战理论的政治性更加突出。太空空间是固定的,但地球是自转的,地球也是围绕太阳公转的,在某一时刻发起的进攻,此时有可能是在某国领空的上方太空,彼时就有可能进入别国领空上方太空,航天器一旦被击落有可能就落到别国的领土或领海引起外交纠纷。1978年苏联就有卫星"宇宙954"意外坠落在加拿大的先例,两方经过多次磋商,最后以苏联向加拿大做出赔偿而告终。美国、俄国都曾进行过反卫星试验,试验的结果是都具有从地面击毁太空中运行的航天器的能力。太空没有主权性,是全人类的共有财产,但是在轨运行的航天器有其归属性,或属于主权国家或属于各类组织或企业。以前的战争,交战国可以划定交战区域,其他商旅和民众出于自身安全考虑会绕开交战区出行或经商,但太空作战不可以,这是因为太空作战受政治影响而必须认真执行的基本原则。航天器有其自身轨道,虽然目前一些先进国家已经掌握了封锁轨道的技术,但是其没有封锁轨道的权利,这是因政治因素基本要求决定的。上述种种情况,都是太空作战理论应重点研究的问题,同时也是太空作战理论政治性特征的突出表现。

太空作战的政策性和战略性要高于其他作战,这就要求组织开展太空作战必须从政治大局着眼,无论是做实施太空作战的战略决策,部署太空作战力量,使用太空作战武器及其确定太空打击目标,都必须从政治上和全局上统筹考虑,防止战争未打政治上先失利的情况发生。这个问题表现在太空作战理论上,更加突出了政治性因素的内容。开展太空作战的目的是获得制天权,取得制天权目的当然是最大限度的使用制天权,争取在太空的巨大利益,争取作战的最终胜利。夺取和使用制天权的过程中,政治因此又是必须放在首要的问题。太空作战理论也必不可少地紧紧围绕政治因素开展研究,给出符合太空作战国际法规和政策要求的政治性智慧。

二、太空作战理论的首创性特征

太空作战理论在经历了萌芽、形成、发展的三个阶段已经渐成体系,太空作战力量也成为备受关注的新兴作战力量,在战争舞台上大放异彩。虽然太空作战理论在近年蓬勃发展,太空作战条令、条例、规范等理论也在太空作战实践中不断创立和完善,但是,从指导整个太空作战实践角度看,太空作战理论的系统化研究尚未取得突破性成果。太空作战理论的建立,不仅在理论上对太空作战的研究之"花"进行广泛吸收,科学整合,并使之升华,形成系统集成的理论成果,而且需要着眼太空军事斗争的迫切需求,积极探索,周密论证,开创太空作战理论学科的先河,在太空作战发展过程中,具有里程碑意义。因此,太空作战理论集理论创新与学科创新于一体,是一门填补军事理论空白的开创性学科。太空作战理论的这种首创性是集百家之长为己所用,经过综合提炼、消化吸收后产生太空作战理论的新成果。从未有一门军事理论学科涉及如此众多的学科,也从未有一门军事理论对战争的发展、战争的模式、战争的结果有着如此直接和决定性的影响。

太空作战理论创新,是在众多理论成果创新积累到一定程度发生的质变。太空作战理论涉及众多的自然学科,但这需要其他学科包括社会科学学科成果的共同作用才能形成战斗力。比如航天科技的进步直接促进太空作战理论的发展,但是没有材料学等相关自然科学学科的成果保障,没有军事战略学和其他军事理论的大力支撑,仅仅凭着点滴科学技术的进步,也难以使得太空作战理论有大发展。太空作战理论的发展是在众多学科"小"创新基础上的"大"创新,是量变积累到一定程度所发生的飞跃。太空作战理论虽然在近些年飞速发展,但相比其他军事理论还是显得非常弱小,自身也有不成熟的地方,其旺盛的生命力和理论成果的巨大威力也是有目共睹的。理论发展有其发展的自身规律,只要尊重这种规律,按规律办事,一丝不苟、实事求是地发展太空作战理论,相信在不久的将来太空作战理论一定可以走向成熟。

三、太空作战理论的渗透性特征

太空作战作为一种全新的作战样式,日益融入信息化作战之中,与其他作战样式组合运用、整体联动、提能增效,发挥着越来越重要的作用。太空作战向其他作战样式的延伸,带来太空作战理论向其他相应学科的渗透。太空作战理论不仅研究太空作战体系内的指挥、体制、行动、保障等理论,还研究太空作战与其他作战样式组合运用时的指挥、体制、行动、保障等理论,以适应太空作战融入联合作战行动的需要,从而使太空作战理论的渗透性,逐步呈现于其他军事学科之中。太空作战力量与其他作战力量联系得越紧密,则作战效能就越高。这种紧密的联系是由未来信息化作战的实际需要所决定的,也是由其各种作战力量的特性所决定的,这种紧密联系是双方、多方共同作用的结果,是彼此之间相互作用的延伸、渗透。太空作战力量与其他作战力量的紧密联系,客观上要求太空作战理论与其他相应的学科之间相互渗透。

太空作战理论不只研究自身作战力量运用过程中的各作战要素,也要研究在信息化联合作战当中的各作战要素。太空作战理论要了解其他作战理论的相关特性,以便最大限度地发挥联合作战威力。而其他作战理论更需要太空作战理论的支撑来发展,没有太空作战理论的引导,其作战理论就不全面,也不符合战争的实际发展需要。太空作战理论与其他军事理论的渗透性是逐渐加强的过程,渗透性越强,越有助于军事理论的协调发展,更有助于作战部队整体作战能力的形成,这种渗透性在各种军事理论中已渐有体现,随着军事理论的发展,太空作战理论与其他军事理论学科的渗透,其深度和广度将会持续加深加强。这种渗透性的客观表现形式除了理论上之外,也会在现代武器装备和作战过程中逐步体现。

四、太空作战理论的综合性特征

太空作战是一项涉及面极广的作战实践,需要诸多方面的理论知识作支撑。太空作战理论作为对太空作战实践经验的升华与理论知识的总结,具有较强的综合性。它既有社会科学的内容,也有自然科学的成分,如太空作战的作战技术、作战效果量化评估等,涉及自然科学的理论与方法;既运用军事历史、军事哲学等理论与方法,揭示太空作战规律,又运用战略学、军事运筹学、作战指挥学等理论与方法,研究太空作战指挥;既运用军事地理学、作战环境学、军事航天学等理论与方法,研究太空作战环境,又运用军队管理学、军事后勤学等理论与方法,研究太空作战保障等内容。这些充分说明,太空作战理论融众多学科理论知识于一体,具有很强的综合性。

太空作战理论的综合性之强,反映出了太空作战理论体系的庞大,也反映出了太空作战理论的广阔前景。太空作战理论涉及的门类众多,其研究方向也分门别类,只有符合作战实际需求,在诸多门类学科的共同作用下,才会取得丰硕的成果,经得起实战的检验。太空作战理论在近些年之所以发展迅速,就是因为能够贴近实战需要,有效综合了各学科的最新成果和精髓。

五、太空作战理论的开放性特征

太空作战理论适应太空作战动态发展,与其他学科及成果有机互动,呈现出了开放性的特点,不断从太空作战实践、其他学科以及外军理论与实践中博采众长,以丰富和发展太空作战理论。太空作战技术的快速发展及太空作战实践的不断推进,使太空作战活动始终处于动态发展之中,不断为太空作战理论提供创新发展的实践源泉。其他相关学科理论的更新和发展,使太空作战理论能够从中汲取营养,消化、吸收、转化为太空作战理论的内容,并从中借鉴有益的研究方法。外军太空作战的有益经验和先进理论,使太空作战理论能够不断借鉴前沿理论成果。同时,太空作战理论高度综合与分化的趋势,一方面将促使人们对太空作战的总体认识更系统、更深刻,另一方面,将促使人们对太空作战分支领域的研究更具体、更专业,分支学科将逐步生成和不断增多。因而,开放与博采众家之长的特点,使太空作战理论始终处于不断丰富完善的过程之中。

太空开发是人类未来的发展方向,太空是全世界人民共同的宝贵财富,对太空的开发已经渗透到所有人类的社会和生产活动,从通信联络到卫星导航,从天气预报到商品制造,都离不开太空开发。航天科技是军民融合的重点领域,平时为民,战时为战,在太空作战中平战转换是关键的一环,也是太空作战理论重点关注的领域。任何技术领域的开发创新,任何理论的发展都有可能给太空作战理论的研究带来巨大的影响,这种开放性是人类知识积累到一定程度的必然趋势,也是信息时代带来的必然诉求,太空作战理论的开放性走到其他学科理论研究的前沿,具有示范和带头作用。

太空作战理论的开放性,还体现在技术改变战术的作战影响,如对人工智能技术的使用。人工智能技术在现代工业生产、家庭生活等领域得到了广泛的应用,也在航天技术中得到重点应用,比如轨道上的航天器可以进行自动变轨以规避太空垃圾,无人化的太空作战也是太空作战理论研究的重点方向。太空作战理论的开放性是适时的,任何新技术和新研究理论,只要客观使用条件允许,都会第一时间应用到太空作战理论研究中去,并逐步通过实践来检验。

六、太空作战理论的超前性特征

太空作战理论有着无与伦比的高技术性,是诸多高新技术集成与融合的理论产物。作战理论、武器装备与战争实践,三者之间的关系是相互作用螺旋上升的关系。作战理论指导武器装备的研发和生产,并用于指导战争实践,战争实践又反作用于武器装备的升级换代,也反作用于作战理论的发展,使其更具备实践价值,三者构成一个闭合的环路,不断向更高级别的循环螺旋式上升。太空作战理论、太空武器装备和太空作战也具同样的关系。

人类探索太空的时间只有60多年,太空作战实践更非常有限,受国际条约和爱好和平世人的努力,太空武器化的进程被有效减慢。在作战实践和太空武器装备尚未全面有效开发和列装的情况下,太空作战理论的重要性就格外突出,指导意义也更加重要,其具有的理论超前性更为凸显。如太空作战中指挥与控制、太空武器装备的研发、太空作战保障、太空作战样式等,这些都没有得到真正的实践检验,太空作战理论的研究大大超前于太空作战实践。

目前世界上所进行过的有限反卫星试验,只是太空作战非常初级的方式,而太空作战理论,却较早就提出轨道封锁的概念和具体的战法,并直接促成轨道武器的研发——"太空雷"。"太空雷"是一种在轨道上运行的太空武器装备,对同轨道的敌方太空武器进行攻击,以实现封锁轨道的目的。而现在空天母舰等新型太空作战武器概念也已提出多年,相关国家也早已进行秘密研发。太空作战理论的超前性,使一些太空武器装备尚未研发成功,与之相配套的战术战法还未实践,就被新的太空武器装备研发和相应的战术战法研究所替代,其新陈代谢和更新换代的程度令人叹为观止。超前性成为太空作战理论推动太空全面发展的重要动力,这一突出的理论特点,在未来的太空作战实践中将得到更加充分的体现。

第五节 太空作战理论的分类

太空作战理论是一门实践性非常强的学科,有着完整的体系架构,层级清晰,逻辑严谨。一门独立学科存在的重要标志之一,是具有一个完整的理论体系。这一理论体系,通常由若干互相关联的理论单元,按照一定的逻辑结构组成,全面反映研究对象的本质特征,涵盖研究领域的全部内容。太空作战理论的理论体系,是对太空作战理论基本内容依据属性和内在联系所做的知识结构划分,并加以分门别类地排列组合所构成的系统层次结构。恩格斯在《自然辩证法》中指出:"每一门科学都是分析某一个别的运动形式或一系列互相关联和互相转化的运动形式的,因此,科学分类就是这些运动形式本身依据其内部所固有的次序的分类和排列。"毛泽东在《矛盾论》中也作了精辟的论述:"科学研究的区分,就是根据科学对象所具有的特殊的矛盾性。"依据太空作战理论研究对象和内容的特殊性,太空作战理论按照类型可区分为基础理论、应用理论和技术理论三个大类,形成了一个具有层次结构,互相融合,相互作用,内容完整的理论体系。

一、太空作战基础理论

太空作战的基础理论,是关于太空作战基本规律和基本指导规律的理论。基础理论由两个大的理论单元组成,即太空作战基本规律和太空作战基本指导规律。太空作战基本规律就是在整个作战过程中,各种矛盾的本质和发展的必然趋势,这些矛盾的联系和发展影响太空作战的进程,决定太空作战的结果。太空作战指导规律是参战者在太空作战实践过程中,认识和指导自身行动的规律,是太空作战基本规律与太空作战参战人员的主观认识共同作用的结果,太空作战基本指导规律来源于实践又应用于实践。而两大规律都是由众多小的理论单元组成,这些小的理论单元按一定逻辑顺序排列,经过科学的编组体现出太空作战基础的两大规律。两大规律既相分又相交,"分"的原因是思考、分析、推理的逻辑不同,而产生基本规律和基本指导规律;"交"的原因是两大规律产生都是依靠着共同的小的理论单元。小的理论单元就是太空作战理论当中一些非常重要的基础概念,主要内容包括:太空作战理论研究的对象、任务、内容及方法,太空作战的产生及发展,太空作战环境,太空作战力量,太空作战武器装备,太空作战指导原则,太空作战指挥控制,太空作战战法,太空作战保障,太空作战资源管理,太空作战效能评估,太空作战教育训练,太空作战动员,太空作战法规,太空作战政治工作等,囊括了太空作战的各个方面。

太空作战基础理论是太空作战理论中最为基础的理论知识,也是最为重要的理论知识。太空作战应用理论和太空作战技术理论,都是在太空作战基础理论的基础上得以延伸和发展的。深入研究太空作战基础理论,能够充分认识太空作战这一客观事物的现象和形式,揭示其存在的必备因素、主要矛盾和发展规律,形成对太空作战最为基本和全面的理性认知。太空作战基本理论集成、融合了诸多学科的前沿知识,其理论研究具有一定的抽象性,理论框架又具有相当的稳定性,只有对太空作战基本理论有一个全面、深入的研究,才能够正确发挥对太空作战应用理论和太空作战技术理论的巨大指导作用,充分体现太空作战基础理论的实践性。由于太空作战基础理论所探求和反映的,是作战实践中普遍存在的现象和规律,要求准确、完整、深刻地体现出关于太空作战的一般原理。因此,强化对基础理论抽象性和稳定性的理解,对于太空作战应用理论和技术理论都具有重要的推动和指导作用。

二、太空作战应用理论

太空作战的应用理论,是关于各不同作战类型、不同级别、不同样式、不同条件下太空作战的特点、规律和指导规律,是基础理论的具体化,是太空作战基础理论的高级表现形式,也是太空作战理论的具体体现,直接指导太空作战行动。简而言之,太空应用理论是研究各种条件、规模下太空作战战术战法的应用理论,发现和利用太空作战的特点、规律和指导规律来指导作战。主要内容包括:联合太空威慑作战理论、联合太空封锁理论、联合火力打击太空作战理论、联合岛屿进攻战役太空作战理论、联合边境反击战役太空作战理论、联合反空袭战役太空作战理论等。

太空作战应用理论是太空作战理论体系的交汇点,除了太空作战基础理论,其他作战力量的应用作战理论和相关学科的实践理论也汇集于此。信息化战争的重要表现形式之一就是联合,即便是太空作战力量独立执行作战任务,也需要有地面、空中甚至海洋上的相关军事力量为其及时提供作战保障,以便于太空作战能够顺利进行。不同的作战模式和作战目的使用不同的作战力量,丰富了太空作战应用理论,拓展了太空作战应用理论的适用范围。

在联合太空作战中,一些相关作战力量,在太空作战实践中产生的只是简单物理反应,即较低程度的联合,如在太空作战力量承担主要任务时,其他作战力量为使太空作战力量能够顺利完成任务而进行的相关作战保障,如天体测绘、航天基地防御、电磁频谱保障等。也有些相关作战力量,在太空作实践中产生了巨大的化学反应,如联合火力打击太空作战,太空作战力量不但可以准确提供打击目标的坐标方位、距离、规模,还可以有效提供给各火力集群进行精确打击并反馈打击效果,以便进行第二波次的补充打击,顺利完成作战任务。无论是从人员和武器弹药的消耗上,还是从作战效率和打击效果上来看,作战部队的作战能力都得到了巨大的质的飞跃。太空作战应用理论的重点研究领域,就是在太空作战中如何实现这种作战效能质的飞跃,包括传统战术战法的改良和新型战术战法的创新。

深入研究太空作战应用理论,能够揭示太空作战过程中主观指导与客观实际相统一的规律,形成一整套提高作战和建设效益的指导法则和措施,从而使理论与实际紧密结合,更好地指导太空作战与建设。由于太空作战应用理论所研究和解决的,是太空作战与建设实践中带有共性的指导规律和实施方法,注重解决的是当前和发展中的实际问题,因此,太空作战应用理论具有明确的目的性、科学的预见性、鲜明的针对性和很强的操作性。太空作战基础理论决定太空作战理论的厚度，太空作战应用理论决定太空作战理论的高度，二者相辅相成，缺一不可。

三、太空作战技术理论

太空作战的技术理论，是关于太空作战技术的整体机制和整体发展规律，重点研究太空作战技术的构成、运用、建设、发展的原则和方法，对太空作战基础理论、应用理论起着技术支撑和支援保障作用。主要内容包括：太空作战基础技术、太空作战应用技术两部分。太空作战基础技术主要包括：航天器技术、航天器运行控制技术、航天器应用技术、航天器运载技术、航天器发射技术、航天测控技术、载人航天技术等。太空作战应用技术主要包括：太空投送、太空态势感知、进攻性太空攻防和防御性太空攻防等用于实施和保障太空攻防作战的技术。其中进攻性太空攻防技术包括太空武器技术（太空武器平台技术、太空武器载荷技术）、反卫星技术（核能反卫星技术、动能反卫星技术、激光反卫星技术、微波反卫星技术、粒子束反卫星技术、直接上升式拦截技术、共轨式拦截技术）、太空信息对抗技术、软杀伤技术、硬摧毁技术等；防御性太空攻防技术包括星载假目标技术、航天器防护技术、星座技术、轨道机动技术、快速重构技术等。

太空作战技术理论是应用在太空作战中的理论，虽然是技术决定战术，但太空作战技术理论仍是以航天技术为主，融合其他多领域的相关技术和作战知识结合而成，有些技术是由作战的实际需要而研发出来的，如空天飞机在近地太空的出现则完全是由太空作战需求牵引出来的。有些技术的出现，则是被实践发现可以应用于太空作战领域而借鉴、吸收、改良过来的，如一些先进的电子集成技术、超导技术、材料技术都在太空作战技术理论的研究中有着重要的地位。太空作战技术理论的最终目的是应用于作战，为太空作战提供相关技术支撑。

太空作战技术理论的军民融合性非常强，和民用技术有着非常紧密的联系。如在实际应用中的导航技术已被世界各国人民广泛应用，但相关军事行动和太空行动中也对导航技术有着非常大的需求，很多民用科技就是在太空作战技术理论研究的过程中，逐步进入太空作战这个大舞台的。太空作战技术理论是个兼容性极强的技术理论研究平台，在推动科技发展的同时，也促进了太空作战理论的发展，为夺取制天权，有效使用制天权提供理论支撑和技术指导。

太空作战技术理论是太空作战基础理论的延伸和升华。太空作战基础理论之中,包含的许多基础概念也是太空作战技术理论的基础概念,二者交互性较强。由于太空作战是集现代科技于一身的高精尖技术的战争,其技术性毋庸置疑,随着科技的进步和实际作战需求的发展,更多地应用于太空作战的尖端技术被发明和引进,太空作战理论中技术层面的内容会越来越多,且对太空作战影响越来越大,太空作战基础理论中技术理论研究的比重也逐渐增大,渐渐形成了太空作战技术理论。太空作战基础理论为太空作战技术理论提供基础支撑,太空作战技术理论是太空作战基础理论在技术研究方面的深化和升华。

太空作战技术理论与太空作战应用理论相互作用、协同发展。作战技术最终要体现在作战应用上,太空作战技术支撑太空作战应用,太空作战应用引导和改良太空作战技术,太空作战技术理论促进太空作战应用理论发展,太空作战应用理论也牵引和修正太空作战技术理论,二者之间相互作用、协同发展。虽然太空作战技术理论和太空作战应用理论在太空作战理论中是不同的两个门类,但我们在学习和研究太空作战理论时不应该将两者孤立起来看待,因为两者是有机统一的整体。在太空作战研究的某一阶段确实或存在太空作战技术理论研究领先于太空作战应用理论研究,或太空作战应用理论研究领先于太空作战技术理论研究的情况,但这只是暂时的表象。无论是太空作战应用理论研究还是太空作战技术理论研究,只要其中一门处于停滞不前的状态,那么另一门也将是处于缓慢发展或止步不前的状态,二者是互利互惠、共存共荣的关系。

第六节 太空作战理论与其他军事理论的关系

太空作战理论不是一门孤立的学说,而是存在于整个军事理论大系统之中,与其他军事理论甚至自然科学、其他社会科学,相互影响、相互渗透、相互制约,并不断发展进步。研究太空作战理论与相关军事理论的关系,有利于搞清太空作战理论在整个军事理论体系中所处的位置和所起的作用,弄清相关军事理论在太空作战理论中的应用和影响。

一、太空作战理论与战略、战役和战术理论的关系

太空作战贯穿战略、战役、战术各层面,太空作战理论渗透于战略、战役、战术等军事理论之中,战略、战役、战术等军事理论的学术思想体现于太空作

战理论之中。战略理论是关于战争全局的科学,研究军事理论的宏观问题,影响和制约其他军事理论的建设与发展。战略理论与太空作战理论构成指导与被指导的关系,为太空作战理论的研究提供全局性、高层次的理论依据,发挥宏观指导的作用;太空作战理论依据战略理论的总体要求,确定相关研究方向和任务,深化本领域理论研究,更好地服务于太空作战的准备与实施;太空作战理论与实践的发展,也会进一步丰富战略理论中军事斗争和武装力量建设的内容,促进战略理论的发展。战役理论、战术理论是研究战役、战术规律和指导规律的科学。太空作战理论与战役理论、战术理论存在着密切关系,它们相互影响、相互制约,相辅相成。一方面,战役战术理论的变化发展,直接影响和推动太空作战理论的变化发展,充实和完善太空作战理论;另一方面,太空作战理论的理论成果,尤其是在太空作战实践中产生的战法成果,可以丰富战役战术理论,并推动其进一步发展。

二、太空作战理论与作战、联合作战、作战指挥和作战环境等理论的关系

作战理论涵盖战略、战役和战术各层次的作战活动,是研究作战规律与指导规律的科学。太空作战理论是研究太空作战规律与指导规律的基本理论,是作战理论的分支学说。两者构成一般与特殊、共性与个性、指导与被指导的关系。作战理论揭示作战的一般特点、规律,提出的作战指导思想、原则和战法等,对太空作战理论研究具有指导作用,促使其向广度和深度发展,以满足作战实践的需要;太空作战理论的丰富和发展,同样会反作用于作战理论,使作战理论不断充实、发展和完善。

联合作战理论是研究联合作战规律和指导规律的科学。联合作战理论与太空作战理论分别以联合作战和太空作战为研究对象。联合作战与太空作战在样式和方法上具有相似性,从一定意义上看,联合作战包含太空作战,太空作战以特殊的形态反映联合作战。因此,太空作战理论与联合作战理论存在明显交叉,两者可以互为借鉴,相互作用,同步发展。

作战指挥理论是研究作战指挥规律和指导作战指挥实践的科学。作战指挥理论以作战指挥活动为研究对象,揭示作战指挥普遍规律,为太空作战指挥员、指挥机关的指挥理论与实践指明方向,推动太空作战指挥理论与实践的发展;太空作战指挥理论与实践成果也不断丰富发展作战指挥理论。

作战环境理论是研究作战环境规律和指导人们在不同的环境下进行作战实践的科学。作战环境理论主要研究环境对作战行动的影响,指导人们正确认识、把握和利用各种客观环境,提高作战效能。作战环境理论对环境本

质、特点和规律的研究揭示,对太空作战环境理论研究具有一定的借鉴作用,太空作战理论对其特殊作战环境的理论研究成果,也将丰富和完善作战环境理论。

三、太空作战理论与军事信息、军事航天、军队建设和军事装备等理论的关系

军事信息理论是研究军事信息活动规律和运用规律,指导军事信息建设和实战运用的科学。从研究内容看,军事信息理论与太空作战理论内容相互融合、相互影响,且在一定程度上存在着指导与被指导的关系。军事信息理论对军事信息本质、特点和规律的理论研究成果,对包括太空作战理论在内的其他理论具有普遍的指导意义和借鉴价值。太空作战理论对太空信息本质、特点和规律的理论研究成果,对军事信息理论研究具有重要的丰富和发展作用。

军事航天理论是研究军事航天活动规律,指导军事航天力量建设和运用的综合性学说。军事航天理论研究内容主要包括：太空技术基础、太空力量、太空作战等,与太空作战理论构成包含与被包含的关系。总体上看,太空作战理论基本上与军事航天理论中航天力量运用的理论相重叠。军事航天理论研究成果对太空作战理论具有重要的指导和借鉴价值,太空作战理论的理论研究成果,对于军事航天理论具有丰富与发展意义。

军队建设理论是研究军队建设规律和指导规律的科学,是为适应军事实践不断发展、军事科学整合完善需要而形成的一门新兴学说。军队建设理论在军队建设本质和特点方面的研究成果,对太空作战力量建设具有借鉴作用,军队建设理论所揭示的军队建设的一般规律和指导规律,对太空作战建设理论具有指导作用；太空作战理论的理论研究成果,为军队建设理论增添了新的内涵,尤其是太空力量建设方面的理论成果,将使军队建设理论得到充实与完善。

军事装备理论是研究军事装备活动规律和军事装备工作指导规律的科学,重点研究军事装备发展、运用、保障和管理活动及其规律。军事装备是太空作战的物质基础,太空作战是在相应的太空军事装备物质条件下,由掌握这些装备的人所进行的作战活动。军事装备理论所揭示的军事装备活动的一般规律和装备工作指导规律,对太空作战的装备活动具有指导作用；太空作战理论对太空作战中装备活动的特殊规律和装备工作的特殊指导规律的研究成果,将促进军事装备理论的深化与完善,丰富军事装备理论的内容。

总之,太空作战理论作为一门综合性理论,与其他诸多军事理论存在着

十分密切的关系,只有认清各门理论之间的相互关系,积极汲取其他军事理论的学术知识营养,才能不断丰富、完善并最终形成具有时代特色的太空作战理论体系。

第七节　太空作战理论研究原则及方法

太空作战理论是军事学理论体系中的一门新学科,为保证其健康发展,走向成熟,须正确认识学科创立的重大意义和所处的重要战略地位,增强对其研究的使命感和紧迫感,把握正确的研究方向,掌握科学的研究方法,全面提高研究能力,更好地探索太空作战规律和太空作战指导规律,使太空作战理论研究不断引向深入。

一、太空作战理论研究原则

太空作战理论作为一门开创性的理论学科,不仅需要对已有太空作战理论与实践进行总结、升华,更加需要服务实际,正确引领和指导太空作战的理论研究和实践探索。这对研究太空作战问题提出了很高的要求,需始终坚持整体性、实践性、创新性、滚动性等原则。

（一）整体性原则

整体性原则就是着眼形成完善的太空作战系统理论体系,从全局出发,既对太空作战的各部分、各环节进行深入剖析,又对太空作战各部分之间、各环节之间的联系进行整体综合。太空作战理论能否发挥规范和引领作用,正确科学指导太空作战,关键在于其创立的理论体系是否科学。而只有坚持整体性原则,才能保证新兴理论学科体系的科学性。因此,太空作战理论研究过程中必须坚持整体性原则。坚持这一原则,一方面,要在对太空作战各要素、环节进行深入分析的基础上,加强太空作战整体性研究,另一方面,要把太空作战融入联合作战整体进行深入研究,搞清太空与其他作战行动、样式之间的内在联系。

（二）实践性原则

实践性原则就是着眼有效服务太空作战发展,以实用为标准,开展太空作战研究。研以致用,是对理论研究的根本要求。研究太空作战的根本目的,就是在搞清太空作战规律的基础上,结合军事需求实际,提出具有现实意义的太空作战指导法则。因此,研究太空作战必须坚持实践性原则。坚持实践性原则,应广泛搜集、梳理世界主要军事强国太空作战的实践和理论成果,全面掌握太空作战发展情况,科学预测太空作战未来趋势,从而有针对性地提出太空作战的指导法则。

(三) 创新性原则

创新性原则就是着眼太空作战的跨越式发展,结合作战具体要求,敢于突破已有研究成果,创新形成具有自身特色的太空作战理论体系。尤其是太空作战起步晚、底子薄、规模小、能力弱的国家军队,追随式按部就班发展,难以获取太空作战优势,必须实现跨越式发展,首先要在理论研究上大胆突破,不断提出"新招""奇招""绝命招",形成有自身特色的能够有效指导太空作战的理论。坚持创新性原则,既要不拘一格,大胆突破,又要科学论证,慎重提出。

(四) 滚动性原则

滚动性原则就是紧紧跟踪太空作战发展实践,不断研究和丰富太空作战理论。辩证唯物主义认为,客观事物永远处于不断运动变化之中,太空作战亦是如此,在客观上要求指导太空作战的理论必须不断丰富与发展。坚持滚动性原则,一方面,要密切跟踪世界太空作战发展的最新动态,结合自身太空作战发展的实际,发现和研究新问题,提出新理论,另一方面,要适时梳理总结最新理论成果,补充和完善太空作战理论体系。

二、太空作战理论研究方法

太空作战理论研究过程中,需要坚持历史唯物主义和辩证唯物主义的方法论,采取理论与实践相结合、定性与定量相结合的方式,深入研究太空作战问题。具体研究过程中,常用的方法主要有:系统研究法、战例研究法、比较研究法、理论借鉴法、模拟实验法、演习检验法等。

(一) 系统研究法

太空作战理论是作战学的下位学科,受作战学、战略学、联合作战学的制约与指导,并与其他学科有着密切关联。因此,要从军事科学整体出发,通观全局,上下贯通,进行系统化的研究,而不能孤立地研究太空作战理论。同时,太空作战理论作为一门完整系统的独立学科,其内部各知识单元紧密连接。研究太空作战理论,还要从太空作战理论的整体出发,运用系统论的方法,研究这一系统中的各个部分及其相互关系,以及它与外部因素的关系。这种关系即规律性。即使研究太空作战理论中的某一具体问题,也应当把这一问题放在太空作战理论这个大系统中去观察、去研究,才能站在高层次上,从宏观上把握具体问题,避免片面、孤立、分散地进行研究。

（二）战例研究法

所谓战例研究法，就是通过对以往发生的不同作战实践的分析与研究，找出其特殊规律，然后再从这些特殊规律中抽象出一般规律的研究方法。19世纪欧洲资产阶级军事理论家约米尼说过："一切战争艺术的理论，其唯一合理的基础就是战史的研究"。拿破仑指出：一位合格的军事指挥员，要认真研究一下亚历山大、汉尼拔、恺撒等七位著名统帅指挥过的83场战争。这样，他就可以写成一部完整的作战艺术和研究指南。研究太空作战理论也不例外，同样需要采用战例研究法，系统地研究太空作战的演变发展史和著名战例，从中认识与把握太空作战的基本规律。在研究战例时，要注重运用现代先进的理论、方法，多角度、多层次地进行思考，以求见前人所未见，发现战例中新的内涵。但是，任何经验都有一定局限性，要本着继承和创新相统一的原则，结合部队编制装备的实际，积极、大胆地探求新理论，而不能迷恋过去成功的经验，保持太空作战理论旺盛的生命力。

（三）比较研究法

比较是对某一类事物进行对比分析，以确定事物之间差异点或共同点的一种逻辑思维方法。把比较方法运用于太空作战理论研究，可以从对比中开阔视野。深化太空作战理论研究，可以从对历史的纵览中，探寻太空作战发展的轨迹和未来走向，可以在更广阔的战略背景上揭示太空作战的客观规律和指导规律。运用比较方法研究太空作战理论，一是进行横向比较，如对同一时间段内各国太空作战武器装备、太空作战训练、太空作战战法、太空作战指导能力等要素之间的比较。二是进行纵向比较，即对太空作战同一要素按时间序列的纵断面展开动态性比较。例如，在研究太空作战战法时，就可以通过对发生在20世纪、21世纪历次局部战争中所使用的战法进行纵向比较，从中揭示出太空作战战法的发展规律。三是进行定性和定量比较，例如，在分析敌对双方太空作战能力时，不仅要对构成太空作战的各个要素从数量上进行比较，以准确判定其数量的差异，而且要对其太空作战能力进行定性分析，把包括人的因素在内的许多无法定量计算的因素充分考虑进去，以得出正确的结论。

（四）理论借鉴法

所谓理论借鉴法，就是通过对外军作战理论，以及其他相邻或相关学科内容的学习和研究，借鉴有益的知识，充实和完善太空作战理论的一种研究方法。军队有国别之分，太空作战实践有地域或层次之差，但太空作战的实质并没有因此而变化，这也决定了各国军队太空作战理论有着相同或相近的内容。外军先进的太空作战理论，对于提升本国太空作战理论研究基点，加快太空作战理论创新具有十分重要的作用。因此,研究太空作战理论应注重从外军太空作战理论中汲取精华,丰富和完善太空作战理论体系。同时,相关和相邻的学科,虽有研究领域上的差别,但本质上都是从不同的角度或侧面来探讨作战实践的特点,都在一定程度上反映着作战的本质和基本规律,对太空作战理论的研究都将起到一定的积极作用。当然,学习、借鉴外军太空作战理论及相邻和相关学科的理论,要坚持马克思主义者的立场,用历史的、全面的、发展的观点,从实际出发,以实事求是的态度,对其理论加以扬弃、借鉴和吸收。

（五）模拟实验法

所谓模拟实验法,就是综合运用分布交互式仿真技术、虚拟现实技术和人工智能技术等现代信息技术手段,研究太空作战理论的方法。运用这种方法,可以把对历史经验的归纳和对未来的预测融为一体,把定性分析与定量分析、解析计算与过程仿真结合起来,而且还可以合成动态的人工模拟战场,造就逼真的作战环境,贴近实战的作战实验室,从而使理论研究结果更符合实战需要。当前,运用模拟实验法进行太空作战理论研究,主要应抓好太空作战武器系统效能评估、太空作战行动效能评估、太空作战模拟与仿真以及智能化决策系统的研究和运用。例如,在对太空作战行动效能进行评估时,可以运用计算机系统对太空作战力量、行动方案进行描述,对作战行动效能进行科学计算,可以运用仿真技术逼真地模拟战场环境和太空作战行动,为太空作战效能评估提供一个支撑平台。通过对太空作战行动方案的评估,发现问题,找出解决方法,以进一步完善太空作战行动方案和计划。

（六）演习检验法

所谓演习检验法,就是通过有目的、有计划的演习实践活动,考察和检验太空作战理论的正确性,并获取近似于实战的经验和数据的方法。成熟的作战理论、武器装备使用方式方法、战斗力生成与发挥作用的途径等,都要经过相应的实践活动来检验其科学性和合理性。特别是太空作战理论体系中的应用理论部分,必须通过相应的主、客观条件基本吻合的实践活动,才能较为准确地检验其与作战实际之间的差距,进一步地去完善和落实。用太空作战实践去检验相应的理论,其结果是最为真实的,但由于代价过于沉重,并且不受主观意识的控制,不利于太空作战理论的研究和探讨。因此,在和平时期,太空作战理论研究的新成果不可能随时拿到太空作战的实践中去检验。在军事实践中,还有一种形式就是演习,通过演习可以达到与作战实践基本相似的效果,同样也可以检验作战理论的正确性与科学性,演习检验就成为太空作战理论研究的重要方法之一。

赢得战争胜利,军事理论必须走在战争前面。在军事理论研究的浩瀚海洋中,太空作战理论虽说是沧海一粟,却是军事理论研究领域一束争奇斗艳的奇葩。因为,太空作战理论研究不仅是一个全新的学科领域,而且位居军事理论研究的前沿,牵引着军事理论的创新,在新军事变革的大潮中起着推波助澜的作用。随着作战空间的不断拓展,各种高新尖端科学技术在军事航天领域的应用,军事理论对太空作战发展的深入研究,太空作战正朝着新的发展阶段迈进,全新的太空作战样式正在军事理论的引领之下,快速向军事战场走来。

理论来源于实践、高于实践又能反作用于实践、指导实践。在世界军事领域的激烈斗争中,战争一刻都没有停止,对太空作战的实践与探索也一刻没有停滞。作为每一个珍视和平的国家,和平利用太空是必须遵守的法则,但是,在世界军事发展方兴未艾的今天,和平这个主旋律不能被动地倡导,需要主动去应对。研究太空作战理论进而指导和引领太空作战的发展,适应新军事变革的大趋势,这是维护和平远离战争的必修课,也是军事领域斗争准备的重要组成部分。

第三章 太空作战力量

"谁能控制太空,谁就能控制地球。"美国人在大半个世纪前率先喊出这句口号时,人们当时并不知道这句口号将给太空这个平静家园带来怎样的后果。今日仰望太空,为了控制地球,太空已经是弥漫着战争的硝烟,各种太空军事力量相继登场。尽管太空作战力量具有构成复杂、投资巨大、高风险性和高效费比的特点,但是,高投入决定了高收益,控制了太空就能控制地球,强大的战略和军事诱惑,太空作战力量建设就成了军备竞赛的焦点。太空作战力量是获取太空优势的基础,有了太空作战力量的支撑,才可能实施太空作战,取得太空控制权。美国和俄国等太空强国已经成立了独立的太空作战部队——天军,天军的出现是太空力量建设的一个新阶段,这预示着未来太空力量会渐渐走向战争前台,担当作战的主角。

太空作战力量是以军事航天部队为主体,以军事航天系统为核心支撑,以其他太空力量为辅助,主要在外层太空、临近空间、陆地、空中、海上、网络电磁空间等领域,从事各种与太空军事行动相关的作战力量。随着世界范围内航天技术的快速发展,各军事强国争夺太空资源、谋求太空优势的步伐明显加快,太空军事化趋势日益明显,太空作战力量遂行太空支援和太空作战的任务将更加频繁,在未来战争中的作用越来越重要。

第一节 太空作战力量基本特点

太空作战力量是航天技术快速发展的产物,先进的航天技术在军事上的广泛运用,催生了太空作战这支新型的高技术力量。正是高新技术的"包装",使得太空作战力量呈现出了成分复杂、投资巨大、高风险性和高效费比的突出特点。

一、作战力量构成复杂

太空作战力量虽然也是军事作战力量的一种,但与其他作战力量相比,有很大的不同,力量的构成十分复杂。在部队类型上有航天发射与回收力量、航天测控力量、太空飞行战斗力量、战略导弹力量、地面防天力量、太空勤务保障力量等多种类型;在人员构成上由指挥人员、作战参谋人员、航天专家和技术人员、作战操纵人员、地面其他服务保障人员等多种人员组成。具体就每一类型部队来说,其又都包括诸多子系统,而子系统还可以进一步细化。如航天测控部队总体上包括测控装备和测控人员,组成了陆地测控站和海上测控船,而每一个测控站和每一艘测量船又都是一个技术复杂的小系统。此外,从构成成分的性质看,太空作战力量的主体虽然是军事航天力量,但战时大量民用航天力量必将被征用,从而形成一个军民一体的作战力量体系。

实际上,太空作战力量的军民界线极为模糊,如通信、导航、气象、海事和测绘卫星等基本都是军民通用,而各种地面测控力量更是既可民用也可军用。也正因如此,美国在世界近几场局部战争中都大量使用了民用航天力量,而世界上很多国家从未严格区分航天力量的军民性质,一些国家军队甚至平时就大量依赖民用通信、导航、气象和测绘卫星提供的信息,如印军和日军等。

二、组建作战力量投资巨大

太空作战力量是国家综合国力在航天领域的运用,尤其是人力、物力、财力、科技力等最为突出。航天装备技术含量高、系统结构庞大复杂、研制周期较长、试验设备昂贵、生产工艺复杂等,决定了航天器及其地面基础设施研制的高耗费性。同时,航天器一般寿命较短,而其发射回收、测控管理、信息利用等,都需要投入大量人力、物力、财力。另外,对航天武器装备实施检测、维修、保养以及补充消耗器材等,也要付出很大的经济代价。据测算,建造一个大型空间站需要 500~600 亿美元,制造一架激光武器载机约需 9 亿美元,研制一颗大型通信卫星需要约 1~3 亿美元,研制一台太空机器人也需要约 1.5 亿美元。航天飞机飞行一次需花费约 10 亿美元,维修一次约需 7 400 万美元。目前将 1 千克有效载荷送入太空,需要高达 5 000~10 000 美元。

这就要求,发展太空作战力量必须具备雄厚的经济基础,特别是航天工业基础,需要投入大量的资金和资源。由于太空技术装备造价高,维持费用相当昂贵,即便是军事大国也很难在平时保持一支庞大的、功能齐全的航天装备系统,因此基本上采取的是"军民兼用、平战结合"的建设模式。

三、作战力量存有高度风险性

受航天系统发展的高技术性限制、特殊物理空间环境的影响,以及太空对抗水平提高的制约,引发军事航天体系特别是其武器装备系统安全问题的因素非常多,太空作战力量体系上的脆弱性十分突出。一是太空作战力量构成的因素复杂。航天系统关联性强,一旦某一部分被毁,将影响整个系统功能的发挥。由于航天系统仅一枚运载火箭就由几十万、上百万个零件构成,从航天器研制、试验、生产到发射、测控、使用,任何一个环节,任何一个零部件出现问题,轻者影响运行效率,重者导致整个任务失败,甚至造成灾难性后果。1986年美国"挑战者"号航天飞机失事,就是因为一个橡胶垫圈质量低劣,造成机毁人亡的重大事故。

二是太空环境的威胁。运行在太空轨道上的航天器,不仅处于极强的宇宙辐射之中,而且受到太空碎片、温差剧烈变化等因素的威胁。例如,1996年7月,法国CERISE卫星被"阿里安"火箭的一块碎片撞中了重力梯度杆,其上半部分被截断,姿控系统受损,导致卫星无法正常工作。

三是太空作战力量系统易受敌方攻击。地面的航天基础设施,战争中将是敌远程精确打击武器袭击的重点,而长期部署在太空的航天器难以隐蔽,又受轨道力学规律制约而绕固定轨道运行,行动可预测,作战意图易被敌方掌握,且机动应变能力有限,易被跟踪瞄准和受到干扰和攻击。

四是航天器自卫措施有限,防护能力弱。目前,太空系统自身的安全性问题还没有得到解决,民用航天器还没有采取防护措施,军用航天飞行器的防护措施也十分有限,防护能力十分脆弱。甚至连航天器发生了故障,也很难判断是人为损伤还是自然损伤,维修补给能力更是不足,即使派航天员乘航天飞机上天进行在轨修理,也存在耗时长、代价高、风险大等弊端。

四、作战力量运用具有高效费比

虽然发展太空作战力量耗资多,但效费比很高。这是因为:军事上,可通过太空作战力量运用、太空作战力量增强、太空对抗等,保卫国家主权与权益;科技上,利用军事航天发展的探索性和牵引力,带动航天、信息、材料等相关技术的巨大进步;经济上,不但可为经济发展创造良好平台,提供安全环境,太空资源也可以直接用于民用;政治、外交上,航天发展上的技术垄断与合作,以及形成的太空威慑,不仅可为外交斗争提供手段,也有助于提高国家的地位和威望,增强一个国家的综合国力。更重要的是,太空技术具有军民两用性,其太空通信、卫星遥感、导航定位、测绘气象等设施可直接服务于国家经济社会发展。美国"阿波罗"登月计划虽耗资250亿美元,但却产生2 000亿美元的经济效益,带动500多项高科技技术的发明,并衍生3 000多项技术成果,这些技术最后都用于民用和国防军工,奠定了美国科技的优势地位。发展太空作战力量,能够有力推动军事与民用航天技术的相互转化和互动发展。

第二节 太空作战力量构成

太空作战力量是随着信息化战争的形态变化,为满足未来太空作战需求而出现的一种新型作战力量。太空作战力量按照任务性质区分,主要包括发射与回收、发射测控、作战攻防、作战保障等力量类别。其人员主要由指挥人员、作战参谋、航天专家和技术人员、作战操纵人员、地面其他服务保障人员等构成。

一、太空作战力量构成

（一）航天发射与回收力量

航天发射力量,指执行航天器发射任务,以运送航天员、武器装备、作战物资的力量为基础,一般是在导弹部队、卫星发射部队基础上组建的。航天发射是航天力量进入太空并遂行作战任务的首要环节和重要前提,航天发射力量主要工作包括技术阵地测试、转运与吊装、系统检查测试、燃料加注、实施发射等。航天运载工具(运载火箭、航天飞机、空天飞机等)和航天器(卫星、飞船、太空机动飞行器等)进场后,测试分队立即对其进行水平状态下的单元测试和综合测试。技术阵地测试完成后,转运与吊装分队立即将运载工具和航天器由技术阵地运往发射阵地,并进行吊装对接。航天运载工具与航天器完成对接后,测试分队对其进行分系统测试、系统匹配和总检查。发射阵地测试工作完成后,航天基地指挥部应根据运载器和航天器技术状态、阵地设备情况、测控系统情况以及气象预报情况,及时定下是否发射的决心。

上级批准发射决心后,加注分队即根据推进剂流动时间,按先燃料、后氧化剂和先Ⅰ级、后Ⅱ级的顺序进行加注。推进剂加注完毕后,航天基地指挥部立即按指挥协同程序组织发射,将航天器发射到预定轨道。一般情况下,航天发射采取固定或机动发射方式,以保证航天发射、飞行、测控和保障力量有较充裕的时间进行各项准备工作,提高航天器发射和部署的成功率。在紧急情况下,为突破敌方太空封锁与拦截,快速重建航天力量,可采用陆上、海上和空中多点、多方向、短时间的集中发射,以提高航天发射的突防概率。因此,航天发射力量需要具有一定的机动和应急发射能力。

航天回收力量,是执行搜寻、运送返回式航天器及保障航天员完成任务后安全返回地面基地的任务的力量。如返回式照相侦察卫星执行任务后,其胶片舱必须及时回收,以尽快获取侦察信息。宇宙飞船、航天飞机等载人航天器执行任务后,也必须迅速返回地面基地,替换航天员、检修武器装备和补充推进剂。

（二）航天测控力量

航天测控力量,指执行在轨航天器测量与控制任务的力量。航天测控力量由航天控制中心和若干配有跟踪测量、遥控和遥测设备的航天测控站(包括测量船和测量飞机)组成。测控站的数量、配备和分布取决于航天器的飞行轨道及其测控要求,航天控制中心通过测控通信网与各测控站构成一个综合体,即航天测控网。航天测控网依照测控对象大体可分为三类：卫星测控网,为发射各种应用卫星和科学试验卫星服务;载人航天测控网,为发射载人航天器服务,除拥有比卫星测控网要求高的跟踪测量、遥测接收和遥控设备外,还配备有与航天员通话和传输电视的设备;深空网,为探测月球和深空行星的航天器服务,拥有大口径天线和高灵敏度接收系统,以达到超远程测控作用。

航天测控力量通过航天测控网,一是跟踪测量运载火箭、航天器的飞行轨迹,获取各分系统的工作和环境状态,对获取的数据加以分析,判断航天器飞行轨道的正确性和航天器对太空环境的适应性,为控制航天器及改进航天器设计提供依据。二是完成实时或程序控制,使航天器达到预定的轨道和得到所需的姿态,根据需要改变航天器轨道、飞行程序和工作状态。三是接收航天器的部分探测数据、反映航天员生理状态的遥测信息和电视图像等专用信息以及录音,航天控制中心记录、显示、处理这些信息,并与载人航天器的航天员进行通信联络,供实时和事后分析使用。四是对于要求高精度定位的应用卫星(如导航卫星、测地卫星、高分辨率侦察卫星),由测控网向用户提供准确的卫星位置(或轨道)数据和相应的时间数据,作为应用数据处理的基准信息。航天测控力量需要具有多任务、实时测控能力。

（三）太空飞行作战力量

太空飞行作战力量,指在太空利用航天飞机、空天飞机、空间站和卫星等航天器,执行各种太空作战及相关支援保障任务的部队。太空飞行作战力量具有高度的智能性与应变能力,可依靠空间站、空天飞机和卫星等太空武器装备,对紧急或意外事件做出及时正确的抉择与反应。

太空飞行作战力量的基本任务,一是进行太空侦察。利用卫星等航天器,有目的地对地面、海上军事目标、敌方部署调动等情况进行监视或拍照,可显著地提高侦察效果,并能及时对资料加以分析,为军事指挥提供准确信息。

二是太空作战。利用多功能航天器和太空武器,在太空拦截、捕获、破坏、干扰敌方军用卫星或太空武器系统。如通过发射高能激光束、粒子束、微波束来杀伤目标;对敌方航天器光电侦察、通信设备进行压制或欺骗性干扰,使其不能正常获取信息或获取虚假信息;在敌方航天器周围布撒干扰箔条或在其表面喷涂气溶胶等化学物质,遮蔽或污染敌卫星的传感器,使其暂时或永久失效。

三是对地球表面攻击。使用天基定向能和动能武器等,从外太空对敌方地球表面(包括陆地、海洋和大气层空间)的重要目标实施的攻击行动,具有快速反应、全球机动、精确攻击能力以及强大的瞬时杀伤破坏效应等特点,也是太空作战全面成熟的重要标志。

四是进行太空作战的相关支援保障。如进行太空运输或跨大气层运输,对卫星和其他航天器进行检查维修、加注燃料,试验与发展太空武器系统等。

(四)战略导弹力量

战略导弹力量,一般指导弹射程在中程(1 000～5 000 千米)、远程(5 000～8 000 千米)和洲际(8 000 千米以上)以上的战略弹道导弹力量和战略巡航导弹部队。战略弹道导弹的主弹道在外层太空,其弹头是经过太空再入大气层来攻击目标;战略巡航导弹一般为飞行高度在临近空间(20 千米以上)的超音速巡航导弹,目前发展比较成熟的是地对地弹道导弹力量。

弹道导弹力量使用火箭投送弹药对敌方目标实施远程打击,具有核打击和常规打击两种作战能力,如美国的"民兵"Ⅲ战略弹道导弹射程可达13 000 千米,俄罗斯的"白杨"- M、RS - 24 和"圆锤"等。其特点是力量分布广,作战行动隐蔽,准备时间短,飞行速度快,突防能力强,破坏威力大,作战精度逐步提高,可用于突袭大面积的固定目标,如政治经济中心、战略导弹基地、海空军基地等,是太空作战力量体系的重要组成部分。弹道导弹力量通常由导弹基地、弹头基地、工程技术力量和维护管理等力量构成。其中导弹基地担负导弹作战任务,通常编有导弹发射力量、弹头装检力量和各种作战保障力量,设有指挥设施、导弹阵地及各种作战保障装备。弹头基地担负弹头的储存、供应,编有弹头装检、储存、运输等力量,设有指挥机构、存储库及各种保障设施。工程技术力量担负导弹阵地的开设、工程安装等工程保障任务,通常编有运输、工程技术、安装部门以及相应的场站和组织指挥机构。维护管理力量担负各类装备、设备的维护和管理以及人员的训练等任务,通常编有技术部门、训练部门以及相应的场地和设施。

（五）地面防天力量

地面防天力量,主要由太空预警监视部队和地对天打击部队,以及勤务和技术保障部(分)队组成,担负预警和打击两大职能。太空预警监视力量建有战略预警监视中心,指挥预警卫星以及太空监视远程雷达系统,构建立体预警网,负责海洋监视及导弹预警,发现、识别太空目标,跟踪敌方航天器轨迹,探测来袭弹道导弹,为指挥员定下反击决心提供决策支持,为其他军兵种及相关作战力量提供作战所需的预警信息。地对天打击力量接到预警信息后,负责对敌来袭空天兵器进行精确定位,并对敌在轨航天器、临近太空武器以及来袭弹道导弹实施压制和摧毁,以保护国家重要的政治、经济和军事战略目标。如美国发展的"国家导弹防御系统"(NMD)能够对远程弹道导弹进行中段拦截,俄罗斯部署的 C－400"凯旋"防空导弹武器系统,该系统可拦截射程 3 500 千米的中程弹道导弹等。

地面防天力量攻击的主要目标是敌方低轨道上的航天器和来袭弹道导弹。主要方法,一是利用地基、海基和空基反卫星导弹攻击敌卫星。主要以高速碰撞方式击毁敌卫星,或通过爆炸以碎片击毁敌卫星。1985 年 9 月 13 日,美国空军一架 F－15 战斗机在 10 多千米的高空发射了一枚反卫星导弹,成功地击毁了一颗位于 500 多千米轨道上的卫星,这是人类第一次用导弹击毁卫星。二是利用地基、海基和空基激光武器攻击敌卫星。既能通过高能激光照射将敌方航天器摧毁,也能通过低能激光照射敌方航天器的传感器、电子设备,使其不能正常工作。把高能激光武器安装在飞机等空中平台上对敌方低轨道航天器实施攻击,可大大提高激光武器的生存能力和作战效能,使敌方更加难以防范。三是运用信息对抗手段攻击敌卫星。在地面、海上和空中对敌方卫星等航天器实施欺骗、干扰以及对其信号进行反利用,是一种行之有效的地—天攻击方法。

（六）太空勤务保障力量

太空勤务保障力量,主要由各类勤务保障人员组成的技术支援保障、后勤服务保障和安全保障等辅助机构和部队组成。

技术支援保障力量,主要是为航天系统提供气象、测绘、通信、信息应用管理等相关技术支援保障。由于航天工程系统十分庞杂,需要相当大的技术支援保障力量,才能完成繁重的太空作战任务,指挥、控制、通信、计算机和情报系统(C^4ISR)是太空作战最基本的技术支援保障系统。

后勤服务保障力量,主要负责对航天器的维修管理、材料和燃料的供应保障、作战人员的衣食住行以及有关工程设施建设等。包括航天器的回收、返航维护和修理(配有相应的修理中心和修理工厂)、航天器发射场、军用机场、导弹阵地等重要军事设施的建设、维护和管理,保障供应航天系统需要的数量众多、种类庞杂的各类器材和燃料等。特别是对航天员部队的生活和医疗卫生保障较之其他军种要复杂和困难得多,需要具备专业知识和专门机构。

安全保障力量,主要负责对航天系统地面基地的安全,执行实施警卫、防护、机动、伪装、掩蔽等保障任务。太空作战的地面系统是实施太空作战的基础,航天工程的地面控制系统对于执行航天任务的航天器来说,具有极其重要的作用,其安全与否,直接关系到太空作战的顺利进行。

二、太空作战力量人员构成

太空作战,既是高新技术航天、防天武器装备的对抗,更是高素质新型军事人才的较量。因此,太空作战力量的人员队伍,是在充分利用各种教育资源,加大军事航天人才的培养力度,培养和造就大批掌握先进的作战理论,具有较高的谋略水平,精通航天技术和装备的高素质军事航天人才的基础上构成的。建设这样一支新型的太空作战力量,是未来信息化作战的需要,是完成太空作战任务的需要,同时,也是满足新质战斗力生成的需要。太空作战力量主要由指挥层、参谋层、技术层和操作层四个层面的人员构成。

(一)指挥层人员构成

太空作战指挥层人员构成具有"复合型"特点,是太空作战的领导核心力量。太空作战指挥层人员,都是既精通作战指挥和管理,又具备较深厚的航天技术知识和技能,而且具有超前的创新意识和战略思维能力的复合型高级军事人才。随着太空作战武器装备的迅速发展,指挥管理与工程技术之间的渗透和影响更加广泛,合格的太空作战指挥人员必须既精通军事指挥,又具有扎实的科学文化基础知识、工程技术知识和相关的航天技术知识,才能够科学运用航天系统和信息化系统进行作战指挥,驾驭新型太空作战武器装备,否则再先进的指挥控制和武器系统也难以发挥应有的作用。未来太空作战必将是信息化条件下联合作战,从作战太空、协同范围到决策层次、指挥跨度等,对指挥员指挥联合作战的素质也提出了更高要求。

(二)参谋层人员构成

太空作战参谋层人员构成具有"智谋型"特点,是太空作战的中坚力量。太空战场情况瞬息万变、信息量大,各级指挥员要迅速果断地做出决策,离不开智谋型参谋人员的有力辅佐。太空作战往往具有很强的战略性,综合信息网络系统往往成为敌方重点打击目标,要求参谋人员必须是善于从宏观上组织太空作战保障的"战略性"人才;太空作战武器装备是高科技不断发展的结晶,要求参谋人员必须是既懂指挥管理又懂专业技术的"复合型"人才;信息化条件下联合作战中太空作战将在陆、海、空、天、电磁、网络、认知等多维立体空间领域展开,作战指挥需要高度综合的军兵种作战和指挥控制专业知识,要求参谋人员必须是知识广博的"综合型"人才;科学技术不断应用于航天系统,信息技术、航天技术保障要与不断创新的太空作战理论相匹配,才能赢得胜利,要求参谋人员必须是具有强烈创新意识的"创新型"人才。

(三)技术层人员构成

太空作战技术层的人员构成具有"专家型"的特点,是太空作战的骨干力量。太空作战的监视、支援、作战和勤务保障等功能都要通过军用航天工程系统来实现,而军用航天工程系统的任何一个环节,都离不开科学家或工程技术专家的精心操控。除了航天工程技术本身外,还需要十分复杂的相关保障工作,如电子技术、自动化技术、动力技术、材料技术、遥感技术、计算科学、化学、燃烧学、热物理学、制造工艺学等。这些都要由相关的技术人员进行服务保障,需要一支庞大的、技术精湛的装备技术保障队伍。

(四)操作层人员构成

太空作战操作层人员的构成具有"知识型"特点,是太空作战的基础力量。太空系统生成战斗力主要依靠这支力量发挥作用,这支力量在太空作战中的地位十分重要。一个作战系统,如果有一个战位失误,就可能导致全系统的瘫痪。特别是专业骨干的素质状况,更是直接影响到作战系统功能的正常发挥。不论是太空打击还是太空防御的战位,担负太空作战任务的操作人员,都是经过严格的专业技术培训的尖子人才。尤其是航天员,作为太空作战力量的重要组成部分,其选拔和训练极为复杂和艰难。一般要从优秀飞行员中挑选,除了要具有良好的体魄和心理素质外,还要熟练掌握航天技术和专业操作技能,并要掌握必要的医学知识和自救技术,训练时间长达 4~5 年。因此,努力培养一批专业技术操作骨干,使他们掌握新知识和新理论,熟悉新装备,练就过硬的新技能,才能够实现人与武器的最佳结合,进而发挥航天武器装备的最大作战效能。太空作战操作层面人员专业水准的高低,标志着太空作战力量战斗力的强弱,他们手中武器装备的技术含量,体现的是太空作战的质量。

三、世界主要国家太空作战力量构成

在太空这个遥远的天际,军事强国和大国尽显其太空作战力量建设实力,美国和俄罗斯在太空领域不仅建设发展的历史长,太空力量建设实力雄厚,而且还具有丰富的实践经验。日本、印度等国家的军队也紧随其后,加速太空作战力量建设的脚步。这些国家的太空发展建设经验,既是本国的也是世界的,借鉴有益的实践经验,可以有效推动太空作战力量建设,进而带动太空作战力量向更广、更宽、更实的方向发展。在太空力量建设上,放眼世界,精彩纷呈,各有千秋。

(一)美军太空作战力量构成

美国是最早开始筹备组建太空作战力量的军队之一。20世纪90年代初,美军就组建了一支由100多名宇航员和7 000多名航天技术人员组成的"准太空战部队",专门担负美军航天器的发射和控制。到了2000年,美国空军颁布了名为《航空航天部队:保卫21世纪的美国》的白皮书,第一次以纲领文件的形式确立了组建太空作战部队的远景规划。同时,美军空军还成立了太空作战学院,负责培养太空作战专业人才。经过长期的快速发展,美国已经拥有一支体制编制健全、武器装备精良、训练有素的一流太空军事力量。特别是经过近几场局部战争的考验,美国太空军事力量的作战能力有了进一步提高。

目前,美国太空军事力量采用四级领导指挥体制,已经建成结构合理、精干高效的太空作战力量体系。美国陆、海、空、海军陆战队都有各自的太空作战力量,分别归陆军战略司令部、太空与导弹防御司令部、海军网络战司令部、空军航天司令部和海军陆战队战略司令部管辖。这五个司令部作为战略司令部的军种组成司令部,负责本军种太空作战力量建设与管理。战略司令部下设航天联合职能组成司令部,负责太空作战行动的计划与实施。航天联合职能组成司令部下设联合太空行动中心,负责向航天联合职能组成司令部司令官提供灵活迅捷的指挥控制能力,并向作战司令部的航天协调指挥官提供反馈。

美国空军航天司令部是美国太空军事力量的主体,下辖两个航空队。其中一支航空队编制2万余人,下辖一个司令部、一个空中与太空作战中心和5个航天联队。另一个航空队编制1.1万人,主要任务是维护和操作陆基洲际导弹。美国海军和陆军太空军事力量包括航天支援力量、导弹防御力量、航天培训机构、航天技术实验设施等。美国陆军编有两个太空作战旅,负责执行太空支援、太空力量增强、太空控制和太空力量运用任务。海军于2009年组建了第10舰队,作为承担其卫星通信系统的太空支援任务。

(二)俄军太空作战力量构成

俄军太空作战力量——航天兵,是一个独立兵种。这支力量是2001年由原隶属俄联邦战略火箭军的导弹太空防御兵和军事航天力量合编,并从战略火箭军分离而成。组建初期的俄联邦航天兵近6万人,约占俄军队总员额的5%。首任司令是前战略火箭军第一副总司令兼参谋长佩尔米诺夫上将,第一副司令兼参谋长是波波夫金中将。航天兵主要由航天兵司令部、导弹太空防御集团军、季托夫航天器试验控制总中心、国家试验航天发射场、导弹太空防御局、军事教育机构和后勤保障部队组成。

俄太空作战体系主要由指挥体系、航天器发射体系、航天器测控体系、导弹袭击预警体系、对天防卫作战体系和反导防御体系构成。航天兵作为总参谋部直接指挥的独立兵种,主要担负航天发射、卫星测控、卫星攻击和导弹防御等任务。航天兵的成立不仅是俄军事改革的组成部分,也是俄保护自身战略安全的需要。军事航天力量是进攻型的部队,主要任务有两项:一是负责军用卫星的发射工作;二是负责对地太空武器系统进行打击。太空导弹防御力量是防御型部队,主要任务也有两项:一是监视对手的导弹发射装置;二是战时对敌方导弹防御系统实施打击。航天力量下辖普斯丁亚尔发射场、普列谢茨克发射场和拜科努尔发射场,一个航天试验与控制中心。太空导弹防御力量分成三部分,分别是导弹预警系统、太空监视与防御系统、导弹防御系统,下辖两个集团军,监视8500个太空目标。导弹预警系统用来监视敌方导弹来袭,太空监视与防御系统用来监视国外太空目标,查明国外航天器的作用和能力,导弹防御系统主要包括一个集团军,下辖若干弹道导弹发射基地和导弹发射装置,负责对敌进行作战,同时负责莫斯科导弹防御。

俄罗斯当前军事航天的编制体制结构,是过去数十年一系列重大改革的结果。俄罗斯将太空优势作为确保国家安全的重要基础,为确保在未来战争中获取太空优势,2011年12月1日,俄罗斯新组建的航空航天防御力量正式担负战备值班任务。2015年8月1日,俄罗斯又合并空军和空天防御兵成立了空天军,俄罗斯将几支军队合并进入航空航天力量,这一重组旨在增强协调和效率,按照俄罗斯官员的表述,这一决定提供了"改进国家空天防御系统的最佳方式"。俄罗斯的太空力量主要以太空兵为主体,太空兵司令部为空天军战役军团,下辖3个总中心,有导弹袭击预警总中心、空间态势侦察总中心、航天器试验和控制总中心,以及其他直属部(分)队。2015年空天军成立后,太空兵司令部改为第15特种集团军。新的太空力量将经过数年的组建完成,未来俄罗斯的航空航天力量将发展出多个系统,包括对航空航天侵袭的智能预警系统,对敌人航空航天打击的破坏系统,统一管理系统,作战力量全面支持系统等。

（三）日军太空作战力量构成

日本把建成航天大国定为国策和走向现代军事大国的必由之路。长期以来，日本受和平宪法的制约，奉行"独立自主地发展民用航天技术"的指导方针，不能公开发展军事航天技术，便采取了"寓军于民、以民掩军"的发展模式。随着日本经济实力的迅速增长，其航天技术也在高速发展。目前，日本已完全掌握了各类卫星的先进技术，已经成为继美俄之后、与欧洲并驾齐驱的世界航天大国。

日本太空军事力量的发展是伴随着日本航天政策的变化演进的，其中优先体现在军事侦察力量的发展上。日本作为第二次世界大战的战败国，发展军事航天系统受到限制。1969年，日本根据《和平宪法》的精神，规定日本的宇宙开发事业仅限于和平目的，不能发射侦察卫星或在空间使用核武器等大规模毁伤性武器。但是，日本从未放弃军事航天系统的发展，而是采取了灵活的发展策略，即"寓军于民、以民掩军"。近年来，为配合军事战略由"本土防御"向"海外干预"转变，日本开始谋划发展军事航天系统，逐步放开军事利用空间的政策限制，其军事航天逐步向"正常国家"迈进。

1997年《日本防卫白皮书》提出，将"特别关注"通信、导航、侦察监视卫星系统的发展。1998年11月，日本借口朝鲜中程弹道导弹试验，决定发展独立的侦察卫星系统。1998年12月22日，日本在内阁会议上决定在导弹防御系统中加入军事侦察卫星，即所谓的"情报采集卫星"。1999年4月1日，日本设立"卫星信息搜集委员会"，专门研究侦察卫星研制和使用带来的相关问题，2001年4月2日又成立侦察卫星办公室，以推进日本的侦察卫星计划。日本2000年9月公布的《信息军事革命》报告、2002年8月发布的《日本防卫白皮书》和《2001—2005年度中期防卫力量整备计划》中，都强调要以卫星侦察为主、多种侦察手段相结合，建成全方位、全天候、一体化的综合侦察预警系统。

2002年6月，科学技术政策委员会颁布《宇宙开发与利用基础大纲》。这是日本进入21世纪后的第一个国家航天政策指导性文件，也是内阁首次将"国家安全"写入航天政策。《大纲》称，航天技术对于维护国家安全具有极其重要的作用。2005年3月制定的《今后情报通信政策》，又把日本利用卫星进行军事情报搜集的范围从东亚扩大到中东地区乃至部分非洲国家。2005年12月中旬，防卫厅前厅长石破茂主持召开宇宙利用研讨会，决意将日本的航天政策朝着"非侵略即可利用"的方向调整，借此放宽防卫厅使用卫星的限制。2008年5月13日，日本国会正式批准将部署侦察卫星作为国家弹道导弹防御计划的一部分，标志着日本半个世纪以来拒绝太空军事化的政策发生重大转变。

日本众、参两院还于2008年5月9日和21日分别表决通过了旨在允许日本军事利用空间的《宇宙基本法》草案。这一行动打破了日本在这一领域近40年的立法限制。《宇宙基本法》的通过为日本军事利用太空、研制更高分辨率的侦察卫星乃至发展弹道导弹预警卫星铺平了道路。

日本积极研制各类卫星系统,在轨卫星数量和质量居世界前列,为太空军事力量提供装备系统。在卫星的军事应用方面,日本初期主要利用本国的民用对地观测卫星、气象卫星或通过购买外国的商业卫星图像为日本自卫队提供情报服务。1998年,日本就正式开始研发侦察卫星计划。日本的太空军事力量多数为军民两用装备,这与日本采取的寓军于民的发展策略,以及日本的航天政策相关。目前,日本具有多用途遥感卫星系统,此卫星具有军民两用的特点,同时可为进一步发展侦察卫星系统储备技术积累经验。日本曾先后发射"海洋观测卫星-1A1B""日本地球资源卫星-1"和"先进地球观测卫星"等遥感卫星,从性能上看,这些先进的传感器已可满足军用的要求。

为加强太空力量建设,日本的侦察卫星系统发展也很快。目前,功能较强的第二代IGS系统,其光学和雷达成像卫星的分辨率分别为0.6米和优于一米,这一卫星侦察系统能每天2次侦察全球任何目标,并将有关数据实时传输至地面情报处理中心,使日本具备了近实时的太空侦察监视能力。2017年3月17日,可供搜集安全情报的搜集卫星,借助H2A火箭33号机发射成功。情报搜集卫星是事实上的侦察卫星,搜集与安全有关的情报。日本将利用其监视日本周边海域。包括这次发射的卫星在内,日本目前运行的情报搜集卫星已经达到7颗,其中4颗是雷达卫星,3颗光学卫星,建立起了可每天拍摄地球任何地点一次以上的体系。① 日本还启动"超高速因特网卫星"(WIND)计划,打造了太空通信卫星系统,提升太空力量天基信息传输能力。在导航定位建设上,日本开发了"准天顶"卫星导航定位系统,可与美国GPS系统兼容,这样即使GPS系统信号中断,日本仍能保持独立的卫星导航与定位能力。日本在太空作战力量构成上,已经基本具备了较强的独立军用侦察能力,逐渐形成了天基预警能力,独立的军用卫星通信能力,同时,在太空防御能力上也有了较大发展。

(四)印军太空作战力量构成

长期以来,印度政府将开发太空技术看成是接近和赶上发达国家的捷径。1999年,印度就有了建立航天作战司令部的设想。为加强军事航天力

---

① 引自《参考消息》2017年3月18日二版,《日本再发情报卫星监视周边》。

量的集中统一领导，应对太空威胁，2008年6月，印度国防部长宣布成立"综合空间部"(Integrated Space Cell)，并研究了如何利用卫星图像增强国防和情报搜集能力的问题。综合空间部已于2008年初在印度综合防御力量司令部领导下开始运作，作为协调武装部队、印度航天部和印度空间研究组织的唯一部门。按照印度国防部门的说法，印度成立综合空间部的主要目的是制定保护印度空间资产的措施。

印度高度重视卫星导航技术的发展，采取与发达国家合作研制以及自行研制相结合的模式发展卫星导航系统。印度与美国合作开发"GPS与同步轨道扩展导航"(GAGAN)系统，为印度提供更高精度的导航服务。此外，印度还积极参与欧洲"伽利略"计划和俄罗斯"格洛纳斯"(GLONASS)计划。考虑到非常时期国外卫星导航系统的不可靠性，因此，印度早已开始筹划建立本国独立的高精度导航系统。2006年初，为加强对导弹、飞机、舰船等作战平台的导航能力，印度空间研究与发展局就提出"印度区域导航系统"(IRNSS)建造计划。该导航系统设计由7颗卫星组成，投巨资建设的区域导航系统，可为特定区域提供L波段和S波段低端导航信号，能够实现较为精确的卫星定位、导航和授时服务，系统于2016年4月发射了第7颗也是最后一颗系统卫星。印度建设导航系统，不仅为满足本土提供导航服务，而且计划在未来再发射10颗卫星，发展全球卫星导航定位系统。

印度不仅在卫星导航系统建设上取得长足发展，而且还发展了能覆盖全球、侦察效果更好、更稳定的由6颗卫星组成的军用卫星系统。同时，还开发组合复杂的预警卫星系统，其"国家预警与反应"卫星系统，由2颗地球同步通信卫星、3颗极地轨道遥感卫星、3～5颗低地球轨道卫星和一颗专用气象卫星组成，该系统在规模、范围以及复杂程度上都远远大于现有的通信卫星和遥感卫星。为满足印度对通信转发器以及未来微波遥感、超频谱和其他新技术领域中的需求，印度在2007年4月至2012年3月的5年期间，共执行了70次太空任务，比之前5年的26次任务增长近3倍。印度空间研究组织早在2008年财年预算就高达约10亿美元。

印度的运载火箭目前在世界上也处于领先地位，成为支撑太空作战力量建设的重要基础。1980年7月18日，印度第一次用自制的运载火箭从本国的发射场发射卫星成功，成为世界上第6个具有独立卫星发射能力的国家。目前，印度拥有多种类型国产运载火箭，如卫星运载火箭3(SLV-3)、加大推力运载火箭(ASLV)、极地卫星运载火箭(PSLV)、地球同步卫星运载火箭(GSLV)等。在2001年4月，印度就用"地球同步卫星运载火箭"，将一颗2.54吨的通信卫星送入地球同步轨道。2004年9月，印度的第二代"地球同步卫星运载火箭",又将一颗1.95吨的教育卫星送入地球上空36 000千米的轨道。印度是继美国、俄罗斯、中国、法国和日本之后,成为第6个具备使用超低温发动机发射对地同步卫星能力的国家。到2012年为止,印度已发射各类卫星50多颗,用于教育、卫生、减灾、自然资源利用、国防等方面。

地球同步卫星运载火箭(GSLV),是印度自行研发为主的运载火箭。印度太空研究机构利用地球同步卫星运载火箭,将印度全球卫星系统类型的卫星送至地球同步轨道。地球同步卫星运载火箭为极地卫星运载火箭之改良版,增加捆绑式液态辅助火箭为一三节式火箭。第一节为固态推进器;第二及第三为液态推进器。固态及辅助火箭是极地卫星运载火箭之延续。2014年9月24日,印度火星轨道探测器成功进入火星轨道,是全球首个第一次尝试便成功入轨的国家。

第三节 太空作战力量的主要任务

信息化条件下联合作战中,太空作战力量作为武装力量体系的重要组成部分,其主要任务有航天力量投送、太空信息支援保障、跨大气层运输支援、太空突击、太空防御、太空封锁等,目的在于夺取和保持制天权并支援地球表面作战。这些任务可归纳为进入太空、利用太空和控制太空三大任务。

一、进入太空

进入太空,是指为完成军事任务,实施的发射航天器到预定轨道、安全操控在轨航天器、服务和回收航天器的一系列航天活动。它是太空作战力量的重要任务之一,是建设太空作战力量的基础条件,是展开太空作战力量部署的基本手段。进入太空是利用太空和控制太空的前提和基础,是各国发展航天事业的首要努力方向。美国已将"确保进入"确定为美军太空作战力量发展的关键目标。美军联合航天司令部在《长期规划——2020年设想》中指出,确保进入就是"按需使用"太空交通路线,实现在太空和通过太空的无阻碍运行。这对实施太空作战任务极为重要。各国发展进入太空能力,主要通过三个方面来实现。

一是航天发射。主要是将航天器发射到预定轨道并正常运行,以及能根据需要从太空回收航天器。这种航天发射,不仅要求能将有效载荷运输到任务轨道,还要求确保进入的运输是便宜的、响应及时的和可以随时进入的。为此,完成航天发射任务,既要求平时具有多种航天发射途径和手段,更为重要的是具有在战时受干扰、阻止、打击情况下的快速进入太空的发射能力。只有这样,才能在各种条件下快速补充丧失或损坏了的航天器,实现按需部署装备或作战人员。为提高战时的快速应变能力,世界各航天大国均在大力发展快速进入太空能力。这种能力包括多个方面:运载工具必须是现成的,并且是模块化、系列化的,能适应不同载荷和轨道的要求;航天器与运载工具接口要具有通用性;运载工具具有可移动性,能在短时间内移动到就近的合适发射点;发射准备时间短;配套有可移动式的运载工具测控系统。

二是航天器的在轨安全操控。主要是为在轨航天器提供全球范围的遥测、跟踪和指挥,并能根据军事作战的需要,及时调整在轨卫星的轨道和配置。在轨航天的安全操控,必须是无阻碍和无中断的,尤其是在战时敌方实施强电磁干扰的情况下,并且当快速修正任务数据时,具有状态分析能力。为实现全球范围内的在轨安全操控,美俄两个航天大国均想方设法在全球各地架设航天测控站,目的均是为了提高航天测控的安全可靠性。受国家性质的制约,我国除采用租赁的办法设置海外测控站外,主要采用海上测控船的办法解决在轨航天器的全球安全操控问题。

三是航天器的在轨服务和回收。主要是为在轨航天器更换部件和加注燃料等,并回收昂贵的重要有效载荷。由于成本问题,在轨服务将局限于高价值的系统,如昂贵的、质量轻的轨道传感器和在政治上敏感的资源,它们多是为应对危机或战争需要部署的,和平时期并不需要。和平时期,需要回收的航天器,主要是宇宙飞船和航天飞机,它们是人类探索外太空的重要手段,也是人类实现外太空生活的基本工具。

二、利 用 太 空

利用太空,是指发挥太空作战力量对陆、海、空联合作战的支援保障作用。这是进入太空的直接目的,也是太空作战力量当前最主要的作战任务。20世纪90年代以来的几场局部战争实践表明,太空作战力量所提供的侦察监视、导弹预警、通信中继、导航定位、气象观测、大地测绘等信息支援保障,在提高作战能力过程中发挥着"倍增器"作用,是信息化条件下一体化联合作战中关键的、有价值的、不可或缺的因素。如科索沃战争中,美军动用了近20种共50多颗卫星,与预警机、无人机及地面各类传感器和特战情报人员,形成了战略、战役、战术不同层次的综合信息网络系统,对科索沃全境及各个战场进行全时空、全方位监控。其中,太空力量承担了70%以上的战场通信任务、80%以上的战场侦察监视任务和100%的气象保障任务,为98%的精确打击武器提供制导信息,实现了对战区通信信号的24小时连续监听。可以说,对太空的充分利用,对于美国赢得科索沃战争胜利功不可没。

从现有技术条件看,利用太空的主要任务有:一是侦察监视任务,包括实施战场动态监视,主要是发现和识别敌兵力、兵器部署情况,如各类高技术武器装备的调动和布防、重大军事工程的修建等,同时监视敌战场准备情况和态势变化;实施电子侦察,主要是通过跟踪、搜集敌电磁信号,确定敌地面各类雷达、电台的精确位置、信号特征和作用距离,并验证可见光和红外成像侦察所获取的情报;实施海洋监视,主要是通过目标成像和截获舰艇上的雷达、通信和其他无线电设备发出的信号,并进行综合处理,实现对海面舰艇、浮动基地的探测和跟踪,同时对海岸地势、海平面升降变化、海面温度、台风形成、风力风向、海流和海冰分布等进行测定。

二是导弹预警任务,主要是跟踪监视敌导弹阵地、飞机和舰船,实时掌握其导弹发射情况,及时提供导弹预警情报,最大限度地为己方组织导弹拦截和对重要目标实施防护争取时间。

三是通信中继任务,主要是转发或发射无线电信号,以实现地面通信设备之间、地面通信设备与航天器之间、航天器与航天器之间的通信,提供语音、图像、数据的远距离、大容量、高速率的传输,确保在最高统帅部、联合作战指挥部、各军兵种指挥部和所属力量之间进行快速、可靠、保密的战场信息传送。

四是导航定位任务,主要是为精确制导武器提供导航定位支援,提高命中精度;为诸军兵种部队、作战平台和武器系统提供精确的三维位置、速度和时间信息,确保兵力、火力能克服恶劣自然环境的影响而准确、迅速、及时地机动,进而在最恰当的时间和地点对敌形成决定性的优势。

五是气象观测任务,主要是通过对地球及其大气层进行气象观测,获取全球或特定地区的气象资料,预报天气形势的发展变化,为各级部队提供气象保障。

六是大地测绘任务,主要是提供地球形状、地球重力场、地球磁场分布状况等资料,用以提高各种精确制导武器的技术性能;测定地面战场各种目标的位置、高度和地貌,以绘制出详细、精确的军用地图。

三、控 制 太 空

从本质上看,控制太空就是夺取并保持制天权,它是利用太空的重要保证。所谓制天权,就是在一定时间内对一定太空区域的控制权。信息化条件下作战中,一旦掌握了制天权,赢得高维太空(信息和空间)制约低维空间(陆地、海洋和空中)的优势,就能有效保障己方参战兵力的行动自由,为陆域、海域、空域提供信息、火力和跨大气层运输支援,限制对方太空作战力量的支援保障作用,甚至直接对地球表面进行猛烈的火力打击,大幅削弱对方整体作战能力。因此,能否控制太空,夺取并保持制天权,直接关乎战争成败,地位十分重要。

控制太空的任务主要有三项:一是提高航天器的生存能力,在遇到干扰、破坏或摧毁攻击时,能及时感知并加以防护;二是在需要的情况下,干扰、破坏或摧毁敌对国家有威胁的在轨航天器或其应用系统;三是直接以天基武器支援地面作战,特别是攻击敌纵深战略性节点目标。

完成控制太空任务的方法很多,但从总体上看,有太空封锁、太空进攻、太空防御三种。太空封锁,就是利用进攻性武器在太空与地面之间形成一道屏障,阻止敌方航天力量进入太空战场或实施轨道机动,以及与地面系统交换信息,包括航天基地封锁、轨道封锁、发射通道封锁和信息封锁四种形式;太空进攻,就是综合运用软、硬杀伤手段(毁伤、拒止、削弱、干扰、欺骗等),对敌方太空目标或地球表面(陆地、海洋、空中)目标实施攻击,目的是降低或剥夺敌使用太空的权利,以及协助陆海空作战;太空防御,就是采取各种主动、被动措施和行动,防御敌太空力量的突击和弹道导弹的攻击,其目的是保护本国的太空系统和地面、海上、空中的重要目标不受来自敌方太空系统或地基武器系统的打击,包括反导、航天器防卫和航天基地防卫三种形式。

为实现控制太空的目的,最有效的方法就是直接摧毁敌对方在轨航天器。为此,美俄等国均发展了大量的反卫星武器,如反卫星卫星、激光武器、微波武器等。美国甚至提出,在 2020 年前部署天基激光武器系统,2025 年要在太空部署太空战斗机力量,实现对敌对国家航天器的随时猎杀。可以肯定,随着航天技术的发展,世界航天大国围绕控制太空的争斗必将更加激烈。

第四节　太空作战力量的地位作用

太空作战力量占据信息化战场的制高点,对地球表面作战行动有着重大影响,是维护国家安全的战略力量,进行战略威慑的重要力量,争夺战争主动权的关键力量,形成体系作战能力的要素和纽带。

一、维护国家安全的战略力量

随着人类进入太空时代,国家利益范畴逐渐超越传统的陆地、领洋和空中,不断向太空扩展和延伸。国家的安全边界随之从有界的地理边疆延伸到无界的广袤太空,范围大大拓展,太空安全已经成为国家安全面临的全新威胁。由于太空的发展对国家各领域的发展与变革都会产生全面的促进作用,因此太空安全的影响不仅仅局限在外太空,而且渗透和辐射到了国家的政治安全、经济安全、信息安全、海洋安全、环境安全、金融安全、能源安全、产业安全、文化安全等几乎各个方面,成为国家安全各领域的支撑,对国家发展和利益拓展的影响日益重要。可以说,没有太空安全,其他安全都难以得到有效保证。太空安全作为国家安全的"高边疆"和"保护伞",已经成为国家安全的重要组成部分。

太空作战力量作为维护国家太空安全的主要力量,是新型的、至关重要的战略力量,是21世纪大国地位的标志性力量。历史上,海上军事力量、核力量曾先后作为世界大国的标志性力量。海洋占据地球表面积的70%,是人类交往的主要通道和生存的重要保障,当市场经济取代自然经济成为人类生产方式的主导形态后,海上军事力量就成为强国称霸一方的重要标志。核武器将人类的暴力推向了极致,对对手具有极大的威慑作用,因而成为20世纪大国地位的标志,至今仍受到不少国家的追捧。而在21世纪,没有太空作战力量或太空作战力量不强,不能有效利用外太空和保卫自己的太空利益,都将不能成为真正意义上的世界大国。

二、实施战略威慑的重要力量

军事威慑自古有之,随着人们对军事威慑认识的不断深入和军事威慑实践的不断发展,方法和手段日益多样化的军事威慑已成为作战行动的重要组成部分,发挥着越来越重要的作用。太空作战力量的威胁使用或有限使用往往能对敌方产生重大的震慑效应,使其产生畏惧心理,被迫放弃作战企图或控制作战规模、强度和作战手段,从而为己方联合作战创造有利的环境和态势。

太空威慑与核威慑、信息威慑和常规威慑相比,使用灵活,可信度高,具有全球性、快速性、高效性的特点。在太空高速航行的航天器,能对陆、海、空、天等太空领域的任何目标构成威胁,实施全球攻击,真正具备"全球到达、全球作战"的能力;太空作战力量不受任何政治、地理条件的限制,能够迅速到达全球任何冲突地区,对敌境内任何地区或目标实施攻击,迫敌就范,直接达成威慑目的;航天武器装备具有精度高、威力大等特点,不仅保证了太空攻击的高效性,而且最大限度地减少了附带损伤。因此,太空威慑日益成为一种重要威慑方式,并在近期局部战争中初显端倪。

三、夺取战争主动权的关键力量

世界近期几场战争的实践表明,夺取制天权已成为夺取制信息权、制空权和制海权的先决条件,成为夺取和保持战争主动权的关键,直接影响着战争的进程和结局。如果说,机械化战争的重心在制空权,那么信息化战争的重心则在制天权。无论是太空作战力量建设,还是太空作战,核心都是为了争夺制天权。没有对太空的控制,根本谈不上制陆、制海和制空,制天权已成为制陆权、制海权和制空权之后双方争夺的一个新焦点。信息化条件下,遂行一体化联合作战,往往不是从地面、海上和空中开始,而是首先从太空开始,从争夺制天权开始,以夺取太空制高点,夺取信息优势。

控制太空、夺取制天权,一直被美、俄等军事大国列为未来战争中取得战争主动和夺取战争优势的重要战略目标。早在20世纪60年代,美国前总统肯尼迪就认为,谁控制了太空,谁就控制了战争的主动权。美国强调,到21世纪,其对太空能力的依赖,将像19世纪和20世纪工业的生存与发展对电力和石油的依赖一样,太空将进一步成为美国国家安全和国家利益的重心。美国自2001年开始,差不多每两年举行一次太空作战模拟演习,其目的就是探索太空作战的特点和规律,验证制天权理论的可行性。太空力量作为太空作战的主体力量,通过夺取制天权,就能为获取制陆、制空、制海权创造极为有利的先决条件,进而取得战争的主动权。从这个意义上讲,太空作战力量就是夺取战争主动权的关键力量。

四、形成体系作战能力的核心力量

信息化条件下联合作战,是陆、海、空、天、电磁、网络、认知等多维太空领域力量的一体化作战,太空作战力量具备搜集、处理、传递信息的独特优势和实施太空攻防作战的能力,已成为信息化条件下联合作战体系的重要组成部分,并对形成体系作战能力起到了"黏合剂"的核心作用。换言之,建设太空作战力量,是健全联合作战力量体系的重要一环,是迅速提升信息化条件下联合作战能力,形成体系作战能力的有效途径。

首先,太空信息系统是军队指挥信息系统赖以运行的基础。太空信息系统能够发挥信息中枢和纽带的功能,将侦察、监视、预警、通信、导航、定位、授时、测绘等有机结合起来,构成一体化的综合信息网络系统,并将陆、海、空、天、电攻防力量连接成多维融合的作战体系,进行准确、快速、高效的指挥、控制与打击,进而使各参战力量通过网络联合为一个有机整体,相互联系、相互补充、相互支援,协调一致地取得联合作战胜利。正如美军《2020年航天构想》中所指出的,军用卫星系统能将传统军事力量的作战潜力最大限度地发挥出来,起到整合与倍增传统军事力量的作用。

其次,陆、海、空军等作战力量在太空作战力量的信息支援和保障下提高了作战距离和命中精度。利用天基信息系统的信息优势,能够为各类武器装备导航,并提供精确的目标信息、导航定位和通信中继,从而明显改善了远程精确机动能力,增加了武器装备的部署方式,使陆、海、空军武器装备的作战距离、命中精度、摧毁效果都得到了空前提高。同时,通过卫星的精确侦察和快速通信,也利于被动防护和主动防御,还有利于评估和反馈打击效果。

再次,太空进攻作战力量快速航行的机动优势和航天武器装备远程精确打击的火力优势,是实施远程精确打击的重要兵器。

第五节　太空作战力量的运用

依据太空作战力量的特点、作战目的和太空作战规律,科学、正确地运用太空作战力量,是夺得太空作战主动权,赢得太空作战胜利的首要条件。

一、太空作战力量在典型作战样式中的运用

太空作战力量的构成和任务不同,在各种作战样式中的运用也各有不同。太空作战力量作为一种新型作战力量,在太空威慑、太空信息支援、太空防御等作战样式中,运用得比较广泛。

(一) 在太空威慑作战中的运用

太空威慑作战是最常用的作战样式,是谋取国家和军事利益的重要手段。如何以强大的太空作战力量为支撑,运用正确的作战方式实施威慑,对于赢得战略优势、取得战场主动、夺取作战胜利意义重大。

太空作战力量在威慑作战中的运用,一般是将真假使用太空作战武器结合起来,虚实结合,真假互用,起到假威胁真震慑的作用,达到威慑和遏制对手的军事目的。运用太空作战力量实施威慑行动,主要是威慑对方的心理。在力量运用上,针对各种威慑对象和事态发展趋势,根据作战实际需求,采取不同的力量运用方式,实施太空威慑行动。在威慑行动先期阶段,一般是展开太空作战力量警示行动,力争通过显示太空力量的存在,达成威慑目的。太空力量警示行动,具有舆论战和心理战的作用功效,以秀"肌肉"、亮"拳头"的方式,展示太空作战力量的强大实力,慑服警告对手,不要采取军事妄动。这一阶段的太空力量运用,威慑强度较低,是一种配合政治和外交斗争的力

量运用方式。

随着太空威慑行动的升级,太空作战力量运用方式也要随之改变,根据太空作战任务和行动性质变化需要,对太空作战力量进行兵力区分和配置,就是采取太空作战力量部署的方式,提高威慑强度,增强威慑效果。实施太空力量部署,是军事行动整体作战部署的重要部分,意在有效运用太空力量,构成局部对敌优势,形成战略进攻的态势,动摇敌作战决心,迫敌放弃战争企图。在这一行动中太空力量运用一般有两种方式:一是太空作战力量投送,二是太空作战力量部署调整。这两种方式都是为了有效进行威慑作战,不管是向太空中投送作战力量,还是对太空作战力量迅速进行加强和部署调整,都必须果断决策、快速反应、准确应对。

太空威慑行动实施到这一层级,如果还无法收到作战效果,太空力量运用还要继续升级,太空军事演习则要随机"登场"。运用太空作战力量实施军事演习,是一种太空威慑强度级别较高的作战行动,目的是进行全面作战威慑,因此,太空作战演习行动要做到公开透明,让威慑对象清清楚楚了解面临的危险态势,其目的是让威慑对象停止目前的军事冒险行动。

当上述几种太空威慑作战层级,不足以制止敌方战争企图时,则采取惩戒性太空震慑打击,这是太空威慑力量运用的最后手段。运用太空作战力量实施震慑打击,运用太空作战网络和电子战力量,对敌太空信息系统实施干扰破坏,干扰压制或欺骗迷惑敌方的太空信息获取、传输、指挥控制系统,造成各类太空信息系统无法使用。运用太空作战进攻力量,对敌太空作战体系的节点进行规模有限的震慑性打击,震撼敌方决策者心理,迫使威慑对象接受现实,达成以慑止战的目的。

(二)在太空封锁作战中的运用

太空封锁作战,是独立运用太空作战力量或在其他作战力量的支援配合下而实施的作战行动。为阻止作战对象的太空力量进入太空和进行轨道机动,阻断其太空力量与地面系统进行交换信息而实行的作战行动。太空力量在封锁作战中运用的突出特点是具有综合性。由于太空作战的空间区域广泛复杂,封锁战法各有不同,围绕基地、轨道、发射通道和信息等封锁样式,太空作战力量运用,有的作战行动采取专业力量单独运用,有的采取联合力量综合运用。太空封锁作战一般是联合行动,因此,力量综合运用呈常态化和普遍化。

太空封锁作战中的参战力量,包括专业太空作战力量,与太空作战相关的陆基、空基、海基和信息作战等力量。太空封锁作战中以运用太空力量为主,综合运用其他作战力量联合支援、协同作战,以火力打击、封控锁堵、信息攻击等战法，攻击封锁或破坏干扰对手地面太空发射基地、太空轨道、发射通道和信息网络。运用太空作战力量对太空基地实施封锁是重点，因为太空基地是太空各种系统的"根"，太空系统离开基地就没有了根基，无法正常行动，封锁基地可收到"拔草除根"之功效。

运用太空力量对太空基地封锁，通常会采用以下几种方法。一是运用特种力量进行渗透袭扰。运用袭扰力量从空中或地面渗透到太空基地，以袭扰方式破坏其指挥、发射、测控等关键基础设施，阻滞或破坏对手太空发射活动，为太空作战赢得主动。二是运用火力打击力量实施重点突袭封控。运用太空力量以及其配合太空作战的相关力量，利用远程精确打击手段，对敌太空基地重点目标实施封控性火力突袭，较大范围杀伤其有生力量，削弱敌太空基地保障能力，封阻控制其发射与测控主要通道，使其丧失作战能力。三是运用联合作战力量进行全面封锁布控。太空封锁作战具有封控领域广的特点，作战力量的运用也必须是联合性的，采取多领域、多手段、多力量、多空间的全方位封锁布控。在太空轨道封锁行动中，必须运用联合作战力量对在轨捕捉、轨道拦截和轨道设障等环节，开展全面的封锁布控。在封锁发射通道行动中，针对太空发射对发射窗口要求很高的特点，运用联合作战力量对其实施立体性布控干扰，有效阻断"发射窗口"，为实现对重点目标的封锁提供保障。四是运用信息作战力量开展节点破坏干扰。运用担负太空作战的网络和电子战力量，采用封、压、袭、扰、破等手段，干扰破坏敌太空基地核心网络节点，使敌太空发射、测控等信息系统无法正常传输使用，以对信息节点的干扰破坏，实现太空封锁的预期作战目的。

（三）在太空进攻作战中的运用

运用太空作战力量实施进攻作战，是未来太空作战发展的高级作战样式。围绕太空进攻作战的力量运用，有战略和战役两个主要层级，战略层面的力量运用是主要方式。太空进攻作战，一般是为夺取制天权而在太空领域展开的军事对抗，作战对象和进攻目标的选择，主要是由航天器构成的太空系统及其配套地面设施。运用太空作战力量实施太空对地突击，根本目的是协同和支援多军兵种的联合作战，重点摧毁敌作战体系中的战略和战役目标。这些战略和战役目标主要包括，用于战略和战役支撑的侦察预警、信息传输、指挥中心等指挥控制系统目标；用于战略和战役的装备与后勤补给系统、军事战略基地、各类能源系统等战争潜力目标；用于战略和战役的各类导弹阵地、陆海空基地、核基地和各类信息对抗设施等反制作战能力目标。针对上述战略和战役目标，太空进攻作战行动又分为"天"与"地"两个大方面，"天"是指对由航天器构成的太空系统目标的进攻，"地"是指对地面配套设施目标的进攻。

对太空系统目标的进攻,主要是运用地对天进攻作战力量,使用定向能武器、动能武器、失能武器等太空作战武器装备,采用"硬摧毁"和"软杀伤"方式,对目标实施攻击。运用这些力量实施进攻行动,主要通过使用激光、粒子束、微波、高速拦截弹、电磁(轨道)炮等杀伤威力较大的武器,"硬摧毁"各类航天器,击毁对手太空系统;利用各种太空失能武器,"软杀伤"航天器传感器、通信天线、雷达天线等敏感设备,使对手太空系统失去效能,收到不毁伤航天器也能实现作战目的的结果。

对地面配套设施目标的进攻,亦称太空对地突击行动,主要是运用天对地进攻作战力量,使用部署在太空中的天基定向能武器和动能武器,对地面太空配套设施重要目标进行攻击。因为突击武器运行空间有别,太空对地突击行动有"天-地"和"地-天-地"两种突击样式,对作战力量的运用也有不同的方式。在"天-地"作战样式中,主要是运用天对地攻击力量,使用部署在天基的作战武器装备,对地面选定的重要目标实施打击,以达到作战迅速反应、广域机动、重点打击、有效毁伤的作战目的。在"地-天-地"突击作战样式中,主要是运用太空进攻力量,使用地面基地发射轨道轰炸武器、航天飞机、空天飞行器等航天器,利用其载有武器再对地面重要作战目标进行突击。这种地面快速发射武器装备入轨,再由太空轨道向地面目标实施攻击的方法,是典型的"地-天-地"太空突击作战样式。随着航天技术的迅猛发展,太空武器的主要安装平台越来越先进,运用太空力量实施"地-天-地"突击作战,将是未来太空作战的基本样式选择,不但极大拓宽了太空作战力量运用的渠道,而且能不断提升太空作战的打击能力。

(四)在太空防御作战中的运用

反导作战、航天器防卫作战和太空基地防卫作战,是太空防御的主要作战行动,运用太空作战力量组织实施这三种作战行动,是未来太空作战最基本的力量运用方式。太空防御作战中的反导作战,是运用陆基、海基、空基反导武器系统,拦截并摧毁来袭的战略、战役或战术弹道导弹,从而达到防御作战目的。运用太空作战力量实施反导作战,属于被动性"接招儿"式防御作战,力量运用程序复杂、难度大,需经预警跟踪、情报分发、武器拦截等多层次、多批次的作战过程。目前,反导作战的基本战法是,运用太空作战力量,使用反导系统对来袭导弹进行拦截,以实现对来袭导弹的防御。虽然当今世界范围内,还没有以反导系统成功拦截导弹的实战案例,但反导系统成功拦截导弹的反导实验成功率却不低,反导系统的建设日益向实战化方向发展,实战部署也早已跨入全新阶段,这对太空作战力量在防御作战中的运用,具有现实挑战性。随着反导系统建设不断发展,太空作战力量在反导作战中的运用,也将成为太空防御的重点被高度关注。

运用太空力量对航天器采取防卫作战行动,是太空防御作战的重点样式,也是一种非常困难的防御作战。在太空中运行的各类航天器,一般是作为载体平台或信息系统使用,自身不具备很高的防护能力,因此,运用太空作战力量对其开展防御行动比较困难。为有效解决作战难点,正确运用太空作战力量对航天器实施作战防御,在采取综合隐蔽伪装、小卫星和多卫星组网、军用航天器升级、机动规避等多种被动式防御的前提下,以进攻式轨道抗击的战法进行防御,是运用太空作战力量以攻助防的有效手段。实施这种以攻助防的战法,就是运用太空攻击力量,使用天基定向能、动能武器对威胁目标进行抗击。为确保轨道抗击的针对性、准确性和实效性,战前需运用各种太空力量,及时了解弄清太空战场态势,掌握对手用于反卫星武器装备部署及作战性能等情况,严密侦察、跟踪、监视对手参战力量行动,全面掌控动向,为防御行动做好充分战前准备。为防止对手突发太空攻击,要及时运用预警力量对重点防御方向,展开太空防御预警,为防卫行动提供时间和空间保障。一旦遭到对手攻击,应根据战场实际和作战需要,运用太空防御作战力量实施防卫抗击,达成以抗击助防御的作战目的。

运用太空作战力量开展太空基地防卫作战,主要是运用空天防御力量、陆地和海上防卫作战力量,对太空保障基地实施全面有效防护,保证基地设施安全。太空基地是支撑太空作战的核心物质基础,因其地位和作用重要而成为被打击的重点目标,综合运用各种太空作战力量,对太空基地全方位防御则成为太空防御作战的关键。太空基地及其设施分布的广泛性,给防御提出了许多不易克服的难题,也对太空作战力量的运用提出了更高的要求。针对太空基地分布广、易受攻击的特点,在运用力量展开防御过程中,力量防御部署重点是具有战略性的太空基地、海洋测控站等,这些重要目标最易遭到来自陆、海、空、天的攻击,对上述领域的防御就成为太空基地防卫作战的主要内容。

对空防御力量运用方面,由于太空基地自身一般不具有防空能力,而远程空袭精确武器已具备攻击战略全纵深目标的能力,对太空基地的威胁日趋严重,在太空基地防御力量部署时,必须陆、海、空等多种防空力量综合运用,从不同区域和领域搞好力量布置,保障太空基地的对空安全。在陆地和海上防卫方面,必须部署一定的地面(海上)防卫兵力,以防备对手从陆地和海上对基地实施攻击和袭扰。对于陆上的太空保障基地,需要运用不同的力量采取多种防御手段,运用预警力量构建强大系统,并联合运用各种拦截打击力量组成联合防御火力网,能够实现对来自不同方向的袭击分层次有效拦截和阻击。同时,为防御对手从陆上使用特种作战等力量的袭击和破坏,还应配属足够的陆地作战力量,对太空基地周围实施防御部署,尤其是太空基地各种关键目标形成重点防护。海上执行远洋测量监控的船只站点,自身一般不具备防御能力,是易受攻击的重点也是防御的重点。在测量船只远航执行测量和监控任务时,运用多种作战力量对船只和站点实施防护,则成为防卫作战的关键。在力量运用上,既要利用具备一定作战能力的舰艇编队为测量船只护航,又要运用对空防御、反潜作战、对海攻击力量,形成对测量船只的联合性的整体防御能力。太空基地防御是全方位的、多侧面的,运用各种作战力量做好防御的同时,组织相关的防御力量,有针对性地开展抢救、救险、抢修等防御作战的准备和演练十分重要,通过演练将太空基地各种基础设施和系统进行"备份",既提高作战力量对太空基地的防御能力,也提升太空基地的自我生存能力。

(五)在太空信息支援保障作战中的运用

运用侦察监视、导弹预警、通信保障、导航定位、气象保障、大地测绘等太空作战支援保障力量,对各种作战军事行动提供太空信息支援保障作战,是太空作战力量运用的基本形式,目的是利用太空作战力量为作战提供太空信息优势,控制和夺取制天权,赢得作战的全面胜利。依据太空信息支援保障作战的不同任务,太空作战信息支援力量分为太空侦察监视支援力量、太空预警支援力量、太空通信中继支援力量、太空导航定位支援力量、太空气象观测支援力量和太空大地测绘支援力量等多种支援保障力量。对这些不同性质的太空作战支援力量,由于在作战中的作用不同,因此,各种作战力量在支援保障中的运用方式也各有不同。

运用太空侦察监视力量对作战实施支援保障,主要是以太空侦察监视力量为主体,利用侦察卫星构成的作战装备系统,对作战区域各类目标进行侦察、监视、识别和跟踪,并将所搜集到的信息情报,实时传输到联合作战指控中心。对太空侦察监视力量的运用,贯穿于战略到战术各个层级,这是由于卫星系统支持太空侦察、电子侦察和海洋监视的技术功能越来越强,技术种类越来越齐全,从战略层面走入战术层面运用的空间越来越大,更加直接应用于作战。太空侦察监视系统速度快、范围广、限制少、内容全、可定期或连续监视同一地区等特点,为有效运用太空侦察监视力量提供了重要技术支撑。依现有的技术发展速度,世界军事强国对太空侦察监视力量的运用也在不断加快,以100%的比例提供各类作战情报将不再是一种"奢侈"愿景,而是太空侦察监视支援保障的常态。

运用太空预警支援力量对作战实施支援保障,主要是利用太空预警系统,对来袭导弹的发射与飞行,实时进行太空探测、发现和跟踪,并尽早提供导弹飞行弹道和袭击落点的预警和预测信息报告,为反导作战做好充分准备。运用太空预警力量为作战提供预警信息支援,与运用地面预警力量相比,具有很大的优越性。太空预警力量使用的天基信息预警系统,比地面力量使用的雷达预警系统功能更加强大,天基预警系统观测的距离更远,可以及早发现目标并提供预警,赢得更加充分的作战反应时间,同时,还能有效克服运用地面雷达预警系统,预警时间短、容易受到攻击、应用距离有限等"先天不足",为联合作战预警防御提供更加有力的支援保障。

运用太空通信中继支援力量对作战实施保障,是太空信息支援保障作战中的一种重要力量运用方式,主要是利用太空通信中继系统,对各种固定或移动通信终端的信息进行传输和分发,为联合参战力量提供信息支援。太空卫星通信具有其他通信手段无法比拟的优势,运用通信中继支援力量实施太空通信中继,可以使这种优势更加充分地显现出来。这种优势体现在如下方面:第一点是通信中继平台位于太空,覆盖范围广,并能克服各种地形障碍的影响。第二点是通信频率高、容量大,可同时满足大量用户的通信需求。第三点是技术性能稳定,同时可以实现数据和语音的及时传输,通信频带宽,可实施扩频通信,保密性和抗干扰性好;使用天然信道,通信质量优良,受气候等自然条件影响小。第四点是可实现真正的多址通信,组网灵活,网络具有良好的重构性能,抗毁性强。多种优势条件,使得太空通信中继将成为联合作战中最主要的通信中继方式。

信息先行和信息优势,是历来所有作战行动追求的目标,太空通信中继支援力量的出现,使实现这一目标有了充分的保障,运用好太空通信中继支援力量,是形成信息优势的根本保证。正是有了太空通信中继支援力量,才可能使作战信息劣势,转化为战场信息优势和信息强势。

运用太空导航定位支援力量对作战实施保障,是太空信息支援保障作战中的一种新型力量运用形式,取决于卫星导航定位技术的全面快速发展与应用。太空导航定位保障,是利用卫星导航定位系统为各种作战力量、武器装备系统、运行于地球低轨道的航天器提供全天候实时精确导航、定位和授时。由于卫星导航定位系统的应用,使得传统天文导航、地面无线电导航的劣势得到克服。卫星导航定位精度高,可进行无源动态定位,用户空间大,无源用户数量理论上不受限制,可进行全天候、全天时的导航定位服务,能提供实时或近实时的导航定位信息。这种技术上的优异性能,为太空导航定位支援力量运用,提供了更为广阔的空间,使作战支援保障更加有力。

运用太空气象观测支援力量对作战实施保障,主要是利用卫星气象监测与预报系统,从太空对地球表面进行气象观测,将观测获取的各种气象信息实时传送到作战指挥中心,支援满足各种作战对气象信息的需求。气象与作战关系重大,气象变化情况直接影响各作战力量的部署,决定作战方案的制定与实施。由于气象卫星具有观测覆盖地域广、数据观测准确、卫星图像分辨率高、观测时间长、数据汇集时间短、保密性高等特点,能够提供全球范围的实时气象情报,成为信息化条件下气象观测保障作战的主要方式。高效运用太空气象观测支援力量,为各作战力量提供准确可靠的气象情报,服务于对气象环境要求较高的武器装备和作战行动,可以大大提升部队的战斗力。

运用太空大地测绘支援力量对作战实施保障,主要是利用卫星测绘系统,对地球重力分布、地球磁场分布、地球的形状以及地球表面的地理信息实施测绘,为作战提供准确的地理信息保障。运用太空大地测绘支援力量,对各种作战实施信息支援保障行动,对提高作战指挥的精确性和远程火力打击精度十分关键。太空大地测绘支援力量应用卫星测绘系统,对作战区域地形、地貌等地理信息进行精确测绘,将所获取的用于作战的相关信息,直接传输给各种作战力量,为确保作战胜利提供精准的地理信息保障。运用太空大地测绘支援力量对作战进行保障,由于测绘卫星运行轨道高、速度快,不仅可提供其他测绘手段无法获取的地理信息,达到精度高、时效性强的保障需求,而且不受国家领空、领海的制约,有效规避政治或外交上可能带来的各种风险。

二、太空作战力量运用的基本要求

太空作战是一种新型作战样式,其力量运用也具有自身的突出特点,在运用过程中要遵照"统一指挥,审慎使用;联合运用,整体作战;注重进攻,攻防兼备;快速反应,重点打击"的基本要求。

(一)统一指挥,审慎使用

太空作战力量作为一支战略性作战力量,其运用事关作战全局和国家安全,必须站在战略高度,综合考虑政治、经济、外交、军事各种因素,审慎决策。特别是对敌方卫星、航天器等太空系统的硬摧毁行动,具有全局性的重大影响,更要慎之又慎,做好充分的抗敌报复准备。美军就曾宣称,任何国家对其太空系统的攻击等同于对美核战争。随着外太空航天器数量急剧增多,各国军用、民用航天器运行于不同轨道,形成相互交织态势,直接影响己方太空作战力量的部署和轨道机动,以及对敌卫星的识别、跟踪。一旦采取太空作战行动,极有可能影响中立方航天器正常工作甚至造成"误伤",尤其在当前缺乏有效、规范的太空法律依据的情况下，容易引起和激化国际矛盾和纠纷。因此，太空作战力量属于国家的战略力量之一，使用的敏感性非常强，其运用必须服从和服务于国家战略全局的需要。

通常情况下，太空作战应由联合作战最高指挥机构统一筹划、统一决策，甚至需要国家最高领导人或军队最高统帅部直接下达作战命令，指挥权限具有高度集中统一的特点。统一指挥，是实现各种作战资源的最佳组合，实施高效、稳定的太空作战的保证，是统一作战意志、统一作战行动、增强作战能力、达成作战目的的基础。

对太空作战力量实施统一指挥，首先，必须集中控制航天和防天力量。集中控制，体现在作战目标上，必须依据联合作战总的企图，确定太空作战力量使用的目标；体现在组织计划上，必须着眼于联合作战全局和全过程，统筹谋划太空作战力量的作战行动；体现在兵力兵器使用上，必须对天基定向能、动能等大威力武器和航天飞行部队等精锐力量实施集中掌握，统一使用。其次，应充分发挥网络化信息系统的作用，将战略决策、战役指挥、战术行动有机结合起来。网络化信息系统不仅是联合作战体系的神经中枢，而且是对太空作战力量实施统一指挥的基本手段。通过网络化信息系统，不仅要使航天发射力量、测控力量、太空飞行战斗力量、地面防天力量、保障力量以及防卫力量之间实现情报共享、信息互通，同时要与陆、海、空诸军兵种力量密切协同配合，并加强与地方有关部门的密切协调，充分发挥一切可以利用的民用太空力量。

（二）联合运用，整体作战

未来作战中，只有将参与太空作战的多元化作战力量联合起来，形成一个有机整体，才能发挥出最大的作战效能，以整体合力夺取太空作战的胜利。一方面，要实现诸军兵种力量的联合运用。太空作战是诸军兵种共同实施的联合作战，太空作战力量作为太空作战的主体，主要承担威慑、制天、信息对抗、太空突击和太空支援等作战任务；而陆、海、空等其他作战力量不仅可运用远程精确打击、特种作战、电子对抗和网络对抗等作战手段，干扰、破坏、瘫痪敌方太空作战体系，协助己方太空作战力量夺取制天权，而且可为陆基、海基、空基太空作战力量提供有效的防护，确保其生存。因此，将参与太空作战的诸军兵种力量有机地结合起来，实施整体作战，可以弥补己方太空作战力量和武器装备上的劣势，增强太空作战的整体能力。

另一方面，要打破军民界限，实现军用、民用航天力量的联合运用。航天技术具有军民兼容性，太空作战力量数量规模有限，而民用航天系统的发展十分迅速，其某些性能指标已经接近甚至超过军用航天系统，能够承担部分支援作战任务。只要民用航天系统为军用航天系统留下"接口",就能成为太空作战中参战力量体系的重要组成部分,满足太空作战的要求。在海湾战争和科索沃战争中,民用通信卫星分别承担了美军 40% 和 60% 的通信任务。在未来信息化战争中,统一筹划、协调和使用军用、民用航天系统,实现多种航天力量的整体作战,就可以充分发挥民用航天力量的作用,弥补军用航天力量数量规模的不足。此外,还应重视利用友好国家或联盟的航天力量和资源,增强己方太空作战能力。通过与友好国家或联盟签订有关的太空条约和协议,建立相互信任的合作机制,以便在战时己方太空作战系统遭敌干扰、破坏、摧毁的情况下,能够利用第三方航天力量支援己方的太空作战行动。

(三) 注重进攻,攻防兼备

积极的进攻是取得战争胜利的唯一手段。一方面,太空作战力量具有强大的信息支援能力、全球机动能力和全域攻击能力,另一方面,太空中航行、作战的军用航天器沿着相对固定轨道运行,自身防御能力不强,且在地面的航天支持保障系统目标大、位置固定、分布广泛、特征明显、抗打击能力弱,不便于组织防御。因此,太空作战力量具有强于进攻、弱于防御的属性,而且随着军事航天技术的飞速发展并不断物化为航天武器装备,太空作战力量强攻弱守的不平衡性将更加突出。此外,太空作战力量还是把双刃剑,既可构建出防御的"盾牌",又可锻造成进攻的"利剑"。因为,以太空作战力量为主体的导弹防御系统,既能及时、准确地发现并有效拦截敌方发射的远程攻击性武器,确保己方免受敌方攻击,又能利用军事航天系统进行侦察、定位,使用弹道导弹直接精确攻击远程武器系统和重要经济目标,削弱甚至彻底摧毁敌方远程精确打击能力。

在太空作战力量运用时,应根据其长于进攻的力量属性,先发制人,以突然猛烈的火力,对敌在轨航天器、航天发射基地、综合信息系统、指挥控制中心等目标实施毁灭性攻击,一举夺取制天权并获得信息优势。在此基础上,再集中太空作战力量和其他军兵种作战力量对敌经济、政治、军事等要害目标实施远程精确攻击,削弱敌作战潜力,破击敌作战体系,涣散敌民心士气,直到赢得作战胜利。在实施积极的太空进攻作战行动时,应组织好太空防御作战。要对己方在轨航天器、航天发射中心、作战体系及经济、政治等要害目标采取有力的防护措施,挫败敌对己方实施的反击行动,并注重通过反导、反卫星作战等积极主动的攻势行动达成防御目的,避免消极、被动防御。

(四) 快速反应,重点打击

航天力量虽然具有强大的进攻能力,但航天系统本身却十分脆弱,一旦遭到敌方先发制人的打击,极易陷入瘫痪而造成全面被动。此外,太空作战本身高速度、快节奏和高消耗的特点,也要求作战行动必须速战速决,力避久拖不决。为此,太空作战力量必须充分发挥各级指挥员的主观能动性和作战部队的快速反应能力,注重对对方太空作战系统进行重点打击、体系毁瘫,以夺取并保持太空作战的主动权。

首先,必须作好充分准备。全面、充分的作战准备是速战速决的重要前提。太空作战力量指挥员及其指挥机关必须根据敌方太空作战企图和可能的作战行动、己方太空作战任务和作战能力以及战场形势可能的发展变化,指挥并监督航天和防天力量及时、隐蔽地做好各项准备工作,做到一声令下即能投入作战。只有这样,才能以快于敌方的作战节奏和速度,迅速达成太空作战的目的。

其次,要抢占先机,重点打击。太空作战力量指挥员及其指挥机关必须准确判明敌方太空作战企图及其可能实施首次攻击的时间、方式和规模,并指挥部队抓住敌方基本完成作战准备而尚未发起攻击的有利时机,采取突然袭击的方式对敌关键的在轨航天器和航天、防天基地的关键设施实施毁灭性打击,以求迅速瘫痪其整个太空作战系统,使敌航天和防天力量在较长时间内难以恢复作战能力,从而实现己方速战速决的目的。

再次,要立足反复争夺。优势与劣势、主动与被动是交战双方所处的相对作战态势,能够在一定条件下相互转化。在信息化条件下作战中,敌对双方太空作战力量互争优势和主动的斗争将贯穿太空作战的全过程,己方太空作战力量必须通过与敌反复、持久的争夺,才能最终取得太空作战的优势和主动。为此,要通过连续的封锁和压制行动,对敌施加持久的太空压力,不给其太空作战力量以调整和恢复的机会,从而保持己方的优势和主动。当己方太空作战力量遭敌打击而暂时陷入被动时,应采取应急发射、调整部署或启用备份系统等措施,力争在尽可能短的时间内恢复作战能力。通过逐渐改变双方航天和防天力量对比,实现优劣转化,重新夺回太空作战的主动权。

第四章　太空作战样式

　　战争是人类和武器完美结合之后，所演绎的一幕精彩的历史活剧。战争的基本作战样式就是这出历史活剧中最直接、最客观地呈现在观众面前的视觉盛宴。随着战争作战理论和武器装备的进步，战争的基本作战样式也几经变迁。悄然间，人类已经步入了太空时代，太空作战力量在20世纪中叶的闪亮登场照亮了整个战争舞台，从此开始了新一轮军事革命的序幕。如今太空作战正方兴未艾迅速崛起，如何通过科学的作战样式将太空作战力量的运用发挥到极致，是当前世界主要太空军事大国重点关注的领域。

　　每种作战样式都有其时代特征，这种时代特征是由其自然属性所直接决定的。确立作战样式的两个决定性因素就是人和武器装备。因为武器装备是由人来研发和使用的，所以决定最终作战样式的核心因素还是人。

　　太空作战有着特殊的作战空间和武器装备系统，其作战样式同样极具特殊性。现阶段，太空作战主要有两种形态：一是从太空为陆地、海上、空中作战提供支援；二是从陆地、海面、水下、空中对航天器实施攻击行动。随着航天技术的进一步发展，航天器在太空展开直接对抗将成为可能。目前，有关太空作战样式分类的方法很多，比较典型的有：按交战空间划分，有"天—天对抗战""天—地对抗战""天地一体战"；按攻防性质划分，有太空支援作战、太空进攻作战和太空防御作战；按作战人员在太空作战中的参与程度划分，可将太空作战划分为载人太空作战和无人太空作战；按使用武器划分，有导弹战、卫星战、航天器战；按运用层次划分，有战略太空战、战役太空战、战术太空战等。从作战任务和目的的角度，可将太空作战划分为太空威慑作战、太空封锁作战、太空进攻作战、太空防御作战、太空信息支援保障作战等五种样式。

　　虽然划分太空作战样式的依据有很多，但选择何种作战样式进行太空作战需慎重决策、全局考虑，包括作战对象、作战目的、双方力量对比、对手作战力量特点，等等。对太空作战的基本作战样式进行划分，是一个学术问题，选择何种太空作战方式进行太空作战,则是一个战略抉择问题。

第一节 太空威慑作战

太空威慑作战是目前最为常见的太空作战样式,也是大国谋取国家和军事利益的常用手段,是"不战而屈人之兵"的理念在太空作战层面的现实体现。太空威慑作战是以强大的太空作战力量为支撑,通过威胁使用和实际使用太空作战武器,来震慑和遏制作战对象的军事行动。太空威慑作战,运用的是太空作战力量,威慑的是对方的心理,是与传统常规军事力量威慑、核力量威慑具有相同作战目的作战样式。

但太空威慑也与传统常规军事力量威慑和核力量威慑有着较大的不同。

首先太空威慑比常规军事力量威慑和核力量威慑具有更高的科技含量,是只有太空强国才能应用的高级作战模式。

二是太空威慑作战力量与常规军事力量威慑和核力量威慑相比具有更加强大威慑力。太空威慑作战是一种围绕夺取制天权的体系作战。拥有了绝对的制天权就可以建立己方的作战体系,进而剥夺或击溃对方的作战体系,利用体系作战的巨大优势对敌方其余作战力量进行碾压和威慑,实现夺取、控制其余作战空间的目的。从国际历史和现状来看,太空强国一定是一个核大国,但一个核大国未必是个太空强国。

三是太空威慑作战在相关时刻,将常规军事力量威慑和核威慑融为一体。太空威慑作战是体系作战的一种表现形式。在执行太空威慑作战时,可根据作战对象和作战任务的不同,有针对性地将其他作战力量纳入作战体系,但其他作战力量并不参与实际作战,只是为更好地发挥太空作战武器的威慑作用被纳入。太空威慑作战的主体是太空作战力量,但根据作战任务需要其作战体系内必然有强大的常规军事力量参与,视情况需要纳入核威慑力量。太空强国进行的反卫星作战试验,试验本身就是一个将核力量威慑纳入太空威慑作战的综合行动。因为太空作战力量既然已经拥有了远程精确打击小目标的能力,必然有着使用核武器远程精确打击敌方核心目标的能力,这种威慑的融合既是技术发展的融合也是作战思想的融合,是一种必然的发展趋势。

一、太空威慑作战的基本战法

太空威慑作战的战法不可一概而论,兵者云:运用之妙,存乎一心。太空威慑作战在面对各种威慑对象和事态时，不一定都采用全部的太空威慑作战力量，这不符合威慑作战的要求，也不符合对作战效益的追求，而且过度威慑很有可能导致威慑作战的失败。太空威慑作战一般分为四个作战层级：太空威慑作战力量警示、太空威慑作战力量部署、太空军事演习、太空震慑性打击。四个层级是根据威慑力量的运用程度来排序，并不是相互排斥的关系，可以同时使用，也无严格的先后顺序，需要根据当时作战情况予以灵活运用。指挥员可以根据事态的发展和当时作战需求的特殊性，进而选择实施哪一个层级的太空威慑行动。

（一）太空威慑行动力量警示

在和平时期和"危机"初期，由于双方对抗状态不明显或不存在，太空威慑的目的仅仅是为了预防，因而通常只需通过显示己方太空力量的存在，就可达成威慑目的。太空力量警示，可利用电视、广播、网络、报纸杂志等公共媒体进行舆论宣传，向潜在之敌显示己方太空力量所具备的强大实力，使敌不敢在政治上冒险、军事上妄动。太空力量警示，属于低强度的威慑行动，一般为配合政治、外交斗争而进行，主要表现为进行各类航天装备试验。先进航天装备是太空作战实力的主要体现，公开或半公开某些重要的航天装备实验，采用媒体宣传、展览会展示、邀请外国武官参观等形式，全面展示己方太空力量的建设成就，显示所拥有的强大太空作战能力，从而威慑潜在之敌。在显示太空力量的过程中，应区分情况采取不同的公开方法，或彻底公开，以实力的全部显露威慑敌人，或半公开，让敌摸不清己方底细，因疑虑而不敢贸然行动。

太空威慑作战主要的是威慑敌方心理，起到遏止对方政治或军事企图，有效阻止其军事冒险行动的作用。太空威慑作战力量警示通常会被运用在危机出现的初期或者是发现有危机出现的萌芽时期。威慑作战力量警示，是一种虚实相加的战法。实施太空威慑作战行动的一方，一般情况下都是将"软实力"和"硬实力"综合到一起，用二者"化学反应"之后的能量来威慑对手。

"软实力"就是指以书面或非书面的形式向威慑对象发出警告，或提出新颖且在短期作战内能够实现的太空作战新概念、战法、新式太空武器、进入攻势作战的太空作战力量布局等等来威慑对手。这种通过展示"软实力"来实现作战目的的做法，常常会给威慑对手以极大的心理压力。"软实力"的运用常常与战略欺骗相混淆，战略欺骗是一个长期的、系统性很强的博弈，而"软实力"的运用则是强调在短期内对威慑对象实施有限威慑的具体作战方法。"软实力"能够发挥多大的威慑力完全是基于"硬实力"是否强大，"硬实力"越强,"软实力"的威慑力也就越大。

"硬实力"就是指实施威慑作战的一方所拥有的太空作战能力和体系作战的能力。"硬实力"是以实施威慑一方的全部太空军事力量为主,视军情辅以适当的常规军事力量和核力量。太空威慑作战是威胁使用或实际使用太空武器,来遏止作战对象可能采取的危险军事行为,将其他作战力量纳入威慑行动中的目的是,最大限度地发挥太空威慑行动的威慑力,太空作战力量与其他作战力量形成的体系作战能力,将使太空威慑行动的作用更加明显。太空威慑行动通过对太空作战武器的使用,建成作战体系,以体系作战能力威慑对方,使威慑对象重新考虑利益得失,最终放弃其冒险的军事行动,实现化解危机的目的。"硬实力"越强,威慑作战效果越好。

"强大"的太空作战力量可以是真的,也可以是假的。太空作战力量的真假与否,并不是在作战警示阶段的作战重点,重点是要通过多种手段的综合运用,让威慑对象认识到对手太空作战力量的"强大",而且是其不可企及的"强大"。太空威慑作战力量警示一般情况下以"软"为主,以"硬"为辅,"软硬兼施"。通过增大威慑效力,让威慑对象准确领会实施威慑方的作战企图,了解不可逆转的作战决心,迫使威慑对象最终屈服。太空威慑行动力量警示,是太空威慑作战的初级阶段,也是太空作战力量使用最少的作战时期,作战消耗最少,所获战果最为丰硕,也是和平解决危机的最佳时期。

(二)太空威慑行动力量部署

太空力量部署,是根据太空作战任务和行动性质,对太空作战力量进行的兵力区分和配置。这一行动属于中高强度威慑,一旦危机激化,可能之敌在实战准备上有明显动作时,采取加紧太空力量调整部署,提高威慑强度,是增强威慑效果的有效方式,也可以为己方进入实战创造有利的态势。实施太空力量部署,必须将其作为下步军事行动整体作战部署的重要部分和环节加以运筹谋划,以正确地配置己方太空力量,形成局部对敌优势,造成战略进攻的态势,使敌有"大兵压境"之感而放弃战争企图。

这一行动主要有两种形式,即太空力量投送和太空力量部署调整。其中,太空力量投送,是指向太空发射和从太空回收航天器,以运送航天员、武器装备、作战物资的行动。它是建立太空作战部署的首要环节,也是太空力量进入太空并遂行作战任务的重要前提。太空力量投送行动,具体由航天发射、航天飞行、航天测控、航天装备技术保障和基地防卫力量共同实施,根据投送目的和终点不同,可分为上行投送和下行投送。上行投送,是指航天发射力量和航天飞行力量,在测控力量和保障力量以及防卫力量的密切配合下实施的航天发射活动,目的是向太空运送航天员、武器装备和作战物资。目前，世界各航天国家主要以运载火箭作为航天运载工具，美国还利用航天飞机实施投送。下行投送，是指航天飞行力量和测控力量在保障力量的配合下实施的照相侦察卫星、宇宙飞船、航天飞机和空天飞机等返回式航天器的回收活动，目的是使返回式航天器完成任务后安全返回地面基地。太空力量部署调整，是指在太空力量平时部署的基础上，通过应急航天发射、轨道机动和陆上、海上、空中机动，迅速调整天基信息网、天基火力网、地面基地网的结构和布局，使之适应太空作战的需要。

为了有效进行威慑作战，基于平时太空中的太空作战力量存在和部署情况，开始对太空作战力量迅速进行加强和作战部署。首先将太空中的航天器调整到有利的运行轨道和阵位，以有利于下一阶段演习和作战的展开。同时，开始向太空中投送作战力量，利用地面的太空基地，发射投送太空作战所需要的人员、作战装备和作战物资。地面上的太空作战力量进入作战状态，加大所控制的卫星、飞船、空天作战武器的活动范围和使用频率。针对危机的特性和威慑对象的特点，尽快完成太空作战力量的战前部署，抢占太空作战的先机。

全力做好太空威慑作战战前准备的目的，是以必打之势行威慑之实。此时通过各种途径有效地向威慑对象传递准确威慑信息，让威慑对象不轻举妄动，不一意孤行。如果威慑对象继续进行其军事冒险行动，可将太空侦察力量获取的情报向威慑对象进行通报，给予对方强有力的震慑。如果以上做法仍不能有效遏止对方行动，则针对目标的特性，有目的、适当地将其他作战力量纳入作战体系，尽管其他作战力量不会在太空威慑作战中进行任何作战尝试，但应尽快完成其作战部署，以配合太空作战力量发挥最大的威慑力。一个完整的太空作战威慑体系的完成，整个体系内的作战力量的综合部署到位，能够给威慑对象造成"黑云压城城欲摧"之感，迫使威慑对象就范。

太空威慑作战力量部署必须坚决、快速、准确。不坚决则会让威慑对象怀疑己方的作战决心，容易让威慑对象做出误判，影响整个威慑作战的结果。时间在整个部署过程中是最重要的因素，如果不能在计划的时间内将太空作战力量准确地部署到位，就会让威慑对象严重怀疑实施威慑作战一方的太空作战能力，影响该方的国际影响力。整个太空作战力量部署的过程是连续、有步骤、有计划的，中途不能出现停滞，即便出现太空投送力量失败的情况，也应立即使用备用太空作战力量来顶替，进行快速部署，绝不能影响整个战局部署的完成，绝不能出现部署时间上的空当。

太空威慑作战力量部署实质上是太空作战前的作战力量集结和作战准备。其威慑力是十分巨大的，任何国家和军事集团面对如此强大的作战力量,不能不重新考量是否继续进行政治和军事上的冒险。

(三) 太空军事演习

随着"危机"的升级,太空力量警示和太空威慑行动力量部署已不足以威慑敌方时,需要实施太空军事演习。太空军事演习,是设有假想敌和实战背景,采取计算机模拟和实兵、实弹方式进行相互攻防的准实战性太空威慑行动。这一行动目的明确、针对性强,具有激烈的对抗性和准实战性,因而适合在"危机"时期和军事行动准备阶段实施。根据作战形势发展需要举行规模适宜、形式多样并带有实战背景的太空军事演习,目的在于通过演习提高太空力量的攻防和支援作战能力,并向敌方显示己方太空力量的当前态势和作战决心,向敌传递己方已做好战争准备,并有能力、有决心赢得战争胜利等信息,迫敌知难而退。

太空军事演习有多种形式,包括:组织反弹道导弹和反卫星演习,能够显示己方航天和防天力量实力,表明具有夺取制天权的能力和手段;组织太空突击演习,能够显示己方太空武器装备强大的突击威力,表明具有直接打击敌战略纵深目标的能力和手段;组织太空信息支援演习,则能显示己方太空信息系统具有实时或近实时感知战场态势的能力,表明能够有效地为其他作战力量提供战场信息支援。

太空军事演习是高级的太空威慑作战,有明确目标和明确作战手段,其威慑强度要大大高于太空威慑作战力量部署。太空军事演习的目的是进行作战威慑,所以演习要尽量做到透明,使威慑对象清楚明了地掌握自身所处的危险态势。太空威慑作战力量部署到位之后,立即组网工作,情报侦察力量将自己获取的各种作战信息时时发送给其余作战单元,太空作战力量将太空作战武器锁定威慑对象的太空基地和关键航天器,具有随时摧毁威慑对象的太空目标、牢牢掌握制天权的能力。同时,开始运用太空作战力量对威慑对象的重要目标,反复多次进行针对性强的战术机动和模拟攻击,持续给对方施加心理压力。组织大规模的兵器推演,让威慑对象对潜在的战争结果有着清醒的认识,对威慑实施一方的作战决心深信不疑。

在此行动基础上,组织太空通信演习,演习的重点是太空作战力量与其他作战力量在整个作战体系内的互联互通的演练,其他作战力量根据太空通信演习的内容做出相应的战术动作,保持高级别的备战状态,向威慑对象展示强大的体系作战能力。威慑对象将会对即将爆发的军事对抗有着清醒的认识,通过威慑实施一方的作战力量部署和作战力量演习,双方态势对比已经十分明显,威慑实施一方的军事演习已经使自己获得了战争的先机,一旦爆发军事对抗,这种先机将会变成辉煌的战果。而此时威慑对象的政治、军事企图已经被威慑实施一方完全掌握,威慑对象的军事冒险行动的实时情况也被对方详细了解,在威慑实施一方完成了太空威慑作战力量部署之后,威慑对象企图进行军事冒险活动的先机尽失,完全处于被动挨打的地位。

太空军事演习和太空通信演习过程中,虽然实施威慑一方的作战体系已经建成,但一般情况下不对威慑对象采取不可逆转的攻势行动,其目的是让威慑对象停止目前的军事冒险行动。如果在太空军事演习中做出不可逆的强势攻击行动,很有可能引起威慑对象的误判,从而殊死一搏地进行自杀式的军事冒险活动,反而使局势失控,危机升级。在太空军事演习的高压态势面前,无论威慑对象是谁都必将动摇其进行军事冒险活动的决心,重新进行政治上的策略应对和军事上的通盘战略考虑。最终达到威慑对象停止军事上的冒险活动,积极展开对话谈判,从而和平解决危机,实现太空威慑作战的目标。

(四)太空震慑性打击

上述三种太空威慑作战层级,已经将太空威慑作战推到临界状态。当三种非暴力的威慑方式不足以制止敌方战争企图时,则采取惩戒性打击,警告敌方已经做好全面战争准备,将威慑作战提升至最高层级——太空震慑性打击,不惜一切代价维护国家利益。

在太空威慑行动力量警示、太空威慑行动力量部署、太空军事演习三种作战威慑均未能奏效的情况下,表明威慑对象进行军事冒险的决心非常大,还存在侥幸的心理,这种情况是非常危险的。对于威慑对象的这种冒险行为,必须采取更加强势的威慑行动加以制止。让威慑对象将军事冒险行动升级,很有可能打乱实施威慑一方的作战部署,当机立断对威慑对象进行太空震慑性打击,就成为太空作战威慑行动的最后"底牌"。

太空震慑打击,是太空威慑的最高形式和最后手段,是在其他太空威慑手段失效时,为实现威慑目的所做的最后努力,属于实战性太空威慑行动。实施太空震慑打击,一般有"软打击"和"硬打击"两种形式。"软打击",是指使用太空力量对敌实施信息攻击,在电磁频谱领域,干扰压制或欺骗迷惑敌方的信息获取、传输、指挥控制系统,造成敌方雷达迷盲、通信中断、指控失灵;在信息网络领域,对敌实施网络进攻,破坏敌各种军民两用信息网络,造成各类网络无法正常工作,使敌充分感受到对方强大的信息网络作战能力,从而增大其采取军事行动的顾虑。

"硬打击",是指使用太空力量对敌作战体系的敏感部位实施突然、短促、规模有限的震慑性打击,震撼敌方决策者心理,迫使其不敢采取大规模的军事行动,或迫于对方太空力量的威力而签订"城下之盟"。"硬摧毁"目标的选择十分关键,首先被打击目标是对方的核心目标,特别是威慑对象的太空力量中的核心目标,确保摧毁该目标后能对敌方起到震慑作用,能够对威慑对象作战体系产生较大影响。不选择威慑对象指挥中枢这种对方作战体系核心的核心进行震慑性打击,是为了让对方指挥中心明确了解震慑性打击的性质,及时悬崖勒马,停止军事冒险行动,防止因为威慑作战中打掉威慑对象的指挥中枢,造成威慑对象的作战力量失去控制,做出破坏威慑作战的非理性行动。再者要做好震慑性打击失败的准备,对后续的全面作战进行周密部署,让威慑对象明确了解震慑性打击之后的第二波次全面进攻的后果,将威慑作战发挥出最大威力,迫使威慑对象接受现实,以慑止战,以打促和,加快危机的和平解决。

二、太空威慑作战的特点

太空威慑作战是最为常见的一种行动样式,也是作战实践中运用最为普遍的作战样式。太空威慑作战的突出特点是,作战一般行动发起于战争之前;威慑作用虽然重要,但通常情况下威慑具有一定的局限性;威慑需具有超强的硬实力,以强大的太空军事实力为后盾支撑。

(一)作战行动具有先发性

太空威慑是具有一定战略性的作战运用手段,通常情况下会用于战争发起之前,如果威慑有效可免于兵刃相见。太空威慑先于战争发起这一特点,是由太空作战力量的战略作用决定的。随着太空作战能力的不断创新发展,太空力量的作战运用由战略层面逐步向战役和战术领域渗透,虽然这种运用是将来作战需求的主要方向,但是太空力量在战略层面的作用,仍然非常重要。从世界太空力量发展的总体态势分析,未来太空作战力量发展仍然不会形成均势,太空强国会越来越强,小国虽然不会越来越弱,但强国独霸太空领域的强劲势头不会从根本上改变。从这个意义上看,太空战略威慑作用只会增强不会减弱,具备了太空威慑能力,战略威慑就有了用武之地。在战争发起前,事先"亮肌肉"、秀"拳头",是威慑行动的常态方式,有效吓阻对手是战略运筹的关键。太空作战力量的战略威慑作用,体现在不同的威慑样式之中,在未来的太空作战实践过程中,太空作战力量的这种战略威慑作用,将会更加充分地体现出来。加强对太空威慑作战行动率先发起特点的把握,能够不断加深对太空作战重要地位和作用的认识。

当前,在世界军事发展的转型期,新型太空作战力量发展较快,要求人们的思想观念不断发展、不断更新,不能停留在以往的思维模式里,迫切需要打破旧思想、旧观念的束缚,树立太空威慑作战行动先于其他作战行动发起的观念。俗话说：兵马未动，粮草先行，这里的先行强调的是后勤保障的先行。将这一思想移植于太空作战，应是战争未始，威慑先行。

（二）威慑作用具有局限性

威慑的主要目的是慑敌，达到不战或小战而屈人之兵，而想通过威慑来实现这一目的，往往有一定的局限性。太空威慑作战一般都是具有太空威慑能力强国的"专利"，按理说，有了强大的太空威慑能力，组织太空威慑作战会收到事半功倍的效果。但是受威慑的对手可能有两种，一种是有一定太空作战能力的对手，另一种是不具备太空作战能力的对手。具备太空能力的对手，相互有对抗的实力，在一般的太空威慑面前不会轻易屈服，其威慑作用会大打折扣，威慑的有限性就会充分显现出来。不具备太空力量的对手，一般情况下对于太空系统的依赖性较低，再强大的太空威慑力对其也不起多少作用，反而发起威慑一方对太空系统的依赖度高，如果威慑行动不起作用，自身太空系统受到非对称作战的威胁可能性反增，其威慑的局限性会更加明显。太空威慑作战这一突出特点，使得太空威慑成为一把双刃剑，运用得当事半功倍，运用不好可能带来较大的负面结果，影响作战的全局。

（三）实力与威慑并重

有实力才有威慑力，太空作战力量的硬实力，是太空威慑的重要前提，就太空威慑而言，硬实力就是硬道理。实战与威慑，是太空作战两大作战方式，不论是实战还是威慑，都必须有足够的硬实力作保证，才可能组织实战和威慑。太空军事力量类似于核力量，具有战略威慑作用。但与核力量不同的是，太空战略力量使用的门槛要比核力量低得多，从这个意义上说，太空战略力量的运用不仅需要着眼于威慑，而且要着眼于实战，威慑与实战两者紧密相关。威慑的"拥有"与实战的"使用"，两者是有区分的。有些太空武器类似于核武器，具有战略威慑作用，但不能轻易使用。这些太空武器虽然实战使用的可能性不大，但战略威慑的价值很大，发挥其威慑效益，往往可以收到巨大的威慑效果。

然而，威慑不是虚声恫吓，要想真正获得威慑效果，必须有一定的实战能力，扎扎实实做好实战准备。在战争爆发之前，可以通过必要的以威慑为目的的太空战略力量显示，遏制战争爆发。战争爆发之初，可以通过威慑性的太空行动遏制战争升级，争取在对己有利的情况下化解危机，结束战争冲突。在战争过程中，一旦需要，即应坚决果断地使用太空作战力量，后发制人，积极主动地创造有利于己的作战态势，威慑与实战并用，可收到理想的作战效果。

三、太空威慑作战基本要求

太空威慑是一种较为灵活的行动样式,在军事斗争中具有特殊的地位和作用,其四个作战层级要依据事态的发展来灵活掌握和选择,合理运用,发挥其他行动样式所不具备的特殊效果。应紧紧围绕使用威慑力量、展开威慑行动、显示威慑决心、传递威慑信息、实现威慑目标等环节,准确把握威慑重点,控制威慑强度和节奏,综合运用四种威慑行动,精心组织实施太空威慑,以取得最佳威慑效果。

(一)科学谋划,慎重决策

科学谋划,慎重决策是实施太空威慑的首要原则,是达成既定军事、政治目的的根本保证。太空威慑是国家军事威慑的重要内容,必须从战略上着眼谋划,综合考虑国家政治、经济、外交等各方面的需要,采取适当的行动,才能遏止敌人,达到不战而胜或小战而胜的目的。同时,太空威慑是一种相对复杂的军事行动,在敌对双方尖锐的利益冲突面前,各种矛盾错综复杂地交织在一起,其中除了已知的和可以量化的因素外,还有许多未知的和无法量化的因素。如威慑行动带来的心理效应和影响程度、人的主观能动性、威慑过程中的偶然性,特别是敌对双方施计用谋等无形因素,使威慑行动呈现极为复杂的情况,把握不好,可能导致威慑的失败,进而引发战争或使战争升级。因此,实施太空威慑,必须在策略的制定、力量的投入、对象的选择、范围的确立、目标的达成、手段和方式的使用等方面,站在全局的高度精心运筹,谨慎从事,力求最大限度地发挥威慑的效力,达成预期目的。应综合考虑需要与可能,在全面分析、权衡利弊的基础上做出慎重决策。

太空威慑的需要主要表现在三个方面。首先是军事斗争的需要。威慑是相对于实战风险和代价都更低的军事行动,只有当威慑失败或迫不得已的情况下,才使用实战手段。其次是政治斗争的需要。太空威慑同样服务于政治斗争,是达成政治目的的手段之一。政治对于太空威慑的需要越迫切,其目标就越明确,作用越明显。再次是外交、经济斗争的需要。在关系到国家、民族切身利益的经济和外交斗争中,当通过外交途径无法或难以达到某种目的时,实施包括太空威慑在内的军事威慑往往是决策者的重要选择。在需要的基础上,实施太空威慑还要考虑可能性,主要有三个方面:一要拥有一定的令人信服的太空威慑力量,因为在任何情况下,如果自身没有实力,或力量不足,都无以慑服对方;二要有"威加于敌"的决心,如果没有坚定的决心和坚强的意志,威慑的作用是苍白无力的;三要有达成太空威慑目的的良好环境,决策人物的才能、官兵的士气等,都是决定太空威慑成败的重要因素。

(二)加强威慑信息传导,增强震慑力

太空威慑作战是太空作战力量的一种作战模式,其最终目的是要遏止威慑对象的军事冒险行动,这种威慑更多的是对威慑对象心理上的震慑,可以将太空威慑作战当作一种"语言",而且这种特殊的语言必须让威慑对象"听清""听懂"。

为了保证威慑信息的准确传递,应始终保持对威慑对象的通信渠道畅通。除了用作战行动这种行为语言来传递威慑信息之外,外交层面的斗争对太空威慑作战来说是必不可少的,通过外交艺术发挥和积极的外交斗争,让威慑对象认识到事态的严重性。当外交沟通遇到严重阻碍时,可以通过第三方国家或者机构充当信使,在准确传递威慑信息的同时及时把握威慑对象的心理变化,最大限度地向威慑对象施压。迫不得已时,可以通过民间组织和特殊使节与威慑对象取得联络。即便是作战进入到太空震慑打击的层级,也必须与威慑对象保持畅通的沟通渠道,这种渠道可以是公开的通信渠道,也可以是特工情报人员之间建立的秘密通信渠道。始终让威慑对象在感到强大军事压力的同时,还能及时了解实施威慑一方坚定的作战决心和释放出来的和平解决危机的诚意。太空威慑作战既是太空战也是心理战,要想准确把握和影响威慑对象的心理变化,必须保证双方有效的沟通和威慑信息的准确传递。

(三)控制作战全局,把握关键节点

太空威慑作战的威慑对象,一定不是普通的军事力量或弱小的军事组织,必然是拥有相当太空作战力量和高昂太空资产对太空力量有着很深依赖性的国家或军事组织。如对某些区域性的恐怖组织采取太空威慑作战来震慑,所取得的威慑效果有可能不如常规军事威慑力量取得的作战效果好。因此,太空威慑作战的威慑对象必然是具有很强的军事实力。

既然是强大的对手,作战难度也随之提高。实施太空威慑作战必须对作战全局有着清醒、准确的认识,具有控制作战全局的能力,特别是对快速夺取制天权的把握。古巴导弹危机能够和平解决,一条重要原因是,美国海军能够迅速夺取并控制古巴近海所有海域的制海权,这种对作战空间的绝对控制权是让威慑对手望而生畏的。

执行太空威慑作战还必须准确把握作战全过程的关键节点,特别是要把握住每个太空威慑作战转换的临界点和太空震慑性打击的时机。太空威慑作战要保持威慑连续性,在判定本层级威慑作战失败之后,立即将威慑作战提升至更高层级,也可以根据战局的发展直接将威慑作战提高至最高层级。指挥员需灵活掌握作战层级的临界点,在战局发展到临界点之时必须果断转换,如果提前转换,有过度威慑导致威慑失败的风险,若迟滞转换,有导致整个威慑作战节奏失控的可能。太空震慑性打击是战争与和平的临界点,出手晚了威慑作战宣告失败,动手早了会直接导致战争。要想取得太空威慑作战的胜利,指挥员必须强有力地控制作战全局,并准确把握每一个关键节点。

（四）控制节奏,力争主动

太空威慑作为军事斗争的一种手段,需要通过改变对方的心理定式才能发挥作用,它比作战行动更要严格把握行动的节奏,否则可能导致威慑失败,丧失主动权。为此,在实施太空威慑过程中,要做到审时度势,见机行事,灵活多变,始终掌握对敌斗争的主动权。主要是把握好四点：

第一,合理确定太空威慑的强度。威慑的强度过高,对方难以接受,就可能铤而走险;威慑的强度过低,不能使对方感受到压力,则难以起到威慑作用。因此,威慑的强度需要把握适度,重点是要给对方留下妥协退让的余地,以防因对方没有台阶下而导致对抗的升级。第二,精确把握实施太空威慑的时机。威慑行动过早,将暴露己方战略意图,导致战略上的被动;威慑行动过迟,则会贻误战机,达不成威慑效果。第三,及时评估太空威慑效果,适时调整威慑策略。在己方太空威慑实施后,应通过各种手段,及时搜集、整理对方反应的情报,评估威慑的效果。如果对方的反应表明威慑的力度不够,就应适时加大威慑的力度;如果对方的反应表明威慑力度过大,就应考虑适当降低威慑力度;在对方已有发动太空作战迹象或太空作战已经升级的情况下,表明威慑失败,应立即做好应战的准备。第四,灵活处理太空威慑过程中的各种情况。在威慑运用的过程中,要对临时出现的各种意外情况,迅速、果断地予以处置,以保持太空威慑行动中的主动权。

（五）统一行动,整体慑敌

太空威慑是对抗双方综合实力的整体对抗。只有统一行动,确实搞好多种威慑形式的协调配合,综合运用各种威慑手段,才能实现威慑力量、决心和信息的有机结合,形成太空威慑的整体效果,做到治人而不治于人。

首先是统一行动。参与太空威慑的各种力量,要在各个方面凝聚在最高决策层周围,实行集中统一领导,从根本上保证作战行动的协调一致。其次是多种威慑形式的协调配合。信息化条件下,威胁和冲突的多样性、复杂性,决定单一手段、单一途径的军事威慑,越来越难以对敌形成有效威慑。太空威慑只有与核威慑、常规力量威慑等威慑形式结合起来,同时与政治、经济、外交等领域的斗争相配合,使各种威慑形式相得益彰,才能最大限度地发挥威慑的效力。再次是各种威慑手段的紧密结合。要针对不同环境、不同对象,攻防结合、虚实相济,充分展示作战决心、实力和能力,形成整体威慑效果,从而牢牢把握太空威慑的主动权,使敌方对采取的威慑行动,不能不信、不得不信、不敢不信。

(六)预有准备,立足实战

凡事预则立,不预则废。由于太空威慑面临的情况复杂多变,失败的可能始终存在。只有提前做好各种应战准备,一旦威慑失败,才能迅速转入太空作战状态或应付太空作战的升级局面,战而胜之。同时,威慑是以实战为基础的。从根本上说,正是由于太空力量的实战应用可以使对方付出巨大代价,才能起到威慑的作用。实战能力越强,威慑作用越大。因此,在实施太空威慑时,应战准备越充分,战胜对方的可信度就越高,威慑行动也就越有效,威慑成功的可能性就越大。相反,那种纯粹虚张声势的威胁和恫吓非但难以起到威慑作用,有时还会适得其反。做好太空作战准备,重点是要从最复杂、最困难的情况出发,制定各种应急预案,确保需要时能够迅速从威慑状态转化为实战状态。

第二节　太空封锁作战

太空封锁作战是指太空作战力量独立或在其他作战力量的支援配合下,为阻止作战对象的太空力量进入太空和进行轨道机动,阻断其太空力量与地面系统进行交换信息而实行的作战行动。太空封锁作战是太空作战的基本作战样式之一。虽然在以往的太空作战实践中,因受政治、法律、军事和外交等各种条件制约,均没有进行过类似的太空封锁作战。但根据目前已有的太空武器装备和太空作战指导思想来看,组织实施执行太空封锁作战的能力早已经具备。

一、太空封锁作战主要战法

太空封锁作战根据作战的着眼点不同、作战空间不同可划分为太空基地封锁、轨道封锁、发射通道封锁和信息封锁。各种作战方法可以单独运用,也可以同时采取行动,进行综合运用,以增强太空封锁作战的封锁效果。

(一)太空基地封锁

太空基地封锁是指太空力量在其他军兵种的支援配合下,运用各种火力、信息武器,攻击或干扰对手地面太空发射基地的作战行动。尽管各种作战力量的作战空间不同,但它们有一个共同点,就是都在地面有与其作战力量相匹配的地面设施。陆军有营地,海军有母港,空军有机场,太空作战力量则有太空基地,这是由各军兵种的自然属性所决定的。

太空基地是太空力量的根本依托,尽管随着航天技术的飞速发展,航天器自主运行能力将不断增强,但太空力量作战仍然高度依赖地面基地为其提供各种支援。打击破坏敌太空基地,使其无法正常运转,就能有效阻止敌向太空输送人员装备、武器弹药和能源燃料,从而极大地削弱甚至瓦解敌太空力量的持续作战能力。同时,由于太空基地及其附属设施通常占地面积大、位置比较固定、系统庞大复杂、目标特征明显、防护能力较弱,且遭受打击后短时间内难以恢复,因此,封锁敌方太空基地,既可破坏敌太空发射能力,又能摧毁敌位于地面的各类航天器,收到釜底抽薪、事半功倍之效。

太空基地是太空作战力量中的重要组成部分。太空基地担负着向太空中输送太空武器装备、作战人员、能源物资等重要任务。一些大型的太空基地还担负着太空作战力量指挥、通信、维修等综合性的任务。太空作战力量对太空基地有着高度的依赖性,无论太空作战力量多么强大,整个作战体系多么庞大复杂,太空作战基地都是作战体系中的关键节点。为提高对太空基地封锁的效果,通常对太空基地进行袭击的主要方法有三种:兵力袭扰、火力突袭和信息干扰。综合运用兵力袭扰、火力突袭和信息干扰等主要战法,对基地作战体系中的各个关键节点进行封锁与攻击,成为太空基地封锁行动的重要选择。

兵力袭扰,就是派遣特种作战力量从空中或地面渗透进敌方太空基地,采用奇袭方式破坏其指挥控制中心、发射塔、测控雷达等关键性航天设施和电力保障、燃料加注、通信保障系统等基础设施,以求在较短时间内迟滞或破坏敌航天发射活动。

火力突袭,就是直接对封锁对象的太空基地进行火力覆盖,运用太空力量以及其他军兵种的远程精确打击力量,对敌太空基地实施连续、猛烈的火力打击,重点破坏位于基地内的航天器、太空运载工具、发射装置和各种辅助设施,杀伤其有生力量,从而在较长时间内瘫痪敌太空基地,剥夺其航天发射能力。太空基地的目标特征十分明显,即便进行大量的伪装也无法有效躲避大规模的火力突袭。因为太空基地通常具备了发射、维修、指挥太空作战力量的职能,所以火力突袭必然是大规模的,不是限制太空基地的某一种能力,而是旨在使太空基地完全丧失其作战能力。

信息干扰,就是运用网络战和电子战手段,通过破坏敌太空基地的指挥控制网,压制、干扰敌航天测量控制信号,使敌太空基地无法有效完成发射任务。利用封锁对象的太空基地信息化程度高,对信息网络自动化依赖程度比较高的特点进行信息干扰战。这种作战的特点是计划、执行周期长,要较早进行准备,利用各种途径将网络病毒植入太空基地的工作网络,并潜伏待机,当接到作战命令时,病毒开始工作,瘫痪掉太空基地内的工作网络,并利用控制基地内系统的优势,发出错误的指令造成设备过载等情况,损坏太空基地内的作战设施,使太空基地失去其作用,达成太空封锁作战的预期目的。

对封锁对象的太空基地进行攻击,首先可以全部解除或部分解除敌方向太空输送作战力量的能力。其次大大削弱了封锁对象进行太空作战的潜力。因为太空作战力量生成的周期比较长,一旦被摧毁,在对抗激烈的作战期间很难再恢复。再次封锁对象的太空基地多是其太空作战力量的重要指挥中心,一旦将太空基地与太空作战力量之间的通信装置摧毁,那么在太空中的太空武器再强大也失去了控制,毫无战力可言,进而强行解除封锁对象太空作战力量的武装。太空基地通常选址在远离市区、地域广阔、电磁环境简单的地区。位置固定,建筑面积大,发射塔和天线阵地等重要目标特征明显,工作系统繁杂,工业化程度高。但太空基地防护薄弱,易被攻击。

(二)轨道封锁

轨道封锁是指利用己方太空作战力量,强行剥夺作战对象的航天器在轨运行能力的军事行动。这一行动主要是在敌卫星运行轨道及其附近区域布设障碍物,以阻止、破坏其航天器在轨运行和轨道机动。任何航天器在太空执行任务,都有其相对固定的运行轨道。由于所有航天器的在轨运行数据,都可以通过地面测量设备技术手段进行获取,加之太空是一个开放的空间,因而实施轨道封锁方便快捷,通过轨道封锁可以在较短时间内,探明封锁对象所拥有的在轨航天器的数量、类型、轨道高度、运行周期、轨道倾角等重要数据,为作战提供重要支撑。

实施轨道封锁,以剥夺作战对象在轨航天器运行的能力,主要通过三种方式:在轨捕捉、轨道拦截和轨道设障。在轨捕捉,是指将专用航天器送入预定轨道,对封锁对象的航天器进行追踪和捕捉。可以采用人力捕捉和机械捕捉两种方式。人力捕捉就是以己方在轨航天器为依托,由宇航员操纵捕捉设备或进行出舱活动,捕捉封锁对象的在轨航天器。也可由专用的机械设备和机器人在地面控制中心的远程操纵下完成。在轨捕捉有着很好的轨道封锁效果,而且作战效率高,但技术含量高,对人员水平和太空武器性能要求高。

轨道拦截,就是使用反卫星武器,对在轨运行的封锁对象航天器进行定点打击,以实体摧毁方式直接摧毁敌方在轨运行的航天器,或以失能性破坏方式使其部分甚至全部丧失工作能力。因为封锁对象在轨航天器数量众多,各种反卫星武器的作战能力不同,打击目标种类性质各异,因此,不仅要制定周密的打击计划,统一指挥、协调各种反卫星武器的拦截行动,以提高拦截效能,而且还需考虑到误伤己方和他国航天器的可能,防止摧毁封锁对象航天器之后所产生的太空碎片,对整个太空在轨运行的各国航天器造成影响,尽可能降低作战行动风险,以防可能引起的不必要作战连锁反应。轨道拦击封锁作战,虽然作战效果明显,但作战难度高、风险大,不易组织实施。

轨道设障,就是在敌卫星运行轨道及其附近区域,布设太空雷和太空碎片等障碍物,以撞击、阻炸方式威胁敌卫星,从而限制其正常运行和实施轨道机动的作战行动。根据测定封锁对象航天器的轨道信息,将太空雷等轨道武器准确发射至指定轨迹点,在其航天器运行至太空雷附近时,太空雷以撞击、爆炸、太空碎片阻隔墙等方式毁伤封锁对象航天器,实现轨道封锁的目的。在太空轨道上布设障碍物简单易行,成本较低,封锁效果较好。但是,大量太空障碍物的存在,特别是部分障碍物(如太空碎片)无法辨别敌我,既能对敌方航天器构成威胁,也会危及己方和中立国航天器的安全。因此,组织实施轨道障碍封锁时,必须全面细致地分析太空战场态势,尽可能缩小封锁区域以提高针对性。为避免"自我封锁"或引起国际纠纷,通常只在敌方或为其所用的第三方太空轨道上布设障碍物,而对于敌方、己方和中立国共用的轨道区域则一般不进行轨道设障。

(三)发射通道封锁

发射通道主要是指航天器的发射轨道和发射窗口。发射轨道是指载有航天器的运载火箭,从地面起飞到把航天器送入运行轨道之前重心运动的轨迹。发射窗口是指满足预定飞行条件和任务要求,允许发射航天器的时间范围。发射窗口是一个时间概念,制约发射窗口的条件有很多,如发射场的自然地理情况、航天器的性质、天气情况等。航天器发射对发射窗口要求很高,有时发射窗口是几天,有时发射窗口只有几秒。对封锁对象的发射窗口进行干扰和破坏能有效阻止其航天器的发射,实现封锁的目的。因发射窗口主要是由自然因素决定,所以干扰发射窗口也主要应采取局部改变自然条件的战法,如使用气象武器,使极端恶劣天气出现,迫使封锁对象不具备使用发射窗口的条件。

发射通道封锁,是指以天基反卫星武器或气象武器控制敌方航天发射通道,拦截敌从地面起飞而尚未入轨的航天运载器,阻止敌太空力量进入任务轨道的作战行动。受太空基地地理条件、航天运载工具以及航天器任务轨道的制约,航天器发射入轨必须经过特定的发射通道。因此,控制敌方航天发射通道,就能有效地阻止其太空力量进入预定轨道。

封锁发射通道,可采取关闭"发射窗口"和大气层外拦截两种方式。一方面,航天发射活动受气象条件影响较大,超出允许发射的最低气象条件将不能保证航天器发射成功。因此,通过周密的太空侦察,准确掌握敌航天发射准备工作进展情况和发射区域气象情况,及时使用气象武器改变敌太空基地所在地区的局部气象条件,关闭敌"发射窗口",就能阻止、破坏敌航天发射活动。另一方面,航天运载器飞出大气层到航天器入轨之前,由于航天器尚未与运载器分离,因而速度较慢、目标较大、特征明显,极易遭到反卫星武器的拦截。在此期间,使用天基定向能、动能武器在敌卫星入轨之前进行拦截,就能够有效阻止其进入预定轨道或降低其入轨精度。大气层外拦截,组织极为复杂,既要及时发现敌航天发射活动,为反卫星武器系统提供准确的截击数据,也要采取灵活的轨道部署方式,实现对敌航天发射通道的多层次覆盖。

对封锁对象航天器进行拦截时,必须利用已有太空作战力量迅速测定其发射轨迹,模拟其预定轨道,迅速指挥打击兵力准确打击目标。此种作战方法难度较大,一是发射轨道的测绘需要有强大的预警导航系统来保障,及时、准确地对封锁对象航天器的轨迹进行测绘是执行拦截任务的前提;二是要求有优良的指挥通信系统作为保障,侦察系统能够第一时间将目标的信息发送给指挥中心和作战力量,给予拦截作战力量相对充足的反应时间;三是拦截作战力量的反应时间快,能准确把握作战的时间节点,精确打击目标,完成拦截任务。目前一些航天大国具备此种作战方法的实施能力。

(四)信息封锁

信息封锁是指综合运用各种信息对抗手段,干扰、破坏敌卫星之间、卫星与地面之间的通信联络,迷盲光电侦察设备,干扰导航定位信号,从而隔绝敌地面与太空之间信息联系,使其无法完成指挥通信传输的作战行动。简而言之,就是使封锁对象被信息割裂,成为一个个单独的个体,无法进行整体作战。

信息封锁主要有四种方法:第一,电子干扰,即使用部署于陆、海、空、天战场的电子、光电干扰装备和器材,以非杀伤性方式扰乱敌人全系统电子设备的正常工作,切断敌在轨卫星与地面支援保障系统、各类用户系统的通信联络,以及各卫星间的通信联络。通过对敌太空系统的航天测控和指挥系统、天基信息平台、卫星传感器等实施电子干扰,切断其通信链路,既能让敌卫星无法正常工作,也能让敌卫星无法为陆、海、空等战场的作战行动提供有效的信息支援。

第二,网络攻击,即采用计算机病毒和"黑客"入侵方式,破坏甚至瘫痪敌太空系统的计算机网络。计算机网络是整个太空系统的核心,各类信息的获取、传输、处理、存储和分发等都依赖于这一网络。运用网络攻击力量,采取病毒攻击、"黑客"攻击等方式,对敌太空系统的计算机网络实施信息窃取、篡改、删除、欺骗和阻塞等攻击行动,可使其无法正常工作,进而造成敌太空控制系统、武器系统、通信系统等无法正常工作。

第三,低能毁伤,即使用低能量激光、微波、粒子束等,攻击敌太空系统,使其损坏或失效,从而失去为陆、海、空战场提供信息支援的能力。使用低能量毁伤方式,效果直接而明显,能够在短时间内迅速降低甚至剥夺敌方太空信息获取和传输能力,但杀伤破坏范围不易控制,容易对己方或中立国运行于同一轨道区域的信息平台造成破坏。因此,对敌天基平台的攻击必须极为慎重,以免造成"自相残杀"或引起国际纠纷。

第四,信息封锁一般重点攻击其通信卫星和通信卫星地面站,从信息源头切断传输链路。信息封锁只是表象,一旦实现就相当于使对方完全失去了太空作战力量。攻击其通信卫星和通信卫星地面站,是信息封锁的主要方法。

二、太空封锁作战主要特点

太空封锁作战一般是由太空力量处于优势的一方遂行的进攻性作战行动,其着眼点不在于主动消灭敌太空力量,而在于隔绝敌与太空的联系。太空封锁作战的突出特点可用一个"多"字来形容。从国际法规和政策策略上看,制约太空封锁作战的因素有多种;从参与太空封锁作战力量上分析,运用的作战力量多元;从太空封锁作战的空间上看,所封控的空间多维;从太空封锁作战方式上看,运用的手段多样。

(一)制约因素多面

太空本身就是一个有国际法规制约,受各种国际政策和外交影响敏感的空间。在这样的空间进行太空封锁作战,首先必须考虑的就是政治因素、外交因素,同时,太空封锁行动还将涉及第三方的目标空间和利益,封锁行动受到国际空间法规的制约。制约因素多的特点,为太空封锁作战带来了决策和实施上的困难。在决策开展太空封锁作战行动时,当时的政治背景、外交环境、国际空间法律规定等相关因素,成为作战决策的重要参考。太空封锁作战打的不仅是一场军事斗争仗,也是一场政治策略仗,还是一场外交斡旋仗,更是一场国际空间法律运用仗,每一种制约因素都是作战决策的关键点,稍有不慎便可能决策失当或者决策失误。

在太空封锁作战中,非军事打击行动性质因素增强,不仅要运用军事手段对重要太空军事目标实施太空封锁,也将适时对可被动员为军事应用的太空民用系统进行封控,还要组织实施政治攻心战,以政治舆论宣传等手段开展心理战、舆论战,这不仅能够全面实施太空封锁作战行动,而且在一定程度上可摆脱或减少相关制约因素的阻碍。

由于受国际空间法规的制约,组织实施太空封锁作战时,在封锁战法的运用、武器装备的使用、封锁目标的选择、封锁时机的掌控、封锁作战力量的投入和封锁空间范围的确定等环节,都有灵活运用国际空间法规,规避国际法律可能给作战带来的风险问题。国际空间法律这根"红线"理解得准、运用得活、把握得好,是太空封锁作战掌握主动、赢得先机的重要保证。

(二)力量运用多元

太空封锁作战力量运用,是一种太空联合作战力量运用。封锁所运用的力量包括太空打击力量、太空防御力量、太空支援保障力量和其他军兵种配合力量。这种参战力量的多元性特点,是由太空封锁作战的基本战法决定的。太空封锁作战有太空基地封锁、轨道封锁、发射通道封锁和信息封锁等不同的战法,这些战法对力量的运用又有不同。

对太空基地进行袭击,通常综合运用兵力袭扰、火力突袭和信息干扰等主要战法。兵力袭扰需要派遣特种作战力量,从空中或地面渗透进敌方太空基地。火力突袭,需要运用太空力量以及其他军兵种的远程精确打击力量,对敌太空基地实施火力打击,削弱其航天发射能力。信息干扰,需要运用网络战和电子战力量,破坏对手太空基地的各种信息控制网络,阻止对手太空基地有效完成发射任务。轨道封锁作战则需要更多的太空作战力量,包括在轨捕捉、轨道拦截和轨道设障等专业力量,以阻止、破坏对手卫星在轨运行和轨道机动。尤其是对封锁对象卫星进行轨道拦截时,作战方法难度较大,需要投入的专业技术力量更多。对发射轨道的测绘,需要有强大的预警导航力量来保障,这是执行拦截任务的前提;拦截过程中需要有精干的指挥通信力量保障,以便能在第一时间将拦截目标的信息发送给指挥中心和作战力量;拦截行动需要有执行具体拦截任务的作战力量,准确拦截打击目标,完成拦截任务。参与太空封锁作战力量的多元化,对作战指挥协同、兵力调动布置、武器系统配备、战法运用选择、战场空间掌控和作战趋势判断等关键性问题,都有一定的影响,增加了作战的难度。正确认知和把握太空封锁作战力量运用多元的特点,可有效提高作战的应变能力,更好发挥各种作战力量的综合作战潜能和作用。

(三)封控空间多维

太空封锁作战所包括的空间比较多,既有太空轨道空间、太空基地发射空间,也有网络信息空间,这种封控空间多维的特点,与其特殊的技术领域紧密相关。卫星在太空执行任务,都有其相对固定的运行轨道,卫星能够在太空轨道自由运行,需要有各种高精尖技术的支撑保障。由于所有的在轨运行数据,都可以通过地面测量设备技术手段进行获取,加之太空是一个开放的空间,因而实施轨道封锁方便快捷,通过轨道封锁可以在较短时间内,探明封锁对象所拥有的在轨卫星的数量、类型、轨道高度、运行周期、轨道倾角等重要数据,为作战提供重要支撑。太空基地发射的指挥控制中心、发射塔、测控雷达等关键性航天设施和电力保障、燃料加注、通信保障系统等基础设施,也都具有高技术特性,以封锁方式对这些技术含量高的设施和系统进行控制,可以在较短时间内迟滞或破坏对手航天发射活动,达到太空封锁的目的。太空基地的发射装置和各种辅助设施,一般都是地面技术装备设施,通常是融发射、维修、保障、指挥太空作战的职能于一体,目标特征明显,即便进行大量的伪装也无法有效躲避火力封锁的突袭。对太空基地这一空间进行封锁作战,其目的往往不是限制太空基地的某一种能力,而旨在使太空基地完全丧失其技术保障和作战能力。

网络是构成太空信息系统的"神经动脉",对太空体系起着核心技术支撑作用。在网络信息空间实施封锁,就是为了破坏其支撑,割断其"动脉"和"神经",使网络失去作用。因此,在网络信息空间进行封锁时,都是采用各种先进的技术手段,开展网络战和电子战,通过破坏对手支撑太空系统的各种网络,压制、干扰对手的航天测量控制信号,使对手太空支撑系统无法有效正常工作,通过控网破网达到制敌的目的。在网络信息空间对敌实施封锁,正是选中了封锁对象太空系统信息化程度高、技术性能强、对信息网络依赖程度大的特点,而进行网络破击和信息干扰战。

在多维空间进行封控作战,将是未来太空作战中强化应用的主要战法,尤其是网络空间和电磁空间,也将是作战双方加强建设和争夺的重点空间。全面深入研究太空封锁作战空间多维的特点,对于科学指导未来太空作战,正确运用高科技含量的作战方式,有效应对迎面而来的全新战争形态,具有重要的实践价值和现实意义。

(四)封锁手段多样

太空封锁作战手段多样的特点,是由制约因素多面、力量运用多元和封控空间多维等特点而形成的,手段多样是诸种特点在实践运用中的外在表现形式。制约因素多就必须运用各种有效手段,争取太空封锁作战行动的主动权,研究如何利用太空法律武器,在作战行动中规避国际法律风险,既善于运用又不完全被其制约。同时,准确把握国际航天合作趋势,以外交手段达成作战目的。

力量运用多元就必须针对参战力量的实际,在指挥控制、力量投送、作战编成、联合协同等各个环节,采用多种手段组织好力量的运用,发挥各种作战力量的最大参战效能。封控空间多维就必须根据太空基地、轨道、发射通道和信息封锁的不同作战行动需要,按照封锁空间实施不同的作战手段和方法,根据封控空间的任务要求,有手段独立运用的"单拳"散打,有方法综合运用的"组合拳"封打,采用手段多样的封锁行动,增强太空封锁作战的封锁效果。作战手段多样是信息化战争的一个基本特征,但在太空封锁作战中这一特点体现得更加充分。未来太空作战行动,太空封锁作战将是常见的作战样式,其封锁的方法手段也将更加多样,所带来的作战效果也将更加显著高效。

三、太空封锁作战基本要求

太空封锁作战,是在局部或全局占有较大优势情况下进行的攻势作战行动,其目的是以较小的消耗和较少的军事行动来实现最大限度削弱封锁对象的目的。组织实施太空封锁作战,有以下几个方面的要求。

(一)把握形势,利用法规

把握形势不是指单单把握太空战场的形势,而是指把握整个国际形势和全球太空力量部署情况。进行太空封锁作战虽然进行的是非线式作战,但实际上是进行封闭有限空间的区域作战。在封闭有限空间的过程中,因太空空间没有主权属性,各国卫星均有使用太空空间的权利,所以应对涉及太空的所有法律法规熟知并加以最大限度的利用。对有可能出现的国际争端进行预判,并做出相应的预案。如果出现误击第三方卫星或因封锁作战产生太空垃圾影响多国卫星运行的情况,要及早通过政治手段和经济手段来积极协调,以国际法和国际惯例来解决矛盾和争端,不可使整个太空封锁作战因为个别小的问题而无法继续。如果出现违背相关国际法的情况,一定要衡量自身实力是否有充足的能力应对所引发的连锁反应。

(二)精确计算,全面封锁

太空封锁作战是在一方有绝对优势力量的情况下进行的。只有力量强大的一方封锁力量弱小的一方,不可能出现弱小的一方去封锁强大的一方,弱小一方也根本不具备进行封锁作战的能力。那么就需要在封锁作战之前进行精确计算,防止将封锁对象进行成功封锁的同时也对自己的太空作战力量产生较大的限制。这种限制是否可以避免,这种限制是否符合封锁方的作战企图,其太空作战力量是否满足下一阶段作战运用,这些都要进行战前精确的作战筹划。如果出现了其中一种情况,就要格外慎重是否采取封锁作战,因为封锁作战的力量态势对比很明显,从军事意义上来讲,在封锁作战对象少量太空作战力量的同时,也封锁或消耗己方相等或更大的太空作战力量是不符合作战规律的,但这种行动是否执行还要具体综合考虑政治、经济等多方面的因素。

在进行封锁作战的过程中,必须对敌方封锁对象进行全面的太空封锁。全面的太空封锁就不能仅仅使用单一手段的封锁方法,要各种作战方法综合使用。针对战场实际情况来具体决定如何实施封锁作战。通信封锁和太空基地封锁给敌人的太空作战力量的削弱最大,封锁对象将部分或全部丧失其太空作战能力。轨道封锁和发射通道封锁只是限制或剥夺封锁对象在部分太空空间运行卫星的能力,没有对其太空作战力量进行体系上破坏,使其仍然具有太空作战的能力,但这种能力被大大地限制了。要准确认识各种太空封锁作战战法之间的关系,并针对不同的封锁对象灵活运用,以取得最大的封锁效果。

(三)服从全局,周密筹划

太空封锁作战的主要行动都在太空进行。由于太空属于全人类的公共空间,在遵守国际空间法及双边或多边国际空间公约、协议的情况下,任何有航天能力的国家和组织均可进入,而各国军用、民用卫星都部署于太空,仅仅是运行轨道不同,这就形成了敌、我、友、中立各方相互交织的太空战场态势。在这一复杂的战场空间里实施封锁作战行动,极易"误伤"非敌方的卫星,从而引起国际矛盾和纠纷。因此,实施太空封锁,必须服从和服务于战略全局,既要遵守相关的国际法规,也要根据当时国际形势和战争发展状况加以选择。要站在战略全局的高度周密筹划,切实搞好作战手段的运用、时间和空间的控制、作战进程的把握,以使每一个作战行动都能对战略全局产生积极的影响。

(四)整体作战,重点封锁

实施太空封锁作战,不仅包括太空力量本身,还包括其他具有太空封锁能力的陆、海、空部队。由于各种作战力量所运用的封锁手段和封锁方法各不相同,所具有的封锁能力也各有长短,因此,必须扬长避短,合理加以运用,以使各种作战力量能密切协同,形成封锁的整体威力。同时,由于太空系统庞大复杂,航天设施数量众多且分布广泛,全面封锁既不现实也不可能,只有针对敌太空系统构成特点和各组成部分的地位作用,择其要害实施重点封控,才能获得最佳封锁效果。

(五)灵活用兵,封打结合

太空封锁作战,主要目的在于阻止敌太空力量进入太空战场或实施轨道机动,而不是谋求将其彻底消灭。只要敌方不能及时有效地进行航天发射和轨道机动,封锁作战即达成目的。因此,在太空封锁作战行动中,要以达成封锁为基本着眼点,把封和打结合起来,封得住就封,封不住就打,打了再封。两种手段灵活运用,相互促进。具体说来,应根据敌太空力量构成的威胁程度和自身封锁作战能力灵活用兵。一般情况下,对于拥有强大太空力量之敌,应以打为主,即通过重点打击敌方关键性的地面航天设施和在轨卫星,迅速降低敌航天发射和轨道机动能力,为后续封锁行动创造条件;对于太空力量弱小之敌,应封打结合,即通过火力打击瘫痪敌方太空系统,通过轨道设障限制敌在轨卫星进行轨道机动;对于向敌方提供支援的第三方太空力量,则应以封为主,即主要通过轨道设障封锁限制其正常运行或轨道机动来达成封锁目的。除非第三方太空力量构成严重威胁,通常不对其实施火力打击,这样可以避免冲突的扩大化。

(六)充分准备,持续封锁

太空封锁作战的目的和特点,决定其持续时间一般较长,而且封锁效果也难以在短时间内显现出来,尤其是对航天大国或得到第三方太空力量支援之敌实施封锁时,情况更是如此。长时间的太空封锁作战必然消耗大量人力、物力、财力,一旦支持不济,将直接导致行动的失败。为此,必须在力量运用、物资准备等方面做好充分准备,才能保持持续的封锁能力。这就要求指挥员必须深刻认识太空封锁作战的持久性,在加强准备的同时,科学合理地加以运用,以便在太空封锁与反封锁的斗争中争取主动。

第三节 太空进攻作战

太空进攻作战是为夺取制天权而对作战对象采取全面进攻的军事行动。太空进攻作战是太空作战力量发展到一定程度后的产物,是为争夺制天权而进行的全面的军事对抗。按照作战层级可将太空进攻作战划分为战略太空进攻作战、战役太空进攻作战;按作战空间来划分可分为太空进攻作战和地面攻击作战;按参战力量划分,可分为独立太空进攻作战和联合太空进攻作战;根据作战目标划分,可分为航天器攻击作战和地面设施攻击作战。通常根据交战空间的不同,可以将太空进攻作战区分为攻击航天器和太空对地突击两种行动。

一、太空进攻作战主要战法

太空进攻作战是为获取制天权而消灭作战对象的太空作战力量,而作战对象的太空作战力量,主要是由各类航天器构成的太空系统及配套地面设施所组成,所以太空进攻作战都是围绕这两类目标来进行的。

(一) 攻击太空系统行动

太空系统由各类航天器构成,是支撑太空作战的核心,是太空作战力量的重要载体,也是太空作战中的重要作战单元,是夺取和掌控制天权的主要作战武器。摧毁太空系统是打击敌太空作战力量的有效方法。对其实施突击,将从根本上剥夺敌太空作战能力。因此,攻击敌太空系统也就是航天器,是太空进攻作战的主要行动,也是夺取和保持制天权的重心所在。攻击敌太空系统,可以采取多种方法。

一是使用定向能武器实施攻击。定向能武器是一种高能武器,主要包括激光武器、粒子束武器、微波武器等,它们各有优点,其搭载平台多样,可以在地面安装,也可以安装在飞机和航天器平台上,可满足多维空间作战的需要。定向能武器可以实现阵式攻击,即预先把定向能武器设置在攻击阵位,实现有效的阵列排布,当作战对象航天器出现在定向能武器的有效攻击范围内时,即可有效对航天器进行毁伤。也可以利用定向能武器多平台的优势,对作战对象航天器进行点式毁伤,实现多种打击手段相结合。

其中,激光武器主要利用激光束照射航天器一定的时间,形成高温后将航天器毁伤,这种武器不受电磁干扰、能力强、方向性好、作用距离远、命中精度高,是一种性能优越的高效太空攻击武器。对激光武器太空武器的研发从来就没有停止过,一些国家已经进入试验阶段,冷战时期也出现过激光武器致盲卫星的先例,但目前还没有激光武器实际摧毁航天器的记录。粒子束武器通过高能强流加速器将粒子流加速,形成高能强流粒子束,以接近光速射向目标,以动能击毁航天器。这种武器攻击速度快、摧毁能力强、使用控制灵活,可全天候使用,能实现快速攻击、有效摧毁航天器的目的,是一种理想的反卫星武器。微波武器利用强微波波束能量杀伤目标,具有很强的毁伤力。使用定向能武器实施攻击时,可根据各类武器的特点,将其梯次部署于敌卫星经过的地域。一旦敌卫星经过,即可迅速从多个方向发动攻击。同时,定向能武器也可安装于空中平台或天基平台,实现对敌卫星的多域攻击。

二是使用动能武器实施攻击。动能武器是一种比较成熟的太空作战武器,是利用高速、高能来对目标进行毁伤。动能武器主要有高速拦截弹和电磁(轨道)炮,杀伤威力较大,可直接将航天器击毁。动能武器的使用方式,通常是利用火箭推进或电磁力驱动等方式,把弹头加速到足够的速度,直接碰撞目标航天器将其摧毁;或者在弹头上携带高能炸药,使其在目标附近爆炸,形成密集的金属碎片击毁卫星。

三是使用航天飞机、载人飞船或空间站捕获敌卫星。航天飞机、空天飞机可以用于部署、维修和回收各类航天器,能利用自身的探测设备发现敌卫星并进行跟踪和干扰,还可以将其捕获。并且,这种航天器能够方便地进行太空机动,反应速度快,能够对敌卫星实施多方式的攻击和破坏。载人飞船和空间站长期运行于太空,独立作战能力强,搭载的宇航员既可操纵其上的武器系统对敌卫星实施攻击,也可直接将敌卫星捕获。载人航天器可利用自身的侦察设备或地面大型侦察设备的情报获取作战目标的信息,并根据上级指示采取下一步攻击行动。其机动性好,执行任务多样,作战高效,指挥灵活,具有很强的独立作战能力,在太空可以长期执行作战任务。未来将会出现更多的、可用于作战的、可维修、回收的各类载人航天器。

四是反卫星武器攻击。太空反卫星武器目前主要指的是太空雷和反卫卫星等武器。这种武器的特点是隐蔽性好、攻击突然、威力大、作战效果好。平时作战对象的目标、性质、数量、轨道、运行周期等关键数据都可以通过地面测绘站侦测得知,根据这些数据将太空雷和反卫卫星部署到相关作战目标的轨道上或其附近,进行潜伏,待到战时,将太空雷和反卫卫星设置成战斗状态,对作战对象的重要航天器展开奇袭,起到奇兵制胜的目的。由于太空雷和反卫卫星等武器技术门槛较低,太空作战力量弱小的国家也可以拥有,在作战时又能起到较大作用,是有效维护太空战略平衡的重要武器。

五是使用太空失能武器攻击。太空失能武器是指不通过硬摧毁的方式对作战对象的航天器进行进攻,使其航天器失去作战能力的武器。航天器普遍具有传感器和通信天线、雷达天线等敏感设备,使用高能激光可以使航天器的传感器失去作用,达到在不毁伤航天器的情况下,使其失去作战能力的目的。也可以使用气溶胶等新型化学物质,喷堵在传感器和重要天线上,这种新型化学物质能有效起到恒温和屏蔽电磁信号的作用,使航天器失去侦察、通信的能力。还可以在航天器运行的轨道上散布大量的碎片和颗粒,干扰航天器的正常运行,削弱其作战能力。也可以通过大功率、大频谱的电子烦扰,降低航天器的作战效能或使其过载无法正常工作。还可破坏敌太空系统的计算机网络,使其整个太空系统陷入瘫痪,为实施火力攻击创造有利条件。太空失能武器是太空作战武器装备的后起之秀,其作战方式区别于传统作战方式,又能起到或超过传统太空作战武器装备的作战效果,受到各个国家的青睐。随着航天科技的进步,太空失能武器以后很有可能成为太空作战中的主战武器而得到广泛运用。

(二)太空对地突击行动

太空所具有的空间位置优势,使其成为信息化条件下作战的制高点。掌握了制天权,就拥有陆、海、空战场上的行动自由权。从太空对地面、海上、空中的目标实施突击,具有其他作战行动所无法比拟的优势,如战场空间覆盖全球、参战力量小而精干、作战行动迅速突然、作战效果震撼力强等。实施太空对地突击,主要目的是协同和支援陆、海、空军作战,重点要打击敌作战体系中的关键战略战役目标。这些目标主要有:指挥控制类目标,包括侦察预警系统、通信枢纽、指挥中心等;战争潜力类目标,包括战略战役纵深内的后勤补给系统、军事工业基地、电力能源系统、基础生活设施等;反制作战能力类目标,包括导弹阵地、空军机场、海军基地、核基地和各类信息对抗设施等。

由于突击武器运行空间的不同,太空对地突击行动有"天—地"式突击和"地—天—地"式突击两种方式。"天—地"式突击就是利用部署在太空中的天基定向能武器和动能武器对地面重要目标进行攻击。这种作战模式的优点就是反应迅速、全球机动、重点打击,具有很大的毁伤能力,一旦转入战时,会利用自身的机动性能在极短的时间内进入攻击阵位对目标展开攻击,攻击完毕后又能及时撤出到安全空间,可随时执行新任务和进行第二波次进攻。"天—地"式突击对太空作战武器的技术指标要高于"地—天—地"式攻击,全球机动需要足够的燃料来支持航天器的运行,而航天器的燃料都十分有限,定向能武器需要很强的电力支撑才能工作,目前各国航天器都不具备这个能力。动能武器虽然比较成熟,但在天基平台上部署也涉及众多复杂的系统工程问题。目前各航天大国都在努力进行技术攻关,但离真正投入实战还有一个较长的过程。

用于"天—地"式突击的武器主要有天基定向能和动能武器,它们具有反应快速、全球机动、精确打击能力强和瞬时杀伤破坏效应大等特点。目前,天基定向能和动能武器仍处于实验室研究阶段,虽然在一些方面已取得突破性进展,但由于技术复杂,对天基平台要求高,离实战部署和运用尚有较大差距。其中,美国和俄罗斯等航天大国在天基激光、微波武器等相关技术的研究方面走在了世界前列,也取得了阶段性成果。一旦天基武器开始用于实战,将引起太空作战的革命性变化。届时,将可直接从太空打击陆、海、空战场上的重要目标,完成战略战役任务。

"地—天—地"式突击,是指由地面基地发射轨道轰炸武器、航天飞机、载人飞船、空天飞机等载有武器的太空作战力量送入太空,当这些武装力量进入攻击指定的攻击阵位后,开始对地面目标进行突击。轨道轰炸武器通常都预制在地面,在战时快速发射入轨进入攻击阵位,其自身装有助推火箭,利用火箭助推装置使其再入大气层,对地面目标进行攻击。轰炸轨道武器原理类似于弹道导弹,但比弹道导弹更加具备突防能力和更好的机动性,其攻击距离是弹道导弹的一半,而且发射入轨之后,预警装置根本无法有效测绘其攻击路径,在攻击发动之后,由于其高度和地球引力及助推装置的作用,速度将达到10马赫以上的高速,地面力量很难组织起有效的防御。载人飞船、航天飞机、空天飞机的轨道机动性非常强,可以对作战对象的各种目标进行攻击。这些机动性强的航天器都是未来太空武器的主要安装平台,且技术日趋成熟,其作战应用前景也十分广阔,作战效果也非常令人期待。"地—天—地"式突击也符合未来太空作战的需要,将会成为太空进攻作战的主要作战样式。

二、太空进攻作战主要特点

太空进攻作战最能体现一国太空作战力量实力,虽然与其他作战力量的进攻作战有一定共性,但也有自身的特性,把握好太空进攻作战的特点,才能取得太空进攻作战的最后胜利。

(一)关乎战略全局,首战即决战

太空进攻作战是战略力量进行直接的、全面的军事较量,有别于局部战争和边境武装斗争,是命运的决战,不容有失,所以一旦作战发起就带有了战略决战的性质。当前和今后相当长的一段时间,太空作战力量的发展不会膨胀式的发展,而是更趋于稳定推进,其主要原因是受当今社会的生产力水平、科技基础、军事需求和国际法规限制等制约。

目前世界上的太空强国都是有着50年以上太空发展史的世界强国,其太空作战力量也是规模有限的,而且建设周期十分漫长。太空作战武器又有很强的攻击性,能在一瞬之间摧毁作战对象的航天器或地面相关设施。太空作战建设周期漫长,作战烈度高、作战周期短,直接决定了太空进攻作战是个速战速决的战争,其作战力量在整个战争中不具备损伤后的快速恢复性。因此,在太空进攻作战中,首先发起突然袭击的一方可以占据巨大的优势,是以小搏大,以弱胜强的良策妙法。在太空进攻作战中不会存在战术层面的关键战斗,都是带有战略决战性质的大决战,所以太空"珍珠港"事件绝对不会发生,但直捣黄龙和毕其功于一役的事件将会发生。太空进攻作战中在实力不是绝对悬殊的情况下,不存在绝对的强者,谁先发起攻击,谁就听到了胜利女神的召唤。

(二)平战界限模糊,平时即战时

太空作战有着强烈的平战一致性,平时即为战时。平时太空作战力量需要详细了解各国向太空中发射航天器的情况,并对一些重要目标进行系统的测绘,掌握其性能、工作频率、轨道参数等相关重要信息,特别是对潜在的作战对象要进行系统的观察。平时是向太空投送太空作战力量最安全、最稳定、最容易的时期。一些太空作战武器如太空雷、轨道轰炸武器、备用航天器等都应该在平时进行相关部署,这些太空作战力量进入太空时可以采取多种投送方式,可以以一箭多星的方式,也可以利用航天飞机的对外舱口向太空中投送。外形可以进行巧妙的伪装,如伪装成太空垃圾、发射失败的卫星等,使这些太空作战武器处于休眠状态,待到战时立即唤醒,投入到第一波次的进攻中,起到奇兵奇袭的作用。在给作战对象进行第一轮重点打击的同时,也为地面力量向太空投放作战力量赢得安全的时间,利用这个"时间差"保持进攻的连续性,必将取得太空进攻作战的胜利。所以太空进攻作战平时就是战时,平时的周密部署、细致准备,是战时获取作战胜利的根本保障。

(三)作战手段软硬并用

太空进攻作战的一个突出特点是,在作战实践中软杀伤和硬摧毁等手段并用。由于太空作战各种手段都有其局限性,太空进攻作战更强调根据预定作战目标的性质,以及预期毁伤程度,灵活运用"软"和"硬"不同作战手段。一方面,软杀伤既是一种单独的作战行动,也是实施硬摧毁的重要保障。硬摧毁只有在软杀伤行动的配合下才能顺利实施,否则很难奏效。另一方面,软杀伤无法对敌天基作战平台和地面基地、人员构成直接的摧毁和杀伤。硬摧毁可弥补软杀伤手段的不足,其破坏杀伤效果,可长时间影响敌太空作战能力,也有利于进一步组织软杀伤行动。但太空作战的硬打击手段,一般在敌方未使用太空硬打击武器以前或己方在战役上未限于太空作战完全被动局面时,不易率先使用。而太空作战软杀伤手段易达成太空战役的突然性和隐蔽性,为灵活运用创造了条件。电磁攻击、网络攻击和低能激光等软杀伤手段的使用能够瘫痪或削弱敌太空系统作战能力,并能在不产生其他附带损伤的情况下达到作战所需的杀伤效果。太空作战软杀伤手段,往往比较突然,不易被发现,难以追根溯源,能够较好地隐蔽作战企图,是争夺制天权的重要手段。太空进攻作战方法软硬并用的特点,能够有效削弱、瓦解敌太空作战能力,为夺取制天权创造有利条件。

三、太空进攻作战基本要求

太空进攻作战是一种战略性进攻行动,必须站在战略全局的高度,充分准备、周密谋划,重点把握好"整体作战、隐蔽突然、重点突击、速战速决"四个方面的要求。它们是相互联系的有机整体,其中,整体作战是太空进攻作战的基础,隐蔽突然是对整个作战行动特别是首次突击行动的客观要求,重点突击是确保速战速决在短时间内实现作战企图的重要途径,而速战速决则是太空进攻作战的出发点和落脚点。

(一)密切协作,整体作战

这一要求,是指综合运用参与太空进攻作战的各种力量,并搞好各种作战样式、作战手段之间的协调,形成一个有机整体,以整体合力夺取作战的胜利。信息化条件下作战都是系统与系统、体系与体系之间的对抗,作战的胜利在很大程度上取决于充分发挥作战体系的整体威力。为此,太空作战指挥员应严密组织作战协同,实现整体协调,使各种作战力量高度集中统一,以求取得最大的作战效能。既要抓好参与太空进攻作战担负不同任务的各部分力量在作战行动上的协调,使太空力量的作战行动与陆、海、空军力量的作战行动结合起来,充分发挥各种参战力量的整体威力,也要将太空力量本身所属天基、地基及各种武器系统按照任务需要进行科学编组,形成强大、多功能的作战系统。此外,各参战力量要树立整体观念,从全局出发,互相信任和支持,保持坚强的战斗团结,坚决执行计划,主动支援友邻,协调一致地完成太空进攻作战任务。

(二)出其不意,隐蔽行动

这一要求,是指充分利用进攻行动具有主动权的有利条件,选择出敌不意的时间和空间区域,采取敌意想不到的手段和战法,以迅速隐蔽的行动,对敌实施突然打击,并给敌以精神上的震撼。同时,降低敌防天作战体系的作战效能,减小己方兵力损失,增大突击效果。隐蔽突然,是组织实施太空进攻作战的重要指导原则,是达成奇袭的主要手段,特别是在敌防天力量较强,而己方太空突击力量不足、手段有限的情况下更是如此。即使是在武器装备质量占有优势的情况下,在组织实施太空进攻作战时,也应贯彻隐蔽突然的要求,以扩大己方优势,降低突防难度,取得更大战果。从太空力量自身特性看,由于航天器运行具有全球性和高速性,天基武器具有射程远、速度快等特点,并且航天器在太空运行不受任何政治、天候、地理等因素限制,因而太空突击力量本身就是达成突然性的最好作战力量。

为达成隐蔽突然,首先,要严格保密和有效伪装,与敌各种侦察行动进行积极的斗争,使己方各种作战活动都在秘密的状态下进行,力争做到不被敌人察觉。要严格限制接触作战计划的人员,尽量缩短作战准备时间,恰当掌握己方太空力量调整、调动的时机,对太空系统的电磁频谱信息、计算机网络信息进行严格的限制,以防暴露企图。其次,为达成隐蔽突然,应采取各种方法手段欺骗、麻痹、迷惑敌人,造成敌判断上的"时间差""空间差",以便于己方乘敌之隙。平时应注意研究分析敌人的太空作战理论和太空作战体系,找到其理论缺陷和作战体系弱点加以利用。制定逼真的太空作战伴动欺骗计划,利用新闻媒介及其他一切可以利用的方法手段,发布真假航天发射、航天器变轨信息,造成敌之思维和心理错觉,以达到隐蔽己方真实企图的目的。

(三)精选目标,重点突击

这一要求,实质是强调要紧紧围绕太空作战企图,集中太空力量于主要方向、重要时节,重点突击敌作战体系中的关键目标、要害部位,对敌实施结构破坏,削弱、瘫痪敌作战体系的整体功能,力争取得最佳突击效果。从太空力量未来一段时间内可能的发展情况看,其数量规模将十分有限,不可能对敌纵深内众多的战略战役目标同时实施打击。同时,面对敌众多的目标,如果不分主次,分散兵力,处处突击,也难以达到预期的效果。因此,只有实施重点突击,才能最大限度地发挥有限太空力量的威力。

贯彻重点突击要求,重点是把握好合理选择突击目标、集中使用兵力、在重要作战阶段投入主要力量三个方面的内容。选择突击目标是一项十分重要而复杂的工作,突击目标选择正确与否,不但决定着作战企图能否实现,而且还影响着所需投入兵力的多少和达成目的所需时间的长短。太空作战指挥员必须从战略全局着眼,在对敌作战布势、重要目标进行全面分析的基础上,选择对敌整个作战体系有着结构破坏作用的关键目标、要害部位,予以重点打击。在太空进攻作战过程中,要将有限太空力量集中使用于首次突击和主要作战方向、关键作战时节的作战行动,通过对主要目标集中而猛烈的突击,在短时间内取得最大突击效果,迅速实现作战企图。

(四)把握战机,速战速决

这一要求,是指充分利用太空进攻作战握有主动权的有利条件,准确适时地把握作战发起时机,快速隐蔽地集中优势兵力,以决定性的强大首次突击,迅速夺取作战主动权,并以高强度的连续突击,迅速扩大战果,不给敌人以喘息之机,力争在较短时间内达成作战目的。速战速决,是太空进攻作战特殊性所决定的。与其他作战样式最大的不同,是太空作战力量规模偏小、作战行动耗资巨大、后勤装备保障极为困难,决定了太空进攻作战不能也不可能持续太长时间。同时,太空进攻作战的目标多处于敌战略战役纵深,政治敏感性强,若不能在较短时间内解决问题,陷入久拖不决的局面,不仅会加重作战力量损失,而且不利于政治、外交斗争,极易陷于被动地位。

为实现速战速决,首先,在组织实施太空进攻作战时,要高度重视实施强大的首次突击。这是因为,首次突击最便于充分利用进攻作战的主动地位,达成突然性。并且,首次突击准备时间较长,保障条件较好,各种作战计划完备,易于取得较大战果。实施首次突击,应集中使用太空力量,打击关键目标,以争取战略全局的主动地位。其次,在准备与实施太空进攻作战时,要把握好每次突击行动之间的衔接与配合,使后一次突击行动能充分利用前一次的战果,同时各种类型突击武器的行动要相互呼应,以提高整体作战效能,加快太空进攻作战进程,缩短作战时间。

第四节 太空防御作战

根据作战对象的不同和太空系统的构成,太空防御作战主要有反导作战、航天器防卫作战和太空基地防卫作战三种行动。进攻和防御是一对孪生兄弟,有攻就必然有防,太空作战力量的"矛"已经在实战的运用中大放光彩,而铸就"盾"的工程还在摸索前进。在未来太空作战中,太空防御作战将是最难的作战样式,这是因为太空资源的广泛性、布置的分散性,使得防御作战变得十分困难。

一、太空防御作战主要战法

太空防御作战是太空作战中最困难的作战样式,难就难在太空防御作战的指挥、控制都非常复杂。太空防御作战主要有反导作战、航天器防卫作战和太空基地防卫作战等基本战法,这些战法都有极高的作战难度。

(一)反导作战

冷战时期,由于弹道导弹技术的飞速发展,为了应对核武器的威胁,美国较早地开始研究反导作战。随着导弹技术的快速扩散,能否有效抗御弹道导弹的威胁,成为各国面临的共同课题。反导作战,就是使用陆基、海基、空基反导武器系统拦截并摧毁敌方来袭的战略、战役战术弹道导弹,从而使己方重要目标免遭敌导弹攻击的作战行动。

由于弹道导弹从发射到命中目标的整个飞行过程大体可区分为助推段、中段和再入段三个阶段,其主弹道在外层空间,其弹头是经过太空再入大气层来攻击目标的,因而反导作战可针对弹道导弹不同飞行阶段的结构和运动特征,对其实施分段多层拦截以提高拦截成功率。

首先是助推段拦截。弹道导弹从发射到最后一级助推火箭发动机关机并脱落的飞行阶段称为助推段。这一阶段,弹道导弹尚未完成弹箭分离,飞行速度慢、目标体积大、红外特征明显,易于探测和跟踪,是拦截的最佳时机。拦截的过程是:当导弹预警系统探测到敌方导弹发射时,立即对其进行测量和跟踪,并将其粗略的弹道参数通过指挥控制中心传输到各反导武器系统。机载激光武器利用自身的精密跟踪瞄准系统对处于助推段飞行的弹道导弹进行精确测量和稳定跟踪,并将激光束的光斑锁定在弹体的薄弱部位(如燃料舱、制导系统等处),通过高能激光的能量积累效应摧毁弹道导弹;陆基和海基反导系统则根据导弹预警系统提供的目标弹道参数,迅速计算出遭遇点并发射反导导弹,在目标导弹完成弹箭分离之前将其摧毁。

其次是中段拦截。弹道导弹从弹箭分离到弹头和假目标再入大气层以前,沿预定弹道作无动力飞行的阶段称为中段。这一阶段,弹道导弹的飞行时间最长,有利于对其实施连续拦截;同时,太空的高真空和微重力环境也有利于激光武器、电磁炮、动能拦截器拦截穿行其间的弹头。拦截的过程是:以天基探测器网和地面预警雷达网对弹道导弹母舱释放出的所有目标进行探测,识别并持续跟踪混迹于假目标群中的真弹头,而后迅速向指挥控制中心提供弹头的精确轨道参数。指挥控制中心根据敌方来袭导弹数量和轨道参数等信息,进行火力分配并控制反导武器系统拦截来袭弹头。

最后是再入段拦截。弹道导弹从弹头再入大气层到命中目标的飞行阶段称为再入段。这一阶段,各种轻、重诱饵在进入大气层时被烧毁,真弹头暴露无遗,但由于弹头此阶段只有一分钟左右的飞行时间,拦截行动的反应速度要求极高,使每一枚弹头只有一次拦截机会。拦截的过程是:使用陆基 X 波段雷达在中段早期识别的基础上迅速锁定真弹头,并引导陆基或海基反导导弹在弹头击中目标之前的相对安全高度以战斗部破片杀伤方式将其摧毁。

上述三个阶段的拦截行动的每一个阶段都不是孤立的,紧密联系,环环相扣,构成了对弹道导弹的层层拦截态势。前一阶段为后一阶段创造条件,后一阶段则充分利用前一阶段的探测、跟踪结果,每个拦截阶段虽各有利弊,但不能相互替代。整个反导作战是个多层次、多批次作战的过程,其预警、跟踪、计算、情报分发、武器拦截等方面均存在可提高的空间。提高拦截作战效率,必须建立一个多层次的反导防御系统,对来袭弹道导弹实施全程拦截。

目前,随着信息化军事技术的高速发展,以及战争形态的不断演变,弹道导弹和巡航导弹等在远程打击效能的凸显,引起世界的高度关注和技术跟进。为应对迎面而来的军事竞争压力,满足未来作战需求,美国、俄罗斯、日本、以色列等国均建有不同规模的反导系统,特别是美国反导系统建设,早已经进入实战部署,并在实践中产生了良好的作战效果。美国在反导系统建设已经取得成效的前提下,又开始了新一轮的反导系统研发建设计划。美国防部导弹防御局在近几年的财年计划中,逐年增加了预算,计划实施"多目标杀伤器"研制计划、探索无人机机载激光反导项目、开启"发射前打击"反导作战计划等重点反导系统建设。随着反导领域军事需求的不断发展与竞争,反导作战将成为未来太空防御的一种重要样式被更为广泛运用。

（二）航天器防卫作战

航天器是太空力量的核心，必须采取各种防御性措施和行动确保其安全稳定运行。但由于航天器在轨运行的时间较长，相关数据早已被作战对象掌握，航天器自身防御能力薄弱，如何进行航天器防御作战一直是太空防御作战的难题。太空作战短促、激烈，其他作战力量很难对航天器防御作战提供支持，只能依靠航天器的自身力量进行防御作战。根据航天器结构和工作特点的不同，航天器防卫作战可综合运用隐蔽伪装、多星组网、军用航天器升级、机动规避和轨道抗击等多种方式。

隐蔽伪装，就是运用先进的隐形、变形伪装技术隐蔽航天器的性质，降低航天器的可探测性，从而提高其生存能力。其中，变形伪装主要是通过外形设计，使己方航天器与敌方或第三方航天器在外形上相似，以增大敌方的探测与识别难度；隐形伪装则主要是采用能量扩散设计、能量吸收、折射材料等低可探测性技术和材料设计、制造航天器，降低其雷达、红外、光学信号特征，并对航天器发射信号进行技术处理，使其难以被敌方发现、识别、跟踪和攻击。

多星组网，就是利用多个结构简单、功能单一、造价低廉的微小卫星替代单个结构复杂、功能多样、造价昂贵的大型卫星。与大型卫星相比，微小卫星具有重量轻、成本低、研制周期短，可大批量生产；能够机动或搭载发射，适应快速组网要求，发射费用低；以星座编队方式运行，整个系统性能高、冗余度大、抗毁性强等诸多优点。独立小卫星在担当太空防御的主要任务外，还具有侦察、攻击、防御等作战能力，可以根据需要对作战对象的航天器展开有效的侦察和攻击。以微小卫星为基础，采取星座、星群方式组网工作，一方面可以提高卫星应用网络体系的整体功能，并节省大量资金，另一方面能够有效抗敌反卫星武器攻击，即使单颗甚至部分卫星遭到攻击或发生故障而失效，其余卫星仍能通过重新组网继续执行任务，实现快速部署和补充，而不会导致整个卫星网络彻底瘫痪，可以极大提高太空卫星系统的防卫能力。

军用航天器升级，是进行全面的升级换代，以提高其防御作战能力。一是对军用航天器的材料进行更换，更换成具有极高的吸波性能的材料，使其具有一定的隐身能力。对外部结构和表面进行加固，以抵御定向能、动能反卫星武器的攻击。如在航天器表面覆盖反作用装甲，可以部分吸收或耗散超高速射弹的惯性能量，使航天器能够在一定程度上抵御动能武器攻击，大大加强航天器外层材料的硬度，使其能够抵御一般硬度的太空垃圾的撞击；

二是严格控制军用航天器的通信联系，重要的军用航天器通常处于隐蔽待机的状态，有限的通信联络都由通信中继卫星联络，不与地面控制中心直

接联络,而且通信联络尽量采取猝发式通信联络,最大限度地减少被发现的可能;

三是在航天器的传感器上加装防护罩,当传感器遭到激光、粒子束武器攻击时,可迅速关闭防护罩以保护传感器,有效实施受攻击防护;

四是对航天器动力装置进行改装,使其具有更好的动力系统,能够机动变轨,躲避多种威胁,以核能代替太阳能为航天器提供能源,减少因太阳能电池阵受损而导致航天器失效的概率,使军用航天器获得不竭的动力,不使用太阳能帆板,使其具有更好的隐身性能。经过性能的升级改造,平时作战对象很难发现己方军用航天器,战时因为军用航天器具有了极强的机动变轨能力和抵御一定进攻的能力,可以更好地躲避敌人的袭击。

机动规避,就是及时、迅速地改变航天器运行轨道,以躲避敌方反卫星武器的攻击。当航天器告警系统探测到遭敌攻击的信息时,迅速判明威胁性质,及时向地面指挥控制中心或自主导航系统发出警告,并在其控制下实施轨道机动以规避敌方反卫星的攻击。

轨道抗击,就是利用天基定向能、动能武器对威胁己方航天器安全的目标实施打击。轨道抗击是一种攻势防御,是航天器防卫作战中最为积极有效的手段,它主要通过主动攻击敌方反卫星武器达到保护己方在轨航天器的目的。为有效实施轨道抗击,必须全面掌握敌方反卫星武器种类、数量及部署位置等情况,严密监视敌方反卫星作战力量动向。一旦敌实施攻击,应及时发出预警,力争在敌反卫星武器发射或击中己方目标航天器之前将其摧毁。

(三)太空基地防御作战

太空基地是组织实施太空作战的基础性设施,是太空作战力量的根本性依托,也是太空作战力量体系中的薄弱环节,其安全对于保持整个太空系统的稳定和太空作战能力的持续至关重要。太空基地因为其重要的作用和易受攻击的特点,而成为众多太空作战中首选的作战目标。由于太空基地及其设施广泛分布于国家的战略纵深和海洋上,而这些目标都可能遭到敌方来自陆地、海上、空中和太空的攻击。因此,太空基地防卫作战是一种包括对空、对天防御和地面、海上防卫作战在内的综合性作战行动。

在当前和今后一个时期内,对空防御和地面、海上防卫作战仍是太空基地防卫作战的主要内容。其中,在对空防御方面,由于巡航导弹、高性能作战飞机等远程空袭兵力兵器已具备打击敌方战略全纵深目标的能力,因而对太空基地构成了严重威胁。但从太空基地自身看,其并不具备防空作战能力。这就要求在太空基地所在地(海)区部署足够的陆、海、空防空力量,以区域掩护方式保障太空基地的对空安全。在陆地、海上防卫方面,随着特种作战力量作战能力的不断增强,对太空基地的威胁日益严重,必须部署一定的地面(海上)防卫兵力,以防备敌特种作战力量的袭扰和破坏。陆地上的太空基地需要足够强大的预警系统和防空火力网,能够对来自各个方向的导弹和飞机进行有效的拦截和阻击。在空中应该有预警机配以侦察雷达,对附近几百千米内的目标进行有效的侦察。为了防止作战对象的特种作战,一般配属相当力量的陆地作战力量,在太空作战基地外围形成几层防御圈或进行梯次部署,对各个重要目标和隘口进行重点防护。远洋工作的测绘船只本身没有防御能力,担负的指控、测绘任务又非常繁重,是敌重点打击对象。因此,在测量船进行远洋工作时应以舰艇编队形式出航,利用一个舰艇编队成熟的作战能力为测绘船护航,使其具有防空、反潜、对海攻击的立体防御能力。太空基地在做好防御作战的同时,也应积极进行抢救、抢修等工作的准备和训练,对重点基础设施和系统进行"备份",进而提高太空基地的生存能力和防御能力。

二、太空防御作战主要特点

依据航天技术的飞速发展以及军用航天器在轨现况判断,在当前和未来相当长的一个时期内,太空作战平台及其武器装备主要部署和运行于外层空间的情况不会有大的改变,太空军事行动也将主要围绕控制太空、利用太空和进入太空而展开,作战目的仍将是以争夺制太空权,为其作战创造更加有利的空间环境。因此,太空防御作战也将是未来太空作战的主要样式,直接或间接的太空攻防对抗将十分激烈。太空防御作战主要特点表现在以下几个方面。

(一)防御空间具有广泛性

太空防御包括的范围十分广泛,既有对弹道导弹的攻击防御,也有对各种航天器的防卫,还有对太空基地的防护,作战本身就是进攻容易防守难,尤其是太空防御作战难度更高。反导作战目前仍然是世界军事领域 大难点,虽然各种反导系统相继用于实战,但是防护能力和效果依然有限。

太空基地是组织实施太空作战的基础性设施,基地位置固定、目标特征明显,是太空防御的最薄弱环节,极易遭到各种远程精确制导武器的打击。由于太空基地是太空作战力量的重要依托,具有易受攻击的特点,而成为对手选择打击的重要目标。打击太空基地可收打一点牵一片的作战效果,摧毁对手航天和防天基地可以使其太空作战能力削弱或丧失。

太空中运行的各种航天器,一般本身不具备防护能力,就是有一些防护措施其防护效果也十分有限,并且航天器的数量众多,构成系统复杂多样,给太空防御带来更大的难度。这种防护范围大、防御难度高的特点,是由太空作战的战场空间和武器装备的性质决定的。整个太空都是太空作战的空间主体,不仅包括外层空间,同时也包括相关的大气层、地(海)域和信息空间,是人类目前作战的最广泛空间。在这样的空间环境下进行防御作战更具不确定性,防御难度显而易见。

太空武器装备是高新科技在军事上的典型应用,与陆战、海战和空战等武器装备相比,其技术优势更加突出。但技术上的优势也有脆弱的一面,优势是军事航天技术应用于作战,使作战信息化程度更高,体系作战能力更强,收到的作战效果更加显著;脆弱是各种太空作战航天系统装备,自身防护性能差,难以防御的软肋特征十分突出。太空防御作战的这一特点,将对未来太空武器装备研发和使用起到重要的牵引作用,如何让军用航天器等装备优劣互补,在增强作战效能的同时,提高防护能力,劣势变长势,将是太空作战关注的重点问题。

(二)防御力量具有分散性

由于太空作战的所有空间和武器装备都有防护的需求,使得防御力量呈现出分散性部署的特点。太空防御作战力量按照不同的防御空间,可分为太空情报预警防御力量、太空拦截打击力量、太空信息防御力量。

太空情报预警防御力量主要由太空侦察预警和太空监控等力量构成,基本任务是为反导和防航天器入侵等行动提供情报与预警。

太空拦截打击力量由反弹道导弹和反卫星等力量构成,基本任务是对来袭的弹道导弹、卫星等航天器进行拦截打击。

太空信息防御力量由通信电子防御、雷达电子防御和光电电子防御等力量构成,其基本任务各有不同。通信电子防御力量的主要任务是,采用通信反侦察、反干扰、反摧毁等手段,防御通信空间的电子进攻和干扰;雷达电子防御力量的主要任务是,采取雷达反侦察、反干扰、反摧毁、反隐身等综合措施,防御对雷达系统的攻击与干扰;光电电子防御力量的主要任务是,在受到对手光电对抗的情况下,采取反可见光干扰、反红外干扰和反激光干扰等防御方法,消除各种干扰破坏,降低对抗带来的影响。

正是由于各种防御领域的不同和防护点的分散,凸显了防御力量分散性的特点。随着太空作战样式的不断创新,各种太空高新尖武器装备的大量应用,在未来的太空防御作战中,这种特点会更加突出地显现出来,将为太空防御作战提出更多、更新、更高的要求。

(三)防御部署具有综合性

由于太空防御作战更加强调整体联动,其作战部署具有突出的综合性特点。这一特点体现在作战行动上，是综合运筹系统部署。既加强防御行动的重点部署，也侧重对抗和反击行动的部署，使防、抗、反成为一个相互作用的综合体，为整个防御作战确立综合配套的行动部署态势。

体现在参战力量上，是综合编组科学部署。参战力量的多元性和复杂性，对作战力量的编成部署提出了更高要求，既需要综合部署参加太空防御作战的太空力量和其他相关参战力量，合理编成力量结构，又需要统一运用太空防御力量，构成对太空、陆地、海洋、空中、网络和电磁等多维空间的一体防御作战布势，各种作战力量在不同作战空间的部署都形成有机整体，使防无漏洞，打有力量。

体现在武器装备上，是综合运用取长补短。太空防御作战的武器装备运用也是作战部署的重要内容，既综合部署使用防天、防空等防御性配套武器装备，又部署运用反卫武器和电子对抗装备，构成强大的综合性太空防御武器装备配系，从武器装备部署上形成防御网，提升防御能力。

体现在作战方法部署运用上，是真假并用虚实结合。任何防御作战在部署上都强调方法的多样，以真示假，以假代真，虚实结合，这是常用的作战手段。太空防御作战中，真假与虚实相结合更是作战部署的基本方法，太空基地防御方面，在建立秘密基地的同时，还布设很多假目标，假太空基地、假的航天器等，以假目标极力迷惑对手，干扰作战对手的目标选择，无法达成预先作战目的。太空防御作战综合运用各种虚实手段，能够收到良好的实战效果，在未来的太空防御作战中，真假并用，虚实结合的方法将会得到更多的运用和创新，更加丰富太空作战样式。

三、太空防御作战基本要求

太空防御作战在属性上是一种防御性、被动性的作战行动，其重心在于确保己方太空力量和重要战略战役目标的安全。为此，在组织实施过程中，必须根据这一基本属性，在充分准备的基础上，统一指挥所有太空防御力量，形成整体防御能力，进而达成既定防御目的。

（一）充分准备，快速反应

太空防御作战是一场与时间赛跑的战争，作战胜负有时就在转瞬之间，每分每秒都与作战成败相连。与其他作战明显不同，太空防御作战面临的敌突击力量要么部署于浩瀚的太空，要么来自敌精确制导武器或远程奔袭的特种作战力量，防御难度极大，而敌弹道导弹更是难以发现、跟踪和拦截。这就使得太空防御作战具有很大的被动性，往往预警和临战准备的时间极为短促，有时甚至来不及预警和进行临战准备，在猝不及防的情况下就被迫投入作战。因此,充分准备,快速反应,是太空防御作战力争主动的前提,是太空防御作战自身特点所提出的客观要求。

充分准备是快速反应的基础,快速反应是太空防御作战准备的重要着眼点。充分准备,就是要搞好太空防御作战临战前的各项准备工作,为提高战时的快速反应能力打好基础。太空防御作战的各项准备工作,要从平时抓起,注重掌握、积累资料,加强作战对象的研究,特别是其太空作战力量的部署调整、武器装备发展、太空作战理论研究等情况;建立健全各项战备制度,搞好战备思想教育,增强战备观念,保持常备不懈;立足困难复杂情况制订多种作战计划、方案,并根据作战对象和作战环境等情况的发展变化,适时修订和完善;建立完善的太空防御侦察预警系统,并依据构成该系统的侦察卫星、预警飞机和地面雷达的技术性能进行梯次配置、合理部署,形成全方位、全纵深的立体侦察预警网,实现早发现、早识别、早决策,争取最快的反应时间;适时组织太空防御作战演练,提高部队的快速反应能力和指挥员、指挥机关的组织指挥能力。

快速反应,就是要求担负太空防御作战任务的部队,力争做到在临战准备时间短促,甚至在没有临战准备时间的情况下,能快速遂行太空防御作战任务。参加太空防御作战的各种作战力量,要根据自身可能担负的任务,始终保持与敌情威胁相适应的战备状态;侦察预警系统要广辟情报来源,加强对敌太空突袭和弹道导弹攻击情况的侦察,及时发现敌攻击的征候,争取更多的预警时间,做到发现快、识别快、拦截快;要建立反应灵敏的指挥信息网络,提高指挥效率,做到情报信息传递迅速,指挥决策准确果断。

(二)一体作战,防反结合

在太空防御作战中,参战力量不仅包括太空力量,还包括陆、海、空军相关力量,构成较为复杂,同时战场空间涉及全球,范围极其广阔。只有作战力量在空间上形成一个整体,在作战行动上实行防、抗、反一体,才能夺取太空防御作战的胜利。

一体作战,就是要综合运用参加太空防御作战的太空力量和陆、海、空相关力量,综合使用防空、反导、反卫武器和电子对抗装备,科学编组,互相取长补短,形成强大的综合太空防御能力。要按照既兼顾全局,又突出重点的原则,统一部署太空防御力量,形成对地、对海、对空、对天防卫相结合的一体防卫作战布势,以航空、航天和防空、防天以及地面、海上防卫力量的整体合力,掩护太空系统和其他战略目标;要以反导作战、航天器和太空基地防卫作战为主线,把陆、海、空、天、网各领域的作战行动结合起来,把防护、抗击、反击作战行动结合起来,使各种作战力量在不同作战空间所采取的一切作战行动形成有机的整体;要充分考虑需要保护目标多而防御力量少的矛盾,集中而有重点地使用太空防御力量,即在时间上重点抗击敌方对己方太空系统的首次大规模袭击,在空间上重点掩护己方大型综合性太空基地所在地区和重要航天器所在轨道,在防御对象上重点打击敌方洲际核弹道导弹、天基定向能、动能武器和航天飞机、空天飞机等作战平台,这些对己方太空系统威胁最大的目标。

防反结合,就是在太空防御作战的全过程和全领域,组织参战的各种力量综合运用各种防护措施,对航天器、太空基地、重要战略战役目标实施严密的防护,保存太空作战能力和潜力。要在全面防护的基础上,统一组织、协调参与太空防御作战的各种力量,集中兵力、武器于主要方向、重要时节,对敌太空突袭力量和来袭弹道导弹实施积极而有重点的抗击,确保己方太空防御体系的稳定。与此同时,适时组织太空突击力量和地面、海上远程精确制导武器以及特种作战部队等,实施积极的攻势作战和敌后破袭作战,对敌太空系统实施反击,削弱敌太空突击能力,实现防、抗、反的有机结合。

(三)统一指挥,统一行动

太空防御作战是参战的太空力量和陆、海、空相关力量共同遂行的作战任务,只有统一指挥,统一行动,才能使各种防御力量形成有机整体。统一指挥,就是要建立健全太空防御作战的指挥体系,理顺指挥关系,使各种参战力量能在太空作战指挥员和指挥机关的统一指挥下行动。一方面,要求各级参战力量必须从全局出发,坚决执行太空作战指挥员和指挥机关的指示、命令,另一方面,太空作战指挥员要灵活运用指挥方式,事先向下级明确紧急情况的处置权限,实施集中指挥与委托式指挥相结合,确保下级在失去上级指挥的情况下,能够根据总的作战意图和实际需要,果断行事。要做到统一制订太空防御作战计划;统一部署各种防御力量和武器装备;统一情报保障;统一协调各个作战方向和各种参战力量的作战行动,使所有参战力量能在上级的作战意图下协调行动。

统一行动,就是要求各参战力量主动配合,形成太空防御作战的整体威力。太空作战指挥员及其指挥机关,要统一作战思想,明确各参战力量的作战任务、作战样式、行动时机和方法,使各种力量能在统一的意图下协调行动;要周密制订协同计划,按照预定的作战进程和各种太空防御力量的作战任务,明确各种力量之间的协同原则和方法,提供协同作战的依据;在太空防御作战实施过程中,指挥员及其指挥机关要针对战场情况变化急剧的特点,随时掌握作战进程,保持不间断的协同,确保各种参战力量始终协调一致地行动。

第五节　太空信息支援保障作战

太空信息支援保障作战是指利用太空的信息优势,从太空为其他作战力量提供侦察监视、导弹预警、通信保障、导航定位、气象保障、大地测绘等信息支援保障的军事行动。太空信息支援保障作战是目前太空作战的主要形式,并在海湾战争、科索沃战争、阿富汗战争、伊拉克战争中得到很好的实战检验。太空信息支援保障作战,在未来的战争中,将得到更为广泛和具体的运用,并创造出更加多样实用的实战战法。

一、太空信息支援保障作战主要战法

根据任务的不同,太空信息支援保障作战,主要有太空侦察监视保障、太空导弹预警保障、太空通信中继保障、太空导航定位保障、太空气象观测保障和太空大地测绘保障等六种行动。

（一）太空侦察监视保障

太空侦察卫星是最早用于实战的太空作战装备,并取得了优异的战绩。太空侦察卫星可以对战区内各类目标进行侦察、识别、跟踪,可以实时地将所搜集的情报送至指挥控制中心。太空侦察卫星具有全球侦察、受地形及气象环境影响小等优点,从战略层级到战术层级都能有效应用。太空侦察卫星系统门类齐全,功能强大,已相继出现了照相侦察卫星、电子侦察卫星、海洋监视卫星等侦察卫星,并成为作战情报来源的主要平台。

太空侦察监视保障,就是利用太空侦察卫星及目标监视系统,对战场上的各种目标进行侦察、监视、跟踪,以获取敌重要作战信息的作战行动,为各种作战力量提供准确的太空情报保障。由于太空侦察监视系统具有速度快、范围广、限制少(不受领空、地理和气候等条件的限制)、内容全(图像、电磁信息都可侦察)、可定期或连续监视同一地区等特点,因而是信息化条件下作战中战略、战役乃至战术情报的主要来源。目前,世界军事强国90%的战略情报来自太空侦察,美国由太空侦察提供的各类军事情报的比例则最高,可达100%。太空侦察监视主要包括遥感侦察和电子侦察,其中遥感侦察是利用卫星上装备的可见光、红外和微波等遥感器对地面目标进行摄像或观测,以获取图像情报;电子侦察是利用卫星上装备的无线电接收机和天线等设备,

侦察和截获敌无线电信号,获取电磁情报。

(二)太空导弹预警保障

太空导弹预警保障,是利用太空导弹预警系统,从太空探测、发现、跟踪导弹的发射与飞行,及早发出导弹来袭警报、预测其弹道和落点的作战行动。导弹预警卫星的出现是为了应对冷战时期的核导弹威胁,美国和苏联都有自己的导弹预警卫星。美国的"国家导弹防御系统"和"战区导弹防御系统",都对导弹预警卫星有过重要的实践应用。相比地面的预警雷达系统,预警卫星观测的距离更远,可以较早地发现目标争取反应时间。太空导弹预警,克服了地面预警雷达战时易受攻击、作用距离小、预警时间短的缺陷,是信息化条件下作战中战略防御系统的重要组成部分。

海湾战争中,美军正是利用导弹预警卫星提供的预警情报,才得以在伊拉克"飞毛腿"导弹发射 90~120 秒即捕获目标并计算其轨迹,判明弹着区,从而为其提供 4~5 分钟预警时间,为后续的拦截工作争取了更多的时间,保证了"爱国者"导弹的及时拦射。

(三)太空通信中继保障

太空通信中继保障,是太空信息支援保障作战中最重要的作战保障。太空通信中继保障是利用通信卫星作为通信"中继站",对各种固定或移动通信终端的信息进行传输和转发,为各种参战力量提供信息的作战行动。卫星通信具有其他通信手段无法比拟的优越性,通信中继优势十分明显:通信中继平台位于太空,覆盖范围广,并能克服各种地形障碍的影响;通信频率高、容量大,可同时满足大量用户的通信需求;技术性能稳定,同时可以实现数据和语音的及时传输,通信频带宽,可实施扩频通信,保密性和抗干扰性好;使用天然信道,通信质量优良,受气候等自然条件影响小;可实现真正的多址通信,组网灵活,网络具有良好的重构性能、抗毁性强。因此,太空通信中继,将成为信息化条件下作战最主要的通信中继方式。

从目前军事太空通信中继的实际运用来看,卫星通信已经成为平时和战时信息传输的主要方式,一些军事强国 90% 以上的信息传递是通过通信卫星来完成。当前各国的指挥通信网络也都大规模地使用了卫星通信。随着卫星通信技术的发展,卫星通信在战争中会得到进一步的普及,太空通信中继保障也将越来越受到高度重视,并快速得到全面发展。作战历来强调"信息先行"和"信息优势",在过去没有太空通信支援保障条件下的"信息先行",所采取的方法手段缺少信息化要素的支撑,所形成的"信息优势"是多手段多要素的集成优势。太空信息支援作战保障力量的出现,使这种状况得到根本的改变,太空通信中继保障是构成"信息优势"的核心,有了太空信息支援保障力量,才可能具备绝对"信息优势",否则就是劣势。

太空信息支援是"信息先行"的具体表现形式,是夺取"信息优势"的基本条件,太空作战信息支援保障力量已经成为信息化战争的"先行者"。在作战的先期准备阶段,具有太空优势的一方,必然首先组织太空作战支援保障力量机动,实施高强度的、连续的各种太空信息支援行动,这种规模和强度的太空信息支援保障行动与平时不同,是一种先发制人战略的实施行动,具体来讲已经打响了"信息先行"的第一枪。

（四）太空导航定位保障

太空导航定位保障,是利用卫星导航定位系统为各作战力量、武器系统和运行于地球低轨道的航天器提供全天候实时精确导航、定位、授时功能的作战保障行动。太空导航定位综合了传统天文导航和地面无线电导航的优点,克服了其缺点,定位精度高,可进行无源动态定位；用户空间大,无源用户数量理论上不受限制；可进行全天候、全天时的导航定位服务；能提供实时或近实时的导航定位信息。目前,世界上运行的太空导航定位系统主要有美国的 GPS 系统、俄罗斯的 GLONASS 系统、欧洲的 Galileo 系统和中国的北斗（COMPASS）系统。这些导航定位系统,将是未来信息化条件下作战,太空导航定位保障的核心平台。

（五）太空气象观测保障

太空气象观测保障,是利用卫星气象监测与预报系统,从太空对地球表面进行气象观测的作战行动。气象卫星观测地域广,数据观测准确,信息搜集时间短,卫星图像分辨率高,可以提供全球范围内实时气象预报。当前,各种作战力量和武器装备,虽然较之以往有了长足的发展,但气象变化对各作战力量和武器装备的影响仍然非常大。历史上天气改变战争结果的战例屡见不鲜,现在发生于世界各地的极端天气和强对流天气,仍然可以使各种作战力量和武器装备失去作战能力。气象卫星具有观测时间长、覆盖地域广、数据汇集时间短、保密性和图像分辨率高等特点,能够提供全球范围的实时气象情报,对于保障各种军事行动的顺利实施具有重要作用。

按运行轨道,太空气象观测系统可分为,太阳同步轨道气象观测系统和地球静止轨道气象观测系统。太阳同步轨道气象观测卫星每天可对同一地区进行两次气象观测,地球静止轨道卫星可对 1/4 地球表面区域进行全时的气象观测,能够精准保障对气象环境要求较高的高技术武器装备和作战行动。目前,世界上军事强国的天气预报信息,基本依靠专业的气象卫星来完成,战时因为在作战区域没有气象观测站,则所有气象信息均来自太空气象保障。

（六）太空大地测绘保障

太空大地测绘保障，是利用卫星测绘系统，对地球重力分布、地球磁场分布、地球的形状以及地球表面的地理信息实施测绘的作战行动。卫星测绘是进入 21 世纪后，随着遥感技术的成熟才得以大规模运用的新兴技术。通过测绘卫星掌握地球重力场分布情况和磁力场分布情况，对地形、地貌等地理信息进行精确测绘，可以为作战直接提供准确的地理信息保障，是太空信息支援作战保障的重要行动，对于提高作战指挥的精确性和远程弹道导弹的命中精度都至关重要。

由于地图测绘以前完全是依靠人力测绘，工作量非常巨大，而且各国家都对自己的地理信息严格保密，严谨非本国人员进行地理信息采集，敏感区域更是严格控制进出人员。大地测绘卫星运行轨道高、速度快，特别是不受国家领空、领海的制约，因而不仅可提供其他测绘手段无法获取的大地信息，而且精度高、时效性强，还可以有效规避政治外交上的纠纷。利用多维成像技术和遥感技术进行数据采集和绘制，随着打印技术的成熟，可以实现通过测绘卫星的数据直接打印出包括沙盘模型等各类所需的地理信息，对作战部队开展作战行动提供有力的支援保障。

二、太空信息支援保障作战主要特点

太空信息支援保障作战是信息化战争的发展趋势，是太空作战武器装备大规模在实战中运用的起点，也是将各种作战力量联合在一起，形成强大体系作战的重要表现形式。综合分析太空信息支援保障作战，有以下几个主要突出的特点。

（一）体系作战特征明显

世界主要军事大国在太空信息支援保障作战上的优势，很大程度上依靠太空战略资产优势，依赖侦察、预警、通信、气象、导航等天基系统取得。这种优势体现在实际作战中就是体系作战，是以天基系统为核心的体系作战。由各种卫星构成的天基信息系统及其应用装备，是构成体系作战的重要组成部分，对于综合电子信息系统在军事上的发展运用，起到了直接的推动作用，大大缩短了"观察、判断、决策、行动"（OODA）即杀伤链路的传递时间。如美军所进行的太空作战模拟演习，就着重探讨如何更好地利用航天系统直接支持地面联合作战。近几次局部战争中，美军联合作战能力的整体优势，关键取决于利用太空支持的优势。为此，当前世界一些国家在发展太空军事力量时，首先结合自身的联合作战能力现状，从提升体系作战能力这一根本任务出发，以天基为突破口，增强太空力量在联合作战力量体系中的支撑作用，将发展太空军事力量的着眼点,放在利用航天系统提升实施体系对抗能力上。这既是增强天基系统的联合作战支援能力的关节点,也是形成体系对抗能力新的增长点,是破解制约体系作战新质战斗力生成"瓶颈"的突破点。

(二)信息资源高度融合

太空信息支援保障作战,可以为作战力量提供数量众多的各种信息。信息需要有极强的准确性和时效性,如何从海量的信息中提炼出作战力量最需要的作战信息,成为信息支援作战获胜的关键。实现这一目标,首先要对各种信息进行融合处理。信息融合的处理环节很多,既有对太空信息支援保障作战系统的频谱整合,确保各系统之间的兼容性,不产生相互影响、相互干扰的情况发生,也有将所搜集的各种情报进行分类处理,分成人力研判情报和系统综合性情报,最终形成各种直观数据、图表、文字等情报形式的作战力量。系统综合性情报是信息资源融合的关键,可直接向各种作战应用需求终端提供相关情报信息,如导航定位信息、情报信息、气象信息、地理信息等。而且还能将所搜集的信息融合成数据库形式,有利于作战应用终端及时进行查询。情报融合处理能力越强、信息越准确、时效性越高,信息价值就越大,信息支援作战保障越有力,这一突出特点早已在军事作战中被高度重视并引导实践应用。

在太空信息支援保障作战的不同阶段,这种应用都能够充分体现出来。侦察支援行动贯穿于各种作战过程,以先期火力打击阶段为例,指挥中心和指挥员要迅速组织天基侦察监视力量配合预警机、无人侦察机以及敌后特种作战力量,全面掌握战场情况,对首轮打击效果实施评估,对有关目标的毁伤程度进行综合处理分析。此外,还可运用海洋监视卫星、电抗卫星、天波超视距雷达、相关技侦手段等,密切关注对手可能进行军事干预的部队行动,特别是对火力打击集群进行精确定位和连续监视。

太空导航定位保障,这是信息支援作战的重要内容,需要进行全程支援保障,特别是较大规模的作战中,从空中作战飞机、水面舰艇部队、地面参战力量,到各种武器装备平台,都离不开导航定位系统的支援保障。有了充分的导航定位保障力量的支援,可确保各种作战任务部队、联合作战指挥机构、作战集团指挥机构之间不出现时间偏差,为组织作战协同奠定基础。在战场上,卫星导航定位系统还可以为各种精确制导武器平台,提供精准的火力打击制导保障。太空信息支援保障,是各种信息资源高度融合与作用的结果,太空各种信息资源融合度的高与低,决定信息化作战的成与败。

(三)突出联合注重防御

太空信息支援保障作战的另一个突出特点就是,作战更加强调联合注重防御。强调联合主要是因为,太空信息支援保障作战本身就是由各种太空力量参与的新型体系性作战,这种联合既有各种太空力量自身的联合,如侦察监视、信息传输、测绘导航、指挥控制等太空力量,又有太空支援作战力量与支援保障对象力量间的联合。在各种联合的作战力量中,其核心力量就是太空信息支援保障作战力量,没有太空作战力量参与,其他作战力量根本无法完成体系性的联合作战,就是能够联合也是各作战力量处在较低水平的联合。正是由于太空作战力量在新型联合作战中的巨大作用,作战对手自然会将攻击的首选目标放在各种太空信息系统上。目前,在轨运行的各种太空信息系统总体防御水平相当薄弱,基本不具备防御能力,易于受到攻击。为了有效维持体系作战能力,在进行太空信息支援保障作战中,必须发挥联合作战的优势,利用各作战力量的火力优势,针对太空系统自身特点,积极开展太空系统的防御战。

一般情况下,组织开展太空防御除采取积极的防护措施外,还必须以攻助防,攻防一体,组织各种作战力量对作战对象的重点目标进行打击,尤其是打击对手严重威胁己方太空信息系统的重点军事目标,包括各类在轨太空武器系统,削弱作战对手挑战己方制天权的能力,间接实现防护己方太空信息系统安全的目的。这一特点使得攻防转换的时机与打击力度,成为作战中的一个关键性问题,攻防转换时机掌控不好,不仅关系到作战支援保障效果,可能直接影响作战进程和成败,尤其是防御问题解决不好,优势将变为劣势。因此,太空信息支援保障作战中的防御,将是太空作战领域今后研究与探索的重点。

三、太空信息支援保障作战基本要求

信息化条件下作战中,太空信息支援保障作战的地位作用极为重要,决定了围绕太空信息支援的对抗也将十分激烈。组织实施太空信息支援保障作战,必须在加强防护确保安全的前提下,综合运用各种太空信息支援力量,突出保障重点,为陆、海、空、天各领域作战提供有力支持。

(一) 综合协调,整体运用

参与太空信息支援保障作战的太空力量种类繁多,每一种力量都有其特定的优势和局限,为充分发挥各种力量的优势弥补局限,必须搞好综合协调,实施整体运用。所谓综合协调、整体运用,就是围绕统一的目标,综合运用侦察监视、导弹预警、通信中继、导航定位、气象观测和大地测绘等太空信息支援力量,形成一种相互支援、相互增强、相互补充、没有冲突和内耗的良好关系,达成最佳太空信息支援效果。

主要体现在两个方面：一方面，是各种太空信息支援力量之间的协调配合。如侦察监视系统与通信中继系统之间的配合，通过通信中继系统，可将侦察监视系统获取的原始观测数据实时地传送到地面信息处理中心，处理结果再通过通信中继系统迅速传送到各作战单位，从而可极大地提高所获取信息的利用价值；导航定位系统与通信中继系统之间的配合，利用导航定位系统，可精确测定地面通信终端的地理位置，从而提高通信中继系统的通信质量；气象观测系统与侦察监视系统之间的配合，利用气象观测系统可及时掌握目标区域的气象状况，从而可选择良好的气象条件进行侦察，提高侦察监视系统的侦察效果。

另一方面，是各种太空信息支援力量内部的协调配合。如侦察监视系统内部的普查型与详查型卫星之间的配合，利用普查型卫星进行大范围、低精度的态势监测，一旦发现可疑目标，立即为详查型卫星提供目标引导，帮助其对目标进行高精度的识别，从而提高侦察系统的利用效率；电子侦察卫星与照相侦察卫星之间的配合，利用电子侦察卫星在广阔海域捕获敌大型舰船的电磁信号，概略确定其位置，随后引导照相侦察卫星对大型舰船实施精确定位，从而为己方实施远程精确打击提供信息支援。

（二）集中力量，重点保障

受技术条件的限制和经济实力的制约，在可预见的很长一段时间内，太空信息支援力量的数量规模将非常有限，但太空信息支援的地位作用却日益重要，需要与可能之间的矛盾十分突出。如果采取大面积撒网的方式分散使用太空信息支援力量，不仅不能有效发挥既有力量的效能，还可能因保障重点不突出而产生混乱。为此，必须集中使用有限的太空信息支援力量，实施重点保障。所谓集中力量、重点保障，就是统一计划、统一组织，集中相当规模的太空信息支援力量，在重要的作战阶段、关键时节、主要方向、重点区域，为重要的对象提供强有力的信息保障，以确保作战的胜利。

集中力量，既要强调数量上的集中，更要强调形成质量优势；既要保证在某一空间的集中，更要注意实现某一时段的集中。同时，集中力量要坚持"合理、足够"的原则，既要能保证完成任务的需要，又要精打细算，节约使用，切忌盲目地集中。重点保障，首要的是找准重点。一般来说，主要有：较高级别的指挥控制中心，执行重要作战任务的部队，高技术武器平台，处于恶劣环境中，其他信息保障力量无法对其实施保障的部队等。当然，不同的作战样式或作战的不同阶段，随着战场情况、作战任务的改变，作战重心将经常发生改变，因而要求太空信息支援力量使用的重点也应随之进行调整和转移。

（三）严密防护，确保安全

信息化条件下作战，太空信息支援力量在信息获取和传输方面的突出优势，使之成为陆、海、空等作战力量遂行作战任务须臾不可分离的"作战伙伴"，也因此而必将成为对抗双方重点打击的目标。并且，随着太空武器化进程的加快，各种反太空力量武器层出不穷，也使得太空信息支援力量面临的威胁急剧增大。一旦太空信息支援力量遭到严重毁伤，无法提供及时有效的信息支援，将对日益基于网络化信息系统的作战体系造成致命打击，甚至导致其丧失作战能力。因此，加强太空信息支援力量防护，确保其安全稳定运行，是太空作战指挥员及其指挥机关必须关注的重大问题。在太空信息支援力量遂行作战任务时，应运用各种技术手段进行隐蔽伪装，增强航天器的轨道机动能力，加强地面台站的防卫力量，严密组织电子防御，从而提高太空信息系统的抗毁能力和生存能力，确保太空信息支援保障作战的顺利实施和太空信息支援保障的不间断。

第五章 太空作战指挥

太空作战指挥,是太空作战指挥员及其指挥机关对所辖作战力量,组织实施太空作战行动的指挥。太空作战指挥是随着战争形态的逐渐演变、作战空间的不断拓展和作战样式的推陈出新,逐步形成的一种新的作战指挥概念。按作战样式,分为太空威慑作战指挥、太空封锁作战指挥、太空突击作战指挥、太空防御作战指挥和太空信息支援保障作战指挥;按参战力量,分为航天发射与回收部队指挥、航天测控部队指挥、太空飞行战斗部队指挥、战略导弹部队指挥、地面防天部队指挥、太空勤务保障部队指挥;按动用武器,分为导弹作战指挥、航天器作战指挥、新概念武器作战指挥;按对抗区域,分为"天对天"作战指挥、"天对地"作战指挥、"地对天"作战指挥等。

太空作战指挥,主要涉及太空作战的本质特征、特点规律、指挥原则、指挥体系、指挥机构、指挥方式、指挥手段和指挥活动等内容。其基本任务是:分析研究和正确判断敌太空作战情况,合理部署己方太空作战力量,统一计划组织和控制协调太空作战行动,灵活运用太空作战战法,以提高太空作战体系整体效能,夺取太空作战胜利。太空作战指挥正确与否,直接影响太空作战活动的进程和结局。深入研究太空作战指挥,可以揭示太空作战指挥规律,有利于提高太空作战指挥效能,发挥太空作战力量在联合作战中的重大作用。

第一节 太空作战指挥的本质与要素

太空作战指挥的本质与要素,是太空作战指挥的基本问题,是太空作战指挥理论体系的重要组成部分,是研究太空作战指挥及其相关问题的理论基础。正确认识太空作战指挥的本质与要素,对于全面理解太空作战指挥理论和相关问题具有一定的学术指导价值。

一、太空作战指挥本质

在作战指挥前面加上"太空"两个字,作战指挥的基本内容就发生了根本性的变化。因为作战指挥是由作战与指挥二维词组构成,这里的作战是泛义的称谓,泛指所有的与战争、战役、战斗相关的军事武装对抗,如果变成太空作战就成了专称,专指各类发生在太空领域或与太空相关的作战。而指挥一词所指的含意未变,依旧是指军队内部的一种社会分工,一种活动形态,含有特定的内容,反映的是一种军事力量内部的相互关系。

对太空作战指挥本质的认识,可以根据对指挥本质属性的认定,将太空作战指挥的基本内涵表述为:太空作战指挥员及其指挥机关,为达成太空作战特定的作战目的,通过筹划决策并以指令性调动所辖作战力量的组织指挥活动。这一表述可从下列内容加以理解:一是作战指挥的核心要素是"筹划决策并以指令性调动"。筹划决策与指令调动是对指挥的实质性反映,有了筹划决策和指令调动这两个动词要素,指挥的本质特征才会充分体现出来。二是指挥太空作战的主体是"太空指挥员及其指挥机关"。作战指挥的客体是"所辖作战力量",太空作战指挥是发生在主体与客体之间的一种组织指挥活动。三是太空作战指挥的行为指向是"达成特定的太空作战目的",作战指挥是指从确定作战目标开始到达成目标的全部行动过程。四是太空作战指挥是一种思维与行为活动,把其作为一种特殊的思维与行为活动来考察,便于更好地认识其结构组成及内外部关系,探索其运行规律,研究其活动特点、形式与行为准则。太空作战指挥的本质,是太空作战指挥本身所固有的,决定太空作战指挥的性质、面貌和发展。研究太空作战指挥问题,深入理解太空作战指挥的本质,不仅要全面分析太空作战指挥的各种现象,更重要的是透过纷纭复杂的表象,准确地把握其本质属性。

（一）对作战效费比的科学把握

太空作战指挥活动,从作战的基本目的来分析,是一种目的性极强的主观指导活动,追求作战效益的最高值是这一目的的根本,通过指挥太空作战力量,以较小的军事资源投入获取最大的作战效益。虽然千变万化的太空战场,会给作战带来意想不到的作战效果,作战指挥的最终结果也可能不如人意,但在主观指导上,夺取作战最终胜利的作战指挥理念始终贯穿于作战全过程,追求如何最有效地实现作战目的不会改变。这不仅是因为太空作战是一种高科技的激烈军事对抗,胜败关系到作战全局,甚至关乎国家领土主权的完整和根本利益,而且还因为太空作战具有信息化战争属性,可能带来的战争破坏与消耗巨大,如果作战指挥不重视作战的效费比,不注重军事资源使用效益，不惜代价取得了作战胜利，可能会出现有了胜利战果，却未实现胜利所要获得最终效果的局面。

在信息化战争时代，追求低效费比是对作战指挥的基本要求。在太空作战未来的战场上，谁能够以最小的代价换取最大的作战效益，谁就是作战中的赢家，对最佳作战效益的追求成为作战指挥的主旨。基于此，太空作战效费比问题，就成为指挥太空作战必须科学把握的效益原则。恰当选定太空作战目标，要考虑这一原则，对目标的选择能够达成影响全局的作战效果；组织分配太空作战资源，要依据这一原则，以充分发挥各种太空资源的潜力，并集中作用于双方太空系统对抗的关节点上，达成最有利的太空实战能力对比；研究确定作战战法，要运用这一原则，扬长避短，利用非对称作战手段，以巧对强，在极其复杂的太空战场环境下正确选择制敌之法、胜敌之术；调动和控制参战力量的作战行动，要参照这一原则，以少的力量投入发挥大的作战效能，通过指挥的艺术效力赢得作战力量的整体威力。总之，太空作战指挥对效费比的追求，是实现太空作战目的的根本目标，有了最佳作战效益太空作战指挥才不会失去方向和主导，可以防止作战指挥活动陷入盲目、被动出击。

（二）对作战力量的有效运用

太空作战力量的作战行动达成，是取得作战胜利的根本保证。在太空作战行动中，达成作战目的取决于两个因素：一个是取决于指挥员对参战力量的正确指挥调动，另一个是取决于被指挥调动的力量能否准确领会指挥员的意图，并及时正确依照指挥命令行动。就本质而言，作战指挥就是指挥员对所指挥的作战力量，在作战行动中进行有效运用，使参战力量能够遵照指挥员的作战意图，统一作战思想和作战行动，最大限度发挥出应有作战能力，以超强的战斗力完成作战任务，最终达成作战目的。

有三个基本问题必须明确：一是关于指挥赋权问题。在太空作战指挥过程中，赋予指挥员一定的权力至关重要，这是因为一定的赋权决定指挥员对作战力量指挥的领导地位。指挥权力在战场上是至高无上的，指挥员手中具有一定的指挥权力，才可能对作战力量施以行动命令，调动运用并指挥控制其作战行动。因此，必要恰当地赋权，是对参战力量作战行动进行有效指挥的根本基础。

二是关于主观指导的问题。指挥权是调动运用指挥力量的基础条件，而指挥权能否有效发挥还取决于主观指导的正确与否。主观指导在作战指挥上的正确，会产生良好的作战效果，能够取得作战胜利，反之则会出现负面效应，甚至导致作战失利或失败。在太空作战指挥中，科学有效处理好主观指导与客观实际之间的矛盾，按照作战需求尽可能让主客观相统一，作战指挥与作战实际相一致,这不仅是太空作战指挥本质的要求,也是实现对作战力量有效运用的重要前提。

三是关于指挥保障的问题。高技术条件下的信息化战争,指挥员对作战力量的顺畅指挥和有效运用,是通过各种信息网络的传输实现的,高效稳定的指挥信息网络传输渠道的畅通,是实现对作战力量高效指挥和有效运用的重要保证,尤其是太空作战体系对抗的特征更加明显,指挥保障对各种信息网络的依赖程度越来越高,安全畅通和不间断的信息保障,是太空作战指挥本质的内在要求。明确上述几个问题,对太空作战指挥本质的认识会更加清晰。

（三）对作战谋略博弈的巧妙施计

战争是典型的武装集团间的对抗行动,作战策略和计谋的制定与实施,是体现作战双方博弈对抗能力优劣的重要标志。对抗行动都是发生在两个以上相互能动作用的武装集团之间,而与这种特殊对抗活动关系最大的就是作战指挥中枢,正是这个中枢使得作战指挥有别于其他一般的社会实践活动,表现出的是思维与物质能量紧密结合、相互作用的生死对抗形式。在这种具有决定生死的较量中,作战指挥从定下决心到实现决心的全过程中,无不存在作战双方指挥者寻谋用策、巧妙施计的对抗博弈。作战双方的军事对抗是人与物的结合,人是决定对抗胜败的决定性因素,但前提是离不开基于一定物质基础之上的正确主观指导。列宁曾经指出:"没有不用军事计谋的战争。"[①]这一名言阐释了战争和战争指导中计谋的重要作用,清楚地说明,巧妙运用计谋是作战指导的核心问题,也成为主观指导能力的重要标志之一。

随着信息化战争实践的不断发展,未来太空作战指挥中的谋略博弈对抗,将更加全面浸透到作战指挥活动和军队作战行动的各个方面,虽然太空战场广阔,作战空间多维,但与人的主观能动思维相比,还是十分有限的,谋略上的正确指导可以产生远大于物质的能量,尤其是太空作战战略性、政治性、策略性都很强,指挥活动的谋略水平高低,显得更加突出和重要。

二、太空作战指挥基本要素

太空作战指挥的要素,是构成太空作战指挥体系的核心内容,分析要素基本内涵、特征及其地位作用,对于深入认识太空作战指挥的本质,全面把握太空作战指挥的特点与规律具有重要意义。

---

① 〔俄〕列宁:《列宁全集》第8卷,北京,人民出版社,1960年,943页。

（一）太空作战指挥要素的构成

太空作战指挥要素主要由四个方面构成：一是指挥者，即太空作战指挥员和指挥机构；二是被指挥者，即太空作战各种参战力量；三是指挥手段，即用于指挥太空作战的各种方法及系统装备；四是指挥信息，即用于保障太空作战指挥的各种情报、各维空间信息等。构成太空作战指挥的这四个基本要素，贯穿于太空作战指挥活动整个过程之中，是太空作战指挥存在和发挥效能的客观基础。

对太空作战指挥构成要素的认识，是随着太空作战指挥实践的历史发展和作战指挥理论的丰富而不断发展和深入的。从早期太空作战指挥的实践上看，由于受到作战需求、航天技术和太空武器装备的限制，早期的太空作战实践只在太空威慑和信息支援层面展开，太空作战指挥更侧重于战略决策上，一般情况下都是最高统帅为决策者和指挥者，个人因素在指挥上的地位突出，起决定性作用。航天科技的不断进步，太空军事化脚步的加快，使人们对太空作战指挥要素的认识不断提高，对太空作战指挥活动及其效能的理解逐步深入。太空作战指挥者这一要素的作用，已经不能满足太空作战指挥实践的需要，作战指挥中起决定性作用的并非只依靠指挥者一个因素，太空作战在航天高科技武器装备的推动下，已经形成整体性趋势，体系对抗的特点日益凸显，太空作战指挥活动也成为一个整体性的活动过程。太空作战指挥要素的构成日趋复杂，源于不同的历史阶段科学技术和作战指挥实践的变化，如太空作战指挥手段要素的作用和指挥信息要素的作用，就随着航天技术的发展和太空军事化而发挥出不可替代的独特性作用。

（二）太空作战指挥要素的基本内涵

太空作战指挥要素，是构成太空作战指挥的基本成分，是形成作战指挥体系的前提条件，没有指挥要素就无法构成作战指挥体系。作战指挥要素及其这些要素之间的相互联系、相互作用的结构，决定作战指挥的性质和效能。太空作战指挥各种要素的内涵特征比较明显，在作战指挥体系构成基础上具有必备性特征，在作战指挥要素间的区分上具有独立性特征，在作战指挥关系结构上具有整体性特征。

一是必备性特征。作战指挥要素是构成太空作战指挥的必备条件之一。在太空作战过程中，构成和影响作战指挥的因素有很多，其中有的对太空作战指挥的实施和效能起直接决定性作用，有的则只对太空作战指挥效能产生不同程度的影响。只有那些对太空作战指挥的实施和效能起直接决定性作用的，即不可或缺的基本成分，才称之为作战指挥要素。如要素成分中的作战指挥者，就是太空作战指挥的必备要素，缺了这一核心必备要素，作战指挥就无法进行,不复存在,有了这个必须具备的要素,作战指挥才能正常运行和发挥作用。

二是独立性特征。作战指挥各要素之间是相对独立的,构成太空作战指挥系统只有一种要素无法实现,单一因素不能称为要素,必须有两个以上的要素才能形成完整的指挥系统。因此,太空作战指挥各要素之间就性质而言是相互区别的,各要素之间既不互相包含,也不相互交叉。每一个要素都具有其自身固有的独特性质和作用,具备自身的独立价值,这是每一个要素与其他要素相区别而存在的前提,也是每一个要素与其他要素相互联系和发生作用的基础。每一要素本身的性能如何,都将影响和决定作战指挥的运作模式和效能。如被指挥的太空各种作战力量、用于太空作战的各种卫星指挥系统等基本要素,其各自在太空作战中所起到的作用不同,影响各异,因此作为要素存在的意义也各不相同。

三是整体性特征。作战指挥要素是由存在于指挥系统中的各种要素而构成的综合体,这种综合性同时又充分体现出整体的相互关联性。站在系统科学的角度分析,看一个要素是否具有要素的基础条件,必须将这一要素与其他要素进行系统比较,只有这一要素与其他要素能够构成系统的整体,各个要素之间相互存在着一定的联系和作用关系,才可称其为要素,互相之间无任何关联,无法构成系统性的整体不能算作要素。太空作战指挥要素的整体性特征,不是一种孤立的存在形式,而是在太空作战指挥的整体活动中,由各不同性质的要素相互作用和相互联系所构成的表现形式。

(三)太空作战指挥要素的地位作用

作战指挥是人们有组织有目的进行的一种特殊社会活动,实质上是构成作战指挥系统的诸要素之间,相连、相通、互动和互为作用的完整过程及其综合结果。对太空作战指挥各要素的全面认识,需要分析在指挥活动中每一要素的特殊地位作用和各要素相互间的作用关系。

一是太空作战指挥者的地位作用。指挥者是作战指挥的主体,其主要职能是为达成太空作战目标进行运筹谋划、发令调度和控制协调。由太空作战指挥员及其指挥机关构成的指挥者,指挥员处于核心地位,拥有作战指挥权,是太空作战指挥活动的决策者和最终责任人。指挥员的指挥能力如何,直接影响太空作战的效果。作为指挥员的助手指挥机关则起辅助作用,主要任务是协助指挥员组织和实施太空作战指挥。在太空作战中,作战指挥任务十分复杂艰巨,所面对的太空战场信息化程度极高,对各种太空情报信息的搜集处理、对各种太空作战力量和军兵种参战力量的行动控制协调、对指挥综合因素的需求、对太空作战指挥保障等都提出了更高要求,靠指挥员很难完成全部指挥活动,指挥机关的助手作用就显得十分重要。指挥机关的整体素质如何,对于协助指挥员决策,传达指挥员决心,监督、控制、协调和评估作战行动与效能具有重要影响。指挥员及其指挥机关是一个整体,共同发挥着指挥者的作用。

　　二是太空作战被指挥者的地位作用。在太空作战中,被指挥者是指参加太空作战的各种作战力量,是太空作战指挥的客体,亦称指挥对象。作为太空作战指挥的基本要素,被指挥者在作战中的地位具有从属性,主要作用是以执行者的身份,按上级的意图、命令和指示去完成作战任务。从指挥要素在作战指挥活动中的作用分析,被指挥者既可能是个体,也可能是群体。在被指挥者内部的构成力量中,作为被指挥者的指挥员及其指挥机关又是其所属力量的指挥者,具有双重的身份。但对指挥者而言,被指挥者无论是个体还是群体,都必须作为一个整体而发挥执行者的职能作用。指挥者与被指挥者共同存在于作战指挥这一事物中,两者缺一不可。被指挥者作为主观能动者,其能力、态度和状态等,直接影响和制约指挥者的指挥决策、计划组织和对被指挥者的协调和控制。因此,既要发挥指挥者的主导性作用,也要调动被指挥者的主观能动作用,两个作用同时得到充分发挥,其指挥效能才会在作战中完全释放出来。

　　三是太空作战指挥手段的作用。太空作战指挥手段,是指挥活动中所运用的指挥工具及其使用方法。在太空作战不断发展变化的新常态下,指挥手段是太空作战指挥者与被指挥者相联系的中枢神经,是完成太空作战指挥活动不可缺少的物质条件,在一定程度上影响着太空作战指挥的方式方法。从目前技术现状看,太空作战指挥手段主要包括太空指挥信息系统、控制系统、网络平台及其相应的操作程序与方法。太空作战指挥手段,是随着航天技术、物质基础和太空作战指挥需求的变化而不断变革与发展的。在战争形态处于信息化时代和高新武器装备大量运用于太空战场的情况下,各类太空指挥信息系统和各种高性能、高效率的指挥装备系统的研发与运用,以及各种参战力量整体运用高技术指挥装备系统的能力不断提升,对作战指挥效能的发挥和作战成败有着直接的影响。同时,这些新指挥技术手段的操作程序与方法,对太空作战指挥方式方法的内在要求、影响和作用,也在不断发生着变化。

　　从指挥手段要素的角度看,指挥手段是服务于作战指挥活动的。一方面,指挥手段对指挥者的感官功能延伸并得到强化。指挥手段的状态,如技术性能、技术状况、一体化程度,特别是灵敏性、可靠性、空间广延性等,对指挥效能影响极大。它制约着指挥者指挥的广度、质量和效能,对太空作战指挥的方式方法、组织形式都有影响。就作战指挥活动中定下决心和实现决心的整个过程看，指挥者要依赖指挥手段实施情报搜集、辅助决策、传递指令、计划组织、控制协调被指挥者的作战行动等活动。被指挥者也要运用指挥手段受领任务、报告情况，并始终保持与上级(指挥者)的密切、稳定、可靠的联系。太空作战指挥手段的信息化程度高低，直接关系到指挥信息流通效果及作用的发挥。

四是太空作战指挥信息的作用。太空作战指挥信息主要包括各种与太空作战相关的情报、指令、报告和资料等。太空作战指挥信息在内容、形式和范畴上有其特殊性，但就信息的性质而言，如同其他信息一样，具有可识别性、时效性、可存储性、可传递性和实用性等特征。对于不同的信息使用者，信息所能起的作用不同。准确、充分、及时的太空作战指挥信息，对作战指挥活动具有重要的积极作用，其作用的发挥取决于对指挥信息的充分开发和适时高效利用。

从太空作战指挥信息要素角度看，指挥信息要素作用的发挥与指挥手段、指挥者和被指挥者等要素密切相关。一方面，指挥者和被指挥者需要大量有效指挥信息为其指挥决策提供服务，而指挥信息的服务作用能否得到充分高效发挥，不仅与指挥者的指挥艺术、决策能力和被指挥者的执行力强与弱密切相关，还取决于指挥者和被指挥者在指挥信息的搜集、处理、传递、利用的过程中，能否对指挥信息价值进行科学判断、精准掌握、深入挖掘和有效运用。另一方面，指挥信息与指挥手段两者之间，在信息获取与传输渠道、信息内容与载体构成都有着密切联系，构成了指挥者与被指挥者相互之间以信息为核心的融合网络，使两者之间互为关联相互作用。

第二节 太空作战指挥的特点与原则

由于太空作战在武器装备、战场环境、力量编成、作战样式等诸多方面有很强的特殊性，其自身有着需要认真遵循的基本原则，使得太空作战指挥明显区别于其他作战指挥。

一、太空作战指挥特点

太空作战指挥的特点，是指太空作战指挥与其他作战指挥和一般的领导管理活动的区别，是太空作战指挥特有的特征。正确认识作战指挥的特性，有助于更深刻地把握作战指挥的本质。根据太空作战力量在近期几场局部战争中的实际运用,以及对未来太空作战发展趋势的预测,太空作战指挥主要呈现以下五个方面的特点。

(一)太空作战战略性强,指挥决策层次高

随着太空军事化的迅猛发展,战场将从陆、海、空进一步向太空拓展,未来战争必将是陆、海、空、天、电、网多维战场一体的信息化战争,太空作战将是未来信息化战争的重要组成部分。在太空的航天装备作为现代战争的太空信息平台,具有实时精确的导航定位、高分辨率的遥感图像、高精度的天气数据、及时的导弹预警和可靠的大容量通信等能力,极大地增加了现代战场的"透明度",拓宽了战场信息的"通道"。使用卫星进行侦察、监视、通信、导航、预警等,将成为联合作战的主要作战保障方式。太空武器在太空轨道上高速运行,不受国界、领海、领空的限制,不受地形条件和大气环境的制约,作战行动自由度大大增加,战场范围空间广阔。使用太空作战平台,运用激光、动能、新概念武器和弹药,从太空攻击对方的航天器,攻击对方的陆上、海上和空中目标,也将成为重要的作战方式。

显而易见,太空战场一旦失守,太空支援系统、太空进攻系统和太空防御系统都将不再发挥作用,这就好比失去了耳目,失去了太空保护伞,夺取制信息权、制空权和制海权也就成了一句空话,也就失去了战争的主动权。从这个侧面分析,太空作战指挥具有很高的风险性,为防止太空作战指挥决策不当而带来的作战风险,要求太空指挥员和指挥机关,一方面要有风险意识和勇于负责的精神,对作战指挥中事关全局,需立即决断的重大问题,要敢于定夺。另一方面,要对风险保持高度警惕,坚持科学组织和实施指挥活动,减少盲目性、随意性。太空作战攸关战略全局,地位作用十分重要。对太空作战必须提高指挥决策层次,由高层统一部署、统一指挥控制,确保太空作战按照统帅部的意图和正确的方向顺利进行。

(二)太空行动节奏快,指挥周期短

太空作战区别于其他战场作战的一个显著特点,是作战行动高速、作战节奏紧凑,具有很强的时效性。一方面,航天器和空间武器以极高速、超远距运行。航天器之所以能够绕地球做圆周运动,成为太阳系中的一个人造卫星,脱离太阳系进入深空,就必须分别达到7.91千米/秒的第一宇宙速度、11.18千米/秒的第二宇宙速度和16.63千米/秒的第三宇宙速度,即每分钟至少达到400~1 000千米的作战距离。太空武器如激光、动能、粒子束等武器均以光速运行,打击地球表面目标只需0.001 4秒的时间。以如此之高的速度和如此之远的距离作战,是其他战场作战行动无法比拟的。加之各种隐形技术和电子对抗技术的广泛运用,使得太空作战的突然性、速决性大大增强。

另一方面,先进的信息获取、传输和处理技术在未来太空战场中的广泛运用,也为快速指挥作战提供了技术支撑。海湾战争中,"飞毛腿"导弹全程飞行时间只有7分钟。美军运用部署于印度洋上空的预警卫星探测伊军"飞毛腿"导弹发射尾焰,然后自动将有关数据传送到位于澳大利亚的美空军地面站,该地面站又通过通信卫星将数据传送到位于美国本土的北美防空防天司令部指挥中心,该指挥中心对数据进行处理,并将处理结果快速传送至位于利雅德的中央司令部指挥中心和"爱国者"防空导弹中心。防空导弹中心及时准确地指挥引导"爱国者"导弹进行拦截并摧毁,整个过程不超过5分钟,指挥是在近乎实时的状况下完成的。

实践表明,太空作战指挥必须大力压缩指挥周期。因此,太空作战指挥员及其指挥机关,要强化时间就是胜利的观念,在时间效用存续期间,以尽可能快的速度,抢在敌人做出反应之前加以利用,完成对部队的作战指挥活动。作战指挥的一切活动都有特定的时间要求,这是作战指挥的重要特征,尤其是太空作战指挥对时间的要求更高,要求作战指挥跟上快速发展、急剧变化的太空战场情况,赢得战场先机。争夺战场先机就必须具有短于对方的决策行动周期,依靠双方在决策行动周期上的时间差,使对方的作战行动归于无效。随着高新航天技术广泛应用于太空战场,各种力量的作战能力和机动能力空前提高,时间因素对作战结局越来越具有决定性的影响。因此,精确地计算和合理地分配时间,按时间效用存续期精确规定每次作战指挥行动的时间要求,争分夺秒地实施作战指挥,大幅提高组织指挥效能和快速反应能力,充分运用各种指挥手段,及时发现敌情,快速判断,快速决策,先敌完成计划组织工作,提高指挥的时效性,成为作战指挥的一个重要内容。

(三)太空作战力量多元,指挥协同十分复杂

信息化条件下的局部战争,为了赢得太空作战的胜利,进而获得制天权,作战双方都将动用一切力量,想尽一切方法参与太空作战。太空作战呈现出参战力量多元的重要特点,这使得太空作战指挥协同的内容广泛、任务繁重。首先,太空作战行动的内部协同。一般来说,太空作战主要是由侦察监视、通信中继、指挥控制、火力和信息攻击、勤务和技术保障等众多行动构成的一个整体。在这个整体结构中,任何一个作战行动的微小失误都会导致整个作战过程的失败。

其次,太空作战行动与其他作战行动之间的协同。这种协同,不仅包括太空作战力量为陆、海、空等作战力量提供信息、火力支援,帮助夺取制信息权、制海权和制空权,以及对敌纵深战争潜力目标实施持续打击等,也包括陆、海、空等作战力量为太空作战力量提供信息、火力支援,帮助争夺和保持

制天权等。不仅包括硬摧毁,也包括软杀伤。

最后,太空作战行动与民用太空活动之间的协同。随着世界各国经济、科技实力的不断增强,民用力量参与太空活动会越来越多、越来越大。太空作战时,民用力量也将是一支重要参战力量。作战协同不仅包括民用太空活动为太空作战行动提供信息、手段支援,如民用通信卫星、气象卫星、海事卫星等为军队提供紧急、备用信息支援等,而且也包括太空作战行动为民用太空活动提供保护等。因此,太空作战协同十分复杂,客观情况迫切需要采取各种措施和方法,特别是充分运用先进的指挥信息系统,加强太空作战指挥协同的及时性和准确性,确保太空作战行动的协调一致。

(四)太空作战手段先进,指挥对抗剧烈

由于太空技术和信息技术的广泛运用,太空武器装备不断有新的突破,这就给直接攻击对方指挥机构和指挥信息系统,达到少用兵即能屈人之兵的目的,提供了更多选择。一方面,侦察手段先进,使指挥机构极易被侦察定位。目前,不仅可以利用电子侦察卫星对敌方指挥控制系统进行全频谱、全方位、全纵深的监视、侦听和定位,而且可利用各种成像卫星对整个战场进行全面、细致的侦察。如星载合成孔径雷达具有一定的穿透能力,可以发现隐蔽于地下的指挥机构。多光谱成像侦察具有一定的揭伪能力,可以发现隐蔽于丛林中的设施和人员。这种超强的战场侦察能力,使指挥机构和指挥设施隐蔽十分困难。

另一方面,由于太空武器不受任何地理和气候的限制,具有射速快、精度高、威力大等特点,能以极高的速度深入敌后方,对位于战略、战役纵深的敌指挥机构构成严重威胁,既可以对其实施硬摧毁,又可以对其实施软杀伤。这种指挥对抗激烈性的不断提升,是太空作战行动的对抗性在作战指挥中的集中反映,贯穿于太空作战指挥的始终,深入太空作战指挥的各个方面,使得指挥过程中的谋略对抗、信息对抗和指挥机构的生存对抗,都更加具有强烈的生死博弈性质。因此,作战双方围绕指挥机构的侦察与反侦察、打击与防护的斗争将日趋激烈。

(五)太空战场领域陌生,指挥素质要求高

指挥员在常态下,对陆、海、空作战领域内的战场环境非常熟悉,但对太空环境、太空技术、航天器和武器装备却相对了解不多、掌握较少,加之太空作战必须精准、实时,因而对作战指挥提出了更高的要求。具体来说,在技术上,太空技术主要包括航天器技术、航天器运载技术、航天器发射技术、航天测控技术、载人航天技术等,每项技术又包括许多具体技术、原理等。这些内容都是当今高技术领域的精华,一般人员不可能在短期内学习和掌握。

在太空指挥内容方面,由于指挥对象、指挥手段、指挥方式的不同,其指挥程序、指挥方法与其他战场作战指挥有较大不同。例如,太空战场浩瀚无垠,如何对所有太空目标实施预警监视;航天器和太空武器到达外层空间后,如何对其实施指挥控制;太空武器大到数十吨重,小到粒子束,如何实现对其快速反应等。这些特殊情况对于没有太空作战实践的指挥员及其指挥机关来说,都是全新的挑战。

在国际空间法方面,到目前为止,联合国已经制定了包括《外层空间宣言》(1963年)、《外层空间条约》(1967年)、《责任公约》(1972年)和《各国利用人造地球卫星进行国际直接电视广播所应遵守的原则》(1982年)等若干原则和宣言。这些公约、原则和宣言,既要熟悉理解,更要熟练为己所用,以避免太空作战时引起联合国或非参战国与己方的纠纷,甚至对己方开战的不利局面。为此,必须采取多种措施,加强太空作战指挥研究,探索出符合自身特色的太空作战指挥的内容、程序和方法,并加强培训和演练,才能尽快提高太空作战指挥人员的整体素质。

二、太空作战指挥基本原则

太空作战指挥原则,是太空作战指挥员及其指挥机关实施指挥活动时必须遵循的准则,是作战指挥规律在太空作战指挥活动中的具体体现。按照这些原则实施太空作战指挥,可以提高指挥效率,减少盲目性,避免发生重大失误。

(一)全域监测,适时预见

这一原则是指在组织实施太空作战指挥活动中,实时掌握太空、空域、海域和陆域的太空战场态势,先敌发现,迅速做出正确预测,为最终确定符合战场实际的决策奠定坚实基础。全域监测,就是要利用各种技术和特种侦察手段,全面、准确、实时地掌握以太空为主,以相关空域、海域和陆域为辅的整个太空战场的敌、我、友以及战场自然环境等各方面的信息。主要包括敌方的太空作战思想、作战特点、作战企图、人员素质、武器装备性能,敌主要航天器发射阵地和航天能源、装备生产基地,敌平时在轨航天器的轨道位置和作战用途,敌太空科技整体水平等静态信息,以及敌方当前太空作战部署和主要作战方向、新近投入的太空力量及武器装备、作战损伤状况等变化较快的动态信息。监测时,要多种侦察手段并举,对获取信息相互印证,去粗排伪,提高战场信息的准确性和连续性。

适时预见,就是在有效获取太空战场信息的基础上,运用定量与定性相结合的方法,快速对战场信息加以综合、对比、分析,明确敌、我双方各自的优势与劣势、有利条件与不利条件,看到潜在的威胁,适时预见作战发展趋势,作战的有利时机,做出符合实际的正确判断,以实现对太空作战认识的主客观统一。

(二)科学决策、快速反应

这一原则是对指挥员定下作战决心的基本要求,其中快速反应还是对指挥机关搜集情况、计划组织、控制协调等的基本要求。它们都是确保作战胜利的前提条件和关键因素。未来太空作战指挥,将面临越来越复杂的情况,战场空间空前扩大、武器装备高度信息化、作战任务交织进行、信息量急剧增加、作战进程加快、作战保障异常复杂,导致指挥周期日益缩短、指挥控制协调的难度大幅增大,这对作战决策提出了严峻挑战。因此,单靠个人的指挥经验,采用简单、直观、定性的决策方法,形成作战决心,已远不能适应未来太空作战指挥的需要。必须以科学决策理论为基础,掌握科学的方法论,运用高新技术手段,着眼战略全局和太空作战整体,才能确保太空作战决心的准确性、实时性和有效性。决策中,既要坚持指挥员的核心作用,又要充分发挥参谋人员和有关专家的智囊作用,把"集体谋划"与"主官决断"结合起来,做到群策群力,提高决策质量。既要注重理论上的定性分析,又要善于运用数学方法进行定量分析,把两种分析方法结合起来,严格按照科学的决策程序选择决心方案。要充分利用先进的信息技术,把参谋人员、技术人员与以高性能计算机为核心的技术设备紧密结合,组成人机一体、互动的智能辅助系统,精心设计作战方案,寻求制敌良策。

同时,随着高新技术特别是信息技术的迅猛发展及其在军事领域的广泛运用,作战指挥速率在未来战争中的作用,比以往任何时候都更加突出。目前,世界各军事强国对提高作战指挥速率十分重视。美军就提出了"观察-判断-决策-行动"的作战指挥周期理论(即"OODA 回路"理论)。该理论认为,作战中,如果一方缩短了自己的作战指挥周期,在敌人对前一次己方行动做出反应之前发起行动,那么敌方很快就会因为应接不暇而造成混乱,即使敌方实力雄厚,也难逃被动挨打甚至惨败的厄运。未来,太空作战将面临的是膨胀的作战空间与浓缩的作战时间、高速运动的作战平台与频繁转换的作战样式,这对太空作战指挥的快速反应提出了更高要求。因此,必须着眼未来,从指挥决策智能化、指挥程序简捷化、指挥方式灵活化、指挥保障实时化等多方面入手,着力提高太空作战指挥的快速反应能力。

(三)统一指挥,重点控制

统一指挥,是古今中外军事家十分重视的一条作战指挥基本原则。其根本目的在于,通过统一指挥,达到统一思想、统一计划、统一行动,以提高作战的整体效能。未来太空作战中,太空作战力量分布很广,部署于陆上、海上、空中和太空中的力量都有,且相互之间通常相距甚远,相互协同行动困难。太空技术十分复杂,预警、发射、测控等任何一个环节发生问题,都可能导致太空作战测不着、拦不住、击不毁等情况,再加上太空作战往往不是孤立存在,通常伴随着陆上、海上和空中作战,如果指挥控制搞不好,有可能导致陆、海、空、天作战一片混乱,甚至可能造成己方重大损失。

太空资源,属于全人类共同的资源。世界各国均有权出于和平利用太空的目的,发射各种航天器进入太空,可在各种轨道上自由运行。未来,无论是航天大国,还是一般国家,都将有越来越多的航天器进入外层空间。太空作战,如果不精心组织,精确计算,很有可能伤及其他国家的航天器,引发与该国之间的纠纷甚至战争。为此,要想充分发挥有限太空作战力量的作用,就必须坚决实行集中指挥,统一筹划,统一组织,最大限度地形成整体合力,这是赢得未来太空作战胜利的重要保障。

同时,太空战场广阔,牵涉到方方面面的因素,特别是太空作战瞬息万变,对所有目标、所有阶段、所有时节进行全面监视、全面控制,既没有必要,也没有可能。为此,必须突出重点,特别是对重要阶段、重要时节、重要目标,实行全程监控、重点打击,而对其他阶段、其他时节、其他目标,可根据统一的作战计划和详细的作战规定,下放权力,实行分散控制。特别是对于各种突发情况,更应做到分散控制,以争取太空作战的主动权。

(四)全力保障,稳定连续

太空作战指挥,离不开全面细致的指挥保障。指挥保障有力,太空作战指挥才能稳定连续,为夺取太空作战的胜利创造良好的前提条件。要统一组织各种力量,做好侦察情报、预警探测、目标、通信、机要、测绘、导航、气象、作战数据等保障,特别是根据指挥太空作战的需要,针对指挥保障的特点与难点,努力做好太空环境、太空目标实时监测,太空通信不间断,以及指挥信息系统高效稳定的工作。

要切实做好太空作战指挥的防护,针对太空作战指挥机构和指挥信息系统是敌摧毁和破坏首要目标的情况,要有针对性地采取各种防护措施。例如,在制订抗击作战计划时,不仅要考虑抗击敌太空攻击,还要考虑抗击敌陆地、海上和空中的攻击;不仅要考虑地面指挥机构的防御,而且要考虑未来太空指挥机构(如设于中、大型空间站的太空指挥所)的防御,从而合理地部署陆、海、空、天等多种力量,形成对各种来袭目标的有效抗击能力。防护措施也应综合考虑多种因素,并且注意与抗击措施相配套,从反侦察、反干扰、反火力突袭等角度进行总体筹划,实施必要的修建、加固、伪装等工程作业。特别是应设置一些烟幕、喷雾、假红外源等反激光制导、反红外侦察测定的装置,并与其他欺骗手段以及隐蔽指挥手段相结合,构成能有效保证己方太空作战指挥机构安全的"盾牌"。

在组织指挥通信保障时,应对各级太空作战指挥机构担负的任务和通信联络遭敌干扰、破坏时可能遇到的情况等进行预测分析,研究制订不同的特情处置预案,突出重点,合理配置通信设备和技术力量,并采取多种有效手段构建多路迂回式的通信网路,以保证设置于地面和太空中的各指挥机构之间、指挥机构与部队之间通信联络的畅通无阻。

第三节 太空作战指挥体系

太空作战指挥体系,是指各级、各类太空作战指挥机构按照指挥关系构成的有机整体,是各级指挥员及其指挥机关对所属部队太空作战行动实施组织指挥的重要基础。科学合理的太空作战指挥体系,可以缩短指挥流程,利于指挥协同,提高指挥效率。

一、太空作战指挥体系基本模式

目前,由于真正意义上的太空作战刚刚走入战场实践,在太空作战力量和太空作战指挥机构建设方面,太空作战指挥体系构建基本处于探索、发展和完善阶段。根据未来太空作战的可能需求和发展,综合世界范围内的太空作战力量发展和太空作战指挥体系的构建现状,在未来可期的时间内,太空作战指挥体系构建模式大概有两种,一种是太空作战指挥机构合并于统帅部模式,另一种是太空作战指挥机构独立于统帅部模式。

(一)太空作战指挥机构合并于统帅部模式

受政治民主进步、经济全球化、军事力量互相制衡、媒体传播快捷、百姓追求幸福等因素制约,未来战争将发生重大变化,次数将越来越少,力量规模越来越小,联合行动相对增多。这种发展趋势,必然要求作战指挥体系进一步联合化、扁平化、多功能化、小型化。具体变化的可能方向是,改造军种作战指挥部、专项作战指挥部,将其合并纳入统帅部,使统帅部成为真正的诸军兵种联合作战指挥部,对各种作战指挥具有最高权威。

太空作战指挥,从战略层次看,将会继陆上指挥、海上指挥、空中指挥等部门之后,成为统帅部指挥控制中心的新部门,是统帅部的重要组成部分;从战役层次看,也将会继陆上指挥、海上指挥、空中指挥等部门之后,成为战区联合作战指挥部指挥控制中心的新部门,是战区联合作战指挥部的重要组成部分。因而,在总体上将构建"统帅部太空作战指挥部门——战区联合作战指挥部太空作战指挥部门——太空作战部队指挥机构"的三级联合作战指挥体系。其中,统帅部太空作战指挥部门负责太空作战的战略指挥,指导战区联合作战指挥部太空作战指挥部门组织太空战役作战和太空支援作战;战区联合作战指挥部太空作战指挥部门则负责太空作战的战役指挥和太空支援作战;太空作战部队指挥机构则负责本级所属部队的作战行动指挥。

(二)太空作战指挥机构独立于统帅部模式

当太空力量比较庞大,作战能力较强时,也有可能成立专门的太空联合作战指挥部、空天作战指挥部、"天军"作战指挥部等。相较而言,空天作战指挥部是太空和空中作战合一的指挥部,其实质与"天军"作战指挥部一样,均属军种作战指挥部,由于未来更强调联合作战指挥,成立的可能性较小;专门的太空联合作战指挥部则是带有联合性质的指挥部,相对空天作战指挥部、"天军"作战指挥部来说,成立的可能性较大。专门的太空联合作战指挥部,则是在统帅部的领导下,专司太空作战指挥。在其下则是战区联合作战指挥部的太空作战指挥部门,于是就形成了"统帅部——太空联合作战指挥部——战区联合作战指挥部太空作战指挥部门——太空作战部队指挥机构"四级指挥体系。

太空作战指挥作为统帅部的一个重要部门,与专门的太空联合作战指挥部相比,前者充分依赖现代指挥信息系统的功能,层次简明,关系顺畅,便于太空作战力量之间、太空作战力量与其他作战力量之间的作战协同,可最大限度地发挥一体化联合作战指挥效能和太空作战力量的战略作用。从长远看,是非常理想的指挥体系模式;短期看,其存在不利于太空作战力量专项建设和快速发展,有统帅部战略指挥任务过重等弱点。后者便于太空作战力量的建设与发展,利于太空作战力量之间的作战协同,可最大限度地发挥太空作战力量的战略作用,但也存在指挥层次增加、不利于太空作战力量与其他作战力量之间的协同等弱点。

二、世界主要军事强国太空作战指挥体系

(一)美军太空作战指挥体系

美军太空军事力量采用四级领导指挥体制。第一级是总统和国会。总统是国家航天事务的最高领导人,负责太空政策的制定并监督其落实情况;国家安全委员会、国家科技委员会等机构,是太空政策的主管部门。国会主要负责太空力量建设立法、预算审批等工作,设有武装部队委员会、预算委员

会、拨款委员会等相关机构。第二级是国防部和相关政府部门。国防部长和情报副部长是国防部航天事务的主要领导人,负责太空军事力量建设。国家宇航局、商业部、能源部、国务院、运输部、联邦通信委员会、军备控制与裁军署等政府部门,也与太空军事力量建设有关。第三级是战略司令部,负责指导各军种航天司令部的太空军事力量建设,为各作战司令部提供太空支援。第四级是军种航天司令部和战区司令部相关部门。军种航天司令部负责本军种的太空力量建设;战区司令部相关部门,负责提出太空作战需求和指挥控制太空军事力量的作战运用。

在实际运用过程中,美军战略司令部负责太空作战行动的计划和实施。航天联合职能组成司令部,是战略司令部指定的管理日常太空作战行动的归口单位,负责协调太空作战行动的具体事务,以及对处于战略司令部领导下的指定的航天与导弹预警部队实施作战控制。战略司令部作为支援司令部,负责向作战司令部、各军种和机构提供全球通信定位及导航与授时服务、环境监控、天基情报、监视与侦察以及预警服务。通常,向作战司令部提供支援的航天部队依然隶属或配属于战略司令部,其作战指挥权并未移交给作战司令部。作战司令部通常指定一名航天协调指挥官,并设立相应的航天协调机构负责对作战地域内的航天力量进行协调、整合与同步。在将来,美军可能会在作战中将航天力量的指挥权移交给作战司令部。

(二)俄军太空作战指挥体系

俄航天兵的兵种领率机关是航天兵司令部。航天兵司令部负责本兵种的管理、训练、装备、保障和作战使用。航天发射部队与航天器测控部队经总参谋部授权,由航天兵司令部具体指挥。对航天器发射与测控部队和机构的指挥序列是:航天兵司令——航天兵参谋部——航天发射场(航天器试验与控制总中心)——指挥测控中心(试验中心、测控站)。航天兵司令部下属的导弹太空防御部队,在执行导弹太空防御任务时由莫斯科特种司令部指挥。对导弹太空防御部队的指挥序列是:空军总司令部——莫斯科特种司令部——导弹太空防御集团军——反导师(太空监视师、导弹袭击预警师)。

三、太空作战指挥体系构建基本要求

太空作战指挥体系的构建,有着自身的特殊要求,必须遵循太空作战的特点规律,适应作战指挥体系的一般要求,并纳入联合作战指挥体系,与太空作战力量同步建设完善。

(一)遵循太空作战指挥规律

太空作战指挥除遵循一般作战特点规律外,还应按照太空作战所独有的

特点要求来组织实施。首先,遵循高层指挥的规律。太空作战与其他作战不同,参战力量多为战略性力量,作战目标多为敌战略性目标,作战成败关系到其他战场作战乃至整个战争的胜负。因此,对其指挥,必须是统帅部或战区的联合作战指挥员及其指挥机关,必须切实按照最高指挥员的意图,实行统一指挥,容不得半点差错。

其次,遵循精确高效的规律。由于普遍运用信息技术,太空作战中的各种航天器、武器装备、地面发射和各种测控设施设备等信息化程度越来越高,精确控制、远程打击等能力大大增强。这使得信息化条件下的作战,节奏加快,精确性加大,作战效率空前提高。现实情况迫切需要太空作战指挥体系必须精简顺畅,以实现指挥上的精确高效。

再次,遵循一体联动的规律。信息技术的广泛运用,使各种作战力量能够并行运用、各种武器作战效能相互衔接、作战能量在短时间内聚能释放,使作战效率大大提高,作战进程加快。这一特征增加了太空作战指挥的难度,特别是增加了调度太空作战力量、调整作战目标、协调作战行动等的难度,对一体联动的太空作战指挥提出了史无前例的要求。

(二) 纳入联合作战指挥体系

太空作战力量是新型作战力量,地位作用十分重要,必须纳入联合作战体系,其指挥体系也必须纳入联合作战指挥体系。首先,集中统一指挥的需要。集中统一指挥是古今中外军事家特别强调,且经军事实践反复证明了的一条军事法则,它要求所有作战力量都必须由一个指挥员及其指挥机关统一指挥。信息化条件下局部战争中,作战力量种类增多,同样要遵循集中统一指挥原则。太空作战力量作为联合作战力量的一个重要组成部分,既可以单独使用,也可以与其他力量配合使用。在集中太空作战力量夺取制天权的同时,协同其他力量夺取制信息权和制海权、制空权,沉重打击敌人的有生力量,夺取战役战斗的胜利。客观实际要求太空作战指挥体系必须纳入联合作战指挥体系,接受联合作战指挥员及其指挥机关的统一指挥。否则,就会出现政出多门、令出多头,部队就会无所适从,作战效能低下,甚至打乱仗打败仗。

其次,是指挥信息系统互联通用的需要。太空作战力量与其他作战力量,不是相互隔绝、互不联系的,而是相辅相成、互相促进的,存在着天然的密切联系。作战中,其他作战行动与太空作战行动,都需要相互支援、密切配合,客观实际需要太空作战的指挥信息系统要能与其他作战行动的指挥信息系统相互连接、相互操作,以使太空作战力量与其他作战力量之间的需求、行动计划、行动结果等能够及时相互传递、相互利用,共同提高整个战役的作战效果。

第三,是提高建设效益的需要。太空作战指挥体系虽然有其特殊性,但总体上来说,与其他指挥体系都属于作战指挥体系,都有共同的特点规律可循。一方面,要把所有的作战指挥体系当作一个整体,由一个机构来统一筹划,集中人力、物力、财力,统一建设,突出重点,把有限的资金投入到最急需、最重要的建设上来,防止造成不必要的资源浪费。同时可以确保所有的指挥体系同一形式、同一系统等,确保相互之间可以互联互通,构成一个有机整体。另一方面,在统一的前提下,也要适当照顾太空作战指挥体系的特殊性,防止千篇一律,以提高太空作战指挥的针对性和实用性。

(三) 适应作战指挥一般要求

太空作战指挥体系,作为作战指挥体系的一种,与联合作战指挥体系、军种作战指挥体系相比,具有类似的编成编组,履行类似的职责,发挥类似的功能,同样要符合一般指挥体系的要求。

集中统一的要求。"集中统一是战争目的性与合力制胜原理对作战指挥的基本要求,是一条古老的作战指挥基本原则"。[1] 太空作战力量有很多,主要包括航天发射部队、航天测控部队、太空预警部队、太空进攻作战部队、太空防御作战部队等。要想使这些力量形成合力,就必须有科学合理的指挥机构,对他们实施集中统一的组织指挥,即具有统一的高度权威性的指挥权,用统一的作战思想、作战目标和作战计划等,统一所有太空部队的作战行动。

分层指挥的要求。"凡治众如治寡,分数是也。"[2] 意思是说,要做到管理人数众多的军队像管理人数少的军队一样,就必须组织得好。具体方法,就是要将军队划分成若干组成部分,实施分级分片管理。从管理学角度讲,管理存在跨度。在目前技术条件下,当管理对象在 5～10 个范围时比较合理,超过 10 个时,则管理机构往往会不堪重负,出现管理效率下降的现象。如今,太空作战力量飞速发展,规模不断扩大,装备多种多样,部署的范围和使用的空间不断延伸,且功能既有战术、战役的,更有战略的,因而对该种作战力量必须实行分层指挥,各层之间相互补充、相互衔接。实际上,这就形成了太空作战指挥体系。

持续稳定的要求。指挥不稳或中断,将使部队失去联系,其后果必然是不战自垮。随着现代侦察技术的发展和精确打击武器的运用,特别是信息战的兴起,作为军队作战神经中枢的指挥系统,成了敌人侦察、干扰、打击、摧毁

---

[1] 丁邦宇编:《作战指挥学》,北京,军事科学出版社,2004 年,第 1 版,第 117 页。
[2] 熊武一:《古代兵法鉴赏辞典》,北京,军事译文出版社,1992 年,第 2 版,第 76 页。

的主要目标,指挥的稳定不间断受到了严峻挑战。太空作战指挥体系一旦确立,就要保持较长时间的相对稳定,以便各级指挥员对太空作战实施持续不间断的组织指挥。在这里,要有优秀的指挥员和参谋人员,有功能完善的指挥信息系统,有一整套太空作战指挥的工作程序、内容和方法、制度,有一套行之有效的隐蔽防护措施,太空作战指挥体系持续稳定才有可靠的保证。既不能因为指挥人员的调整、变动而弱化,也不能因为某个指挥机构被敌方干扰、破坏、摧毁而导致整个体系的紊乱甚至失去作用。

灵敏高效的要求。灵敏高效历来是作战指挥的一条重要原则,也是对作战指挥体系的一条基本要求。随着太空技术、信息技术的高速发展和在军事上的广泛运用,现代作战呈现出快节奏和高效率的趋势。因此,为了适应形势的发展,太空作战指挥体系与其他指挥体系一样,也必须遵循灵敏高效的要求。一方面,太空作战指挥体系特别是各级太空作战指挥机构的建立,应进一步优化,使各种信息的搜集、处理、分发、传输更为合理科学、更为快捷。另一方面,太空作战指挥体系的建立,应根据指挥信息系统越来越先进的情况,以及太空作战指挥节奏越来越快的要求,要进一步简化,向扁平化方向发展,即横向上增多指挥对象,纵向上减少指挥层次。

第四节　太空作战指挥活动

太空作战指挥活动,是太空作战指挥员及其指挥机关为达成一定作战目的,对所属部队太空作战行动的组织领导活动。太空作战指挥活动,主要包括了解掌握和分析判断太空作战情况、定下太空作战决心、制订太空作战计划、组织太空作战准备、组织太空作战协同、指挥太空作战行动、组织太空作战综合保障等。其中,太空作战指挥活动的核心是定下决心和实现决心,其制约和支配着部队的太空作战行动,影响甚至决定着太空作战的进程和结局,影响着战争的顺利实施。对太空作战指挥活动进行深入研究,具有极其重要的意义。

一、太空作战指挥活动主要内容

太空作战指挥活动,是太空作战中最紧张、最激烈、最重要、最精彩的活动。其内容广泛,协同复杂,标准要求高。只有全面了解太空作战指挥活动的各项内容,准确把握其中的关键环节和重要问题,才能将太空作战导向胜利。

（一）了解掌握和分析判断太空作战情况

了解判断太空作战情况，是定下太空作战决心、计划组织太空作战、控制协调太空作战行动的前提和基础。太空作战指挥员及其指挥机关要使用所有空间侦察预警力量，构建空间侦察预警监视体系，采取各种侦察情报和预警监视措施，全面搜集、掌握太空作战情况，包括敌情、我情、战场环境等，并在充分理解太空作战任务和深刻领会上级总体意图的基础上，会同有关部门，对所获得的太空作战情况进行综合分析判断，从全局上把握敌我双方太空作战情况的发展变化，为正确定下太空作战决心奠定基础。

内容主要包括：一是敌情。敌太空作战企图，太空作战力量编成及部署，各太空作战部队的任务和其他部队的相关任务，可能的太空作战方式，太空作战的指挥，主要空间攻击手段及重点目标，主要空间防御手段，太空作战的活动规律，太空作战与其他作战行动的配合，目前太空作战力量的活动情况；太空作战力量的优势、弱点，太空作战装备的技术弱点，己方可利用的时机和中间环节；敌信息系统及其基础设施的结构、分布、关键节点或链路、技术弱点，对空间侦察预警、导航定位、通信等卫星信息基础设施的依赖程度、修复能力等。

二是我情。上级作战总体企图及对太空作战的要求，太空作战力量编成及部署，主要空间武器装备及其性能，可以采取的太空作战行动，太空作战指挥的组织，空间攻击战法和防御战法，太空作战保障能力，目前太空作战进展情况；民间可资太空作战利用的人员、装备及其技术水平等。

三是战场环境。大气环境、电磁环境、真空和失重环境、空间碎片、太阳和地磁层活动，及其对太空作战的影响，己方可利用的因素等。

在搜集掌握和分析判断太空作战情况时，太空作战指挥部门除了要做到迅速、客观、准确等要求外，还要特别注意把握以下几点：一要采取多种手段掌握情况。尽可能调动各军兵种侦察力量，合理部署，构建空间侦察情报和预警监视体系，采取各种先进的侦察监视手段，特别是充分利用空间侦察、预警监视、地面远程预警监视、技术侦察等先进手段，全面搜集敌太空作战有关情况，为正确分析判断敌太空作战企图、部队作战能力、主要作战方向、主要作战阶段、主要作战行动及其主要优势、弱点等提供前提条件。

二要宏观分析与微观分析相结合。一方面，要从微观和技术的角度出发，加强对太空作战平台、空间武器装备的技术战术性能和发射、汇合、回收等具体问题进行分析，为精确指挥、精确打击创造有利条件。另一方面，也要从宏观和战略、战役角度出发，加强对太空作战整体态势，太空作战对陆、海、空战场作战乃至整个战争影响的深入分析，从而为制定空间战略、太空作战指导等奠定基础。要注重将宏观分析与微观分析有机结合起来,以确保对太空作战情况的正确判断。特别要防止过于重视微观,而忽视对太空作战宏观上的判断,降低指挥员对太空作战的宏观指导,进而降低太空作战效能。

三要考虑战场环境对太空作战的影响。与传统战场环境相比,空间战场环境具有很多特殊性,其对太空作战将产生不同影响。如空间辐射和空间碎片会影响空间导弹预警系统对导弹的发现、识别和跟踪;电离层的扰动会影响空间侦察监视系统对目标的方位、速度、距离的测量精度,并可能严重影响卫星通信的质量;太阳耀斑辐射可立即对各类电磁信号产生干扰,并持续数小时以上;太阳黑子爆发将导致高层大气密度发生剧烈变化,从而导致航天器严重偏离预定轨道;低层大气现象对航天器的发射影响较大;强烈的太阳活动可引起磁暴,使电离层不均匀性增强,从而导致通信、导航信号的强度和相位发生强烈变化;地球磁场等因素将影响某些新概念武器的使用效果。因此,太空作战指挥人员只有准确掌握、综合分析空间战场环境,才能在未来太空作战中能动地利用战场环境,以达成趋利避害的目的。

(二)定下太空作战决心

定下太空作战决心,是太空作战指挥员及其指挥机构对太空作战目标、太空参战力量、太空作战方向、太空作战行动、太空作战基本战法和各项空间保障等内容进行筹划和决断的过程。主要包括提出太空作战决心建议和定下太空作战决心两部分,是太空作战指挥活动的关键环节和核心内容,是组织指挥太空作战行动的依据。太空作战决心的内容是否科学、定下决心的过程是否及时果断,至关重要,影响甚至决定太空作战行动的成败。

太空作战决心建议的主要内容包括:情况判断结论,太空作战目的,太空进攻主要方向、重要目标和时机,太空防御主要方向和防御目标,各部队部署、任务区分,太空进攻战法和防御战法,指挥协同的组织,完成太空作战准备的时限等。

研究和提出太空作战决心建议时需要把握二点:一要紧紧围绕上级意图提出太空作战决心建议。上级意图是参战部队统一思想、统一计划、统一指挥、统一行动的依据和基础。只有紧紧围绕上级意图,研究本级太空作战问题,开展太空作战行动,才能使本部队行动的情况符合上级意图和上级的太空作战计划,从而易于达成战役行动总目的。

二要从战略战役全局提出太空作战决心建议。太空作战既可能是单独的作战行动,但更多的是联合作战中的重要组成部分,受联合作战全局的指导和制约,并反过来影响甚至决定联合作战全局的成败。为此,必须立足全局,围绕主要作战目的、方向、阶段和行动,来筹划太空作战,把太空作战的主要兵力、主要方向、主要行动等统一到联合作战上来,使太空作战与联合作战全局作战协调一致,形成整体合力。

三要在研究太空作战方案上狠下功夫。要从最复杂、最困难局面出发,预做多手准备,制定多种方案,防止准备不足仓促应战,不战自溃。要从技术和战术的角度,在充分分析敌太空作战优势、弱点的基础上,深入思考,创新战法,努力寻找各种克敌制胜的方案。

（三）制订太空作战计划

太空作战计划,是组织部队实施太空作战行动的计划。它是太空作战指挥员作战决心的具体体现,是太空部队作战行动的基本依据。制订周密详细的太空作战计划,对于保证太空作战任务的顺利完成具有举足轻重的作用。太空作战计划,通常是由太空作战指挥机关,根据上级意图、指示和本级指挥员的决心,结合太空作战的实际情况制订的。

太空作战计划,有两种情况。一种情况,只发生太空战争,太空作战作为独立作战样式,此时需要制订太空作战总体计划、分支计划和保障计划。另一种情况,太空战争与其他战争并发,太空作战不是唯一的作战样式,此时需要制订的太空作战计划,将是联合作战计划的分支计划。太空作战计划的内容通常包括:情况判断结论,重点是敌太空作战企图、兵力编成和部署、活动规律,作战能力和优势、弱点,主要方向和重点目标,太空主战装备的类型、数量、配置,可能使用的时机、方式以及对我方的危害与影响;我太空部队作战能力,主战装备的数量、性能及配置,作战准备所需时间,敌我作战力量对比,完成作战任务的有利条件与不利因素等;太空环境对敌我双方作战行动的影响等。

上级意图,重点是上级的战略企图,关于整个太空作战的指导方针和原则,要达到的作战目的,能提供的支援力量和资源等。本级任务,重点是各太空部队的编成、配置和任务区分,作战阶段划分、情况预想及其处置方案,主要作战方向和重点目标,其他作战力量可能承担的太空作战支援任务,作战协同的时间、区域和方式,太空作战指挥的组织与保障措施,完成太空作战准备的时限和发起太空作战的时间等。太空作战计划作为分支计划时,还应包括太空作战行动与其他作战行动之间的配合等。

太空作战计划攸关太空作战成败,制订太空作战计划有三个重点:一是加强针对性。要针对太空作战的目的与任务,使作战计划最大限度地贴近作战实际。不仅要全面系统地领会上级意图,对作战全局的目的、作战指导、力量编成及行动方法等进行全面了解,而且要对敌人的情况,如企图、兵力编成、作战能力等做出客观分析与准确判断。在知己知彼的基础上,分析太空作战的利弊条件,特别是针对敌人的要害目标、要害系统、要害节点,制订出能够招招制敌的太空作战打击计划。

二是搞好精确与留有余地的结合。太空作战距离远,精度要求高。因此,在制订计划时,对完成准备的时刻、发射的时刻、汇合的时刻、变轨的时刻、攻击的时刻等要计算得非常准确。不然,就会差之毫厘,失之千里。同时,在动用部队的数量、各种行动的衔接、保障物资和弹药的准备上,要留有余地,防止出现一个因素变化,其他活动将陷入混乱的被动局面。

三是注意与其他作战计划的对接。无论是制订单独的太空作战计划,还是制订联合作战中的分支太空作战计划,都要搞好总体计划、分支计划和各种保障计划之间的对接。重点是对各作战计划明确的主要任务、兵力构成、作战部署、主要行动、指挥协同、综合保障等,在时间、空间、资源分配以及任务安排方面进行仔细检查,看是否有任务不一致、安排有重叠、行动不连贯等矛盾点,并加以纠正,防止出现不应有的差错。

(四)组织太空作战准备

太空作战准备,是指为遂行太空作战任务而对太空作战部队进行的人员、思想、物资、组织、行动等方面的准备。太空作战时间短、节奏快,其战前准备质量的好坏,直接关系到太空作战乃至整个作战的成败。因此,对于太空作战准备,必须抓紧抓实。

太空作战准备的主要内容包括:收拢人员,开展战前动员;进行太空作战力量的指挥、作战、保障等的编成编组,合理安排骨干力量;调整现有作战部署,形成有利的太空作战力量布势;维护和抢修现有装备、信息系统,补充地面太空作战装备、器材、弹药和有关物资,协调有关部门解决太空作战准备存在的问题;针对可能的敌情、我情和战场情况,开展太空作战的战术和技术准备;针对未知区域和主要敌情,紧急发射侦察卫星和有关太空作战平台,侦察预警监视敌太空作战活动情况;时间允许时,组织作战模拟仿真,检验太空作战计划方案的可行性;组织太空作战力量临战训练,让部队熟悉有关计划、方案;组织太空作战力量的机动、展开;针对敌情,组织太空试验,进行太空威慑;检查各部队太空作战准备情况等。

组织太空作战准备,要根据上级的指示,按照太空作战决心和太空作战计划,由太空作战指挥部门直接组织实施。组织时应注意把握以下几点:一要高标准、严要求。太空作战具有攻击速度快、作战距离远、平台远离保障基地等特点。与陆战场、海战场和空战场的情况不同,一旦平台离开地面进入深空,就不可能在短时间内进行补充、修理。有时,由于某个平台的零部件出现问题,还会引起太空灾难。因此,在组织太空作战准备时,都要从难从严要求,加强检查督促,把各种准备工作做深做细做扎实。

二要加强战术技术研究。战术和技术是克敌制胜的法宝。对于敌对双方来说,除太空侦察和预警监视已经大量运用外,太空其他作战手段都未经过实战检验。为了争取太空作战优势,既要靠先进的武器装备,也要靠太空进攻和太空防御战法的高明。战术技术研究深入的一方,必定总结归纳和创新出很多战法,在未来太空作战中也必将占据主动。所以,在研发新式太空作战平台和武器装备的同时,一定要从技术的角度出发,加强对太空作战战法的研究,不断寻找致敌死命的绝招。同时,针对实战时可能发生的变化情况,要研究制定应对措施,确保太空作战顺利进行。

三要严密组织防护。由于太空作战具有全球到达、全纵深打击特点,使得任何位于战略纵深的太空基础设施都将暴露在其威胁之下。同时,太空各种平台平时因国际空间法的约束,基本处于不设防状态。为此,平时要切实加强太空防御的筹划,早做准备;战前则采取紧急发射备份卫星、启用备份频率、向空间站输送紧缺物资等措施,进一步加强太空作战的准备。

(五)组织太空作战协同

太空作战协同,是指各种作战力量在太空作战上相互协助、相互配合,从而使太空作战行动协调一致,形成有机整体。组织太空作战协同,是太空作战指挥活动的重要组成部分。其目的是要达成各种作战力量优势互补、作战时间相互衔接、作战效果相互利用,从而发挥己方太空作战整体威力,为夺取制天权和顺利开展其他作战行动创造良好条件。

太空作战协同的主要内容包括:太空作战总任务、总目标,太空作战各阶段、各时节的划分,参与太空作战的各部队任务,遂行任务的目标、区域、时间、方法、途径,太空各作战力量之间的协同事项,太空作战力量与陆上、海上、空中作战力量以及常规导弹作战力量之间的协同事项,太空作战力量与民用太空力量之间的协同事项,太空作战协同遭破坏或失调时的恢复措施,协同的要求及有关规定等。

组织太空作战协同,要在太空作战指挥员的领导下,带领太空作战指挥部门,按照联合作战计划和太空作战计划具体组织实施。组织太空作战协同时,应把握如下要点:一是制订太空作战协同计划或下达太空作战协同指示。未来太空作战参战力量可能集中,也可能隶属于不同军兵种,且分散部署,而太空作战时行动短促,指挥协同困难。各级太空作战指挥部门应按照联合作战计划和指挥员意图,及时制订太空作战协同计划或下达太空作战协同指示,以便为所属部队组织太空作战协同动作提供依据,使所属部队按照统一的计划、统一的要求行动,形成整体合力。

二是突出太空作战协同的重点。太空作战协同,必须明确主次。主要有:太空作战力量内部协同时,应围绕执行主要任务的部队开展协同;遂行太空作战任务时,太空作战力量与其他军种力量协同应围绕太空作战力量行动开展协同,太空作战力量与民用力量协同应围绕太空作战力量行动开展协同;遂行空间支援其他战场作战任务时,太空作战力量与其他军兵种力量协同,应围绕其他军兵种行动开展协同。如此,太空作战才能形成有机整体。

三是不间断地组织作战协同。未来太空作战可能伴随信息作战而先于其他作战行动,并贯穿战争全过程,敌对双方围绕制天权必然进行激烈争夺,太空作战协同时断时续在所难免,如果协同中断而不及时恢复,任其发展,则后果不堪设想。为此,太空作战指挥部门在战前就要研究各种太空作战协同方法,制定各种协同遭破坏时的恢复方法和措施。情况允许时,还要组织试验和训练,使部队熟悉方法、熟练程序。战中,针对太空作战协同中断情况,借鉴平时研究制定的协同恢复措施,立即采取相应对策,以确保太空作战协同不间断。

(六) 控制太空作战行动

太空作战行动的控制协调,是指太空作战指挥员及其指挥机关,按照太空作战决心和太空作战计划,对参战部队所进行的下达指令、追踪反馈、态势分析、纠偏调控等的一系列活动。太空作战行动的控制协调,是太空作战指挥活动的核心。其目的是使参与太空作战的部队行动按照既定的计划协调一致地实施,从而最大限度地发挥整体作战效能。控制协调太空作战行动,对于夺取制天权、支援掩护其他作战行动具有极其重要的作用。

控制协调太空作战行动的主要内容包括:及时、准确地掌握敌我太空作战态势,敌太空作战主要动态及对己方太空作战行动的影响,己方太空作战主要行动、主要战法及其作战效果;按照太空作战计划,督促各种力量行动;按照太空作战协同计划(指示),协调主要方向与次要方向之间、太空作战力量之间及太空作战力量与其他支援保障力量之间、执行当前任务与执行后续任务太空作战力量之间、执行特殊任务与执行一般任务太空作战力量之间的配合行动;根据太空作战发展或太空作战遭遇重大挫折的情况,调整太空作战力量部署和资源配置,调整太空作战任务,确立新的太空作战重心和关节,调整太空作战力量之间及其与其他作战力量的协同关系,调整太空作战指挥关系与指挥方式等。

控制协调太空作战,由太空作战指挥员及其太空作战部门,按照太空作战决心和太空作战计划具体组织实施。控制协调太空作战应注意把握以下几点:一要围绕太空作战决心和太空作战计划(指示)进行控制协调。太空作战决心和太空作战计划(指示)是太空作战行动的依据、基础。太空作战实施时,一定要按照太空作战决心和作战计划(指示)指挥控制行动。当敌情、我情和战场情况没有发生大的变化时,不要被一些不重要的小细节、小变化所干扰,而督促部队继续按照原有计划行动。当敌情、我情和战场情况发生较大变化、部队无法按照原有计划完成任务时,要在坚持太空作战总意图不变的条件下,根据变化情况,调整部队行动。

　　二要灵活进行控制协调。兵无常势,水无常形。作战总是在不断变化过程中,完全按照太空作战决心和太空作战计划(指示)指挥控制太空作战行动几乎不可能。因此,太空作战指挥员及其指挥机关在指挥太空作战时,当发现情况有所变化时,不能生搬硬套,要根据预先制定的应急预案、方案,结合新变化、新情况,灵活采取新的指挥方式和新的战法,对太空作战行动进行新的控制协调,使太空作战行动始终适应新的形势需要。

　　三要科学进行控制协调。太空作战行动时间短、技术性和专业性强,指挥控制太空作战必须讲求科学性。一方面,要充分运用新的指挥手段特别是指挥信息系统,进行辅助决策,及时调整太空作战的兵力部署及战法,快速分发太空作战指令和有关信息,以提高指挥控制的合理性和及时性。另一方面,要针对敌方太空作战武器装备性能及其运用特点,从技术角度,选择恰当的对抗方式方法,并且不断创新对抗方式方法,以提高太空作战的针对性和有效性。

　　(七)组织太空作战综合保障

　　太空作战的综合保障,是部队为遂行太空作战任务而采取的各项保证性措施与进行相应活动的统称。按任务不同,分为太空作战的作战保障、后勤保障、装备技术保障等;按层次,分为太空战略作战保障、太空战役作战保障等。组织太空作战的综合保障,是太空作战指挥活动的重要组成部分。太空作战综合保障到位,对于夺取制天权和支援掩护其他作战行动,同样具有极其重要的意义。

　　太空作战的综合保障内容包括:作战保障,主要有太空侦察、太空预警、太空通信、导航定位、伪装防护、气象、工程、测地等保障;后勤保障,主要有物资、运输、卫勤、信息等保障;装备保障,主要有武器装备、技术装备、基地勤务等保障。

　　组织太空作战的综合保障,要根据上级指示和太空作战决心,按照太空作战保障计划(指示),由司令部、后勤部、装备部有关部门共同组织实施。组织太空作战综合保障时应把握的要点:一是突出太空作战综合保障重点。太空作战保障种类繁多、内容复杂,组织保障时切不可平分兵力、资源,必须突出重点,即突出太空作战的主要任务、主要方向、主要阶段、主要行动等,以取得最大保障效益。如太空进攻作战时,要重点保障反卫、攻击对方纵深内的地面目标等作战;太空支援其他作战时,要重点搞好太空侦察、太空预警、太空通信、导航定位等保障。

二是加强太空作战综合保障的组织协调。参与太空作战保障的单位、人员、装备众多,组织指挥程序、内容、方法十分复杂。为此,涉及太空作战保障的有关部门,要强化主动保障、积极协调的意识,加强统筹规划和组织协调。即围绕太空作战决心和太空作战综合保障计划(指示),以太空作战胜利为太空作战综合保障的最终目标,正确处理好主要任务与次要任务、主要方向与次要方向、主要阶段与次要阶段、主要行动与次要行动,以及当前任务与后续任务等之间的保障关系,确保太空作战综合保障各方面协调发展。

三是创新太空作战综合保障的方式方法。太空作战是新型作战,不仅各国实施保障的经验不多,而且保障设施普遍不配套。因此,平时必须认真研究太空作战综合保障的方式方法,战时要根据太空作战的实际情况,打破常规,创新一些新的保障方式方法,以争取太空作战综合保障的主动权。

二、太空作战指挥活动基本要求

鉴于太空作战对信息化条件下局部战争的影响甚大,地位作用十分重要,因而对太空作战指挥活动提出了越来越高的要求。

(一)更加注重效率

随着战争形态的不断演变,太空作战已经成为现代战争特别是信息化条件下局部战争中的重要作战样式,且作战呈现出节短势险的特点,客观要求太空作战指挥活动更应注重高效率。突出表现在三个方面:首先,太空作战指挥决策要及时。太空作战中,作战信息以光速传播;太空武器性能先进,以极高速运行,作用距离远,不受国界、领海、领空的限制,特别是不受地形条件和大气环境的制约,使得作战节奏加快。因此,客观情况迫切要求太空作战指挥必须及时,即针对敌方太空作战的特点,快速判断情况,快速定下作战决心,做到敌变我变,甚至做到我变在先,力争主动。

其次,太空作战组织计划要快。太空作战参战力量多元,与其他行动相互利用、交替进行,组织计划十分复杂,必然导致计划周期长,而客观实际又迫切需要太空作战的组织计划要快速高效。为此,应借助太空作战指挥信息系统技术高智能、高效率的优势,突出太空作战的组织计划功能,着力研发先进的太空作战组织计划分系统,特别是强化太空作战兵力计算、模拟评估及时准确,进而大幅度提高组织计划的效率和科学性,彻底改变手工拟制计划的落后状态。

最后,太空作战行动控制协调要得力。仅有好的决策和好的计划,而太空作战实施过程中执行不力,同样不能取得良好的效果。因此,对太空作战行动要加强控制协调。及时掌握太空作战动态情况,当发现敌情有重大变化、战场态势与原计划不同、部队执行计划有重大偏差时,要充分发挥指挥信息系统和现代指挥手段的作用,及时予以调整、协调,使太空作战行动按照己方指挥员意图进行。

(二)更加突出针对性

太空作战是为夺取和保持制天权的作战行动,目的是破坏和打击敌方太空作战目标,因而太空作战指挥具有很强的针对性。主要体现在三个方面:第一,太空作战的目标选择要有针对性。为了使太空作战取得最佳效果,太空作战指挥员及其指挥机关必须精心挑选太空作战目标,特别是要挑选对太空作战影响巨大的目标,如战略预警卫星、通信卫星、导航卫星、太空攻击系统等,太空作战才会取得很大成功。

第二,太空作战的方法手段选择要有针对性。太空作战的目标主要集中于预警卫星、通信卫星、导航卫星、空间站等,由于技术性和专业性很强,往往采取的手段措施比较有限,所以手段措施的选择很重要。可能几种手段对一个目标,也有可能一种手段对一个目标。方法手段针对性不强,势必作战效果差,发挥不了更大作用。

第三,太空作战的时机选择要有针对性。对太空作战本身来说,恰当地选择时机,可以增大作战效益,减少作战损失。对其他作战来说,由于太空作战往往能导致敌指挥系统、精确制导系统等失灵,最有效地掩护和支援其他作战行动,因而对其时机的选择更为重要,时机选择或早或晚,都会影响其他作战的顺利进行。

(三)更加讲求技术与战术的结合

太空作战是随着高技术特别是航天技术、信息技术的产生、发展并在军事上的广泛应用,而逐步发展起来的新型作战和高技术密集型作战,太空作战又催生了太空作战指挥,因而技术性、专业性是太空作战指挥活动的天然特性。此外,太空作战指挥是作战指挥的重要组成部分,与其他作战指挥活动一样,具有很强的谋略性和战术性。因此,太空作战指挥也同样具有技术性、专业性、谋略性、战术性等特点,特别是对其指挥内容提出了更加强调技术与战术紧密结合的要求。

一方面,太空作战需要技术的强力支撑。太空作战取决于太空作战武器装备的技术性能、战术性能,技术性能越好,战术性能也越强。这也说明,与其他作战指挥相比,太空作战指挥更需要技术知识,要有一大批懂太空作战装备和太空作战知识的人员来参与。另一方面,新技术可以产生太空作战新战术。目前,以航天技术、信息技术为核心的新技术群,发展迅速,日新月异。这些技术一旦用于军事目的,马上就会产生很多新武器、新装备。如果这些新武器、新装备使用合理,又会产生很多新战术,将会在太空作战过程中收到出其不意的效果。因此,作为太空作战指挥人员和武器装备的使用操作人员,必须在熟练掌握有关装备性能的基础上,加强研究战术,以充分发挥装备的作战性能。同时也要注意跟踪航天技术、信息技术的发展,根据技术发展的可能,研究和预测可能产生的各种战术。这样,既可以牵引技术的发展,也可为技术形成装备后的战术运用奠定基础。

(四) 更加注意相互关联

太空作战力量既可单独亦可在其他作战力量的支援配合下,争夺制天权,进而夺取太空作战的胜利;也可作为作战保障力量和火力支援力量,为争夺制信息权、制海权和制空权创造良好的前提条件,支援保障其他作战力量对敌纵深目标或战争潜力目标实施持续打击,直至夺取陆上、海上和空中作战的胜利。因此,太空作战行动与其他作战行动具有极强的关联性。太空作战指挥人员必须综合考虑全维战场上的各种情况,高度重视太空作战行动与其他作战行动之间的配合协调。如太空作战过程中某一频率、某一时间、某一行动等发生变化,就应及时通报相关单位,并相应调整兵力、计划,使得作战效果相互衔接、相互借重,从而达到一体化联合的效果。否则,不注意太空作战与其他作战的关联性,则极可能导致作战效果低下,甚至导致误击、误伤等严重后果。

第五节 太空作战指挥方式

太空作战指挥方式,是指挥者组织实施太空作战指挥的方法与形式。无论何种作战其指挥都是按照具体的方式而进行,指挥方式可以充分体现指挥者对指挥对象进行支配的技巧与能力,太空作战指挥尤为如此。太空作战指挥方式是否得当,不仅直接影响指挥者的指挥质量与效率,而且还影响被指挥者作战的主动性和积极性,进而影响作战全局。因此,正确选定和运用太空作战指挥方式,既是作战指挥理论要认真研究的重要内容,也是太空作战实践中必须有效解决的重大问题。

一、太空作战指挥方式基本内涵

对于太空作战指挥方式的研究,首要的是从理解其基本内涵入手,在理论层面对太空作战指挥方式全面领悟,深刻认识。什么是太空作战指挥方式的内涵,直接的阐释就是作战中以何种方式使用太空作战指挥权。内涵要素包括指挥者、指挥对象、指挥权限、指挥权使用、指挥权分配、指挥方法选择等。从太空作战实际角度审视,太空作战指挥的实施过程,既是太空作战指挥员对指挥对象行使职责权力的过程,也是指挥者对指挥权限科学有效释放的过程。指挥职权的大与小有严格的制约性,不以指挥者的个人意志而转移,决定了指挥者实施太空作战指挥的决策层级、空间范围和组织力度,同时也决定着指挥者实施指挥的指挥效能、方式选择和自由程度。

从太空作战指挥权限划分上讲,指挥权力与参战力量调度和作战资源分配密切相关。指挥权限越大,在实施作战指挥中可供调度使用的力量与资源就越多,而指挥权限所及的参战力量与作战资源,是实现太空作战目的的核心物质基础,两者间相互匹配,互相适应,太空作战指挥者实现有效指挥才有前提条件,达成作战目的就有了保证。

太空作战指挥方式,从本质上讲就是解决这一根本问题的金钥匙,其基本内涵的核心要义也在于此。纵观世界军事发展史,军事指挥家们围绕战争实践,创造出许多作战指挥方式方法,中外军事作战指挥理论共识的指挥方式大致有:集中统一指挥、分散指挥、按级指挥和越级指挥等。在不同的国家和研究领域,对指挥方式的定义和称谓可能有所不同,但对指挥方式内涵反映是一致的,都是围绕指挥职权的分配与使用,只是在指挥权力分配与使用形式的程度有相对的差别。太空作战指挥方式,与其他作战指挥方式在指挥权力的分配与使用上并无质的区别,只是在参战力量种类选择与调度、作战资源分配与运用有所区分。

太空作战作为一种全新作战样式,其作战指挥是对新型作战力量的调动和选择,对新的军事航天技术、新的武器装备等作战资源的分配与使用的过程,选择什么样的作战指挥方式关乎作战的全局和成败。正确有效行使作战指挥权,使参战力量调动和作战资源配置与所要完成的作战任务实现最佳结合,是要达到的根本目的。

二、太空作战指挥基本方式

以现有的太空作战指挥理论来区分,太空作战指挥方式的划分与太空作战指挥体系构建模式相关,大致分为两种,当作战指挥机构合并于统帅部为集中统一指挥方式,当作战指挥机构独立于统帅部为分散指挥方式。其他指挥方式都是这两种指挥方式派生出来的,虽然称谓和形式上有些差异,但本质上并无两样。集中统一指挥方式与分散指挥方式,在本质上包含着其他指挥方式,如指令式指挥、按级式指挥和越级指挥,可以总归为集中统一指挥方式,指导式指挥可归入分散指挥方式。

(一)集中统一指挥方式

在古今中外军事史上,最传统的作战指挥方式,当属集中统一指挥。"将帅专权""兵权贵一"是这种传统作战指挥方式的精准总结。军事领域作为发展和变革最快的领域,为何集中统一指挥这一古老方式,能在千百年的军事变革史上保持活力和实践价值,被不同国度和不同时期的军事家们所遵行?这是因为,在用兵之道上,没有什么方式方法能够与集中统一指挥相比肩,不论社会时代如何变更、军队力量结构怎样调整变化、武器装备技术更新发展多快、作战指挥变得多么复杂,集中统一指挥的重要地位都无法撼动。这一指挥方式的继承与发扬,与战争实践经验的不断总结相关,确定集中统一指挥为作战指挥的主要方式,是由作战行动的整体性决定的。尤其是太空作战,参战力量多元,作战空间多维,作战资源使用多样,体系性作战特征突出,作战指挥要求高难度大,更加需要实施集中统一指挥,发挥整体对抗的优势,集中各种作战力量协调一致进行作战。

在未来的太空作战中,集中统一指挥,将是太空作战指挥的主要方式。这种指挥方式通常按照作战力量的隶属关系,由指挥者直接掌握和控制所属力量的基本行动。当多种联合作战力量共同遂行太空作战任务时,由上级指定的指挥者及其指挥机关统一指挥。一般情况下直接指挥到下一级,有时直接指挥到下两级甚至更多级层,通常将这种指挥称为越级指挥。集中统一指挥方式的特点是,上级指挥员不仅给下级明确任务,还较详细地规定完成任务的具体方法与步骤。通常情况下,对上级明确的一切问题,如太空作战部署、任务、行动的时机和方向、作战的方法与步骤等,下级未经上级批准,不可擅自变动。

集中统一指挥是太空作战常用的指挥方式,因为,实施太空作战政治性、策略性、全局性强,涉及军事作战、政治外交、空间法规等诸多领域,往往一个战术行动的指挥都可能是战略层次决策。采取集中统一指挥方式,可充分实现"三个有利于":一是有利于贯彻高层统帅和指挥机构的决心和意志,防止下级囿于局部利益而干扰、破坏全局利益,保证各种作战力量围绕总体作战目标统一行动。二是有利于指挥者围绕同一太空作战目标,统一筹划、统一部署、统一组织作战行动,使各种作战力量,形成整体合力。三是有利于指挥者对关乎全局的重要作战行动和关键环节,施加直接影响,避免作战行动中发生不协调现象。

(二)分散指挥方式

太空作战的分散指挥方式,亦称为分权式指挥或指导式指挥,这种指挥方式从字面上理解是强调指挥权力的"分",将指挥职权部分或大部分交给下级指挥者来行使,从太空作战指挥要求层面上理解,分散指挥方式是带引号的分,是一种特殊情况下而采取的灵活指挥方式。在太空作战指挥具体的实施环节上分散,但在作战指挥全局掌控和作战任务的下达上依旧统一,这是太空作战的特殊性所决定的。这种指挥方式具有"统大分小,统中有分,统分结合"的特点。

分散指挥方式有"四大优势":优势之一,实施太空作战分散指挥,可以使下级指挥者更好地发挥主动性和创造性,上对下的约束减少,为下级指挥者依靠主观能动性创新战法和指挥手段,高效实现上级决心和意图提供了有利条件。下级可充分利用上级的授权,根据上级的作战意图,从太空作战实际出发,决定本级的作战行动,确保顺畅指挥实现打赢。

优势之二,分散指挥可以让下级指挥者,灵活运用各种方式,对太空作战中可能出现的意外情况,快速果断地做出应急指挥决策。采取分散指挥方式,下级指挥者通常拥有更多且灵活的机断行事权,当太空作战遇有突发状况时,可在职权范围内据情迅速做出决断,保证指挥及时高效。

优势之三,采取分散指挥方式,便于上级指挥者集中精力"抓统",可把更多的精力用于经略全局、统筹谋划、掌控顶层、总揽重大作战行动上,确保事关太空作战战略性任务的成功。

优势之四,太空作战中采取分散指挥方式,可较好缓解指挥保障压力。太空作战是体系性对抗的作战,在作战指挥保障上要求高,无论是情报保障、通信保障,还是测绘导航保障、气象水文保障,各个保障环节压力都十分大。采取分散指挥方式较比集中统一指挥方式,能够相对减轻对作战指挥保障的压力,如在信息传输保障上,分散指挥时上下之间的信息传输流量会相对减少,对通信依赖程度相对降低,遇到可能的信息保障出现意外受阻或破坏时,一定程度上能够起到对作战指挥保障降损作用。

(三)集中统一和分散指挥的相互关系与方式选择

正确认识和理解太空作战集中统一指挥和分散指挥方式间的相互关系与作用变化,恰当选择符合太空作战实际的指挥方式,不仅是基本的学术议题,而且是太空作战指挥实践的重要操作性问题,对于科学、正确、有效组织太空作战指挥具有重大现实意义。

1. 相互关系

太空作战是建立在军事航天技术高度发展基础上的一种全新的作战样式,如何适应这种全新的作战样式,建立能够打赢太空作战的指挥关系,有一点至关重要,就是要真正弄清和全面理解,集中统一指挥和分散指挥的相互关系。太空作战集中统一指挥与分散指挥两种方式,既紧密相连又有着一定的区别。从相互联系的角度分析,集中统一和分散指挥都是太空作战指挥不可缺少的指挥方式,其达成作战目的相一致,都是为了实现对作战力量形成最有效的指挥。两者是既相互依存又互为补充的基本指挥方式,每一种指挥方式都有其自身特殊的地位和作用,在太空作战指挥中缺一不可。

集中统一指挥在太空作战中具有主导作用,分散指挥离不开集中统一指挥,特别是太空作战这种全新的作战样式,没有集中统一指挥给出明确的太空作战任务和目标,分散指挥就无目的、无方向、无意义。分散指挥担负着重要的辅助作用,没有分散指挥集中统一指挥也将难以宏观控局、谋划运筹、扭住关键,无法将下级的主动性、创造性调动起来,保证集中统一指挥产生更大的指挥效能。在太空作战的实践中,集中统一指挥和分散指挥是相对的,绝对的集中统一指挥和绝对的分散指挥,都不符合科学规律和太空作战实际要求。

从两者的具体区别来看,相互间主要有三种差别：一是两者所掌握和拥有的指挥职权有差异。太空作战一般都是战略层级,集中统一指挥是常态指挥方式,指挥职权相对集中在高层指挥者,采用的是指令为主的高度统一的指挥,下级主要是落实执行上级指令,具有绝对的遵从性。集中统一指挥的职权比分散指挥的职权要大得多。

二是在具体的实施指挥方法上存在区别。"集中"与"分散"本身就是一对反义词,因此,在形成指挥方法上就会完全不同。集中统一指挥的方式是集权,通常是以战略决策、任务赋予、宏观指导等方式指挥部队行动；而对于分散指挥方式来说则是分权,一般情况下是在太空作战力量分散和独立执行某项作战任务、战场态势难于及时掌控、各种保障有困难等情况下所采取的指挥方法。

三是指挥方式所针对的作战样式各有不同。太空作战的样式选择,一般情况下是根据作战需要和达成目的而定,作战中也会针对不同的作战样式实施不同的作战指挥方式。在实施太空威慑作战、太空封锁作战、太空防御作战时,通常会采用集中统一的指挥方式,运用分散方式则无法对这种由诸军兵种联合参加的大型太空作战行动进行指挥。在遂行太空作战重点目标防护、节点破袭等战术行动时,通常会采取分散指挥的方式。集中统一指挥在太空作战中是常用的指挥方式,运用得更为广泛,分散指挥方式则相对运用得较少,这是由太空作战的战略性质决定的。

2. 方式选择

太空作战指挥方式的正确选择是实现高效指挥的重要前提,直接关系到太空作战胜负。太空作战是一种动态的复杂的军事行动过程,选择何种作战指挥方式受多种因素、多重条件的制约,正确分析影响太空作战的各种国际环境、战场因素、作战条件和任务性质,选择符合太空作战实际的作战指挥方式,对赢得太空作战胜利意义重大。

一是方式选择与作战任务相结合。作战指挥方式是为完成作战任务"量身定制"的,方式服务于任务,两者必须紧密结合,适应一定作战任务的指挥需要。不同的太空作战力量担负的作战任务不同,有任务性质上的差别,也有任务类型的区分。太空作战指挥方式要结合任务的需求,适应作战任务的指挥需要,选择最佳方式才能顺利完成作战任务,达成作战目的。

首先,根据作战任务的性质选定作战指挥方式。作战任务的性质,是指完成作战任务可能带来的国际、政治、社会、经济、军事等方面的影响。作战任务性质不同,采用的指挥方式往往也不一样。如果执行的太空作战任务可能产生较大的国际、政治、社会、外交和军事等重大影响时,应当选择集中统一指挥方式。如太空威慑作战、太空封锁作战和太空进攻作战等。有的太空作战虽然是战术行动,但由于可能带来的国际和政治影响大,也需要选择集中统一指挥方式。

其次,根据太空作战任务的类型选定指挥方式。任务的类型是指所承担的各种样式、各种类别的太空作战任务。实施太空作战过程中,太空作战力量担负的作战任务不同,同一支力量,可能承担多种太空作战任务。这主要体现在作战样式不同、任务类型不同、任务的主次区分不同等方面。采取不同的作战样式,作战计划、作战准备的条件也有差别,对组织指挥严密性的要求也不同,选择指挥方式也因此不同。执行太空作战任务类型不一样,则对战场态势掌握程度、作战需求等都不尽一致,对太空作战指挥与协同提出了不同的要求,根据太空作战实际选择不同的指挥方式,则是完成不同作战任务的一种"必须"。作战任务的主次区分不同,对执行作战任务的重要程度提出了指挥效率的不同要求,作战任务的重要与次要之分,作战指挥方式也就有了不同的选择。通常情况下,对执行重要阶段或关键时节作战任务的太空作战力量,应当选择集中统一指挥方式,以保证重大作战行动的胜利。对执行非重点任务的作战,则应选择其他指挥方式,便于充分发挥各种太空作战力量的主动性和创造性。

二是方式选择与作战环境和条件相结合。太空作战指挥方式的选择,受各种环境和条件的制约影响较大,因此,选择什么样的作战指挥方式,要从当时太空作战所处的国际、政治、外交和军事环境出发,充分考虑现有的条件或可能创造的条件,使太空作战指挥方式与环境条件相结合、相统一、相一致。

首先,必须针对太空指挥控制手段现实状况来选择。不论选择任何作战指挥方式,物质基础是必须考虑的重要因素之一,这是选择作战指挥的基本条件。指挥控制手段作为太空作战指挥的物质条件,对指挥方式选定有根本性影响。指挥控制手段的强弱,与所拥有的航天技术和装备程度相关,太空作战本身就是一种高新技术领域的对抗,表现在指挥控制手段上,就是天基信息系统的强与弱。天基信息系统支撑的能力强,太空作战指挥控制手段就强,选用符合作战实际需求的指挥方式,就有可靠的物质基础与保障。

其次,必须依据作战指挥环境的影响而选择。作战指挥环境是指作战指挥所处的国际政治环境、社会人文环境、军事外交环境、天文地理环境等条件,这些环境构成的复杂条件,对太空作战指挥赖以进行的时间、空间等带来了综合性影响。基于这种种影响因素,选择作战指挥方式时,必须考虑全局、多维审视、缜密运筹、慎重决策,选择的作战指挥方式,应当是受各种因素影响最小、最符合当时太空作战实际、产生的指挥效益最高、获取作战胜利把握最大的指挥方式。

随着航天技术的不断创新发展,天基信息系统的相继完善,太空作战指挥一体化、网络化、自动化水平的不断提升,对作战指挥方式的选择会越来越多样化,指挥手段也会越来越先进。但是,指挥环境对选择作战指挥方式的影响,不会越来越小,而会越来越复杂。因为,未来影响太空作战的国际政治环境、社会人文环境、军事外交环境等因素,不会随着指挥手段和技术的创新而改变,这种环境带来的影响具有鲜明的非技术性特征,这是太空作战指挥方式选择必须考虑的重要因素。

三是方式选择与指挥者的素质相结合。指挥者既是作战决策主导者,又是作战指挥方式的使用者,指挥者运用作战指挥方式的能力如何,是选择指挥方式时必须认真参照的重要因素,选择指挥方式与指挥者的自身素质能力应当有机结合。首先,充分考虑指挥者的指挥素质。在太空作战指挥过程中,指挥者的指挥素质至关重要,指挥者是作战指挥方式具体选择者,选用什么样的指挥方式要从自身的实际出发,量力而行。如果指挥者素质高、经验丰富、有较强的决策能力和组织协调控制全局的能力,则集中统一指挥方式为首选,这有利于全面发挥指挥者在作战中的自身素质优势,为集中统一指挥提供先决条件。

其次,考虑指挥对象的素质。指挥对象是作战指挥方式的直接承担者,要接受权力的分配并使用,指挥对象的自身素质状态和指挥能力优劣,在选择作战指挥方式时应当作为重要参照因素。若指挥对象的综合素质高、作战指挥经验丰富、具备独立指挥能力、有较高的指挥主动性和创造性,在选择指挥方式时,可根据实际选用相应的指挥方式,赋予其较多的指挥职权。

四是方式选择与提升作战指挥效能相结合。对恰当作战指挥方式的选择,根本目的是为提升太空作战指挥效能,最大限度地发挥不同作战指挥方式对作战指挥的推进作用。在太空作战实践中,影响作战指挥方式选择的因素诸多,通常是在各种因素影响的相互矛盾中进行选择,这就需要确立一个基本着眼点,确保做出选择的正确性,这个基本着眼点就是指挥效能。作战指挥方式选择与提升作战指挥效能相结合,有利于太空作战指挥效能的充分发挥,对达成太空作战目的关系紧密。

首先,有利于贯彻上级意图和决心。上级意图和决心,是指挥者指挥作战的基本依据。保证上级意图和决心的实现,是指挥者的责任,选择什么样的作战指挥方式必须以有利于贯彻和实现上级意图和决心为基本准则。其次,有利于发挥上下两级指挥者的积极性与创造性,将指挥潜能最大限度地变成指挥效能。选择集中统一指挥和分散指挥都有个集中程度和分散程度的问题,正确选定作战指挥方式必须与合理的分配与使用职权结合起来,使集中统一指挥方式和分散指挥方式达到最佳的结合。再次,适应战场情况的变化。作战指挥方式的选择不是一成不变、一劳永逸的,必须适应战场情况的变化。要根据作战实际情况的发展,适时加以改变,在灵活的求变中追求指挥效能的最大化。

总之,作战指挥方式的选择,一定要综合考虑各种因素,权衡利弊。不仅要注意作战指挥方式的形式,更要注意作战指挥方式的本质内容,在职权分配与使用上下功夫,使职权的分配和使用与作战任务、战场实际情况相适应,使各种指挥方式优势互补、相辅相成,最大限度地发挥作战指挥方式的作用,以提高作战指挥效能。

第六章　太空作战武器装备与技术

　　太空作战武器装备,由航天技术装备发展而来,是科学技术发展到一定阶段出现的新型武器装备。太空作战武器装备,作为未来太空作战的物质基础和重要技术保证,已经成为现代高技术武器装备的重要组成部分,是衡量一个国家国防现代化和综合国力的重要标志,对夺取战争优势和赢得作战胜利,将起到至关重要的作用。

　　虽然各种太空武器装备已经在实践中得到广泛应用,但目前,国内外对太空作战武器装备尚没有统一而明确的定义。太空武器装备是航天科技与军事联姻的产物,因此,国际上一些军事强国对太空武器装备的界定,也多是与航天技术相关联。美国军方对太空武器装备比较广泛地使用"军用航天系统"这一说法,但并没有做出明确的界定。俄军虽然提到了军用航天装备这个词,但也没有做出概念性的解释。

　　国内近几年出版的理论专著,多从狭义和广义两个方面理解太空作战航天装备。狭义上讲,航天装备是指部署在太空,用于执行侦察与监视、弹道导弹预警、军事通信、导航与目标定位、气象监测、大地测量、反卫星与反弹道导弹、太空攻防等军事任务的各种遥感仪器和观测设备、通信设备及武器系统等。广义上讲,航天装备是指平时或战时用于争夺制天权,执行太空作战任务的武器、武器系统以及与其配套的军事技术装备和器材的统称。这里不仅包括狭义上所指的航天装备、地面应用系统和以其为平台的各类武器装备,还包括弹道导弹和以陆、海、空为依托遂行太空作战任务的武器装备系统。

　　从发展趋势看,未来战争必将是在陆、海、空、天、电、网等多维空间实施的一体化联合作战。基于这种情况,从广义上来界定太空作战航天装备的概念更为准确,即,太空作战航天装备是平时或战时用于实施和保障太空作战任务的航天器、天基武器系统及其应用系统、运载工具和相应的设备设施的统称。从其军事应用上看,可具体分为三类:一是已经大量使用的支援地面军事力量的卫星系统,如侦察卫星、预警卫星、军用通信卫星、导航卫星、气象卫星、测地卫星；二是处于研究发展中的天基或部分天基武器，主要指攻击航天器用的反卫星系统，包括反卫星导弹、各种天基定向能武器（激光、粒子束武器）等；三是在理论上可行但仅进行个别探索性试验的执行军事任务的载人航天器，包括载人飞船、空间站、航天飞机、空天飞机等。

第一节　太空作战武器装备的特征

太空作战装备已成为支撑信息化战争的重要武器装备，成为夺取战争胜利的核心物质基础。战场信息获取离不开太空作战武器装备，光学成像、微波成像、电子侦察和导弹预警等卫星，可在全球范围内全天时、全天候、近实时地获取战场信息，直接支持战场作战行动。气象、海洋环境、陆地观测等卫星获取的准确、实时的战场环境信息，在战争过程中发挥着极其重要的作用。作战指挥离不开太空作战装备，天基信息系统已成为指挥控制系统的骨干，以通信卫星为主体的卫星通信系统，成为指挥控制系统的神经中枢，使全球范围内的远程通信和指挥控制成为可能。远程军事打击离不开太空作战装备，全球卫星定位系统的使用，使远程精确打击效能倍增，制导武器的打击精度和毁伤效果发生了质的变化，极大地提升了武器装备的整体作战效能。战略、战役、战术各个层次的作战行动，都离不开太空作战装备，有了天基系统的全面支援保障，各作战层次所需的信息要素，可全面进入各类作战单元，大大缩短信息获取和传输时间，实现从发现、辨别、决策到行动的快速性和精确性，使作战效率大幅提高。伴随作战需求和军事应用快速增长的脚步，太空作战武器装备与技术的作用日益显现，在军事上的地位愈加重要，已成为打赢信息化战争不可或缺的重要组成部分。

随着太空作战武器装备与技术的迅速涌现，并不断运用于作战实践，其呈现出的各种特征也在发生着变化。目前，现有太空作战武器装备的主要特征，具体表现在功能的体系性、应用的融合性、发展的周期性、技术的智能性等方面。

一、功能的体系性

人类的第一颗人造地球卫星发射成功掀开了太空作战武器装备发展的大幕。虽然第一颗人造卫星本身并不具备军事应用能力，但其拥有明显的军事应用目的。从研制的出发点来讲，第一颗人造卫星就是太空作战武器装备诞生的标志，应该是成立的。随着人类对太空认识的不断深入、科学技术的高速发展、军事应用的迫切需求,太空作战武器装备的功能逐渐拓展,由单一功能向多功能发展,并逐步形成功能的体系性。从太空作战武器装备功能的构建上看,如今的卫星系统功能已经由最初的照相侦察卫星,发展为侦察卫星、通信卫星、导航卫星、气象卫星、测地卫星、反卫星卫星、军事技术试验卫星等体系性功能;太空载人装备已经发展为宇宙飞船、航天飞机、空间站、空天飞机等多功能装备谱系;太空攻击性武器装备,已经形成动能武器、定向能武器等多种功能齐备的太空作战武器装备体系。太空作战武器装备的体系性构成,覆盖了众多作战领域且具有相当强的战斗力,对支撑各种联合作战行动都具有重大作用。

太空作战武器装备功能的体系性,集中体现在三个方面:一是功能的创新。功能的创新是指,具有新功能的新型太空作战武器装备的相继出现。如较为初级的返回式照相侦察卫星,已经发展成为具有既能够发现海面目标也能发现水下目标,既能发现地面上的伪装目标又能发现地下掩体内的目标能力的现代侦察卫星。空间站、航天飞机等新型作战平台也陆续出现,这是太空作战武器装备功能的创新所带来的实质性变化,有了这些质的变化才会显现武器装备功能的体系性。

二是构成体系的分布式。体系的分布式主要是指,太空作战系统总体性能由若干分系统构成,并分布式地融入所有武器系统之中。分布式使太空作战武器装备功能的体系性得到充分的体现和发挥,既可以与卫星和无人机等无人装备组成系统,也可以与空中飞机、水面舰船和地面武器等有人装备组网构成体系。分布式在体系对抗作战中有很大的优势,抗摧毁能力较强,各个分布的节点如果受到攻击不会影响到整个系统的安全,对体系的功能也不会造成总体失能。

三是已有功能的复合性。功能的复合性主要是指,星座技术和具有多种作战能力的太空作战武器装备的应用和研发。星座技术是使用几颗卫星组成一个星座,每颗卫星都具有不同的任务区分,功能可能相同也可能不同,最后联合组网,以星座的方式遂行太空作战任务。如预警侦察卫星、海洋监视卫星等,都是采用星座技术实现预警侦察目的,而且随着星座技术的发展,星座在太空作战武器装备中的比例也会大幅提升,具有多种作战能力的新型太空武器装备已经出现。空天飞机虽然尚处于试验阶段,但各国都加紧了研发的速度,部分作战功能已经实现。空天飞机可以实现地球和太空的快速往返,具有高效的变轨能力和极强的机动性,在太空作战中既可以实现对航天器的捕捉、摧毁,也可以实现对地面上航天器指挥控制中心等重要地面、海面目标的攻击,可实现一机多能的目的。在未来太空作战实践中空天飞机将成为具备更多功能、太空作战能力更强的新型太空作战武器装备。这种功能的复合性,使太空作战武器装备不断走向多能化,体系性特征愈发突出,研发和投入实战的单一功能的太空作战武器装备会越来越少,围绕体系对抗的作战需求,加强武器装备体系性功能的开发研制,将成为太空作战武器装备发展的新态势。

二、应用的融合性

当前世界各国都广泛将航天装备分为军用航天装备和民用航天装备两大类,由于航天技术95%以上都具有军民两用性,因此,区分的主要依据是航天装备的所有权归属和服务对象。军用航天装备归属各国军事部门,为军方所指挥和服务。民用航天装备的归属权通常属于大公司、科研院所和高等院校,为民间机构、科研单位、个人提供服务。以美国为例,目前美国有400个以上的在轨航天器,其中军用为170个以上,约占其总量的40%。

但在作战使用过程中民用航天器和军用航天器并没有清晰的界限,相互通用的融合性相当强。从美国近30年来的太空作战武器装备的使用上来看,美军每次动用太空作战力量进行作战,都会大量征用、租用民用航天器。缘由有这样几点,一是仅军用太空装备无法满足作战的实际需求,民用装备可及时保障作战对太空力量的巨大需要,完成各项作战任务。另一点是可以防止对手租用美国的航天器对美作战,实现太空信息封锁等作战目的。再一点是有利于作战功能隐蔽,以民用目的掩盖其具备的作战潜能。美国防高级研究计划局实施的"凤凰"计划,在2015年发射了"细胞星",战时可由太空机器人从退役卫星上抓取天线和太阳能电池板等载荷,安装在细胞星上,让其具备作战功能。"凤凰"计划后续的"蜻蜓"项目,则是将整件发射难度大的大型卫星分解成组件,长期贮藏在轨道上,一旦需要就可快速组装形成作战能力,其隐蔽性极强。

太空作战力量是新兴作战力量,太空作战武器装备虽然经过几十年的发展但仍然处于起步阶段,所有航天器皆可用于太空作战,只是参与太空作战的方式和程度不同。一些航天器直接应用于军事领域便成为军事航天器,一些航天器间接用于军事领域其身份就在军用航天器和民用航天器之间根据现实需要进行转换。从作战应用的融合性上分析,民用航天器的作战能力虽然较为弱小,甚至只是科学试验和用于太空探索的航天器,但仍然具有一定的作战实用功能。无论是科学试验航天器,还是太空探索航天器,都具有一定的在轨机动能力,必要时可以采取撞击的方式完成攻击敌方航天器或封锁轨道的目的。从作战的角度看,所有在轨航天器都有可能成为太空作战武器装备的一部分,只是作战应用的目的和领域不同,在作战运用上的融合性特征十分明显,也是未来太空武器装备发展的一个重要方向。

太空作战武器装备的融合性,主要是指民用太空装备在作战应用上的单向转化和部分双向通用。单向转化是指民用太空装备转向军事作战应用,大部分民用航天器都有可能成为太空作战武器装备,平时民用航天器执行和完成非战功能的任务,战时则单向转化为作战功能,由单纯民用转为军用承担作战任务。部分双向通用一方面是指军用航天器并不是每个都能转化成民用,如预警侦察卫星的主要作用是反导,其工作原理是跟踪洲际导弹的红外特征进行移动目标锁定,这在民用领域一般情况下无用武之地;另一方面是指有的民用航天器不能达到军事作战应用的要求,所以不能完全应用于军事目的。因为军事航天技术相对民用航天技术的要求更高,作战目的更为明显,系统的适应性、稳定要求更强,这都是目前一些民用航天器无法做到的,出于经济和用途等原因的考虑民用航天器也不会向此方向发展。

太空作战武器装备仍然会以自己独立的姿态来发展,但面对巨大的太空作战武器装备需求,必然使相当数量的民用航天器在战时为军事目的所使用。这种通用性是在太空作战武器装备发展初期所特有的现象,目前受限于太空作战武器装备的高技术性和资金上的高投入,特别是对资金上的高度依赖,使未来相当一段时间内的太空作战仍然会有大量征用和租用民用航天器的情况出现。

三、发展的周期性

太空作战武器装备的周期性主要是指太空作战武器装备的使用周期、作战周期和升级周期,三者互相依存协调发展。

太空作战武器装备的使用周期,主要是指武器装备的有效应用时间,即时限性。太空作战武器装备虽然经济投入高、技术集成高、作战效率高,但其使用周期都是非常有限度的。如"和平号"空间站共在轨运行15年,现在轨运行的国际空间站正以每年30亿美金的预算服役。太空空间站在太空作战武器装备中,尚属于运行周期较长的一类,返回式卫星的使用周期可能只有几天甚至几个小时。通常卫星的使用周期为5—10年,以导航卫星为例,个别导航卫星的使用周期是3年。使用周期主要受限于作战目的价值和科学技术的水平。如果某型太空作战武器具有非凡的作战价值,为达到确保作战胜利的目的,应用国家必然会耗费大量的经费和集中最强的科技力量,对该型太空作战武器进行研发,最大限度地延长其使用周期。太空作战武器装备一方面受到严酷太空环境的考验,另一方面还要考虑航天技术的升级周期,如果将太空作战武器的使用周期超过技术的升级周期,那么该型太空作战武器装备就会落伍,从而造成极大的资源和财力浪费。

太空作战武器装备的作战周期,主要是指其完成一个战术动作或实现一个作战目的所需要的时间。根据战争的类型、强度、对象的不同,太空作战武器装备的作战周期千变万化,但不会长时间的参战。因为太空作战武器装备的大量使用,大大加快了战争的进程,人类作战行动的作战周期只会缩短不会延长,即便时刻处于作战区域上空的同步轨道通信卫星,也不会具有很长的作战时间,这是战争发展进程所决定的。空天飞机虽然尚未真正投入作战,但从试验的数据和结果看,空天飞机从起飞到完成作战任务最多只需要几小时的时间。随着航天技术的发展,太空作战武器装备的作战周期会更加短促,作战强度会更加剧烈,作战效率会更加高效。

太空作战武器装备的升级周期,主要是指武器装备的换代和技术升级。科技是第一生产力,科技也是战斗力生成的重要组成部分,科技发展的日新月异,其在军事航天领域的魅力也大放异彩。科技的发展有其自身新陈代谢发展周期,这也决定了太空作战武器装备的升级周期。如在侦察卫星已经发展到合成孔径雷达成像、实时传输的时代,返回式照相侦察卫星已经离太空战场渐行渐远,这是一个典型的太空作战武器装备升级周期的范例。任何太空强国都必须遵守太空军事科技发展的规律,特别是其周期规律。太空作战武器装备的升级换代是其自身发展的自然现象。一国在太空作战武器装备的研发、生产、服役时,必须慎重考量其技术升级的周期,在满足作战需要的前提下,以技术升级周期为基准制定太空作战武器装备的使用周期。

四、技术的智能性

近年来兴起的人工智能技术在众多行业都得到了广泛应用,在太空作战武器装备领域,人工智能技术的应用尚处于起步阶段,相比于其他应用领域,人工智能技术在太空作战武器装备领域将拥有更加广阔的应用空间。

太空作战武器装备智能化是太空作战发展的必然趋势,这是由于客观作战实际需求所决定的。一是太空环境所决定。太空环境近似为真空环境,温差大,各种射线对人体都会产生较大的危害,人无法长期在没有外界保护的情况下在太空中生存,更无法长时间在太空中直接操纵太空作战武器装备执行作战任务。

二是太空作战武器装备的速度所决定。太空作战武器装备通常都具有高速、高能的特点。按照目前的人类技术能力,已经可以实现物体以10马赫以上的速度运动,但人体无法承受如此高强度的加速过程所产生的巨大危害。单以血液循环为例,在加速度达到一定值时,血管壁会无法承受巨大加速度所带来的压力而产生爆裂。未来太空作战武器装备将具有更高的速度，人类无法直接驾驭，人工智能是个非常好的选择。

三是作战人员培养周期所决定。一个飞行员从进入航校到单飞需要几年时间，培养一名战斗机飞行员需要的时间更长，而一名战斗宇航员的培养周期将是一名优秀战斗机飞行员的几倍。造成如此漫长的培养周期的原因之一就是装备操纵使用过于复杂，随着太空作战武器装备多能化的发展，其操纵和作战使用都会更加复杂，战斗人员更加难以掌握。为了提高战斗力生成周期，缩短战斗人员培训周期，人工智能技术可以起到事半功倍的作用。战斗人员只需判断作战态势、下达作战指令给人工智能系统，由人工智能系统独立完成战术动作。如果战斗人员以遥控的方式操纵太空作战武器装备，在通信联络不畅、遥控失效的情况下，太空作战武器装备也会根据人工智能系统的指示，完成最有利于自己生存的作战行为。

目前一些卫星已经具有智能变轨的能力，太空雷等初级太空作战武器可以自动识别目标进行攻击，先进的侦察预警卫星也可以自动完成对地面目标的发现、识别、跟踪等功能。未来太空作战武器装备的智能发展是大势所趋。

第二节　太空作战武器装备种类

太空作战武器装备的种类较多，一般都以太空作战武器装备系统的功能和作用进行划分，总体可分为以下五大类：太空信息获取系统装备、太空导航定位系统装备、太空信息传输系统装备、太空作战武器装备以及太空资源地面应用系统装备。

一、太空信息获取系统

太空信息获取系统，是指利用光电设备或无线电接收机等侦察设备，从地球轨道上空对地面、海洋及空中既定目标实施侦察、监视或跟踪，以搜集目标情报信息的星载系统。根据有效载荷和任务的不同，太空信息获取系统一般可分为：卫星成像侦察系统、卫星电子侦察系统、卫星导弹预警与核爆探测系统、卫星测绘制图系统、卫星海洋监视监测系统以及卫星气象监测与预报系统。

（一）卫星成像侦察系统

1. 基本概述

卫星成像侦察系统也称卫星照相侦察系统，是指通过可见光等遥感器搜集目标的反射光来获取图像的星载系统,主要用于侦察机场、海港、导弹基地、交通枢纽、城市设防、工业布局、兵力集结以及军事部署等情报。在各种卫星侦察系统中,成像侦察系统发展最早,是太空侦察监视任务的主要承担者。其侦察设备通常包括可见光相机、红外相机、多光谱相机、合成孔径雷达以及电视摄像机等。其中,可见光相机能获得最佳的地面分辨率,图像资料直观,易于判读;多光谱和红外相机能够识别伪装,监视夜间的军事行动;合成孔径雷达可实现全天候全天时侦察;电视摄像机可进行近实时侦察,缩短获取情报的时间。由于合成孔径雷达的工作方式是发射电磁波和接收目标的电磁回波,所以它对活动目标有一定的显示能力,可对动态军事目标和军事活动实施侦察、跟踪和监视。成像侦察卫星通常采用近圆形的低轨道,高度在300千米以下,有时为了获取更高的地面分辨率,照相时将高度降到150~160千米。

2. 卫星成像侦察系统的分类

按信息传送方式的不同,卫星成像侦察系统可分为返回型和传输型两类。返回型侦察系统的侦察信息,存储于胶片或磁带等载体内,卫星侦察任务完毕后,存放信息载体的返回舱返回地面。传输型侦察系统则不配备返回舱,侦察信息用实时或延时无线电传输方法传到地面站。按用途不同,卫星成像侦察系统还可分为普查型和详查型两种。普查型侦察系统,装有低分辨率广角照相机,对确定的国家和地区进行扫描拍照,可以发现潜在的军事、经济目标。详查型侦察系统,采用高分辨率及具有较窄视场的照相机,对在普查飞行中发现的特别感兴趣的地区重复侦察照相,可以获得更清晰的照片。目前,已经出现"普查兼详查型"侦察卫星,这种卫星具备一定的机动变轨能力,卫星寿命也比较长,既可用于普查任务,又能执行详查任务。

3. 典型的卫星成像侦察系统

(1)美国返回型卫星成像侦察系统

美国于50多年前,就发射了世界上第一颗返回型成像侦察卫星"发现者1号"。自1962年春季起,美国的成像侦察卫星进入了实际应用阶段,迄今已发展了六代。第一代为"发现者"系列,采用可见光照相和回收胶片舱的工作方式,分辨力较低(详查2~3米,普查3米),工作寿命较短。"发现者"侦察卫星计划的保密代号为"科罗纳"(也译作"日冕")计划,以"KH"编号。"KH"是英文"锁眼"的缩写,意即通过卫星上像锁眼一样的相机窥视地面。因此,它的后继型号也直接被称为"锁眼"侦察卫星。不同"KH"编号的照相侦察卫星采用不同的相机,侦察能力也不同。"发现者"卫星按编号分为KH-1、KH-2和KH-3三种。第二代于1963年开始使用,是在第一代基础上改进而成的,性能有所提高。第三代于 1966 年开始使用,为"萨莫斯"系列,其详查性能比第二代有很大提高,轨道高度可降至 110 千米,分辨率可达 0.15 米左右。

第四代于 1971 年开始使用,为普详结合型,名为"大鸟"。这是一种世界著名的卫星成像侦察系统,也是最后一代返回型照相侦察卫星,代号为"KH-9",它既能进行大范围监视,也能进行"抵近观察",既能以无线电方式发送侦察结果,也能以回收方式获取信息,分辨率可达 0.3 米,但所拍摄地面景物的宽度比较小。"大鸟"侦察卫星可携带多个胶片盒,在轨工作时间较长,每当世界上有地方发生了战争,美国就会用它来监视战场。20 世纪 80 年代初,发射的第 16 颗"大鸟"卫星在轨工作了 261 天,监视了两伊战争的战场情况。第五代于 1976 年底开始使用,属于无线电实时传送数字图像信息的卫星成像侦察系统,第六代为"锁眼"后续系列。第五、第六代的突出特点是情况实时率高,工作寿命长(最长可达 8 年)。

目前在轨使用的成像侦察卫星有 9 颗,即 2 颗五代"锁眼"KH-11,4 颗第六代"高级锁眼"KH-11(或称 KH-12),3 颗"长曲棍球"。与先前的"KH"系列相比,"KH-12"卫星通过采用先进的自适应光学成像技术,可在计算机的控制下,随观测视场环境的变化,灵活地改变主透镜表面曲率,从而有效地补偿了大气影响造成的观测影像畸变。"KH-12"卫星上载有充足的燃料,可实现机动变轨。它不仅有红外成像仪,还增装了热红外成像仪,可用于对地下核爆炸或其他地下设施进行监测。"长曲棍球"作为目前世界上最早使用的军用雷达成像卫星,采用了合成孔径雷达技术。当雷达工作在 X 波段时,可在云、雨、雾、黑暗和烟尘环境下完成对地面目标的全天候侦察。当雷达工作在 20~90 MHz 时,雷达波长为米级,绕射穿透能力较强,对假目标、伪装后目标以及地下深处的设施具有一定的识别能力。

尽管后期的返回型照相侦察卫星采用了多胶片盒方式,但毕竟需要几天的时间进行回收、判读和处理,而详查照片更需要几个星期才能提供战场情况。这在高技术战争中容易贻误战机,已不能满足现代作战的需要,所以美国后来已不再使用这种侦察卫星。

(2) 俄罗斯返回型卫星照相侦察系统

"天顶"是苏联早期的返回型卫星照相侦察系统,分"天顶-2"及其改进型"天顶-4"两种型号。"天顶"卫星由返回舱和服务舱两部分组成,外观和苏联第一代载人飞船"东方号"很相似。目前,俄罗斯使用的是高分辨率详查型"琥珀"系列卫星照相侦察系统,包括"琥珀-2K"和"琥珀-4K",其中的主要型号是"琥珀-4K"。"琥珀-2K"卫星由综合舱、仪器舱和专用设备舱组成。综合舱主要装有推进系统,专用设备舱内装相机和回收系统。相机的焦距超过3米,地面分辨率50厘米,在轨工作时间30天。"琥珀-4K"分为两种型号,"琥珀-4K1"的在轨时间延长到45天,"琥珀-4K2"的在轨时间则延长到60~114天,并配有多个胶片回收舱。

俄罗斯的照相侦察卫星均成系列,可满足不同精度和不同时间的侦察要求。"天顶-2"还装备了电子侦察设备,具有多功能侦察能力。配备多个胶片回收舱的"琥珀-4K2"在一定程度上提高了太空侦察的时效性,并可根据任务选择不同的型号和在轨工作时间,增加了使用上的灵活性。

(3) 美国传输型卫星照相侦察系统

美国第五代照相侦察卫星也是第一代传输型照相侦察卫星,称为"凯南/晶体",代号"KH-11"(即"锁眼-11"),已发射的8颗这种卫星目前都已结束工作。"KH-12"(即"锁眼-12")是美国第六代照相侦察卫星,也是当前世界上分辨率最高的传输型照相侦察卫星,它在"KH-11"的基础上改进而成,也称"高级锁眼-11"。这种型号的侦察卫星于1989年8月首次发射。"KH-12"卫星工作轨道和外形与"KH-11"相似,圆筒体结构(镜头)类似于"哈勃"太空望远镜,直径4.5米,外加一台提供机动变轨的大型火箭发动机,总长超过15米("哈勃"望远镜仅长13米)。它与"KH-11"的最大区别是可携带更多的燃料,机动变轨能力更强,寿命更长。"KH-12"采用了数字式图像传输技术,即由星载模数转换器把模拟信号转换成数字信号,再经由中继卫星直接转发到地面判读中心,并转换成图像显示在大屏幕上。实现了信息传输的数字化,大大提高了情报获取的时效性,并延长了卫星的工作寿命。由于采用了最尖端的电子设备,其图像质量可与返回型卫星的图片相媲美,分辨率接近10厘米。"KH-11"和"KH-12"虽然性能先进,但其采用的可见光和红外相机在天气恶劣(如有云雾和雨雪)时效果不佳,且可见光设备无法在夜间工作,使实时性受到一定影响。科索沃战争期间,"KH-11"和"KH-12"曾多次受到天气影响不能执行侦察任务。

为弥补"KH"系列卫星的侦察效果受气象条件影响大的缺点,1988年12月,美国用航天飞机首次发射了一颗"长曲棍球"合成孔径雷达成像侦察卫星。"长曲棍球"卫星上装有较大的雷达天线和发射机,其分辨率标准模式下为3米,精扫模式为1米。其两侧的太阳能电池翼对称垂直于星体,展开后"翼展"达50米,功率达10~20千瓦,超过其他任何卫星。为提高卫星的侦察能力,美国国家侦察局又对其进行了改进,使其精扫模式分辨率提高到10厘米,与"KH-12"相差无几。由于雷达靠自身照射,即发射电磁波,因此不论白天黑夜,也不论有无阳光,都可以对目标成像,而且雷达波的波长比可见光和红外波长长得多,故可以"穿云拨雾",进行全天候和全天时侦察,尤其是实时性大大提高。海湾战争中,"长曲棍球"雷达成像侦察卫星曾被用来侦察评估美国巡航导弹的攻击效果,跟踪伊拉克装甲部队的行动。科索沃战争中,它被用于侦察南联盟军队伪装的武器装备。在这些军事行动中,"长曲棍球"卫星都发挥了很好的作用。

(二) 卫星电子侦察系统

1. 基本概述

卫星电子侦察系统又称卫星信号情报(SIGINT)系统,是指利用电子信号接收装置,对来自地面、海上的各种目标发射和辐射的无线电信号进行分析,对信号辐射源进行概略定位,并确定其频段和扫描方式的星载系统,主要用于获得敌方预警与防空雷达的配置和性能参数、战略导弹试验的遥测数据以及军用电台等电子装备的配置情况等。卫星电子侦察系统的频繁侦察范围主要在 30 MHz～200 GHz 之间,系统配置了多种侦察手段,其工作方式也灵活多变,已经不是简单意义上的对无线电信号的侦测,如结合可见光、红外成像侦察设备对目标实施侦察,以及多星组网工作等都极大地提高了卫星电子侦察系统的工作能力。卫星电子侦察系统的有效载荷由侦收天线、接收系统、记录系统、信息处理系统、通信系统、助推剂储藏器和轨道及姿态控制系统等组成。卫星电子侦察系统侦收到信息后,进行记录、存储和预处理,然后通过下行通信链路将侦察数据发送到地面站进一步处理和分发。

电子侦察卫星一般运行在高度为 300～1 000 千米的近圆形轨道上,周期约为 90～105 分钟。在这样的高度,卫星天线覆盖面积大,侦察范围广,持续时间长,经过一个地点上空的时间达 10 分钟以上,而且比其他电子侦察手段优越和安全。随着电子情报依赖于卫星的程度愈来愈高,电子设备不断改进,尤其是美国,电子侦察卫星的轨道高度已向 800 千米以上高度发展。卫星部署越高,地面覆盖面就越宽,如果处于地球静止轨道,只需 3 颗卫星即可覆盖全球,这样使大大提高了监视电子目标的时效性。同时,为了提高时间分辨率和太空分辨率,卫星电子侦察系统的工作方式已由单星工作向多星组网方式发展。为了提高信息的及时性,以往的地面信息处理功能已逐步向星上发展,随着大规模集成和微处理技术的发展和应用,星上终端设备将担负起愈来愈多的信息处理任务,这将给未来战场上直接使用卫星传输信息打下基础。

美国于 1962 年 5 月发射了第一颗详查型电子侦察卫星,其后又发射了普查型电子侦察卫星。20 世纪 70 年代初期,当美国已掌握了对方电磁辐射源基本部署以后,便不再发射详查型电子侦察卫星,并且随着卫星寿命的延长和电子侦察技术的进步,普查型卫星的发射数量也大为减少。1971年以后,美国相继发射了大椭圆轨道型"折叠椅"电子侦察卫星和地球同步轨道型"流纹岩",及其后继型号"大酒瓶"电子侦察卫星。目前,美国的卫星电子侦察系统共发展了六种类型,正在使用的是普查型、同步型、大椭圆轨道型和新型极度轨道型。海湾战争期间,美国的卫星电子侦察系统,昼夜不停地监听和侦收伊拉克的无线电和微波通信以及试验的遥测信号,这些电子情报被传送到国家安全局进行处理和分析后,从中得到了伊军的集结和调动、军用雷达和电台的位置与性能参数,以及新式武器装备等情况。

俄罗斯的电子侦察卫星由于卫星寿命较短,故发射量较大。俄电子侦察卫星大致分为四代,目前以第三、第四代为主。其中的第四代是俄罗斯研制发射的结构最复杂、造价最昂贵的几种卫星之一。其主要任务是截获通信和电子信号,跟踪美国和北约的舰船活动。卫星具有较强的星上处理能力,可将数据实时地以"急流"地球同步轨道卫星中继给国内地面站。

2. 卫星电子侦察系统的分类

卫星电子侦察系统与卫星照相侦察系统一样,分普查型和详查型两种,并可运行于多种轨道。运行在300~1 000千米高度近圆轨道上的卫星周期为90~105分钟,天线覆盖面积大,侦察范围广,持续时间较长,经过一个地方上空的时间达10分钟以上,主要用于普查。运行在大椭圆轨道上的卫星经过某一地区上空的时间可达10小时,可对该地区进行长时间监测,便于详查,即精确核定普查过程中发现的感兴趣的目标,并获取电台和雷达信号的特性和具体参数,以便从中提取有价值的情报。而运行在地球静止轨道上的电子侦察卫星,3颗即可覆盖全球,与其他轨道上的电子侦察卫星结合使用,就能构成一个具有普查和详查等多种功能的系统。

3. 典型的卫星电子侦察系统

(1) 美国"折叠椅"电子侦察卫星

"折叠椅"是美国20世纪70年代开始发射的第一代电子侦察卫星,发射数量较多,目前还有两颗在轨工作。"折叠椅"卫星采用周期为12小时、倾角63.4°的大椭圆轨道,远地点高度37 000千米,与俄罗斯"闪电"卫星的轨道相似,可对俄罗斯重点地区(尤其是北部)进行长时间监测,主要用于侦收军用电台和雷达的信号。2~3颗这种卫星组网工作,即可实现全天时、全天候的连续侦察。它采用大型天线结构和星上信息处理等先进技术,具有较高的侦察精度和星上数据处理能力,能迅速识别和传输目标信息。改进型"折叠椅"卫星重量由原来的680千克增至8吨左右,碟形接收天线直径为18.3米,碟形下行通信天线直径3.05米。最新的"折叠椅"卫星则采用了宽频带相控阵窃听天线,展开后直径达 91.4 米,可同时监听上千个地面信号源。

(2) 美国"大酒瓶"电子侦察卫星

"大酒瓶"是美国的新型地球静止轨道电子侦察卫星,也是美国当前太空电子侦察系统的主力,现有 3 颗在轨运行,可覆盖全球。"大酒瓶"卫星的星上侦察系统监听到信号后,经过星上简单处理,先发送到设在澳大利亚的美军地面基地,然后发回美国本土。"大酒瓶"卫星载有 2 副天线,前向碟形天线最大直径为 152.5 米,用于截获 0.1~20 GHz 的所有无线电信号,包括雷达信号、导弹遥测遥控信号、电台通信信号和微波信号等。后向天线用于向地面转发信号。"大酒瓶"卫星设计寿命长,星上信号处理能力很强,可以进行实时和连续的侦察监听。

(3) 俄罗斯"处女地"电子侦察卫星

苏联自 20 世纪 60 年代末,开始用"宇宙-3M"火箭发射"处女地"型卫星。这些卫星大多数运行在高度 540 千米、倾角 74°的轨道上,采用重力梯度稳定方式。虽然苏联时期发射的电子侦察卫星种类较多,但俄罗斯目前只使用其中两种型号,即"处女地-D"和"处女地-2"。"处女地-2"电子侦察卫星于 1990 年开始使用,目前仍在发射,平均每年发射 1~2 颗。"处女地"卫星采用多颗卫星交叉组网的方式,轨道高度低,探测灵敏度高,监测能力强,但需要的卫星数量多。卫星结构简单,容易控制,定向能力强。

(三) 卫星导弹预警与核爆探测系统

1. 卫星导弹预警探测系统

卫星导弹预警系统,是指利用卫星上的红外探测器,监视、发现和跟踪特定目标发射的战略弹道导弹,并发出警报的星载系统。加载这类系统的卫星通常部署于地球静止轨道或周期约 12 小时的大椭圆轨道,一般由多颗卫星组网工作。导弹预警卫星网通常与天基探测器网、地面预警雷达网等进行组网,以构建陆、海、空、天一体化预警探测平台,争取及时发现并力求在助推段、飞行段和再入段全过程跟踪敌方发射的弹道导弹以及太空飞行器,为空防反导作战提供必要的预警时间和截击参数。预警卫星轨道高,覆盖范围广,能克服地面防空雷达因电磁波信号沿直线传播受地球曲率影响,而不能尽早发现目标的缺点。根据对方导弹发射场的远近,可获得 15~30 分钟预警时间,从而便于己方捕捉战机,及时组织战略防御或实施反攻。有些国家的预警卫星上还装有 X 射线探测器、γ 射线探测器和中子计数器等,以兼顾探测核爆炸的任务。

2. 卫星核爆炸探测系统

卫星核爆炸探测系统,是指用于监视和探测在大气层内和外层空间核爆炸的卫星侦察系统。平时,该系统主要用来监视各国执行禁止核试验条约情况;战时,用于搜集核爆炸参数,如坐标、时间、威力、高度等核爆数据,以评估核爆炸的效果。卫星核爆炸探测系统具有受背景干扰小,探测距离远等优点,可探测伴随核爆炸产生的X射线、γ射线、中子、电磁脉冲和核爆炸火球。美国20世纪60年代初发射的"维拉"号核爆炸探测卫星系列,采取成对发射方式,在轨道高度9~12万千米、倾角320°~40°、周期85~112小时的近圆轨道上运行,设计寿命3年。到70年代初总共发射6对,此后不再发射此类专用卫星,而是把功能类似的核爆探测器装在预警卫星或导航卫星上,兼顾完成核爆炸探测任务。

3. 典型的导弹预警与核爆探测系统

(1) 美国"国防支援计划"卫星系统

"国防支援计划",是由美国空军于20世纪60年代末制订的利用卫星进行导弹预警的计划。"国防支援计划"卫星系统(DSP),可提供24小时全球监视,用于探测弹道导弹的发射和核爆炸。美国空军DSP预警卫星网,由5颗地球静止轨道卫星组成,包括3颗工作星和2颗备用星。该系统对洲际弹道导弹通常能提供20~30分钟的预警时间,对潜射弹道导弹预警时间为5~10分钟,对战术弹道导弹预警时间为5分钟。新一代DSP卫星系统自动化程度高,变轨机动能力显著提高,具有一定的防撞能力,同时,还具备数据重发功能,即在敌方干扰或数据中断后,可快速重复发送,并可利用卫星上的激光传输链路把数据传送给其他卫星,确保地面可靠接收。

从1970年起,DSP预警卫星就成为美国北美防空司令部(NORAD),战术预警和进攻评估系统的组成部分。预警卫星下传的数据,经过通信链路发送给NORAD和航天司令部的早期预警中心进行处理,将处理过的数据直接发送给各局和分布在世界的各作战地区。美国的海外部队或盟友也可直接通过联合战术地面站(JTAGS)接收DSP卫星的数据。海湾战争中,美国的DSP卫星系统为爱国者导弹拦截飞毛腿导弹发挥了重要作用。但是,DSP卫星自身也存在弱点,如卫星扫描速度低,对目标识别能力差,存在虚警问题以及对战区导弹的探测能力十分有限等。因此,美国决定研制部署能力更强的新型天基预警系统(SBIRS)来取代DSP系统。

(2) 美国"天基红外系统"

虽然DSP卫星在海湾战争中提供了一定的导弹预警支持,但预警时间太短,同时存在虚警问题,尤其是不能对导弹进行实时跟踪。为此,美国在20世纪90年代初,开始在"天基红外系统"(SBIRS)计划下,研制新一代的导弹预警卫星。天基红外系统,是一个包括多个空间星座和地面设施的综合系统,由高轨道卫星、低轨道卫星和地面设施组成。天基红外系统的高轨道部分,将为美国最高指挥当局和作战部门,提供全球和战区的有关战略及战区导弹或其他红外事件的发射、助推飞行阶段和落点区域的红外数据。高轨道卫星包括4颗地球同步轨道卫星(GEO)和两颗大椭圆轨道卫星(HEO)。天基红外系统的高轨道卫星扫描速度和灵敏度比 DSP 卫星高,可在导弹发射后 10~20 秒内将警报信息传送给地面部队。地球同步轨道卫星主要用于探测和发现处于助推阶段的弹道导弹,它带有凝视型和扫描型两种红外探测器。扫描型探测器,采用一种小型阵列扫描整个地区以建立整个地区的完整图像。

低轨道部分由 4~12 颗地球低轨道卫星(SBIRS-LEO)组成。低轨道卫星的任务主要是提供弹道中段的精确跟踪和识别,它将跟踪世界范围的从发射到再入的弹道导弹,并将引导数据提供给导弹拦截弹。低轨道卫星与高轨道卫星共同提供全球覆盖能力。SBIRS 系统不仅能比 DSP 系统更出色地完成战略导弹预警任务,而且能对战术弹道导弹的攻击实施有效预警和跟踪,因而能满足 21 世纪美军对战略和战术弹道导弹预警的需求。

(四)卫星测绘制图系统

1. 基本概述

卫星测绘制图系统也称卫星测地与测绘系统,是指用来测定地球形状、地球重力场和地磁场分布,以及地球表面诸点的精确地理坐标和相对位置,以及地球板块运动和极移等地球物理信息的卫星测地系统,是大地测量系统的主要组成部分。由于地球重力场分布不均匀和测量误差等原因,原有地图上标明的各种地理位置常与实地不符,通过测地卫星可以校准导弹弹道的计算、飞机和导弹的惯性制导、巡航导弹的地图匹配制导等有关数据的误差,提高命中精度,大幅提升战略武器的作战效能。测地卫星在军事上有着广泛的应用价值,美、俄的测地卫星就是专为军用发射的。此外,在测地卫星上配备其他专用设备(如多光谱观测相机等),对地球资源进行勘察,使之成为地球资源卫星,用于了解和掌握各国战略资源的储备情况等。

目前,发射过专用测地卫星的国家有美国、俄罗斯和法国。其中,美国的测地卫星有"测地卫星-3"和"激光地球动力学卫星"等;俄罗斯的测地卫星混编在"宇宙"系列中;法国的测地卫星有"调音""王冠"和"佩奥利"等。美国国防部在 2000 年 2 月曾利用航天飞机携载合成孔径雷达对全球 70% 的陆地表面进行了三维高精度数字地形测绘,这些数据在军事上,特别是对精确制导武器的发展具有重要的价值。

2. 卫星测绘制图系统的分类

按照卫星上是否载有专门的有源测地系统,卫星测地系统可分为主动式和被动式两类,目前大多为主动式测地卫星。按照测地任务和方法的不同,卫星测地系统又可分为几何学卫星测地系统和动力学卫星测地系统。卫星几何学测地是用卫星作为基准点或控制点来进行大地测量。根据卫星在测地中的作用,卫星几何学测地又可分成两种。一是精确预报卫星轨道的数据,把卫星作为定位基准,以确定定位点的精确坐标。采用这种方法,导航卫星和侦察卫星等可兼作测地卫星使用,其精度取决于卫星轨道预报的精度。二是把卫星作为地面各观测站的中间控制点,通过同步观测和空间三角测量,按统一的全球测地数据,进行跨洲、跨洋的全球大地联测,建立高精度的全球大地控制点网。卫星动力学测地,是利用已知卫星轨道参数或卫星瞬时位置,根据轨道摄动理论来获得地球引力参数,从而定出观测点位置的地心坐标。

3. 典型的卫星测绘制图系统

(1) 美国"安娜"卫星测地系统

美国陆军、海军、空军和国家航空航天局,于1962年合作发射了首颗测地卫星"安娜-1B"(ANNA-1B)。"安娜-1B"的有效载荷有测绘相机、电子测距和多普勒测速等。考虑为"安娜-1B"装备激光测距系统,美国陆军为在轨的"安娜-1B"开发了距离连续校正(SECOR)应答机。地面发射相位调制信号被在"安娜-1B"搭载的SECOR应答机接收,并发回地面。"安娜-1B"可以向地面发送非调制的固定频率的连续波信号,地面接收的连续波信号产生频率偏移(多普勒效应),频率偏移的大小正比于地面站和卫星之间的斜距的变化率,即径向速度。地面将激光测距仪安装在望远镜上,可用于同时测角测距。

(2) 美国"激光地球动力学"卫星测地系统

美国的"激光地球动力学"卫星共发射2颗。卫星为铝制球形体,直径60厘米,质量410千克,采用圆轨道,一颗高度为5 800千米,倾角110°,另一颗高度为5 843千米,倾角52°。卫星表面装有426个激光反射镜,用以验证激光卫星跟踪技术精密测定地壳运动和自转运动的能力;测量断层运动、局部变形范围、板块运动、地球自转、地球潮汐和观测点位置;进行精密的全球测量,从而建立一个精度较高的地球坐标系。

(五) 卫星海洋监视系统

1. 基本概述

卫星海洋监视系统,是指可实时或近实时地侦收、窃听舰载雷达信号和无线电通信信号,用于探测、监视海上舰船和潜艇活动的星载侦察系统。卫星海洋监视系统,可在黑夜和云雾等全天候条件下监测海面,能有效鉴别敌舰队形、航向和航速,能探测水下潜航中的导弹核潜艇,跟踪低空飞行的巡航导弹,能为发射反舰导弹或其他武器摧毁敌舰提供重要情报,也可为本国舰船的安全航行,提供海流速度、海浪高度、海水温度、海面风速、海平面高度及浅海危险物等海面状况和海洋特性等重要数据。

由于海域广阔,且探测目标又多处在动态变化之中,因此,卫星运行的轨道均比较高,通常采用倾角 63°(临界倾角)、高度 1 000 千米左右的近圆轨道。为了能对广阔的海洋进行连续监视,一般要由多颗卫星组成监视卫星网,以达到连续监视、提高探测概率和定位精度的目的。

2. 卫星海洋监视系统的分类

卫星海洋监视系统,按所携带的侦察、监视设备的不同和采用的侦察手段的不同,可分为电子侦察型卫星海洋监视系统和雷达型卫星海洋监视系统,前者又称被动型卫星海洋监视系统,后者又称为主动型卫星海洋监视系统,两者相互配合协调工作。被动型卫星海洋监视系统,利用电子侦察设备,截获海面目标发射的无线电通信和雷达信号以测定海面舰只的位置,或利用毫米波辐射仪和红外扫描仪等探测潜航中的核潜艇;主动型卫星海洋监视系统,则用来提供舰船尺寸等情报。主动型海洋监视卫星由于星上带核电源,所以还被称作核动力型海洋监视卫星,星上一般载有大功率、大孔径、核动力雷达,它发射雷达波束来对海面扫描并接收由目标反射的回波信号以确定舰船的位置和外形尺寸。

3. 典型的卫星海洋监视系统

(1) 美国"白云"海洋监视卫星

"白云"是美国电子侦察型海洋监视卫星,也称"海军海洋监视卫星"(NOSS),其主要任务是通过截获海上舰船和水下潜艇的雷达、无线电和其他通信信号,判定目标的性质、位置、航速和航向,实现对目标的跟踪和定位,并把定位信息实时传给海军舰队。"白云"卫星是美国太空海洋监视的主力。

"白云"卫星采用子母星结构,土星(母星)入轨后弹出 3 颗子星,彼此相隔几十千米,即每组有 4 颗卫星。"白云"系统一般由 4 组共 16 颗卫星组成一个星座工作,来实现监视和定位。最新型的"白云"卫星采用一箭四星(一主三子)的发射方式,星上载有被动射频接收机、全向电子信息天线阵、多通带滤波器、倍频检波器和数据转发设备等大量先进仪器。卫星运行在中低轨道,每组星可监测 7 000 千米范围内的信号。每组 3 颗子星成三角形配置工作,利用接收信息的时差原理进行定位,定位信息经主星处理后传回地面。各组之间保持一定距离,互相协同工作。"白云"卫星轨道倾角 63.4°,可监视南纬 63.4°到北纬 63.4°间的所有海域。星座中的 4 组卫星交替监视同一海域,每天重复30多次,具有连续监视能力。卫星获取的信息、经主星处理后,可及时传回地面和海上舰船。主星上有4台发射机,其中3台用于传输侦察数据,可实现实时或近实时的监视。

"白云"卫星已在多次局部战争中得到广泛应用。英阿马岛战争中,它曾为英国舰队提供了阿根廷海军舰艇的情报。海湾战争中,它曾截获伊拉克舰艇发射的无线电和雷达信号,测定了其位置、航向和航速,并进行连续跟踪,同时为多国部队指示海上攻击目标,效果良好。科索沃战争期间,它监视了南联盟和俄罗斯舰艇的海上活动情况,阻止了俄罗斯可能向南联盟提供的海上支援。

(2) 俄罗斯海洋监视卫星

俄罗斯的海洋监视卫星工作轨道较低,轨道倾角大,可以监视南纬65°到北纬65°之间的广大海域。它分电子侦察型和雷达侦察型两种。俄电子海洋监视卫星部署于高450千米的近圆轨道,倾角65°,重量4 000千克,寿命8～12个月。卫星载有被动式电子接收机,频率166 MHz,通过探测水面舰艇的通信和雷达信号来确定其位置和监视其活动。卫星也可探测岸基雷达和通信信号,了解岸基雷达的部署情况。目前平均每年发射1～2颗。俄雷达海洋监视卫星,以主动方式工作,利用星载雷达对海上舰艇的活动情况进行探测和监视,并把侦察到的情况发回地面站,从而确定舰艇的位置、航向和航速。卫星呈圆柱形,高约7.8米,直径1.8米,重量约4 500千克,轨道高度250千米,倾角65°。它采用核动力装置,保证了大功率雷达的需要,探测能力强。马岛战争中,阿根廷海军的"超军旗"攻击机,使用"飞鱼"空舰导弹击沉了英国海军的"谢菲尔德号"导弹驱逐舰。据报道,英国军舰的位置就是由苏联通过海洋监视卫星获取后通报给阿根廷海军的。但是,这种卫星具有危险性,苏联曾发生过核动力卫星坠毁事件。

(3) 美国海军天基广域监视系统(SBWASS)

20世纪90年代初,能力更强的海军天基广域监视系统(SBWASS - Navy)"徘徊者",取代了白云海军海洋监视系统,与此同时,美国空军也在开发以观测飞机为主的天基广域监视系统(SBWASS - Air Army)。"徘徊者"SBWASS - Navy一组3颗,以红外成像为主。共成功发射了4次,最后一次是1996年5月12日用"大力神-4"发射了一组3颗卫星。近地点高度分别为1 050千米、1 050千米、1 053千米,远地点高度分别为1 166千米、1 160千米、1 163千米,轨道倾角均为63.4°。美国空军的SBWASS - Air Army是雷达成像卫星,内有合成孔径雷达和电子侦察设备。共成功发射2次。最后一次发射是用"大力神-2"于1992年4月25日发射的。近地点高度为784

千米,远地点高度为805千米,轨道倾角为85.14°。

为了覆盖全球,不论是海军的"徘徊者"SBWASS-Navy,还是空军的SBWASS-Air Army都需要多组或多颗卫星,重复建设、耗资巨大。故美国国防部于20世纪90年代初决定不单独建设海军和空军的天基广域监视系统,而由国防部统一建设联合天基广域监视系统(SBWASS-Consolidated),并考虑将天基雷达成果运用于系统,使SBWASS-Consolidated成为天基雷达系统的组成部分。

(六)卫星气象监测与预报系统

1. 基本概述

卫星气象监测与预报系统,是指从太空获取军事气象情况,为陆、海、空军作战提供全球范围的战略地区,以及任何战场上空的实时气象资料的星载系统,通常由观测专用系统和保障系统组成。专用系统是气象卫星的有效载荷,保障系统则支持卫星正常工作。卫星气象监测与预报系统装有各种扫描辐射仪、可见光和红外电视摄影机、温度和湿度探测器以及自动图像传输设备。这些设备将搜集到的各种气象数据,通过计算机处理后变成感光图像或转换成电信号记录在磁带上,然后发回地面。地面气象人员把通过卫星获得的气象资料,同其他方法获得的气象资料一起进行综合分析后,就可以准确地预报天气。军用卫星气象监测与预报系统,具有保密性强和图像分辨率高等特点,与照相侦察卫星系统配合使用,能够更加有效地获取重要军事目标的清晰照片,其获得的数据还可用来校正其他卫星的轨道测量和洲际导弹的弹道,提高卫星的测轨精度和导弹的命中精度。

由于气象卫星具有很高的社会经济效益和军事效益,因而发展很快,目前其应用的广泛程度仅次于通信卫星,国际上还成立了世界气象卫星组织,使各国能共享气象卫星的信息资源。美国、俄罗斯、中国、欧盟和日本等都已拥有自己的气象卫星。其中美、俄、中是同时拥有地球静止轨道和太阳同步轨道两类气象卫星的国家。有些国家为提高预报的及时性、准确性和保密性,还专门发射军用气象卫星,如美国和俄罗斯。

自1960年美国发射"泰罗斯1号"第一颗气象卫星以来,世界上发射了许多类型的气象卫星。至今,美国和俄罗斯(含苏联)已经发射了100多颗气象卫星。美国国防部于20世纪60年代开始,研制专门的军用气象卫星,这些卫星都是极地轨道气象卫星,经过多次更新换代,已由BLOCK4A、4B、SA、SB、SC发展为BLOCKSD-1和5L-2等,其中BLOCKSD-2是最先进的一种。BLOCKSI-2卫星是改进型,它具有使用寿命长、灵活性大等特点,星上除装有微波温度探测器、微波成像仪、大气密度探测器、多光谱红外探测器外,还配有冗余传感器、新式传感器和增大的传感器区域。

2. 卫星气象监测与预报系统的分类

依据卫星轨道的不同,卫星气象监测与预报系统可分为极地轨道型和同步轨道型两种类型,两类卫星系统大都军、民两用相结合,但也有专用的军用气象卫星系统,一般由几颗卫星组网运行。气象卫星按所在轨道可分成两类:太阳同步轨道气象卫星(极轨道气象卫星)和地球静止轨道气象卫星。太阳同步轨道气象卫星每天对全球表面巡视两遍,可以获得全球气象资料,能对同一地区的气象资料进行反复比较。地球静止轨道气象卫星运行在赤道上空,可覆盖地球近1/3的地区。它能对同一地区进行连续监视,并实时地将数据发回地面。均匀配置4颗这样的卫星,就能对全球中、低纬度地区天气态势的形成和发展实施连续监测,但对55°以上高纬度地区的气象观测能力较差。这两类气象卫星相互补充,就可以得到完整的全球气象资料。气象卫星按其用途还可分为民用气象卫星、军用气象卫星和军民合用气象卫星。民用气象卫星主要用于气象预报,支援国民经济建设。军用气象卫星按照军事上的特殊需要,搜集全球或特定地区上空的气象信息,预报天气形势,具有保密性强和图像分辨率高的特点,能为全球各战略地区、战场和各军兵种提供实时气象资料,为制订军事行动计划,提供必要的气象支持。军民合用气象卫星既可军用,也可民用。

3. 典型的卫星气象监测与预报系统

(1) 美国"国防气象卫星"

美国"国防气象卫星"全称为"国防气象卫星计划"(DMSP)。通常情况下,该系统有2颗卫星部署在同一轨道面上,卫星在绕地运行的轨道上,每圈可覆盖和扫描2 965千米宽的地球表面,12小时内便可覆盖全球一次。这种轨道选择,可使卫星每天向军事部门提供两次特定地区的云图及气象资料。新一代的"国防气象卫星"能进行全球、全天候和全天时观测,资料分辨率高。星上的可见光系统成像能力很强,红外、微波等各种测量仪器可以提供分辨率较高的全面气象资料。由于是军用气象卫星,它采用了加密信道,资料只有美军可以使用。海湾战争期间,美军有3颗"国防气象卫星"提供服务,在战区内共设立了6个终端站接收气象资料。美军利用"国防气象卫星"的数据,预报迅速变化的天气形势,监视油井的燃烧情况。在制订空袭计划中,还利用气象信息推断风向和确定能否撒播化学战剂,并向多国部队发布沙暴和其他天气警报。多国部队利用最新的气象数据,充分发挥了红外和夜视瞄准设备的功能。在制订作战计划、准备武器系统、准备防御和调动部队过程中,气象卫星也可提供重要的支援。因为沿海沙漠地区的浓雾和沙暴会使能见度降为零,所以气象数据在沙漠地区更加重要。选择攻击目标和飞机及弹药型号时也需要气象数据。

(2) 俄罗斯"流星"气象卫星

"流星"气象卫星是苏联在"宇宙"气象卫星基础上发展起来的一种军民合用气象卫星,星载探测仪主要有用于观测云和冰雪覆盖情况的可见光电视摄影机,用于观测云和冰分布情况的红外电视摄像机,用于获取地球反射的太阳辐射数据的扫描辐射仪,"流星-2"型装有可见光/红外扫描辐射仪、垂直温度探测器和自动图像传输设备,以及两台试验性质的多光谱扫描器。第一颗"流星"气象卫星1969年3月23日发射。目前,俄罗斯使用的极轨气象卫星还是"流星"系列,但1995年以后已有了新的"流星-3"型。"流星"气象卫星采用非太阳同步近圆形准极轨道,三种型号卫星的轨道高度各不相同:"流星-1"为600千米,"流星-2"为900千米,"流星-3"为1 230千米。

早期的"流星"气象卫星把所拍摄的图像记录在磁带上,再根据地面的指令传回地面。后期的卫星采用自动图像传输方式,既可实时传输图像,也可将图像先存储于星上,然后根据地面指令以重放形式传回地面。"流星"气象卫星的独到之处是它装有8~12微米红外摄像机和多光谱探测仪,因此可兼作资源卫星使用。另外,它还装有较先进的合成孔径雷达等微波遥感器。由于地处高纬度地区,俄罗斯主要依靠极轨气象卫星数据。

(七) 卫星地球资源勘测系统

地球资源勘测系统,是指用于勘测和研究地球资源的民用卫星,但具有极高的军用价值。地球资源卫星可携带多光谱遥感设备,以获取地面目标辐射和反射的多谱段电磁信息,并将这些信息发送给地面接收站。地面站根据事先掌握的各类物质的波谱特性,对这些信息进行处理和判读,从而得到各类资源的特性、分布和状态等资料。地球资源卫星可以分为陆地资源卫星和海洋资源卫星。为保证卫星能在基本相同的光照条件下获取地面目标的图像,并对同一地点进行周期性的重复摄影,地球资源卫星大都采用太阳同步兼回归轨道,轨道高度为500~900千米,倾角97~99°。地球资源卫星一般采用三轴稳定的控制方式。

卫星地球资源勘测系统的技术特点:一是能适应多种工作环境,具有多种工作方式。地球资源卫星为获得充分的地球资料,需要工作在强光、弱光甚至黑夜等环境中。为满足不同光照条件下的遥感要求,卫星采用分光成像和合成孔径雷达成像等多种工作方式。二是能进行多光谱、多视角观测。地球资源卫星携带有可见光、红外、紫外和多光谱等遥感器,可以获得多光谱信息,并能采用多视角获得立体的、全球覆盖的图像,满足不同的需要。三是能多次重复观测,获取动态信息。卫星采用太阳同步兼回归轨道,可以在一天内对地球某一地区进行多次重复观测,获得该地区的动态资料信息。四是具备强大的信息传输能力。卫星运行在太阳同步轨道,要实时接收卫星的全部信息,就需要全球布站,而这既不可能也无必要。所以卫星采用宽频带、高速率的数据传输设备,可以及时传输数据,在没有地面接收站的地方,可利用星上数据存储设备存储数据,待卫星飞越接收站上空时,再利用高速传输设备快速传输数据。地球资源卫星广泛应用了先进的遥感技术。尽管它的分辨率略低于军用侦察卫星,但在用途上却展现了极大的优势。

二、太空卫星导航定位系统

(一)基本概述

太空导航定位系统,是指利用导航定位卫星(简称导航卫星)为地面、海洋、空中和太空用户提供导航定位服务的星载系统,由数颗运行在不同轨道平面的导航卫星构成导航卫星网(星座)。太空导航定位系统,是一种全天候、全天时、高精度的天基无线电导航定位与时间传递系统,可为地面车辆、人员以及航空、航海、航天等领域的飞机、舰船、潜艇、卫星等提供三维位置、速度及时间信息;可为洲际导弹的中段制导,作为惯性制导系统的补充,提高导弹的精度;还可用于大地测量、空中加油、空运、航空交通控制和指挥等。卫星导航定位系统(GNSS)与其他远程无线电导航系统相比,最大优点是作用范围大(可达全球)和定位精度高,由数百米提高到数十米,甚至数米,经过差分还可获得更高的定位精度。

卫星导航定位在现代军事和经济领域扮演着不可或缺的重要角色,是一个国家经济基础的重要组成部分,是体现国家综合国力的重要标志,世界强国都在这一领域竞相角逐。目前已经在轨运行、投入使用的卫星导航定位系统主要有美国GPS系统、俄罗斯"格洛纳斯"系统(GLONASS)和中国"北斗"卫星导航系统(NSS),即将投入使用的是欧盟和中国合作开发的伽利略卫星导航系统。此外,日本正致力于建造由3颗卫星组成的"准天顶卫星系统"(QZSS)。该区域导航系统首颗卫星2009年发射。印度不仅正式加入了俄罗斯格洛纳斯系统和欧洲伽利略计划,2006年还宣布要研发一个印度区域卫星导航系统,在2011年之前使7颗卫星组成的星座就位。

(二)卫星导航定位系统的分类

卫星导航系统依据不同的工作方式和技术特点,具有不同的分类方法。按工作原理可分为两种:一是多普勒测速导航卫星,它供用户测量导航信号的多普勒频移,由此求出距离变化率,以实现导航定位;另一种是时间测距导航卫星,它提供用户测量导航信号的传播时间,以求出距离,从而实现导航定位。多普勒测速定位是最早使用的一种卫星导航方法。美国的"全球卫星导航系统"(GPS)和俄罗斯的"全球卫星导航系统"(GLONASS)采用的就是时间测距定位法,按用户是否需要向卫星发射信号,可分为主动式导航和被动式导航。GPS 和 GLONASS 均属于被动式导航卫星,具有简单、便宜和保密性好等优点。中国的"北斗"卫星导航系统,属于主动式卫星导航系统。按轨道高度,可分为低轨道卫星、中高轨道卫星和地球静止轨道卫星,其中主动式导航卫星目前没有中高轨道卫星,被动式导航卫星目前没有地球静止轨道卫星。按应用范围,还可分为全球导航系统和区域导航系统。

(三)典型的卫星导航定位系统

1. GPS 卫星导航系统

"全球定位系统"(GPS)是美国历时 20 年、耗资超过 300 亿美元建立的世界上第一个全球卫星导航定位系统,又称"导航星"系统,是美国军民两用的卫星导航定位系统,军事应用十分广泛,是世界上目前唯一长期稳定运行的全球性、全天候、全天时、高精度的军民两用导航定位和时间传递系统。GPS 系统于 1993 年建成,由美国军方主导和控制。系统由美国国防部从 1973 年开始实施,在相当长的一段时间内垄断了全球军用和民用卫星导航市场。从克林顿时代起,该系统开始应用在民用方面,并对全世界免费开放。GPS 系统是全天候、实时性的全球导航定位系统,能 24 小时连续不间断地提供三维位置、三维速度和精确的时间信息,定位精度可达 10 米,测速精度小于 0.1 米/秒,授时精度可达 100 纳秒。

GPS 系统包括太空段、控制段和用户段三部分。太空段是系统的主体部分,由分布在 6 个轨道面内的 21 颗工作卫星和 3 颗备用卫星组成,卫星轨道高度约为 20 000 千米,轨道倾角 55°,全球各地的所有用户在任何时候至少可以同时收到 4 颗导航卫星的信号。控制段由遍布全球的跟踪站网络,及位于美国科罗拉多州斯普林斯的主控制站(MCS)组成。跟踪站用于确定和预测卫星位置,监控它们的自动时钟和系统完整性。这些信息发送至 MCS,并由 MCS 定期为各 GPS 卫星生成更新电文。根据这些更新电文,卫星会自动同步其原子时钟,调整内部轨道模型。用户段由军用和民用用户设备组成。这些卫星与地面支撑系统组成网络,用户的 GPS 接收机根据天线同时收到的 4~8 颗卫星的位置信息。应用差分定位原理,每隔 1~3 秒向用户播报一次其位置(经纬度)、速度、高度和时间信息,以供用户或用户的系统使用。

为推动 GPS 的应用发展,美国三次以总统令的形式颁发命令,规范系统的运行、管理。美国最顶层的 GPS 管理机构,是代表军方的国防部和代表民方的运输部联合组成的 GPS 部际协调执行委员会(IGEB,2004 年以前)和现在新组建的天基定位、导航、授时(PNT)执委会。在军用领域,美军在指挥控制、武器制导、人员定位等方面大量使用了 GPS;在民用领域,主要集中在车辆导航(监视)、个人导航、民用航空导航以及与位置参数精密监测相关的应用领域。由于 GPS 信号没有发播完好性信息,因此使用中的安全性、可靠性将受影响。

美国的 GPS 定位系统提供两种服务:即标准定位服务(SPS)和精密定位服务(PPS)。SPS 是为民用使用,PPS 是为经美国核准的军方用户和选定的政府部门用户使用,通过加密受控。长期以来,美国为了垄断全球卫星导航市场,其 GPS 系统只对本国军方提供加密的精确定位信息(定位精度在 3 米以内),对包括其他国家在内的民间用户,则提供加了干扰的低精度信号(定位精度在 100 米左右)。

GPS 在最近几次战争中发挥了较大的作用,较大地提高了人员、车辆、船舶、飞机等的导航定位精度,但也发现了一些问题,如电子干扰、有些地区 GPS 信号偏弱,定位精度还有待提高等。为确保在军事领域的控制能力和在民用市场的垄断地位,1996 年以来,美国大力推行 GPS 现代化计划,并打算继续大幅度提高精度、抗干扰性、可靠性与安全性,获取最大的政治、军事、经济与社会效益。2011 年初,美国国防部决定在 GPS Ⅲ 系统的建设中,放弃现有的 24 颗中轨道(MEO)卫星,而采用全新的 33 颗高轨道(HEO)+静地轨道(GEO)卫星。GPS Ⅲ 计划全部卫星在轨运行,在 2015～2020 年实现。

2."格洛纳斯"卫星导航系统

20 世纪 70 年代,作为对美国宣布建立和发展 GPS 系统的反应,苏联国防部构想和建设了"格洛纳斯"(GLONASS)军民两用导航定位卫星系统,这是苏联第二代卫星导航系统。"格洛纳斯"项目始于 1976 年,苏联解体后由俄罗斯继续实施。1996 年,该系统曾短暂地实现了 24 颗卫星在轨的规模,提供全球覆盖。但后来由于俄经济困难以及卫星工作寿命较短,在轨卫星数量明显不足,该系统溃不成网。从 2002 年起,俄开始加强"格洛纳斯"系统建设。随着投资的持续增加,"格洛纳斯"系统补网进程逐渐加快。

"格洛纳斯"系统能够为海上舰船、空中飞机、地面用户,以及近地空间的航天器提供全天候、连续、实时和高精度的三维定位和速度测定,也可用于大地测量和高精度卫星授时。与美国的 GPS 系统相比,GLONASS 系统采用了不同的轨道和信号频率,更注重对高纬度地区的覆盖,而且具有较强的抗干扰能力。GLONASS 系统的定位精度在 30～100 米之间,测速精度 0.15

米/秒,授时精度1微秒。该系统由太空部分、地面应用部分和用户部分组成。GLONASS系统太空部分设计星座由24颗卫星组成,24颗卫星均匀分布在夹角为120°的三个轨道面上,每个轨道8颗卫星。GLONASS卫星轨道高度为18 840～19 440千米(标称值为19 100千米,MEO),轨道倾角64.8±0.3°,运行周期11小时15分44秒±5秒。

"格洛纳斯"(GLONASS)全球导航卫星系统由俄罗斯空军进行管理,并由俄联邦国防部的协调科学信息中心负责运营。由于GLONASS卫星寿命短,又受到苏联解体俄罗斯经济下滑的影响,该系统长时期不能提供全面、正常的服务,只能与GPS联合使用,应用普及情况远不及GPS。近年来,随着俄罗斯经济状况的好转和卫星导航定位市场的蓬勃发展,俄罗斯已经开始重建GLONASS系统,制订和实施了振兴GLONASS的现代化建设计划,并积极将该系统向全球民用市场推介。2011年12月8日,俄将最近发射升空的"格洛纳斯-744"号卫星设置为正常工作星,这标志着俄罗斯GLONASS系统,15年来首次进入全面运行状态。24颗工作星均处于预定轨道,工作状态良好,可提供全球覆盖服务。其后几年,俄将逐步采用新型"格洛纳斯-K"卫星替代现有的"格洛纳斯-M"卫星,首颗"格洛纳斯-K"卫星已于2011年2月发射入轨。目前,GLONASS系统已恢复全球覆盖,不仅打破了美国在全球卫星导航领域的垄断地位,可为全球用户提供连续、实时,精确的导航定位服务,更为重要的是为俄军实施联合作战、精确打击,提高战略威慑能力奠定了基础,对俄国家安全、经济发展意义重大。

3. "伽利略"卫星导航系统

为打破美国全球定位系统独霸天下的局面,开创欧盟太空大地测量和航天事业的新阶段,2002年3月26日,欧盟15个成员国开始启动"伽利略"卫星导航定位系统计划。目前,已经成立了名为"伽利略"联合任务组(GIU)的实体,负责管理"伽利略"项目的研发。2005年12月底,第一颗"伽利略"卫星GLOVEA发射升空,这标志着"伽利略"卫星定位系统(Galileo),正式进入实施建设阶段。

Galileo系统并不是重复GPS或者是GLONASS系统,它由民间组织控制,同时还有其他非欧盟国家参加,如中国、印度等和私人机构参与。Galileo系统有更好的星座设计,服务覆盖度更广、定位精度更高,可提供系统完备性参数和系统错误警告等信息。该系统除了提供米级实时导航定位精度外,还实时发布信号的有效性并提供商业导航服务,从而进一步提高了导航定位的精度和可靠性,对定位服务要求较高的领域如火车、汽车和飞机着陆的应用提供了保证。Galileo系统能够与GPS和GLONASS系统兼容,为用户提供多样的服务。"伽利略"可主要提供5种具有不同精确度、完整性和可靠性等级的服务。

与其他卫星导航定位系统一样,"伽利略"系统也是由太空段、控制段和用户段三部分构成。其中,太空段将包括30颗均匀分布在3个中高度地球轨道平面上的MEO卫星(3颗备份星),每个平面包含一个备用卫星,以防工作卫星发生故障,卫星围绕地球旋转一周大约需要14小时,卫星设计寿命20年。"伽利略"的控制段将包括一个传感器站网络、两个控制中心和多个上行站。全球分布的传感器站网络将对星座进行不间断的监控,向位于欧洲的两个控制中心发送其精确测量的导航信号。控制中心产生的轨道和时钟数据将被发送至上行站,每2小时上传到卫星一次。控制中心同时对星座的完整性进行预测,定时向生命安全业务的用户提供相关数据。出现故障信号时,系统能够在6~10秒的延迟后提醒客户。

虽然"伽利略"卫星导航系统在建设要求和技术性能上,都是按照一流的标准计划设计的,但由于资金、技术和其他方面一些原因,伽利略系统至今仍然没有完成建设,计划不断推迟,全部完成系统建设还有待时日。

4."北斗"卫星导航系统

"北斗"卫星导航系统,是中国自主设计的卫星导航定位系统,该系统结束了中国完全依赖地面导航和国外卫星导航系统的历史,初步建立了自己的区域卫星导航系统,与美国的GPS系统、俄罗斯的"格洛纳斯"系统和欧洲的"伽利略"系统并称为全球4大卫星导航系统。2000年10月、12月和2003年5月,"北斗"导航试验卫星成功发射,建成了"北斗"一代卫星导航系统,2005年系统正式开始运行。

"北斗"卫星导航系统集卫星定位、短信报文与高精度授时三大功能于一体,是一个全天候、高精度、快速实时的区域性二维导航定位系统,可为亚太部分海域及周边部分地区的中、低动态及静态用户提供快速定位、简短数字报文通信和授时服务,可提供开放服务和授权服务两种服务方式。开放服务是在服务区免费提供定位、测速和授时服务,定位精度为10~20米,授时精度为50纳秒,测速精度0.2米/秒。"北斗"系统的特点主要包括:一是具有定位、授时、短报文通信多种功能;二是可用于发布广域差分信息;三是军民共用,军用为主;四是采用RDSS工作体制,定位的同时可实现位置报告;五是无须导航电文积累,首次定位快;六是通过通信链路发播用户位置,可实现对定位的兼收监视。

"北斗"一代卫星导航系统采用双星定位体制,其定位基本原理为三球交会测量原理:地面中心通过两颗卫星向用户广播询问信号(出站信号),根据用户响应的应答信号（入站信号），测量并计算出用户到两颗卫星的距离。然后，根据中心存储的数字地图或用户自带测高仪测出的高程，算出用户到地心的距离，根据这三个距离就可以确定用户的位置，并通过出站信号将定位结果告知用户。授时和报文通信功能也在这种出、入站信号的传输过程中同时实现。

"北斗"卫星导航系统由卫星系统和地面应用系统组成。太空段由3颗离地约36 000千米高的地球同步卫星组成，其中2颗为工作卫星，1颗为在轨备份卫星。"北斗"一代地面应用系统包括中心控制系统、标校系统和各种类型的用户机。因"北斗"一代系统采用有源定位体制，使得系统在用户数量、定位精度、隐蔽性和定位频度等方面均受到一定限制，而且系统无测速功能，不能满足远程精确打击武器的高精度制导要求。但是，与其他卫星导航系统相比，该系统的投资要少得多，而且它还具有其他系统所不具备的位置报告和通信功能。因此，可以说"北斗"一代系统是一个性价比较高的、具有自身特色的卫星导航系统。自2005年开通运行以来，在国民经济重点行业如危化品运输、海洋渔业、国家电网授时等领域取得全面突破，牵引促进了电子、通信、机械制造、地理信息等相关产业和信息服务业的发展，产生了显著的经济、社会效益，成为国民经济和社会发展的一个新增长点。

未来几年，"北斗"还将陆续发射系列卫星，并进行系统组网和试验，逐步扩展为全球卫星导航系统，即"北斗"二代卫星导航系统。"北斗"二代卫星导航系统将按照"先区域，后全球"的总体思路进行建设，分步实施，目前，"北斗"二代卫星导航系统已经发射20多颗卫星，实现了对周边国家和地区的区域开通运用，至2020年共发射30多颗卫星，并实现全球开通。

5. 其他卫星导航定位系统

除上述四大卫星导航定位系统之外，很多国家也在积极发展本国的卫星导航定位系统，如日本的"准天顶"卫星系统（QZSS）、印度的区域卫星导航系统、加拿大的主动控制网系统（CACS）以及德国的卫星定位导航服务系统（SAPOS）等。

(1) 日本"准天顶"系统

近年来，日本政府与工业界（日本经济团体联合会）合作，正在建立基于GPS的本国卫星导航定位系统——"准天顶"卫星导航系统（QZSS），作为新一代日本卫星导航定位系统。"准天顶"系统可以与美国GPS的24颗卫星并用，提高定位精度，增强抗干扰能力。由于"准天顶"卫星的轨道各不相同，即便使用相同的频率也不至于相互干扰，这样可大大提高"准天顶"系统频率的利用率。另外，"准天顶"还可弥补日本卫星侦察的盲区。目前，日本侦察卫星还无法侦察到地球南北极地区，而"准天顶"卫星系统则可以弥补这些缺陷。

"准天顶"卫星系统由3颗导航卫星组成，3颗卫星在距地球约36 000千米的圆形轨道上以每天一周的速度运行，和地球同步轨道卫星不同的是，每颗卫星各自有不同的轨道，并且这3条轨道都与地球赤道所在平面成45°的夹角。因此，从日本本土来看，始终有一颗卫星停留在靠近天空顶点的地方，所以日本人称之为"准天顶"卫星系统。这样，整个日本就可以享有更大的覆盖范围和更高的精确定位服务。其特点：一是"准天顶"系统只具有导航功能，没有移动通信和广播功能；二是卫星仰角在60°以上，有助于解决"城市峡谷"的覆盖盲点，覆盖率可达100%；三是将有助于实现更加精确的全球定位；四是可提高频带的利用率；五是可以观测到同步轨道卫星观测不到的南北极地区，为科学研究提供更多的宝贵资料。

（2）印度区域导航卫星系统

印度区域导航卫星系统，是印度近年重点推动的、具有自主知识产权和独立运行能力的区域性军民两用卫星导航系统研发项目。该项目可为印度提供独立的区域导航定位能力，并且系统的设计也充分考虑到未来与GPS、"伽利略"(Galileo)等系统的兼容和互操作。印度区域导航卫星系统建成后，可帮助印度军方对印度次大陆的边境地区、地形复杂区域以及印度洋区域进行有效监控。印度政府于2006年5月正式批准启动研发计划，提出建立由7颗卫星组网的区域性导航定位系统。该计划还要求能够为印度全境及其周边2 000千米范围的区域提供导航定位服务，定位精度在20米以内。2007年9月，时任印度太空研究组织主席玛达万·奈尔在国际空间大会上公开宣布，印度计划在未来6年内陆续发射7颗导航卫星，在外层空间打造印度版的GPS。根据设计，印度区域导航卫星系统卫星全时段可见，系统可以提供标准定位服务、精密定位服务和印度政府特许用户服务。除了提供导航定位业务外，系统还将提供对地监测、远程通信、信息传输、灾情评估和公共安全等业务。

印度区域导航卫星系统除天基星座外，系统还包括由一个主控中心和一些负责卫星跟踪和控制的地面设施，以确保系统的完整性。包括航天卫星控制中心、监测站、测控注入站、时间中心、测距站、CDMA测距站、激光测距站、导航控制中心和数据链路等。其中，监测站主要功能是接收地球静止轨道卫星和倾斜地球同步轨道卫星数据，同时对这些卫星的测距值进行修正，并将原始数据和测距修正值传送到导航控制中心。导航控制中心主要功能为计算卫星星历、卫星钟差改正参数、电离层延迟误差数以及相应的完好性信息，并将计算结果传送给上行注入站，然后通过地球卫星控制中心，负责对在轨卫星正常工作的管理、控制和维护。CDMA 测距站和激光测距站负责采集卫星测距信息，并进行修正后传送到导航控制中心。用户段主要包括，特殊设计的单频用户接收机和双频用户接收机，所有接收机除接收印度区域导航卫星系统信号外，也可以接收太空 GPS、GLONASS 等信号，单频接收机用户同时可以接收相应的电离层误差改正信息。

作为印度独立建造的首个卫星导航系统，系统仍有诸多尚待完善的关键技术，包括原子时标准、地面站和主控制中心的建设、用户接收器、时间转换技术等都有待完成技术攻关。尤其在关键的微型精确定位载荷研制上，印度依然需要依赖与美、俄、欧的国际合作。如印度目前尚无法生产作为卫星定位的关键技术部件和星载原子钟，为此，印度与法国 OROLIA 集团下属的 SPECTRATIME 公司，签订了一项总额 400 万欧元的合同，要求其为卫星系统提供铷原子钟。

三、太空信息传输系统

太空信息传输系统，是指主要包括卫星通信和跟踪与数据中继的系统。太空信息传输系统将通过战略、战役和战术三个层面，完全融合到数字化战场指挥控制网络体系当中。它的主要功能任务是，完成战略、战术和战场信息（包括声音、图像、数据和数字）的传输和分发，并向最终用户传送地面综合处理管理中心信息产品，以满足信息化作战对指挥控制、协同作战、火力打击和情报通信保障的需要。

（一）卫星通信系统

1. 概述

卫星通信系统，是指以卫星作为中继站，可传输电话、电视、电报、传真和数据的无线电通信系统，主要设备包括通信天线、信号处理器、信号转发器等。卫星通信系统通过转发或发射无线电信号，实现地球站之间、地球站与航天器之间以及航天器之间的通信联络。卫星通信系统是远程战略通信的主要手段，在军事通信中有着举足轻重的作用，美国和俄罗斯等国家 95% 以上的远距离军事通信任务都是由卫星通信系统承担的。卫星通信发展十分迅速，全世界 90% 以上的洲际通信业务和 100% 的洲际电视转播，以及为数众多的区域通信已由卫星担负，在轨工作的通信卫星有 300 多颗。1991 年海湾战争中，以美国为首的多国部队建立了庞大的卫星通信系统，美国和英国军队共动用 6 颗通信卫星组成综合通信系统，为多国部队提供从战略级到战术级的作战通信保障。此外,还使用野战卫星通信系统,为基层部队(或参战部队)的指挥活动提供通信保障。

卫星通信系统具有以下优点:一是覆盖范围大,通信距离远。一颗静止通信卫星可覆盖40%的地球表面,等间距配置在地球静止轨道上的3颗通信卫星即可实现除南、北两极局部地区外的全球通信。二是通信容量大。目前,一颗卫星的容量可达几万甚至几十万路,并可传输高分辨率的照片和其他信息。三是传输质量高。通信卫星不受地形、地物等自然条件影响,且不易受自然或人为干扰,以及通信距离变化的影响,通信稳定可靠。四是机动性好。通信卫星可作为大型地面站之间的远距离通信干线,也可以为机载、船载和车载的小型机动终端提供通信,能根据需要迅速建立同各个方向的通信联络。军用通信卫星的保密性更好,抗干扰能力更强。

卫星通信系统的主要发展趋势是,卫星通信的保密性、抗干扰性和地面终端站的机动性,以及在核战争条件下的生存能力将全面提高,重点是增大通信容量和允许大量的战术用户通信,提高抗攻击和抗摧毁能力等。如高、中、低轨道卫星通信系统并行发展,开发利用多波束天线和超精度天线技术、光通信技术、高速星上信号处理和切换技术、直播卫星在军事上的应用技术及高温超导转发器技术等。

2. 卫星通信系统的分类

卫星通信系统的分类方法很多,如按运行轨道区分,卫星通信系统可分为地球静止轨道、大椭圆轨道和中低轨道卫星通信系统;按服务范围区分,可分为国际、国内和区域卫星通信系统;按业务区分,可分为固定业务和移动业务卫星通信系统。从军事应用上看,卫星通信系统通常分为战略通信和战术通信两大类卫星通信系统。战略卫星通信系统主要应用于全球性战略通信,通常在地球同步轨道上运行,使用超高频(SHF,3~30 GHz)和极高频(EHF,30~300 GHz)频段,为远程直至全球范围的战略指挥、控制、通信和情报传输提供服务;战术通信卫星则提供地区性战术通信,包括军用飞机、舰船、车辆,乃至小分队或单兵背负终端的移动通信。战术卫星通信系统一般在以12小时为周期的椭圆轨道上运行,主要为军用飞机和水面舰艇的机动通信服务。20世纪80年代以来,随着通信卫星技术的发展,尤其是大功率通信转发器的使用,卫星通信系统正向着大平台和多功能的方向发展,战略和战术通信卫星的区分已不明显,多用途和军民兼用的通信卫星已成为新的发展方向。

3. 典型的卫星通信系统

目前,除美、俄外,北约拥有"纳托"系列军用卫星通信系统,英国拥有"天网"系列军用卫星通信系统,法国拥有"西拉库萨"军用卫星通信系统。美军已研究和建立了各种用途的全球卫星通信系统,并开始了卫星通信系统的转型建设。

(1) 美国"国防卫星通信系统"

"国防卫星通信系统",是美国国防部为适应现代化作战要求而建立的一种全球性战略卫星通信系统,承担了大部分国防部卫星通信业务。该系统始建于1962年5月,分三个阶段实施,现已发展到第三代。第一代"国防卫星通信系统"(DSCS-1)卫星小功能差,通信能力非常有限;第二代(DSCS-2)由4颗地球静止轨道卫星组成全球通信网,在20世纪80年代前是美军的主要通信系统;第三代(DSCS-3)的研制始于1972年,既适用于大型固定地球站和舰载终端,又适用于小型机动终端,可同时满足战略和战术的通信要求,是当前美军使用的主要卫星通信系统。"国防卫星通信系统"(DSCS),可为美军所有的军兵种提供全球通信。

1991年海湾战争前夕,美军部署在海湾地区的DSCS-3卫星终端从4个增至120多个,用于完成战斗、战斗支援和战斗勤务支援等通信任务。多国部队空军司令部每天都使用"国防卫星通信系统"向各作战部队传送空袭任务指令,使空中打击适时有效。地面机动部队用户终端的天线装在平板车上,跟随部队移动,在部队停顿时与指挥所建立联系。共有33个机动终端为战斗部队服务,及时提供了指挥、控制、通信和情报信息。战争初期,"国防卫星通信系统"承担了75%的战区通信,尤其是对距离战区较远又无地面通信系统支援的部队,起到了巨大的保障作用。

(2) 俄罗斯"闪电"卫星通信系统

苏联是世界上最早发射卫星的国家,它的卫星通信系统也发展得较早,于1965年即发射了第一颗"闪电"通信试验卫星,并开始建立卫星通信系统。目前,俄罗斯使用的"闪电-3"通信卫星系统属于第三代,主要为军队提供战略通信服务。

"闪电"通信卫星系统具有以下特点:一是卫星采用周期12小时的大椭圆轨道,远地点在北半球上空约40 000千米,近地点在南半球上空约500千米,轨道倾角65°。这是因为俄大部分国土位于北半球高纬度地区,部分领土在北极地区,如果使用地球静止轨道则通信效果不好,还无法实现北极地区的通信,而使用大椭圆轨道并将远地点调整在北半球上空,可使卫星在本国境内上空飞行时间最长。"闪电"卫星一般采取8颗星组网工作,以成对方式运行在相互间隔90°的4个轨道面上,这样可保证24小时不间断的全球通信。二是通信容量有限,"闪电"卫星只有3个转发器,只能提供200路电话或 3 路电视,距战略通信的大容量要求有一定差距。三是对地面系统要求高,其地面应用系统由 85 个地球站组成。由于"闪电"卫星运行于大椭圆轨道,地面系统的天线要不断地跟踪卫星,技术更为复杂。

(3) 美国"军事星"系统

美国"军事星"系统(MILSTAR),全称为"军事战略、战术与中继系统",采用极高频(EHF)波段,是当今世界最先进的卫星通信系统。该系统集战略通信、战术通信与数据中继等功能于一身。"军事星"卫星通信系统于 20 世纪 80 年代开始研制,至今已发展了两代,分别是"军事星 1"和"军事星 2"。"军事星 1"抗核加固较强,主要用于战略通信。"军事星 2"无核加固,主要用于战术通信。星座由 2 颗"军事星 1"和 3 颗"军事星 2"等 5 颗卫星组成。系统主要特点:

一是通信容量大,处理能力强。星上装有 15 副天线,使用信号编码处理、定时与信号捕获处理、星间链路处理和综合处理等自主处理系统。具备信号调制解调和波束切换等功能;使用了特高频、超高频和极高频三个频段,同时支持战略和战术通信。采用 60 GHz 宽带链路进行卫星间的通信,把轨道上多颗卫星连成星座。

二是采用自适应调零天线技术,提高了抗干扰能力。所谓自适应调零天线,即天线主波束始终对准信号方向,信号零点始终对准干扰源。由于干扰是随机的,所以自适应调零天线能自动调整天线方向图的变化,始终跟踪干扰的方向。另外,由于波长极短,波束极窄,可以高定向发射,使窃听和干扰相当困难,加上卫星的再生处理技术,限制了噪声和干扰的积累,进一步提高了系统的抗干扰能力。同时,大量采用窄、宽频带的扩频、调频技术,也使得敌方很难截获其通信。

三是采用轨道交叉组网方式工作,提高了抗毁伤和生存能力。部分卫星的轨道高出地球静止轨道,在相当长的时间里,反卫星手段还达不到这个高度。地球静止轨道卫星也采取了防范措施,携带了足够多的燃料,一旦遇到攻击,可立即点燃发动机进行灵活的躲闪和机动转移。部署在轨道上的备用星平时不工作,处于秘密状态,并可根据指令进行机动,在适当的位置增强系统的工作能力。因此,"军事星"系统在复杂的战场环境中,也能提供正常的通信服务,有很强的生存能力。

(二) 跟踪与数据中继卫星系统

1. 概述

跟踪与数据中继卫星系统,是一种可跟踪包括航天飞机在内的地球轨道飞行器并将数据传回地面站的太空中继站,是实现全球侦察监视并为战略预警提供实时信息传送的重要手段之一,也是建立全球天基综合信息网的一个不可缺少的重要组成部分,主要用于实时中继传输各类低轨航天器用户的信息,并实现低轨航天器测控覆盖范围扩展。跟踪与数据中继卫星系统,不仅是中近地轨道航天器实现信息实时传输的枢纽,也是构成天基测控网的重要平台,在载人航天、深空探测等领域都有着十分重要的作用。由于成像侦察卫星传输的数据量极大,并且要防止被他国截获数据,因此必须依靠数据中继星实现大容量、高速率的数据实时中继。

目前,美国、欧空局和日本都在发展新一代跟踪与数据中继卫星系统,数据传输码速率越来越高,通信频段向 Ka 频段和光学频段发展。

2. 典型的卫星通信系统

(1) 美国"跟踪与数据中继卫星"

美国从 1975 年开始研制"跟踪与数据中继卫星"(TDRS),从 1983 年至 1995 年,共发射第一代 TDRS 星 7 颗,卫星上装有 7 副不同类型的天线,可同时使用 S、C 和 Ku 频段,数据传输速率高达 300 兆比特/秒。这几颗卫星与设在新墨西哥州白沙的地球站组成了美国的第一代 TDRS 网络,近地轨道覆盖率达到了 85%。从 1995 年开始,美国计划研究第二代 TDRS 卫星,工作频段为 S、Ku、Ka,并向 Ka 频段发展,使天基测控网覆盖率达 85%~100%。该系统可实时传输各类对地观测卫星数据信息,如为"长曲棍球"侦察卫星转发 SAR 成像数据,为新一代的"地球观测系统"(EOS)传输信息服务,等等。

(2) 俄罗斯跟踪与数据中继卫星系统

俄罗斯跟踪与数据中继卫星系统,分为民用、军用两大类。民用跟踪与数据中继卫星系统分为东部、中部和西部 3 个独立网络,称为"射线"系统,该系统主要是为地球低轨道卫星提供通信和控制提供服务,为"和平号"空间站、"礼炮号"空间站、"联盟号"飞船,以及"钻石"合成孔径雷达等与地面站之间提供双向数据交换。1982 年发射的"急流"军用跟踪与数据中继卫星系统采用 C 波段,卫星天线为相控阵天线,主要用于光电成像侦察、海洋监视等军用卫星。

四、太空作战武器系统

由于卫星等航天器在战争中的巨大作用,使越来越多的国家充分认识到发展太空武器的必要性和重要性。在积极发展卫星、航天飞机、空间站等军用航天器的同时,如何阻止敌方利用太空,或在敌方对己方航天器发动攻击时如何进行反击,如何发挥太空的高度优势,如何夺取和保持制天权,如何从太空对地面、空中和海上的目标进行攻击,这些问题都促使太空武器应运而生。

太空作战武器系统,概念上有狭义和广义之分。狭义的太空作战武器系统,特指部署在天基平台上直接用于杀伤对方太空、空中、海洋和陆地作战目标的武器系统;广义的太空作战武器系统,是指部署在太空、陆地、海洋和空中,用于攻击和摧毁敌方太空飞行目标,以及从太空攻击陆地、海洋、空中重要目标的武器系统。从功能上看,太空作战武器系统可分为硬摧毁、软杀伤两类。具体讲,主要包括反卫星武器、反弹道导弹武器和轨道轰炸武器等。反卫星武器是指用于干扰或破坏在太空运行的卫星武器系统,是当前较为成熟的一类太空作战武器系统。目前,反卫星武器大体可分三类:一是导弹武器,包括携带核弹头或常规弹头的反卫星导弹和依靠直接碰撞杀伤卫星的动能拦截弹;二是定向能武器,包括激光武器、粒子束武器和高功率微波武器;三是电子对抗武器,用于干扰卫星的通信和数据传输。

(一)太空作战硬摧毁武器系统

太空作战硬摧毁系统,是指利用各种武器系统直接摧毁航天器本身的天基武器系统,按杀伤手段的不同通常可分为核能与非核能两种。核能太空武器,是指利用核装置爆炸产生的热辐射、核辐射与电磁脉冲等效应破坏目标的结构或使之失效,主要包括核电磁脉冲弹、增强 X 射线弹、γ 射线弹。核能太空武器杀伤范围大,对制导精度要求不高,任何能携带核弹头的远程弹道导弹都可以作为反卫星武器。但太空核爆炸将会不分青红皂白地破坏杀伤范围内的所有卫星,包括敌方、己方和第三方的卫星。在制导技术水平较差的 20 世纪 70 年代,这种方案是唯一的选择,但现在各国均已放弃。非核能太空武器,是指利用非核装置产生的攻击杀伤作用,实施太空进攻的武器装备。非核能太空武器可分为动能与定向能两种,是各国目前广泛研究和采用的太空作战武器装备。

硬摧毁技术是在太空作战中,使被攻击目标永久丧失全部或部分功能的技术,包括高空核爆炸技术、动能武器技术和定向能武器技术。硬摧毁具有强大的威慑作用,但利用动能武器、核武器等硬摧毁手段在打击敌方太空目标的同时会污染太空环境,对己方航天器构成潜在威胁。

1989 年以来,美国重点发展地基动能武器技术,1997 年动能拦截器成功地进行了首次悬浮飞行试验,2000 年研制出 3 个采用先进技术的动能拦截器,并达到飞行试验的要求。2002 年 1 月,美国首次利用"标准-3"动能拦截弹成功地拦截了"白羊座"弹道导弹靶弹。加大定向能武器的能量水平和部件尺寸,以及动能武器的小型化、精确制导技术、目标识别技术等关键技术,是提高各种硬摧毁能力的发展方向。

1. 动能武器

动能武器,是指靠发射弹道、寻的、制导的高速运动拦截弹头,以其整体或爆炸的碎片直接碰撞毁伤目标的武器。动能武器一词,最早出现在20世纪80年代初美国的战略防御倡议(即星球大战计划)中。动能武器主要由拦截弹头和高速发射装置两大部分组成。拦截弹头通常采用寻的制导式,也可以是弹道式,主要由红外或雷达探测器、计算机、制导、通信系统、杀伤机构以及推进、控制系统等部分组成;高速发射装置主要是采用助推火箭,也可采用电磁发射装置。依照部署方式不同,动能武器分为天基动能武器、地基动能武器、空基动能武器、海基动能武器四类;按作用机理可分为动能拦截弹、电磁炮等。目前,具有一定实战能力的动能武器有,美国的机载反卫星导弹、地基动能反卫星武器系统、天基反卫星系统和俄罗斯动能反卫星系统。

动能武器与传统武器和定向能武器相比,有其自身优点:一是地基动能武器不受天气的影响,可以全天候作战;二是毁伤能力强,作战效果易判定;三是部署方式灵活,生存能力强,打击时对方难以防范,这些都是动能武器能够快速不断发展的主要原因。动能武器的缺陷是速度低,作战距离短,不能重复使用,目前对付快速、远距离、多目标还有困难。动能武器最关键的技术是精确寻的制导,其精确性越高,对拦截弹头的质量和速度要求越低,作战效果越好。为提高拦截成功率,有些动能拦截弹在弹头部分增加了一些增强装置,如大片高速弹丸、伞骨状钢条等。

20世纪80年代,美、苏两国大力发展动能武器技术。美国在探测、制导等关键技术方面已取得了一些重大进展,多次演示了用火箭推进的动能武器反导弹和反卫星的能力。1990年,美国国防部战略防御计划局,还进行了"智能卵石"的首次亚轨道飞行试验,以及大气层内高空防御拦截弹(HEDI)的首次飞行试验。

(1) 天基动能拦截弹

天基动能武器是一个完全不同于常规弹头或核弹头的全新概念的太空杀手,主要由超高速发射装置(即推进系统)、探测系统、制导系统和射弹等几个部分组成。已经或正在发展的天基动能武器主要包括:天基动能拦截弹、太空电磁轨道炮和"智能卵石"等。天基动能拦截弹主要用于拦截洲际弹道导弹(也可用于反卫星)。它由部署在航天器上的超高速发射装置,把"弹丸"加速到很高的速度,利用制导系统摧毁探测系统所发现的目标,如飞机、航天器或敌方的天基武器等。

(2) 电磁轨道炮

电磁轨道炮也叫同轴线圈加速炮,它由环绕于炮膛的一系列固定加速线圈与环绕微型射弹的弹载运动线圈组成,当这些线圈按顺序加电时,产生运动磁场,从而使处在磁场中的微型射弹加速后发射出去。电磁轨道炮是利用多个磁场重新结合产生新的更多容积的磁场结构,多级加速发射微型射弹。电磁炮的主要技术难点在于提高炮弹的质量和速度。

2. 定向能武器

定向能武器,是指通过发射高能激光束、粒子束、微波束直接照射破坏目标的武器系统。按能量作用方式,定向能武器可分为常规定向能武器和核定向能武器。常规定向能武器包括,高能激光武器、高能粒子束(中性氢原子束和电子束)武器。核定向能武器包括,核泵浦X光激光器、定向电磁脉冲弹和定向等离子体武器。按部署方式,定向能武器可分天基、陆基和海基三种。按作用机理,还可分为高能激光武器、粒子束武器、微波武器等。定向能武器对卫星和导弹既可进行软杀伤(如用激光使卫星、导弹的光电探测器暂时致盲),也可造成硬杀伤(如摧毁卫星、导弹的某些关键部件),作战使用灵活性大,既适合于反低轨道卫星,也适合于反高轨道卫星和弹道导弹,并能重复射击。但其缺点是目标容易采取加固对抗措施,杀伤效果不容易判断。地基定向能武器在作战使用时易受气象等条件的限制。

定向能武器通常由定向能束源、发射传输系统、目标捕获跟踪识别和杀伤评估系统等部分组成,能在瞬间打中远至几千千米外快速运动的目标(例如洲际弹道导弹的助推器、母舱、诱饵和军用卫星等),将其摧毁或予以识别,并可迅速再次瞄准。利用定向能杀伤手段摧毁太空目标具有速度快、攻击空域广的特点,但技术实现难度较大。目前,美国、俄罗斯等军事强国正在对此积极研究与试验,预计不久的将来能研制出可供实战需要的定向能硬摧毁武器。

(1) 高能激光武器

高能激光武器(或称强激光武器、激光炮),是指利用光能、热能、化学能或核能等外部能量来激励物质使其发出受激辐射而产生的特殊高能光束,致盲或摧毁敌方目标的定向能武器,一般由高能激光器、精确瞄准跟踪系统和光束控制发射系统组成。激光是具有多功能用途的定向能武器,把激光武器装在卫星、宇宙飞船和空间站等航天器上,可用来击毁敌方的各种军用卫星、导弹以及其他武器。这种激光武器,可以迎面截击,也可以从侧面或尾部追击。由于这种武器的载体航天器很平稳,没有气流和震动等干扰问题,所以安装在航天器上的激光器能量可以得到充分发挥。

目前,具备一定作战能力的激光武器主要有下述三种:一是美国地基反卫星激光武器。美国地基反卫星激光武器比较成熟,已做过多次试验。它主要由"中红外先进化学激光器"(MIRACL)和"海石"光束定向器(SLED)组成。二是美国机载激光武器系统(ABL)。美国机载激光武器系统采用"波音"747-400F飞机作平台,由氧碘化学高能激光器、被动红外传感器、瞄准与跟踪系统等组成。它可以反弹道导弹、反卫星和反飞机。主要优点是机动性好,作战范围大,缺点是系统复杂,保障难度大,每个战区需配备7架作战飞机,每批2架执行任务。三是天基激光武器系统(SBL)。天基激光武器就是将高能激光武器系统集成到一个卫星平台上,可以反卫星和反弹道导弹。优点是不存在大气对激光传输的影响,比机载激光器稳定性好易于作战,缺点是作战范围受限制,难点是要求激光器的体积小功率大,这在技术上是一对矛盾。

(2) 高功率微波武器

高功率微波武器又称为射频武器,是指利用强微波波束能量毁伤飞机、导弹、航天器等目标中的电子设备或人员的定向能武器,是一种以无线电波能量打击目标的武器。高功率微波武器以辐射微波(波长为1米到1毫米的无线电波)为特征,因此又称为无线电波武器、射频武器。高功率微波武器一般由超高功率微波发射机、大型天线以及电源等其他配套设备构成,结构与雷达的发射部分相似,但辐射的能量要比雷达大百倍以至万倍,微波的辐射频率通常在1~30 GHz范围,输出脉冲功率达吉瓦级。根据微波能量的强弱,高功率微波武器既可进行软杀伤,也可进行硬摧毁。

高功率微波武器具有以下特点:一是可全天候攻击。微波武器不受任何天气情况的影响,可以光速对敌方电子设备进行攻击。二是可进行不同程度的打击。可在特定的作战等级上进行外科手术式的打击,根据目标性质和作战任务,实施毁伤、中断或使其性能下降等。三是具有良好的方向性和一定的覆盖范围。可以实施大范围目标的攻击,也可以对付某一个具体目标,即微波的辐射范围可以变化。四是作战范围广。高技术武器装备普遍使用了电子或光电器件,因此,高功率微波武器可攻击几乎所有的武器装备,尤其是对大量采用电子器件的卫星和导弹,攻击效率会更高。

高功率微波武器的作用机理是,将微波发生器产生的功率极高的微波能量,以很窄的脉冲通过天线集聚在一个窄波束内,定向投射到太空、空中、地面和海洋目标上,破坏敌方电子系统的传感器和接收机部分,烧毁电子元器件,扰乱数字电路,甚至直接摧毁设备。微波武器与粒子束武器和强激光武器相比,有较宽的波束,因而有较大的照射和杀伤范围。另外,它受天气和烟尘等战场环境影响较小,作战适应性较强。但微波武器的能量聚集需要使用大型天线,且很难立即判明其对目标的杀伤效果。

目前,世界发达国家,如美国、俄罗斯、法国、英国、德国和日本等,都很重视发展高功率微波武器。其中美国和俄罗斯的高功率微波武器发展较快,已取得了重大进展。早在1987年,美国国防部的"平衡技术倡议"(BTI)计划中,就将高功率微波武器技术列为五项关键技术项目中的一项。美国目前正在研制的天基高能微波武器(HPM)是一种杀伤地面、空中和太空目标的武器,由低轨道的卫星星群构成,它可把超宽带微波能导向地面、空中和太空目标。它的作用是在目标区的几十到上百米范围内产生高电场,从而摧毁或损坏任何电子部件。

(3) 粒子束武器

粒子束武器,是指利用高能强流亚原子束摧毁飞机、导弹、卫星等目标,或使之失效的定向能武器。粒子束武器通常分为在大气层使用的带电粒子束武器和在外层空间使用的中性粒子束武器两类,通常由粒子源、粒子加速器、探测与瞄准跟踪和指挥通信设备等组成。

粒子束武器的工作原理是,用高能强流加速器,将粒子源产生的电子、质子或离子加速到接近光速,并用磁场聚焦成密集的粒子束流射向目标,靠粒子束流的多种效应来摧毁目标或使之失效。粒子束摧毁目标或使之失效的机理大致有三种:一是使结构破坏;二是使引爆药早爆;三是使电子设备失效。

粒子束武器具有以下显著特点:一是能量高度集中,穿透力强,发射功率高,可以像动能武器一样破坏目标的内部结构,导致目标战斗部中的炸药爆炸,引起脉冲电流使电子设备失效。二是可快速改变发射方向,能对付多个目标。三是可识别真假目标。中性粒子束可识别真假目标,这在反导和反卫星作战中有非常重要的作用。四是不受天气和环境的影响。粒子束没有大气畸变,也不受云雾等的影响,使用方便。

由于粒子束武器具有极大的优越性和发展前景,因此,一些军事大国在竞相研制,目前尚处于试验阶段。早在1944年,英国科学家就曾设想用高能粒子束作为武器。随着有关技术的发展和军事上的需要,20世纪90年代以来,这种研究工作仍在进行。如果解决了设备体积过大问题,粒子束武器在未来有可能成为一种重要的天基武器。

(二) 太空作战软杀伤武器系统

太空软杀伤武器系统,是指破坏对方天基武器系统的光电仪器使其失效,或采用其他一些非摧毁性手段,使其丧失作战效能的武器装备系统。目前的软杀伤主要有光、电、磁和网络等技术手段。软杀伤武器系统具有适用范围广、隐蔽性强、破坏形式多、时空制约小等特点,在未来的太空作战中,无声无痕的"软对抗"将占有越来越大的比重。软杀伤比硬摧毁耗费小,技术实现起来也相对简单。软杀伤的范围非常广泛,只要能使对方的太空武器装备失效,但又不是有形的摧毁,就是软杀伤手段。

目前,比较典型的软杀伤手段主要有以下三种:一是低能量的定向能武器。如低能激光、微波武器、粒子束武器等,照射敌方太空作战武器装备,使其光电仪器损坏或失效,从而无法完成关键功能,其整个结构未被破坏,但已失去作战效能。利用激光束对敌方太空系统相关敏感元部件进行干扰和破坏,利用微波对敌方太空系统的电子设备进行电磁辐射干扰,利用黑客程序入侵敌方太空系统的相关数字单元等,可有效对敌太空作战系统起到杀伤作用。20世纪80年代,苏联曾利用陆基激光器对美国的侦察卫星实施照射,成功地使其失去效能。

二是电子干扰和欺骗。通过干扰,对部分或整体太空系统能力的暂时性非物理损伤,采用篡改、歪曲或伪造信息来诱导敌方。如对全球卫星导航定位系统实施干扰,使对方无法正确收到导航、定位信息;对通信卫星实施干扰,使对方通信联络中断,阻碍其信息传递。此外,还可在导航定位系统中发送欺骗信号,使对方误把假信息当作正确导航信号,同样可达到破坏系统作战效能的目的。2003年伊拉克战争初期,伊拉克军队用GPS干扰机对美军实施有效干扰,致使美军的攻击屡屡出现失误。未来战争中,软杀伤在信息对抗领域将发挥越来越重要的作用。

三是使用计算机病毒、逻辑炸弹。这种软手段不受时间、地域、气候等条件的限制,具有随时性、隐蔽性、突然性、长期性、广泛性和灾难性。这种手段可以窃取敌方太空作战武器装备系统的重要信息,也可使对方整个航天系统"瘫痪"。

五、太空资源应用管理地面系统

太空资源应用管理系统,通常是指建立在地面的各种负责信息接收、处理与分发的指挥控制系统。太空资源应用管理系统,通过卫星运行控制网络与其他分系统相连,将航天器及地面接收处理系统采集、生成的数据和信息产品快速提供给用户,有效管理和共享太空资源,提高航天力量支援联合作战指挥系统应用效能。本节重点介绍卫星侦察地面应用系统、卫星通信地面应用系统和卫星气象监测与预报地面系统。

（一）卫星侦察地面应用系统

侦察卫星的种类较多，其地面应用系统也各不相同，但总体上可划分为两类，即地球静止轨道卫星地面应用系统和近地轨道卫星地面应用系统。由于侦察卫星所携带的有效载荷不同，其地面应用系统的任务也不同。

地球静止轨道侦察卫星地面应用系统，在构成上与卫星通信地球站相似，不同的是它接收的是卫星遥感数据，数据量大，传输率要求高。近地轨道侦察卫星的地面应用系统，由于卫星位置不断变化，需要设置若干个地面接收站，以便尽可能多地接收数据，然后将数据发送到数据处理中心。当然，有中继卫星的国家可将侦察数据，通过地球静止轨道中继卫星转发到地面站，这样，其地面应用系统与地球静止轨道侦察卫星的地面应用系统就没什么区别了。返回型侦察卫星没有地面接收系统。

地面应用系统的另一重要功能，是对卫星进行业务测控。卫星测控管理也可分为两类。一类是工程测控，主要完成卫星的轨道控制和姿态控制等，目的是确保卫星正常工作；另一类是业务测控，主要对卫星的工作状态进行控制，即对卫星携带的有效载荷进行管理，如对照相侦察卫星相机的拍摄时间和地点等进行控制。这两类控制可以合并进行，统一由一个地面控制中心或控制站完成，也可分别由地面控制中心和卫星用户的地面应用系统完成。

卫星侦察地面应用系统大致包括以下分系统：卫星地面站系统、卫星应用管理中心和卫星数据应用系统。卫星地面站主要由接收天线、遥控天线、终端设备、计算机和电源系统等组成。其主要任务包括，对卫星进行精确跟踪和监视；接收卫星发送的遥感和遥测数据；对接收数据进行一定的处理，并传送到管理中心；按照中心的指令对卫星进行业务控制，发送遥控指令，并检查执行情况；完成管理中心赋予的其他任务。卫星应用管理中心是侦察卫星的指挥枢纽，控制卫星完成各种指定任务。它主要由计算机系统、图像数据处理系统、数据传输系统、分析决策控制系统、通信系统和电源系统等组成。其主要工作是，汇总地面站发来的遥感数据并进行处理；显示任务需要，计算针对卫星的控制数据，并将控制指令发送到地面站；对卫星的数据进行分析，向决策部门提供意见和建议，与负责卫星工程测控的控制中心和控制站协调卫星的工程测控，确保卫星正常运行。卫星数据应用系统的主要任务是，将卫星的数据转换为最终成果，如图像、照片、地图等；将卫星的最终成果发送到有关用户；建立卫星资料数据，对卫星数据进行搜集和整理；生成卫星数据的附加产品。

(二) 卫星通信地面应用系统

地面应用系统,是卫星通信系统的重要组成部分。各种用途的卫星通信地面应用系统略有差异,但基本设施是相同的。其主要设备就是用于发射和接收通信信号的地球站设备,习惯上也称为卫星通信地球站、地面站或终端站。

卫星通信地球站设备一般可分成六个分系统。一是天线分系统。地球站一般采用抛物面天线,看起来像一口大圆锅。该系统除天线本身外,还包括馈电设备(将天线信号送到跟踪部分)和跟踪与驱动设备(控制天线的朝向)。早期的地球站天线口径为 10~30 米,由于卫星技术的发展和地面系统的改进,现在天线口径已大大减小。二是发射分系统。系统将需要播发的音频和视频信号调制到工作波段的载波上,由功率放大器放大后,经天线发射到卫星上。三是接收分系统。系统接收来自卫星的信号,经放大检波后,再发送到终端系统。四是终端分系统。系统由载波电话终端设备、电视终端设备、传真终端设备和数据终端设备等组成。五是通信监控分系统。系统负责对地球站内的各种设备进行监视、控制和定期测试。六是电源分系统。系统用于为全部地球站设备供电。

根据工作需要,卫星通信地球站可使用不同的频率和天线口径。为便于生产、使用、管理和维修,国际通信卫星组织规定了六类地球站的划分标准:A 型站工作频率为 6/4 GHz(上行/下行),天线口径为 27~30 米,适用于传输 100~1 000 条以上信道的高密度干线电话。B 型站工作频率为 6/4 GHz,天线口径为 11~13 米,适用于传输 100 条以下信道电话。C 型站功能类似于 A 型站,但工作频率为 14/11 GHz,天线口径为 16~18 米。D 型站工作频率为 6/4 GHz,天线口径为 4.5~5 米,价格便宜,使用方便,适于不足 10 条信道的通信线路要求。E 型站工作频率为 14/11 GHz,天线口径为 3.5~8 米,用于 64 千比特/秒信道速率的数字化通信。F 型站与 E 型站类似,但工作频率为 6/4 GHz,天线口径为 5~7 米。卫星通信地球站按使用方式还可分为固定站、可搬运站和移动站,其工作频率和天线口径也参照国际标准划分。

(三) 卫星气象监测与预报地面系统

气象卫星地面应用系统用于测量、控制气象卫星,并接收和处理其气象信息。它由数据接收与测控站、数据处理中心、数据搜集系统和数据利用站等组成。

数据接收与测控站包括接收系统、测控系统和通信设备。极轨气象卫星系统有多个数据接收和测控站,而地球静止轨道气象卫星只有一个站。它主要接收气象卫星遥感器测得的信息,经由卫星转发的数据搜集平台遥感数据,以及卫星本身的遥测数据,然后经通信设备将这些信息送往数据处理中心。它还将卫星控制中心送来的遥控指令发送给气象卫星。此外,地球静止轨道气象卫星的数据接收与测控站,要把数据处理中心发来的云图和天气传真图等转发给气象卫星,根据卫星控制中心的指令对卫星进行跟踪测量,并将测得的数据送到数据处理中心。

数据处理中心由计算机、外设和相应软件组成。它对数据接收与测控站送来的信息进行记录和处理,提取各种有用信息,制成各种天气图,把各种观测数据变成气象数据并分发给用户。此外,该中心还对整个气象卫星系统进行监视和指挥调度。

数据搜集系统包括设在陆、海、空的大量自动环境数据搜集站。它配置不同的传感器,可搜集不同的环境数据,经采样、编码和放大后发给气象卫星。每颗气象卫星可搜集多站的数据,然后转发给数据接收站,再经处理中心加工后分发给用户。

数据利用站负责接收气象卫星实时发送的各种云图,供有关地区使用。常用的数据利用站有:自动图像传送云图站,用以接收极轨卫星发送的实时低分辨率模拟云图;高分辨率图像传送云图,用以接收极轨卫星发送的高分辨率数字化云图;小型数据站,用以接收地球静止轨道卫星发送的低分辨率模拟云图;中型数据站,用以接收地球静止轨道卫星发送的高分辨率数字化云图或模拟传真云图。

第三节　太空作战技术

太空技术的发展可用日新月异来形容,尤其是当今世界太空军事大国和强国,针对太空资源的竞争日益激烈,进而推动了军事航天技术的飞速发展,太空技术在作战运用上越来越广泛,军事与太空技术捆绑得也越来越紧。对于太空作战而言,技术不仅仅决定战术,其发展和应用还直接影响着战争形态的改变、作战理论的创新和部队编制体制的调整,尤其是牵引着太空作战武器装备的研发与需求,各种高新技术的开发应用和成熟推广,为太空作战武器装备提供了强劲支撑,将太空作战不断推上新的台阶,也让太空作战的魅力和魔力大增。

一、太空作战技术的主要内容

太空作战技术是综合国力的重要标志,是维护国家安全的重要支撑,是国家战略威慑能力的重要体现,对于国防和军队现代化建设至关重要。太空作战技术的快速发展和广泛应用,对世界新军事变革产生了重要的推动作用,促使战争形态、作战理论、部队编制体制等发生深刻的变化。由太空作战技术物化的太空作战装备,在信息化装备体系建设中发挥着主导作用,在信息化装备与其他武器装备建设的结合中发挥着龙头作用。

太空作战技术,是用于实施和保障太空作战的技术的统称。主要包括太空投送、太空态势感知、进攻性太空作战和防御性太空作战等技术。其中进攻性太空作战技术包括:一是太空武器技术,主要有太空武器平台技术、太空武器载荷技术。二是反卫星技术,主要有核能反卫星技术、动能反卫星技术、激光反卫星技术、微波反卫星技术、粒子束反卫星技术、直接上升式拦截技术、共轨式拦截技术。三是太空信息对抗技术,主要有软杀伤技术、硬摧毁技术等。防御性太空作战技术包括:星载假目标技术、航天器防护技术、星座技术、轨道机动技术、快速重构技术等。

二、太空作战技术的主要发展阶段

(一)初步形成阶段

20世纪50年代后期至60年代末,太空作战技术由试验验证起步走向初步形成阶段。美国和苏联竞相开展各类军用卫星的研制与试验,开始实施载人航天计划,并开始了太空作战技术研究。1960年8月10日,美国发射的"发现者13号"成像侦察卫星成功回收胶卷,标志着军用卫星从试验阶段开始进入初步形成阶段。到1967年,电子侦察、导航、导弹预警、军事气象、军事通信、海洋监视等军用卫星相继面世,实用型军用卫星系列初步形成。1961年4月12日,苏联航天员加加林乘世界上第一艘载人飞船"东方1号",完成了人类有史以来的首次太空飞行。1969年7月21日,美国航天员N.A.阿姆斯特朗走出"阿波罗11号"载人飞船,成为踏上月球表面的第一人。1959年美国进行了世界上首次反卫星技术试验。20世纪60年代初苏联开始发展反卫星技术。

(二)快速发展阶段

20世纪70年代初至80年代末,太空作战技术进入快速发展和广泛应用阶段。主要体现在:一是军用卫星体系基本形成。拥有了运行于多种轨道的电子侦察卫星,既可进行普查又可进行详查;光学成像侦察卫星由返回型发展到传输型,并成功发射了微波成像侦察卫星,形成了全天候侦察能力;通信卫星初步形成相对完备的战略、战术通信体系,并建成了天基测控与数据中继网;开始构建"全球定位系统"和"全球导航卫星系统"两大全球卫星导航定位系统,初步实现导航应用;陆地观测卫星、海洋环境卫星面世,气象卫星性能进一步提高,具备了全维战场环境探测能力。

二是载人航天技术飞速发展。1971年4月19日,苏联发射了世界上第一个空间站"礼炮1号"。1981年4月12日,美国研制的世界上第一架实用型航天飞机"哥伦比亚号"首航成功。1986年2月,苏联发射"和平号"空间站核心舱,正式开始长久性载人空间站的组装和运行。

三是太空作战技术得到试验验证。美国于1975年部署带核弹头的地基反卫星系统,1977年转向研究空基微型动能反卫星技术,并在1985年9月13日成功地摧毁了一颗在轨卫星。1983年3月提出"战略防御倡议"计划,俗称"星球大战"计划。20世纪80年代后期开始研究地基动能反卫星技术和地基激光反卫星技术,1988年8月开始研制名为"智能卵石"的小型天基动能杀伤反卫星武器,并于1990年首次进行亚轨道拦截太空飞行目标的试验。1986年,美国在"跨大气层飞行器"基础上提出研制可完全重复使用、单级水平起降的"国家空天飞机",代号为X-30。2004年超声速飞行器X-43A成功完成10马赫的飞行。1968~1982年,苏联进行了约20次反卫星武器的目标拦截试验。1982年6月,苏联曾利用"宇宙-1379"反卫星卫星成功摧毁了"宇宙-1375"靶星。

(三)实战应用阶段

20世纪90年代至21世纪初,太空作战技术日臻完善,进入实战应用阶段。主要体现在:一是卫星系统在1991年的海湾战争中首次应用于实战。之后的科索沃战争、阿富汗战争,特别是2003年的伊拉克战争中,开始由战略应用全面转向战役、战术应用,军用卫星系统以其强大的信息支援能力在战争中发挥了至关重要的作用。

二是世界各国对于太空作战技术的研发进一步加强,各种新型军用卫星系统加速发展。美、俄两国分别于1995年和1996年建成卫星导航定位系统,1998年11月美国的低轨道通信卫星星座"铱"卫星系统正式投入运行。各类新一代卫星系统也在持续建设之中。欧盟于1999年2月正式宣布建立"伽利略"导航卫星系统计划,并于2005年底发射第一颗试验卫星。法国、德国、以色列、印度、日本等国也都拥有了侦察卫星。

三是载人航天技术取得新发展,国际合作进一步加强。1998年11月,美国、俄罗斯、欧洲航天局(11个国家)、加拿大、日本和巴西等16个国家开始合作建造"国际空间站"。2004年美国提出重返月球计划。随后,俄罗斯、印度、日本也都提出了登月计划。

四是太空作战技术快速发展,动能、定向能太空武器接近实战水平。

1991年底苏联解体和冷战结束后,美国于1993年5月将SDI计划更名为"弹道导弹防御"计划,重点转向研制地基战区导弹防御系统。1995年美国空军开始研制高功率微波试验系统,1997年10月进行了激光反卫星试验,对"微型敏感器综合技术卫星3号"的传感器进行攻击,标志着美国激光反卫星武器已具备初步作战能力。进入21世纪,美国先后启动了实验卫星系统微卫星演示验证项目和"近场红外实验"等计划,发射了XSS-10和XSS-11卫星,并完成轨道交会机动以及近距离会合试验。

三、太空作战技术的种类

太空作战技术种类繁多,与太空作战联系最直接、人们在实践中最常见的有以下几种技术。

(一)卫星网络技术

卫星网络技术是指以卫星作为主要网络节点,构成通信网络的技术。主要包括卫星网络拓扑、网络管理、网络通信、网关、终端以及与地面网络接口等。卫星网络一般由一颗或多颗卫星作为主要网络节点,辅以地面中心站、网关站、终端以及无线链路构成。

卫星网络与地面网络相比有两大特点:一是距离远、时延长。地面网络的传输距离一般在几千千米范围内,越洋的连接也不过1万多千米。由地球静止轨道通信卫星构成的卫星网络,终端与卫星之间的传输距离一般在40 000千米以上,终端与终端之间通信的时延最小也超过250毫秒,是长时延网络。二是传输信道误码率高。卫星网络内部的信息交换是通过无线传输信道进行的,无线传输信道的误码率比光缆高3个数量级或以上。卫星网络技术一方面要研究常规的网络通信技术,另一方面要研究在长时延、高误码率情况下的通信协议、传输协议、网管协议的适应性和效率问题,以及服务质量问题。

随着太空技术和信息技术的飞速发展,卫星网络技术向着宽带、高速、高质量、多业务综合领域方向发展,卫星的信息处理能力不断增强,卫星网络的容量和组网能力迅速提高,将先进的多址接入技术、星上处理技术和交换技术、协议处理技术、网络管理技术等运用到卫星网络中,已经成为卫星网络技术研究的重点和关键。卫星网络也将由简单的星状网发展成为具有多层次结构、多业务承载能力的复杂拓扑构形,卫星网络技术将融合卫星通信技术和地面网络技术的优势,实现天地信息的互联互通。

(二)星间链路技术

星间链路技术是指航天器之间信息直接传输与交换的技术。通常应用于链接两颗或两颗以上协同工作的卫星,使其形成一个整体以提高系统性能,完成特定任务。星间链路技术包括网络体系结构技术、信息发射传输技术和信息处理技术等。

卫星网络体系结构与星座几何结构密切相关,星座几何结构是卫星网络设计的基础。由于涉及多颗卫星的协同工作,必须建立统一的时间基准;由于涉及多用户、多卫星的信息切换,必须采用复杂的电路开关网或快速信息包开关网。

信息发射传输技术在星间链路中采用的频段有 S、X、Ku、Ka 或光波频段。由于星间链路需要传输信息量越来越大,且星间链路不受大气的影响,Ka 及光波频段是重点应用的频段。对于中低轨道卫星的星间链路以及近距同步轨道卫星组,由于卫星间的相对位置是不断变化的,必须采用移动波束技术,一般可用双轴转动机构控制的辐射机构或相控阵机构来实现。对于光波或较大口径的 Ka 频段,天线辐射波束很窄,需要采用波束跟踪技术,以提高波束指向精度,减小信息传输损失。

信息处理技术为提高传输效率、避免信息阻塞,需要采用传输控制技术;为在不提高辐射功率的条件下降低误码率,需要采用有效的调制解调算法及相应的硬件技术,如前向误差校正技术。

星间链路技术的发展趋势是采用激光通信技术,发展与之相关的硬件与软件技术,实现更大的通信容量和更强的在轨信息处理能力,减少星上设备的重量、体积和功耗。

(三)卫星编队飞行技术

卫星编队飞行技术是指两颗或两颗以上卫星为完成任务而保持特定飞行队形的技术。编队飞行的各卫星按照其自身的轨道运动规律运行在相同或接近的轨道上,以相同的轨道周期绕地球运行;各卫星之间根据相对轨道运动规律以及特定的任务保持一定的队形,并协同工作。编队飞行各卫星之间的相对距离与卫星的运行轨道尺度相比很小,卫星在太空呈密集分布。

卫星编队飞行技术包括卫星编队构成及队形控制。编队构成是以一定应用为目的,多个卫星按照一定的分布规律形成卫星群。队形控制包括队形捕获及队形保持。队形捕获是从每个卫星入轨到全部卫星形成所要求的队形的控制过程,队形保持是克服摄动影响以保持其构形不变的控制过程。卫星编队飞行技术涉及卫星相对轨道动力学与控制、星间相对导航等技术。实现卫星编队飞行还包括多星管理、星间通信与协同工作、卫星自主运行和地面测控等技术。

卫星编队飞行技术在天基对地观测、侦察监视、天文观测和地球物理探测等方面具有广泛的应用前景,尤其是在天基对地监视和遥感领域具有十分重要的价值。如利用稀疏阵列干涉测量或合成孔径技术,通过卫星编队飞行可以获得较长的测量基线(几百米到几百千米,这是单颗卫星难以达到的尺度),达到比单颗卫星高得多的性能。另外,对于特定的观测任务,通过编队飞行有可能以轻巧、灵活的小卫星来代替庞大、复杂的大卫星,且系统还具有冗余性和可重构性。

(四)卫星侦察与监视技术

卫星侦察与监视技术是指利用卫星获取军事目标信息的技术。侦察侧重于目标的发现与识别;监视侧重于对目标的探测与跟踪,或对某一区域态势的观测。可分为卫星成像侦察技术、卫星电子侦察技术和卫星预警技术。

卫星成像侦察技术通过对目标成像获取军事情报的技术。按工作谱段可分为光学成像侦察技术和微波成像侦察技术两大类。光学成像的空间分辨能力强,目标提取难度小,但侦察效果受大气状况和光照影响大;微波成像不受时间限制,基本不受天气状况影响,可以探测到伪装物下的目标,但目标在图像上的清晰程度与工作频段、极化方式和观测角度密切相关,目标提取难度大。

卫星电子侦察技术使用无线电接收机接收对方电子设备发出的电磁辐射,获取电子情报的技术。可分单星体制卫星电子侦察和多星体制卫星电子侦察。单星体制的设备结构简单,天线尺寸大,可探测到微弱的电磁辐射,定位精度较差;多星体制设备的天线结构简单,研制难度低,定位精度高,但需要精密同步技术。

卫星预警技术通过探测导弹的热辐射,推算导弹发射点方位,判断导弹飞行轨迹和弹着点位置的技术。按工作谱段可分为红外探测技术和紫外探测技术,按照导弹的飞行阶段可以分主动段探测技术和中段跟踪技术。预警卫星的红外探测器多工作在大气的吸收谱段,以避免地面红外辐射的干扰,在导弹上升到一定高度后可以探测到尾焰的热辐射,连续的观测可以判断出导弹的发射点、飞行速度和飞行方向,预测弹着点。预警卫星的紫外探测器多作为辅助手段,消除由大气背景闪烁和微小流星再入大气层引发的虚警事件。

(五)卫星通信技术

卫星通信技术是指利用人造卫星作为中继转发载体实现信息传输的通信技术,是军事通信技术的重要组成部分。包括卫星通信有效载荷技术、卫星通信多址与分配技术、卫星通信信号传输技术、卫星地球站技术等。卫星通信技术按照应用类型可分为固定通信技术、移动通信技术、广播和信息分发技术、数据中继技术。

卫星通信在军事通信领域里,不论在战略通信或战术通信系统中都具有重要地位。在战略通信系统中,特别是远程军事通信中,它能为地面通信网提供节点间远距离传输信道,也可以构成独立的点对点远距离通信系统。在战术通信系统中,作为军事指挥保障,不仅机动性好,还可实现全球通信。

（六）卫星移动通信技术

卫星移动通信技术是以移动终端特别是小型（含手持式）通信终端为服务对象的卫星通信技术。

卫星移动通信技术除研究一般卫星通信技术外,主要研究内容集中在:一是频率复用技术。使国际电联（ITU）分配给卫星移动通信的有限带宽得以重复利用,以达到扩大用户容量的目的。二是多波束天线技术。最大限度地利用星上功率放大器输出功率,通过提高天线增益和增加天线波束,达到使不同波束范围内的终端建立通信链路和实现扩大地面覆盖区域的目的。三是可移动点波束天线技术。通过波束的移动来扩大通信覆盖范围。四是星上处理与交换技术。使不处在同一个波束覆盖范围内的通信终端建立链路。五是星间链路交换技术。六是小型移动终端接收技术。

卫星移动通信技术的发展趋势是:静止轨道卫星移动通信技术主要是向大型可展开天线技术、多波束技术、高等效全向辐射功率技术、数字波束形成技术、大容量技术、星上处理和交换技术等方向发展。中低轨道卫星移动通信技术主要在向小型化技术、快速星上交换技术、先进星上处理技术、有源相控阵多波束天线技术、先进组网技术、星间链路交换技术等方向发展。

（七）卫星固定通信技术

卫星固定通信技术是以固定通信终端为服务对象的卫星通信技术,主要包括卫星天线技术（如双栅天线、赋形天线、多波束天线及太空可展开天线等）、转发器技术（行波管功率放大器技术、固态功率放大器技术、低噪声接收技术、多工器等无源器件技术等）、调制解调技术、编码译码技术、多址技术,以及扩频、跳频、天线调零等抗干扰技术。卫星固定通信具有覆盖范围广、距离远、费用与距离无关等特点,与地面固定通信形成互补。

20世纪50年代末至60年代初,无源和有源卫星通信技术得到试验验证,证明了卫星通信宜采用有源方式,高轨道特别是静止轨道的有源通信卫星特别适合于远距离、大容量和高质量的固定通信。20世纪60年代末以来,主要研制了大中容量、中长寿命的通信卫星。采用的新技术有赋形波束天线、频率复用技术、多频段多波束技术等。卫星固定通信技术的发展方向有:进一步增强星上转发器的发射功率,提高接收灵敏度,扩大通信容量,提升星上处理和交换的能力,改善对服务区的覆盖,提高卫星平台承载有效载荷的能力以及延长卫星的工作寿命等。

(八)卫星数据中继技术

卫星数据中继技术是利用卫星作为中继站,完成地面系统和用户平台间、用户平台之间数据信号远距离传输的卫星通信技术。被传输的数据信号包括用户平台发回地球站的遥感和遥测数据信息及地球站发往用户平台的测控信号及有关数据。用户平台主要包括中低轨道用户航天器(各类遥感卫星、载人飞船、航天飞机、空间站等)、导弹、航空器、舰船等。

卫星数据中继技术主要包括高码速率数据传输技术、高精度天线指向控制技术和捕获跟踪技术、用户终端技术、大型高精度单址链路天线技术、多址链路终端技术、激光链路终端技术、宽带转发器技术等。

卫星数据中继系统由中继卫星、地面系统和用户终端三大部分组成。运行于地球静止轨道的中继卫星,可观察近地空间内运行的大部分航天器和陆、海、空的用户平台。由适当配置的两颗卫星和一座地面站组网,可取代分布在世界各地的许多测控通信地面站,实现对中低轨道航天器85%～100%的轨道覆盖;地面系统集数据接收、数据分发与卫星测控为一体,它通过地面通信网与地面用户中心进行数据通信;用户终端安装于用户平台上,它向中继卫星发送用户平台的遥感及遥测数据,由中继卫星转发至地面系统,接收来自地面系统并经中继卫星转发的测控及相关信息。

卫星数据中继系统的主要特点是:既有星地链路又有星间链路,数据传输速率高,轨道覆盖率高,可同时跟踪多个用户平台,跟踪指向精度高,工作频带宽等。

卫星数据中继技术的发展趋势:一是进一步提高数据传输速率,以满足未来更高需求,积极开发太空激光通信技术,进行系列太空试验。二是用户终端向小型化发展,以方便用户平台的应用数据中继卫星。三是发展非静止轨道中继卫星系统,以满足军民两用的更多需求。

(九)反卫星技术

反卫星技术是攻击人造地球卫星等航天器,损害其正常功能的综合性工程技术。主要包括太空态势感知技术、指挥控制技术和反卫星武器技术。

太空态势感知技术包括太空目标监视、太空环境监测等技术。太空目标监视通过探测、跟踪、识别太空目标,为反卫星作战提供目标信息,并利用太空目标信息进行作战评估;太空环境监测通过探测、分析和预报太空环境状况,为反卫星作战提供环境信息支持。太空态势感知是反卫星作战的前提和基础。

指挥控制技术包括天空地一体化信息网络、多源数据融合、实时成像处理、目标自动提取、快速信息分发等技术。指挥控制系统是反卫星作战的中枢，为反卫星作战任务的实施制定作战方案，预测卫星轨道、计算作战窗口、下达作战指令以及评估毁伤效果等。

反卫星武器技术包括高空核爆、动能、定向能和软杀伤等技术。

第七章　太空作战实践运用

战争是人类最为残酷的实践活动，但也是最大限度地促进人类生产和科技进步的重要力量，是生产力发展的主要推动力之一，在人类发展的过程中起到不可替代的巨大作用。太空作战作为人类在太空领域进行的军事实践，其目的是为了获取制天权，进而获取政治、军事、经济等相关领域的重大利益。人类的本性是逐利的，任何战争的本质都是利益的争夺。正是在太空作战的实践过程中人们发现太空作战能给人类和各国家、政治集团带来巨大利益，才大大促进了太空作战相关方面的快速发展。太空作战较之人类以往的战争形式是一种更文明的战争，太空作战力量是人类目前具有的最高科技水平和最广阔发展前景的综合性作战力量，正是由于太空作战力量的特殊属性，使其拥有较之以往其他作战力量更大的能量，是推动未来战争实践不断飞速发展的根本动力。

在以卫星为主的各类航天器诞生至今的半个多世纪里，遍布外层空间的各类军用航天器虽未进行过面对面的厮杀，但它们对陆、海、空、网络电磁空间的支援保障已到了无孔不入、无处不在的地步，其地位和作用也在不断逐日上升。尽管作为太空作战重要样式的太空信息支援保障作战和反导作战早已出现，并且对战争的进程和结局产生了重大影响，但迄今在外层空间毕竟未发生像在陆地、海洋、空中那样的大型实战，充其量只能算是太空作战端倪的初显，实质是一些具有太空作战特点的军事航天应用行动。虽然太空军事力量的发展导致了新的军种"天军"的诞生，但是新的作战样式"天战"毕竟还未出现。因此，研究太空作战实践运用，只能从目前世界上发生的一些太空作战行动入手，进行综合分析、论述和借鉴，探索太空作战发生和发展的过程，帮助加深对太空作战重要性的认识，促进对太空作战理论的深入研究，全面推动太空作战向更高层次演进，开展和实现更加完美的作战实践。

第一节 太空作战实践运用的主要标志

第二次世界大战之后,美、苏两个超级大国为遏制和战胜对手,在大规模研制和部署战略核武器的同时,还加紧研制军用和军民两用航天器,展开激烈的太空军备竞赛,以太空信息支援与保障为特征的太空作战从此便粉墨登场,拉开了人类太空作战实践应用活动的大幕。

太空作战实践活动的产生、发展一定程度上反映了世界政治格局的走向。20世纪中期,第二次世界大战刚刚结束,原本诸侯称霸的世界格局便被打破,以美国为首的北约集团和以苏联为首的华约集团掀开了长达半个世纪的冷战铁幕。伴随着丘吉尔的铁幕演说,人类并没有获得期盼已久的真正和平的到来,全世界笼罩在核战争的阴云下,美苏两强的军备竞赛逐渐升级。太空作战就是在这样的大环境中闪亮登场的。

柏林是德国的政治中心,也是一座历史文化名城,正是这座城市的故事才引得太空作战横空出世。柏林既是现在德国的首都和政治中心,也是第二次世界大战期间德国纳粹政府的统治中心。在第二次世界大战末期,由于纳粹德国进行的阿登战役迫使盟军被阻击在距离柏林480千米的战线上,而苏联红军已经将前线推进到距离柏林60千米的距离,解放柏林的重担落在苏联红军的肩上。在经历了16天艰苦卓绝的柏林战役,苏联红军付出伤亡33万人的巨大代价后,柏林终于被解放,纳粹德国就此终结。但由于在攻克柏林之前,各方早有协议,柏林由美苏英法四国共管,这样就形成了以西方盟国共管的西柏林和以苏联管辖的东柏林的出现。西柏林位于苏联占领区的核心区域,有自己的政府和武装部队,这让付出巨大代价攻克柏林的苏联政府难以接受。美英也对西柏林进行重点扶持,称西柏林是"存在于铁幕之下的共产主义那边最后一个民主岗哨"。1948年6月,美国企图在西柏林发行货币引起苏联政府不满,认为西方势力在西柏林的存在是危险的和不能容忍的,必须拔除这个眼中钉、肉中刺。苏联封锁进出西柏林的水陆交通,第一次柏林危机爆发,为第二次柏林危机爆发埋下祸根。

1958年至1963年第二次柏林危机爆发,历时长达4年之久。1958年11月,苏联领导人赫鲁晓夫称苏联准备将东柏林的行政管辖权交给德意志民主共和国,并正式照会美英法三国,建议将西柏林建成非军事的自由城市,并给西方世界6个月的时间来协商相关事宜,第二次柏林危机爆发。

两次柏林危机都是二次世界大战的政治遗产,是冷战的产物。在第二次柏林危机爆发前的1957年10月4日,苏联成功地将人类第一颗人造卫星

"旅行者1号"送入太空,标志着人类探索太空的开始。实质上这是核威慑的延伸,也是太空威慑作战的雏形。第一颗人造卫星的成功发射,标志着苏联具有了远程发动核攻击的能力。但是,此次卫星发射科研意义大于军事意义,而且没有明确的太空威慑作战目的,所以从理论上只认为这是人类成功的首次进行太空探索,是太空威慑作战的雏形。

1958年1月31日,美国"朱庇特-C型"火箭成功发射,将一个体积只有土豆大小的"探险者1号"送上了预定轨道,在接下来的1959年2月28日,美国发射了第一颗军用间谍卫星"发现者1号",但以失败告终。这使苏联政府和西方世界都认为,美国与苏联存在着导弹技术和数量上的差距。赫鲁晓夫利用这一情况向美国及其盟国发出了最后通牒,声称在关键时刻不惜发射携带氢弹头的洲际弹道导弹来解决柏林问题,迫使美国及西方盟国做出政治、军事上的巨大让步。但是,虽然美国在首次发射间谍卫星的尝试失败了,但在随后的一年里,美国连续成功地发射了12颗间谍卫星,并于1960年8月10日成功发射了第13颗间谍卫星"发现者13号",正是这颗卫星在当年8月11日成功回收了照相胶卷舱,这标志着人类利用太空进行军事活动的开始。也正是对侦察卫星的成功利用彻底扭转美国和西方盟友在柏林危机中的不利形势。

当时,赫鲁晓夫声言要割除西柏林这块"毒瘤"。面对苏联的核恐吓,美国一时也慌了手脚,为了验证苏联的核武器远程攻击能力,美国于1961年7月7日发射了一颗"萨莫斯-2号"照相侦察卫星,对苏联的敏感导弹试验场区进行拍摄。通过分析拍摄回来的照片,苏联当时的SS-7型洲际导弹和SS-8型洲际导弹尚处在试验阶段,根本无法用于实战。而且通过试验场的发射单元和人员活动的观察,美国情报机构认为苏联并不具备声称的400枚洲际导弹的武器储备,其真正能用于作战的洲际导弹的数量仅有14枚,实力与美国基本持平。

在美国国家安全委员会进行综合判断之后,将情况汇报给了当时的美国总统肯尼迪。肯尼迪经慎重考虑后,于当年10月接见了当时的苏联外长,毫无顾忌、直截了当地让苏联外长观看由"萨莫斯-2号"拍摄的苏联洲际导弹发射场的相关照片,直接揭穿了苏联当局核讹诈的底牌。面对美国的"铁证"和咄咄逼人的气势,赫鲁晓夫不得不改变其策略,被迫撤销了差点打开的"潘多拉魔盒"——有可能引起世界核大战的最后通牒,并做出了巨大的政治让步。为应对第二次柏林危机而由华约组织所构建的超过20个师的华约联合部队也黯然失色,让世界笼罩在核战争阴云下长达四年的第二次柏林危机,因区区几张卫星照片而和平解决了。从第二次柏林危机得以"和平"解决的背景不难看出，迫使苏联撤销了具有核大战气味的"最后通牒"，太空作战力量在其中起到了巨大作用，太空力量初试锋芒就惊艳了全世界。

两次柏林危机听起来是一段生动传奇的故事，但在太空作战发展实践的历史长河中，却是一个具有绝对标志性的重大事件。太空作战第一次闪亮登场就有效遏制了核战争的爆发，充分显示出了太空作战力量的重大军事价值和政治价值。太空作战力量由此也正式成为维护世界安全，维持世界战略平衡的重要力量。苏联原本是第一个探索太空并拥有相关航天技术的国家，但美国却是第一个通过太空作战军事实践，实实在在获得战略和军事利益的国家。如果说苏联的"旅行者1号"人造卫星将人类引领进入了太空时代，那么当美国的"发现者13号"的照相胶卷返回舱落地之时，就标志着人类已经叩开了太空作战的大门。

第二节　太空作战实践运用的历程

巧妙化解柏林危机只是在太空作战实践运用历程中的牛刀小试，在日后的世界发展过程中，在各种军事危机和世界局部战争中，太空作战力量发挥着越来越重要的作用，太空作战的实践如何运用，直接决定世界形势的发展和战争的结局。

根据太空作战力量的发展和太空作战武器装备的发展，综合分析冷战后各次世界危机和局部战争的情况，太空作战实践运用大致可以划分为三个阶段：20世纪50年代至80年代为太空作战实践应用的初期阶段，20世纪90年代至20世纪末期为太空作战实践运用的中期阶段，21世纪初至今为太空作战实践运用的近期阶段。不同时期的不同事件，反映了太空作战力量发展运用的不同阶段，但太空作战力量的作用已毋庸置疑。

一、初期的太空作战实践运用主要行动

在太空技术刚刚用于作战的雏形时期，主要是美国和苏联两个超级大国为遏制和战胜对手，在大规模研制部署战略核武器的同时，加强研制军事和军民两用航天装备，将太空军备竞赛的速度不断拉升，并将太空装备用于当时发生的多次战争危机和军事行动之中。这个时期的太空作战实践应用，主要是以太空信息支援与太空作战保障为基本目的，表现出来的作战应用方式虽然比较简单，但是所产生的作战效果和军事影响，却是世界战争史上空前的，成为后续几十年世界战争走势的风向标。

(一) 古巴导弹危机中的太空作战实践运用

古巴地处加勒比海沿岸，盛产蔗糖，被誉为加勒比海的金钥匙。如果不是在地理上和美国这个国家做邻居，世界上很多人都会将这个热带国家，当作与世界上其他度假胜地一样的国家来看待。20世纪60年代的古巴导弹危机几乎引爆了第三次世界大战，差一点就将世界带入核战争的泥潭，世界各国也对这个风景迷人的国家有了深刻的重新认识。

历史上古巴曾经是西班牙的殖民地，1898年爆发了美西战争，美国夺得了战争的最终胜利，从西班牙殖民者手中夺取了菲律宾、古巴等殖民地。1901年美国政府强迫古巴议会通过由美国议员提出的"普拉特修正案"，作为陆军拨款法案的修正案。在美国的军事威胁下，古巴议会以16∶11的票数通过了这一法案，并将该议案纳入古巴宪法，使美国享有了出兵古巴干涉古巴内政的"权力"。1902年5月20日古巴独立，美国开始从这个强行占领四年之久的国家撤军，但美国仍在1903年抢占了古巴的关塔那摩和翁达湾两处海军基地，其中关塔那摩海军基地至今仍被美国占领。美国先后于1906年、1912年和1917年三次向古巴派兵，粗暴干涉古巴内政。美国始终将古巴视为自己的"第五十二个州"。

亲美的古巴总统巴蒂斯塔执政之后，开始血腥的白色统治，取缔了各政党和民主进步团体，对内高压统治，对外完全依附于美国，为了保证自己的统治，不惜出卖国家利益。正是在这种情况下，无产者菲德尔·卡斯特罗扛起了反抗的大旗，带领古巴人民进行了艰苦卓绝的武装斗争终于推翻了古巴独裁政府，建立了古巴革命政权。在古巴革命胜利之后，卡斯特罗首先出访美国，希望双方建立新的外交关系。美国无视卡斯特罗的平等诉求，野蛮无礼地仍然要求古巴成为美国经济的附属，特别是在蔗糖供应方面。面对美国的咄咄逼人，为了捍卫古巴的尊严和荣誉，卡斯特罗毅然将国内所有外资企业收归国有。美国政府从此之后，开始了对古巴长达半个多世纪的经济封锁，停止从古巴进口蔗糖。

蔗糖是古巴的支柱性产业，是古巴国民经济收入的最主要来源。美国停止从古巴进口蔗糖对产业结构单一、刚刚经历过国内革命战争的古巴来说是沉重的一击。为了打破美国的封锁和制裁，卡斯特罗将目标投向了另一个超级强国苏联。

冷战期间，美国和苏联在西欧剑拔弩张，局势时紧时松，风云变幻，扑朔迷离。在与美国全方位的军事对抗中，苏联并没有占到什么便宜，而且西欧远离美国本土靠近苏联，西方盟国有着稳固的大本营。卡斯特罗的请求让时任苏联领导人的赫鲁晓夫眼前一亮，在众人眼中的古巴是一把加勒比海的金钥匙，但在赫鲁晓夫眼里，古巴是一把能将美国置于死地的锋利无比的匕首，他所需要做的就是紧紧握住这把天赐的匕首，把它打磨锋利，直刺美国的心脏。因此，赫鲁晓夫愉快地同意古巴的请求，苏联将购买古巴的蔗糖，并向古巴提供农业生产技术和工业生产设备，解了卡斯特罗的燃眉之急。

苏联的举动立刻让美国政府嗅到了战争的气味，一个帝国主义强国怎么会允许在自己家门口出现一个反美政权呢。于是在1961年4月17日凌晨，一支由2 000多名流亡美国的古巴人组成的、由美国政府提供军事训练和武器装备的"古巴旅"，从古巴的吉隆湾登陆，妄图以武力推翻古巴革命政权。在经过72小时的激战，由卡斯特罗领导的古巴革命力量全歼来犯的"古巴旅"，捍卫了来之不易的古巴革命政权。从此时开始美国对卡斯特罗的刺杀从来没有放弃过，卡斯特罗也成为吉尼斯世界纪录被刺杀次数最多的人。

经过美国外交上、经济上、军事上的轮番进攻，新生的古巴革命政权还是稳定了下来，但也比任何时候都需要外部的援助，特别是军事上的援助。苏联向古巴伸出了援助之手，古巴紧紧地握住了它。

苏联于1962年开始了代号"阿纳德尔"的武器运输计划，向古巴运送包括核武器和洲际导弹在内的战略性进攻武器，以便将美国置于死地。此项绝密计划由苏联第一副总理米高扬负责。1962年春，苏联以农业专家为名向古巴派遣了由4名将军和1名上校组成的先遣队抵达古巴，开始了解相关情况。5月29日，时任苏联战略火箭军司令的比尔裕佐夫元帅，以苏联援助古巴工程师的名义与卡斯特罗进行了会面，双方一拍即合。6月开始，苏联租借西方船只向古巴运送民用物资，用自己的大型船舶向古巴运送军用物资。同年7月2日至7月17日，由卡斯特罗带领的古巴访问团出访苏联，7月3日和7月8日，赫鲁晓夫和卡斯特罗先后两次举行会谈，事后由苏联国防部长马林诺夫斯基元帅与卡斯特罗签署一份军事协议，正式同意苏联在古巴部署弹道导弹核打击力量，并于当年11月在赫鲁晓夫出访古巴时向世界公布。一把无形的匕首在悄无声息间已抵住美国的心脏。

古巴与苏联的密切联系引起了美国的强烈不安，加大了对古巴境内军事目标的侦察力度。同年8月31日，一架美国U-2高空侦察机，在侦察时发现了苏联在古巴圣克里斯托附近建造的导弹发射场，美国随即在范登堡空军基地相继发射"日冕"系列侦察卫星，对古巴进行太空侦察，累计发现古巴境内苏联正在修建10个以上的导弹发射场，并已经将42枚SS-4型和SS-5型中程弹道导弹运抵古巴。9月4日，时任美国总统的肯尼迪向苏联发出警告：美国绝不会容忍进攻性武器进入古巴。同日驻美国的苏联大使多勃雷宁，按赫鲁晓夫指示向肯尼迪保证苏联不会在古巴部署弹道导弹等进攻性武器。但事实上苏联已经加快了武器装备的运输和在古巴的相关军事工程的进度,这些军事工程甚至包括了相关野战医院的建设。截至古巴导弹危机结束,苏联向古巴累计输送部队已达41 900人,而美国的地面情报人员上报给政府的苏联人员信息,只有真实数字的十分之一。在美国人力情报出现如此大偏差的情况下,其可靠的情报来源主要是依靠卫星和侦察机,特别是太空侦察力量的使用,以便美国能够及时掌握古巴及其附近海域苏联部队的部署和活动情况。

古巴导弹危机过程中,美国1架U-2高空侦察机被苏联萨姆-2防空导弹击落,太空侦察力量的任务进一步加重。苏联也针锋相对,于10月17日和20日分别发射两颗侦察卫星,及时搜集掌握美国军事力量的部署情况。10月22日肯尼迪向世界公布苏联在古巴部署进攻性武器的证据,并下令开始对古巴进行"隔离"。美国通过迅速集结在佛罗里达和加勒比海的所有舰船对古巴进行封锁。截至该年10月25日,美国集结了包括太平洋增援舰队在内的全部兵力,共计240艘作战舰船,8艘航空母舰,386架作战飞机全部抵达了预定作战位置,封锁了尤卡坦海峡、佛罗里达海峡和向风海峡,古巴的海上通道被全部封锁,封锁线长达9 100千米,形成两个直径近1 000千米的包围圈,并锁定了4艘苏联弹道导弹核潜艇的位置。苏联通过侦察卫星获取的情报,仔细分析,权衡利弊,确认美国已经充分做好了战争准备,苏联无论在当时的兵力和实力都难以与美国抗衡,最终于10月28日颁布命令撤出部署在古巴的导弹。古巴导弹危机得以和平解决。

美国在古巴导弹危机中得以化险为夷,关键在于情报获取的及时准确,特别是特工人员在情报工作方面出现巨大失误的情况下,依靠太空侦察卫星和高空侦察机所获取的情报,完全掌握了苏联在古巴的兵力部署和武器装备的实力情况,挽危局于狂澜。此役充分说明,太空作战力量的巨大作用,是有效遏制核威胁的可靠力量。特别是双方高层决策机构,能够准确通过太空侦察卫星获取重要的军事情报。肯尼迪能够准确把握形势,没有采用先发制人解除古巴武装的军事行动,而是采取武力封锁的对策,情报工作功不可没。赫鲁晓夫也通过太空侦察力量的使用,准确了解了美国的兵力部署和行动意图,在美国做出不使用武力进攻古巴的许诺后将导弹撤出了古巴以结束危机。太空作战力量再次将人类从核战争边缘拉了回来。

(二)中东战争中的太空作战实践运用

中东地区素有"火药桶"之称,历来是兵家关注的焦点地区。美、苏两霸为了在中东的利益,各自都使出浑身解数,通过各种渠道了解和掌握印巴(巴基斯坦)、阿(阿拉伯国家)以、以巴(巴勒斯坦)等冲突地区的军事情报,其中大部分情报是从运行在外层空间的侦察卫星上获取的。

中东地区在近代本是英法的殖民地和势力范围,但是由于两次世界大战的巨大消耗,日不落帝国和法兰西共和国都无力继续在中东地区实现殖民统治,中东地区国家都渐渐走上了民族独立的道路。1908年在伊朗马斯喀特苏莱曼,地质工作人员发现大型油田,这是人类第一次在中东地区发现石油,在接下来的地质勘查中,地质学家发现了中东地区惊人的石油储备。随着人类电气时代的发展,对石油的需求越来越大,中东地区的国际地位也越来越凸显。为了挽回在中东地区的颓势,遏制阿拉伯世界的发展,从宗教和政治等多方面进行考量,英美于1948年扶持犹太复国主义者在西奈半岛建立现在的以色列,由此引爆了前后五次中东战争。时至今日虽然经国际上各国进行多方斡旋,但著名的"巴以问题"仍然悬而未决。

冷战时期的美苏对抗是全方位的。战争是政治的继续,也是霸权主义导演的戏剧。在冷战时期的任何战争中,都能看到美苏两个霸权国家的影子。美国对以色列提供武器装备支持,苏联对阿拉伯世界提供武器装备和人员训练,并允许社会主义国家以参战的形式支援阿拉伯世界对以色列的军事行动。朝鲜就曾出动空军部队直接参战。美苏两国也在情报领域展开了激烈的对抗,在太空作战力量的情报侦察方面的对抗尤甚。

1973年10月第四次中东战争爆发,埃及、叙利亚联军因为战前进行了周密的部署和战术欺骗麻痹了以军,果断对以采取突袭,在战争初期给以军以重大杀伤,取得了重大的战果。美苏对爆发的第四次中东战争都极为关注,在综合考量自身利益之后,各向战区方向发射了19颗卫星和15颗卫星,并将获取的情报分别传递给自己支持的一方。以军在埃及、叙利亚联军的凌厉攻势下只能苦苦支撑。在关键时刻埃及、叙利亚联军在自身兵力部署上出现了失误,在自己的战线上出现了一个口子,美国发射的"大鸟"侦察卫星及时捕捉到了相关情况,立即将情报传送给以军。以军命令由沙龙指挥的第三装甲师迅速展开反击,给埃及、叙利亚联军予以重创,彻底改变了战局。这也是后来成为以色列总理沙龙的成名之战。太空作战力量在军事领域的作用日渐突出,但在第四次中东战争中才得以首次实践运用,并对战局起到了决定性的作用。

1971年12月,印度巴基斯坦爆发大规模战争,苏联连续发射多颗侦察卫星监视美国在印度洋的兵力活动情况和巴基斯坦空军的行动。为了获取更为详尽的信息,先后于当月6日、10日、16日从不同的发射基地发射了"宇宙-463号""宇宙-464号""宇宙-466号"侦察卫星专门获取战区的各种军事情报。

1982年6月16日,以色列军队攻入黎巴嫩,苏联调整了"宇宙-1370号"卫星的轨道,从6月18日开始对战区进行侦察。为了强化太空侦察力量,苏联将"宇宙-1377号"卫星也调整到中东地区使用。对在战争中丧失制空权的黎巴嫩等国进行情报支援,起到了雪中送炭的作用。

两伊战争期间,美苏两国均动用了太空侦察力量获取了大量情报对参战国进行支持。特别是苏联先后动用"宇宙-1419号"卫星和"宇宙1421号"卫星对波斯湾的战况进行严密监视。无论战争在何处发生"天眼"都将如影随形。

(三)英阿马岛战争中的太空作战实践运用

英阿马岛战争是20世纪影响较大的一场局部战争。战争的起因是领土主权争端,结果是英国的远征舰队劳师动众远赴南美并战而胜之。

阿根廷和英国在马尔维纳斯群岛上的主权争议由来已久,在马尔维纳斯群岛主权问题上英国寸步不让的态度使阿根廷政府大为恼火,决定以武力收复马尔维纳斯群岛。当时日不落帝国的国力已经大不如前,在第二次世界大战之后已经沦为美国的小跟班,早已不复当年世界霸主的风光,面对阿根廷的挑战,英国撒切尔首相决定不惜一战捍卫英国的利益。英国开始在美国的支持下对阿根廷进行远征。而阿根廷因有苏联的支持,又大量采购了法国的先进武器,在军事上有与英国一较高下的实力。鉴于上次英国组织远征舰队还是在第二次世界大战时期远征新加坡,而且在与日本法西斯较量的过程中全军覆没,这更坚定阿根廷人开战的决心。

在战争爆发后苏联先后发射了8颗雷达卫星和5颗通信卫星为阿根廷军队提供情报支援,英国远征舰队从朴茨茅斯母港起航一直到航行至马尔维纳斯群岛,一路都有苏联的卫星进行跟踪监视。苏联先后利用"宇宙-1347号"卫星对英国远征舰队进行跟踪,利用"宇宙-1352号"俯瞰整个战区。苏联特别对英国核潜艇力量加强了侦察力度。在4月2日战争爆发的当天,苏联就成功发射了"宇宙-1347号"卫星多次飞临英国远征舰队母港,侦测远征舰队是否编入了核潜艇。苏联前后共使用37颗侦察卫星为阿根廷军队提供情报支持。最著名的就是英国先进的"谢菲尔德号"导弹驱逐舰在苏联卫星过顶后的2小时即被阿根廷空军使用一枚"飞鱼"导弹击沉。与之对应的是美国也使用24颗海洋监视卫星为英军提供情报支援,英国也成功利用美国的卫星情报击沉了阿根廷的"贝尔格拉诺将军"号巡洋舰。

此次战争英国取得了胜利。美苏两国都史无前例地动用了大量的太空侦察力量来获取情报,证明各国在太空作战力量认识上达成共识,在太空作战力量建设上加大了投入比重,其作战效果也越来越好。

二、中期的太空作战实践运用主要行动

1991年以来的四场较大规模的局部战争,表现出很多与以往战争不同的特点,世界普遍认为,人类的战争已经开始进入了信息化条件下局部战争形态。战争形态的变化是根本的变化、全面的变化,其中一个引人注目的变化是航天领域的军事应用,已发展到一个崭新的阶段,太空力量开始全面介入局部战争,形成了新的作战形式。

(一)海湾战争中的太空作战实践运用

海湾战争是人类战争史上的一次经典战例,是机械化战争转入信息化战争的转折点,其对太空作战力量的运用是空前的,从战略层级到战术层级太空作战力量都得到了广泛的应用。太空作战力量对参战部队进行了全方位的支援作战,一批新型作战装备和战术战法闪亮登场,作战效率空前提高,让一批思想停留在机械化战争世界中的军事专家大开眼界。美国通过对太空作战力量的成功运用,在较短的时间内彻底击溃了伊拉克萨达姆政权取得了海湾战争的全面胜利。

美军在海湾战争结束之后的总结时认为,海湾战争是人类历史上"第一次太空战争","海湾战争证明太空武器系统无论在战略行动上还是在战术行动上,都已经成为现代作战体系中不可缺少的一部分。"为了保障海湾战争美军军事行动的顺利进行,太空作战力量为美军提供了全时空、全时域、全方位的作战信息保障,为以美军为首的多国部队提供太空侦察监视、太空通信保障、太空导航定位、太空气象保障,其中对太空气象保障的依赖程度近100%。较之以往太空作战力量只提供侦察情报保障相比有了质的飞跃。太空作战力量可以为作战部队时时提供可靠、优质、准确的作战信息,成为作战效能的倍增器。

为了保证太空作战力量有效为作战部队提供支援,美国总共出动了70多颗卫星、118个机动卫星地面站、12个商用卫星终端、81台卫星信息交换机、329条话音线路、30条文电线路、3万种无线电频率和4万台电脑,建成了一个规模庞大的集情报搜集、处理、分发的实时信息系统以满足作战需要。

为应对庞大的通信量,美国除了将在印度洋上空的2颗DSCS通信卫星征调以外,又从太平洋上空,将"国防卫星通信系统"中的一颗卫星调往战区使用,特别租赁了一颗商用通信卫星与3颗海军舰队通信卫星共同担负了全部的海军通信任务。英军使用了"天网-4号"通信卫星,法军使用了"电信-1A"和"电信-1C"两颗通信卫星。全部卫星通信占战时的通信总量达到了惊人的85%。

作战部队的高速机动和精确制导武器的大量使用都得益于太空导航卫星的大量使用。美国苦心经营的GPS全球导航定位系统的18颗工作星全部为多国部队服务。各参战部队、飞机、舰艇总共配备了5 500台军用导航定位接收机和10 000台民用接收机,可以保证全天候准确获取导航卫星为其提供的精确定位信息和导航信息。一部分精确制导武器也开始采用更为高效的卫星导航进行航路规划和引导攻击,大大提高了打击效率。各个作战单元,包括特种部队突击分队、坦克分队、空中各型飞机编队、海上舰艇编队甚至扫雷部队在内,都使用了卫星导航系统,使无论是执行定点打击、火力支援、运输补给、跨障穿越所消耗的时间和完成的战术动作的质量都大大提高。

在海湾战争时期,太空侦察力量得到了更为普及的应用。多国部队首先应用"陆地"卫星和两颗法国"斯波特"低分辨率侦察卫星对战区进行大面积普查,在对重点目标包括指挥中心、机场、导弹发射阵地和防空导弹阵地、交通枢纽、油田的侦察交给"锁眼"等高分辨率的侦察卫星。在侦察地面目标的同时还可以系统地观察打击效果,为日后的作战提供依据。

电子侦察卫星在此次战争中也有非常出色的表现。它与其他电子侦察力量一起构成了多层级、全时空的电子侦察情报网络,伊拉克军队的无线电通信和电磁频谱变化在电子侦察卫星面前一览无遗,电子侦察卫星成功地监听了伊拉克部队最高级别的指挥通信,包括萨达姆与共和国卫队高级指挥官的通话和伊拉克军队的指挥通信网所传输的作战命令,使多国部队指挥中心能够时刻掌握对手的作战意图。

在海湾战争期间屡屡能听到美军成功使用"爱国者"导弹拦截伊拉克"飞毛腿"导弹的消息,这是首开战术导弹拦截的先河。除了"爱国者"导弹系统本身性能优异外,太空作战预警力量也发挥了重大作用。美国调用了"国防支援计划"(NSP)的两颗预警卫星,专门监视伊拉克"飞毛腿"导弹的发射情况,一旦"飞毛腿"导弹发射,预警卫星可以提供4～5分钟的预警时间,并将测得的导弹飞行的相关数据第一时间传递给导弹拦截系统,是执行反导任务中最关键的一环。

在海湾战争中太空作战力量的大放异彩,得益于几十年来快速发展的太空作战理论和太空作战力量建设,太空作战从幕后逐渐走到了前台,太空作战力量由原来的威慑作用和侦察作用拓展到作战指挥、通信、气象、导航、侦察、预警等多个方面。第一次信息化战争如果没有太空力量的参与就不能称之为信息化战争,太空作战力量的运用已经从战略层级贯穿至战术层级。没有太空作战力量的参与就无法构成高效的指挥链路和指挥通信,没有太空作战力量参与部队的机动效率就会大打折扣。海湾战争是一次成功运用太空作战力量进行作战支援的成功实践,各作战力量在太空作战力量的有力支援下作战效率大为提升,世界从此对太空作战力量也有了更为全面、更为深入的认识。

（二）波黑战争中的太空作战实践运用

1992年爆发的波黑战争是苏联解体、东欧剧变之后的政治余波,是南斯拉夫解体后的重要事件,也是科索沃战争的前哨战,日本部分教科书称之为第二次世界大战之后欧洲最糟糕的战争。苏联解体后,其国内爆发的车臣战争进一步削弱其国力,苏联的继承者俄罗斯已经不具备在军事上与美国全面对抗的能力。在太空作战领域美国笑傲群雄。

波黑战争初期由于没有北约和其他国家的干预,塞族武装占据了较大的优势。但这是美国不能够接受的,1994年开始美国公开介入波黑战争,北约也开始对塞族武装进行空袭。为了应对在波黑战争中的军事行动,美国调用通信和广播卫星组成了通信指挥网,提高作战部队的指挥效率。美军把应用于战争的指挥控制增强系统BC2A部署在美军驻欧洲司令部。

该系统由两部分组成：联合广播服务系统JBS和甚小孔径地面终端VSAT网络。联合广播服务主要用于侦察机和无人机侦测的各种光谱和雷达图像用通信卫星传输至美国在匈牙利的无人机基地,再经过通信卫星传输至英国的美国空军基地,再经英国的光纤通信传输至美国的五角大楼。五角大楼的情报部门对所搜集的信息进行处理,再应用联合广播服务系统传输给在战区的美军指挥官,从而构成了完整的情报搜集、处理、分发系统,如战区直接获得的图片信息可在一秒钟后直接送至前线指挥官手中。甚小孔径地面终端是一个功能强大的通信网络,可以将战区的50个以上的指挥部位全部纳入该网络,整个系统将图片信息群发至每个指挥部位只需5～10秒,比海湾战争时期完成同样的情报分发效率提高了360倍以上。美军利用自己的侦察卫星和遥感卫星将获得的战区地形图像,利用三维可视化技术绘制了波斯尼亚地区地形图,使战场信息达到了实时综合集成的程度。

从波黑战争的美国太空作战力量的运用来看,美国在海湾战争之后继续强化自己的太空作战力量,在太空作战领域美国已经达到了一骑绝尘的程度,并努力将太空作战力量应用到与作战相关的更多领域中去,太空作战能力也将进一步提升。

（三）科索沃战争中的太空作战实践运用

科索沃战争是由美国领导的北约集团对米洛舍维奇领导的南联盟发动的一次"特殊"的战争,在这场战争中美军创造了人员零伤亡的战争史的奇迹,耗时78天"联盟力量"的军事打击行动最终让南斯拉夫政府屈服,进一步促使了南联盟的解体。

在以美国为首的北约集团的军事打击行动中，空军成为作战力量的主体，美国及北约集团牢牢地将制空权握在手中，美国空军的战略轰炸机能够从美国本土起飞横跨大西洋对南斯拉夫的重要目标进行打击。军事专家通过深入的研究惊讶地发现，正是由于美国和北约集团依靠强大的太空作战力量，紧紧掌握了制天权才得以使空军发挥出了最大的整体作战能力。

整个战争期间，美国及北约盟国动用78颗卫星，这是继海湾战争之后太空作战力量使用规模最大的一次。仅美国就动用了50多颗侦察卫星，配合其他网络和终端设备组成覆盖陆、海、空、天、电各领域的侦察情报监视系统，直接使复杂的战场对美国及其北约盟国变得单向透明。所使用卫星的种类也十分齐全，包括：照相侦察卫星、雷达侦察卫星、海洋监视卫星、气象卫星、通信卫星、导航卫星、电子侦察卫星和预警探测卫星，等等。

美国的太空作战力量造价十分昂贵，但性能也十分优异。造价10亿美金的"长曲棍球"侦察卫星是当时世界上唯一的军用雷达成像卫星，其搭载的孔径雷达的空间分辨率已经可以达到0.3～1米，而且可以全天候地进行侦察活动，每3小时向北约部队提供一次侦察结果，最大限度地克服了天气的影响。

与"长曲棍球"造价相同的"锁眼-11"型数字图像传输侦察卫星也在作战过程中有着优异的表现。卫星的整体效能都有着非常大的提高，太空侦察卫星的分辨能力可达到惊人的0.1米，不但可以探测地面上的目标，也可以在合成孔径雷达的支持下探测水下40米的潜艇和3～5米沙层下隐蔽的军事目标。电磁辐射的定源测位能力也将精度提高到30米之内。构筑的综合导弹预警卫星系统，能对陆基发射的洲际弹道导弹提供25～30分钟的预警时间，对海基发射的弹道导弹提供15分钟的预警时间。美国和其北约盟国利用电子侦察卫星的优势，实时监视南联盟电磁环境变化情况，并判定电磁源的位置，在战争期间获取了大量的电子情报。

在科索沃战争中，太空作战力量继续大展神威，全方位作战支援能力继续得到加强，也使有识之士进一步认识到制天权的重要性。在没有地面进攻力量的参与下，仅依靠空军78天的攻击就使一个拥有中等武装力量的主权国家屈服。在第二次世界大战期间，纳粹德国无论从空军力量的作战时间上还是在投弹量上，都是科索沃战争的几倍，但并没有使英国政府屈服，反而消耗了德国的空中作战力量。近几场信息化局部战争对太空作战力量的使用，让人们越来越清楚地看到困扰军事行动的战场迷雾，由于太空武器装备的实践运用，变得云开雾散。

三、近期的太空作战实践运用主要行动

科索沃战争以后,世人更加清醒地认识到太空力量在未来战争中的重要地位和作用。各国都在紧紧围绕各自的战略目标,积极筹划航天技术发展和太空力量建设,太空作战由此进入了一个新的快速发展期。这一阶段的太空作战实践运用,主要表现在阿富汗和伊拉克两场重大的战争之中。

(一)阿富汗战争中的太空作战实践运用

美国的"9·11"事件是世界政治的拐点,在"9·11"事件爆发后的 24 天,美国发动了阿富汗战争,目标是消灭阿富汗的塔利班组织及"基地"组织头目本·拉登。

阿富汗反恐战争是 21 世纪的第一场战争。2001 年 10 月 5 日,美国针对本·拉登及其"基地"组织以及庇护和窝藏他们的阿富汗塔利班武装,发起了"持久自由行动"的反恐怖战争。在这场局部战争中,美军又上演了一出恐怖的天地联手战的拿手戏。为了打好这场不对称战争,美国投入了近 50 颗军用卫星,编织太空情报信息网,力求面对不禁打的对手,也要保持太空信息系统的优势,全力支持地面部队作战。阿富汗战争太空力量的使用又有了新发展。

一是集中军民天基信息资源铸天网。虽然阿富汗军力远不如伊拉克强,但美军仍高度重视反恐作战。一方面,像以往战争一样,战前发射和调整卫星部署;另一方面,全力征用民用和商用卫星,共同为地面部队作战服务。在开战前两天,美国发射一颗"高级锁眼 KH-11"光学成像侦察卫星,该卫星与先前发射的 2 颗同类型卫星构成星座,对阿富汗实施全天候覆盖侦察,同时与 3 颗分辨率稍低的"长曲棍球"雷达成像卫星链接,形成全球卫星情报网,专门为阿富汗战区提供作战信息保障服务。除了使用和控制民用商业卫星外,美国国防部还利用美国国家航空航天局的"地球观测-1"卫星为美军提供阿富汗地区目标被轰炸前后的超光谱图像来评估战果。美国国家航空航天局在 2000 年 2 月实施的"航天飞机雷达地形测绘计划"所得到的地形图像资料,也在对阿作战中发挥了作用,为 GPS 制导的武器提供了精确的高程数据。

在阿富汗战争伊始,美国特别投入资金和力量进行战区情报封锁。美国通过各种途径向法国施压,禁止法国出售 2001 年 10 月 8 日之后的分辨率近 10 米的战区卫星图像信息。买断"艾克诺斯"商业卫星公司的全部阿富汗地区的卫星图像信息。军方组织人员与数字地球公司谈判,购买了当年 10 月 19 日发射的"快鸟"卫星在阿富汗地区拍摄的所有卫星图像信息。除此之

外,美军还在战争开始的前两天,秘密从范登堡空军基地发射了一枚高分辨率的"锁眼-11"光学成像卫星,整个战争期间,据不完全统计美国共使用近100颗卫星为其反恐战争服务。

二是汲取海湾战争、科索沃战争的教训,加强对"全球定位系统"(GPS)信号的干扰与反干扰措施。在当时的作战条件下,美军已具备有选择地干扰某地区 GPS 信号的能力,而且不会影响己方军用 GPS 信号的精度。对 GPS 反干扰措施,美国国防部高级研究计划局在一项 GPS 虚拟星座方案研究中,可用装载在无人机或地面上的"虚拟机"构成虚拟的 GPS 星座,其转发的高功率加密 GPS 信号将压制敌方的干扰机信号。阿富汗地区多是山地,无线电短波通信不稳定,不具备构成指挥通信的能力。为此,甚至连阿富汗的反塔利班武装也装备了卫星通信设备。鉴于在山地地区作战,GPS 卫星导航系统信号易受遮蔽和干扰的现实情况,美军通过一定的技术改良加强了 GPS 卫星导航系统的信号抗干扰能力,并采用了一种新的虚拟星座的方法,可以有选择性地加强某一地区 GPS 卫星导航系统信号能力。通过在战区附近加装小型设备,转发高功率的 GPS 卫星导航信号,保证作战区域对卫星导航的基本需要,这种小型设备可以加装在无人机上,使用起来更加方便灵活。

三是太空导航定位信息支持的精确制导武器大显神威。战后美国国防部透露,美军在阿富汗投掷的各种弹药近 1 500 枚,其中约 55% 为精确制导武器,而科索沃战争中精确制导武器投掷量约占 35%。总体来看,在这场战争中,美国沿袭了海湾战争、科索沃战争的成功经验,充分运用太空力量对塔利班政权和本·拉登恐怖势力进行了摧枯拉朽式的打击。虽然美国的做法是牛刀杀鸡,却从另一方面充分证明,进入 21 世纪以后,无论战争的规模如何、无论双方力量的差距如何、无论作战的地理环境如何,太空战场都将成为整个战场的主导,太空力量都将发挥至关重要的作用。

在阿富汗战争中精确制导武器得到了广泛使用,其使用量占到了弹药总量的一多半。"基地"组织 2 号人物就是被精确制导炸弹所击毙。太空作战力量的参与使得美军情报的获取更加及时、准确,指挥链路更加稳定、可靠,火力链更加精准、高效。在美军例行的夜间侦察中,一架美军"掠食者"无人侦察机发现阿富汗某地一座漆黑的旅馆三楼有着微弱的灯光,抵近侦察之后发现整个旅馆戒备森严,由重兵层层把守,无人机第一时间将所捕获的信息通过卫星通信情报系统传递给在美国佛罗里达州的控制中心,操纵员当机立断准备指挥无人机发起进攻,就在此时操纵员接到了更高级别指挥员指令,令其观察待命。稍后空军立即组织 3 架 F-15 重型战斗机向这座旅馆投掷了 2 500 磅的精确制导弹药,与此同时,无人机也将自身携带的弹药倾泻而下,瞬间旅馆成了一片废墟。此次战斗共击毙"基地"组织100多人,包括多名基地组织高层人物。在太空作战力量的有效支援下,美军已经具有了发现敌方目标即行摧毁的作战能力。阿富汗战争中,美国还成功将太空作战力量用于特种作战的尝试,太空作战力量早已成为美军作战中的支柱力量,较之海湾战争时期的美军,其战斗力又有了更大幅度的提升。

(二)伊拉克战争中的太空作战实践运用

伊拉克战争是美国绕开联合国擅自发动的以颠覆他国政权为目的的战争。2003年3月20日,美国不顾世界人民的共同反对,怂恿英国等少数追随者,采取单边行动,实施危险的"先发制人"战略,对一个主权国家伊拉克再次大打出手,短时间内推翻萨达姆政权,又上演了一场靠武力展示霸权主义的闹剧。战争爆发后,美军在各作战力量尤其是太空作战力量的有力支援下,地面部队快速推进,4月8日即攻占了伊拉克首都巴格达,4月15日美国政府向全世界宣布"已经控制了伊拉克全境"。

时隔12年,同一块土地,同一个对手,为何能在不到一个月的时间内击败对手,美军的作战效能为何能够有如此大幅度提高,其中的奥秘就在于对太空作战力量的科学运用上。此次战争美国动用的卫星高达100颗以上,是海湾战争中运用卫星总数的一倍。共有36个基地为作战部队提供太空力量支援作战保障,其中美国本土21个,海外地区15个。伊拉克战争期间,美国军用卫星的数量已经无法满足作战需要,美国军方以征用或租用的方式,动员组织使用了大量民用卫星和各公司或机构的商用卫星。

在太空作战力量的有力支撑下,美军可以随时了解每架作战飞机的位置、任务和飞行参数,可以随时对作战飞机下达任何指令,执行任何任务。精确制导武器的使用量也由海湾战争时期的10%提高到90%以上。战场上所使用的90%信息是由卫星提供的。太空作战力量由传统的侦察情报保障为主转变为以指挥通信和导航保障为主。太空作战力量的支援作战范围被大大地拓展了。从战场上的数据可以看出,在12年的过程中,美军太空作战力量融入作战体系速度是非常惊人的,在太空作战力量的有效作战支援下,部队的联合作战能力和作战效能是巨大的,对太空作战力量的依赖程度更是惊人的。毫不夸张地讲,在没有太空作战力量的支援下,美军根本无法有效组织一场大规模的现代化的战争,其战斗力也仅仅能够保持在美军越南战争时期的水平。美国相关军事专家直言不讳地指出:"美国之所以能够在全球成功地动用武力,是因为拥有无可匹敌的卫星群,能够实现即时通信、强力监视和精确定位。近十年来,五角大楼如此完整地将这些资源融入作战行动,因此美国发动的每一场军事冲突如今都必然是空天战争,即便是在阿富汗、伊拉克荒无人烟的野地上进行的战争也不例外。"伊拉克战争与以前发生的海湾战争、科索沃战争和阿富汗战争一样,美军靠的就是太空力量的强大,为参战部队提供了侦察、监视、通信、预警、导航、定位和气象等重要的太空作战保障。伊拉克战争更加充分证明,美军无"天"不成战的作战格局已经形成。

(三)利比亚战争中的太空作战实践运用

利比亚战争是利比亚在2011年发生的武装冲突,在利比亚国内常称为"2月17日革命"。交战双方为穆阿迈尔·卡扎菲领导的政府和反卡扎菲的势力。虽然利比亚战争具有联合国授权的背景,但是,利比亚战争是继阿富汗和伊拉克战争之后美国主导的一场规模不大但信息化程度较高的局部战争,战争的准备、发起和进展过程中,以侦察情报、导航定位、通信保障为核心的太空作战力量,有效支持了多国部队的战略决策,保障了精细任务筹划和实时指挥控制。战前,以美国为首的北约在对军事行动进行充分评估的基础上,对既有的太空作战力量体系进行了充实调整,构建起了由成像及电子侦察、海洋监视及导弹预警、指挥通信、导航定位、气象观测等卫星系统构成的太空作战支援体系,并利用民用卫星系统在个别领域进行功能性补充。此外,根据作战需要,又快速发射数颗卫星以补充太空作战能力。

在利比亚战争中的战场信息获取方面,多国部队通过航天成像侦察、航天电子侦察手段,辅助以特种侦察和网络侦察手段,对利比亚境内的战略目标体系结构、重要目标分布、防空体系构成及部署、指挥控制系统、通信手段及频谱分布情况,都进行了全面的侦察。战争进行过程中,多国部队通过航天电子侦察与航空电子侦察相结合的方式,实时截获和分析利比亚军队的辐射目标工作参数,掌握利比亚军队防空系统部署调整、指挥通信工作的动态情报,全时段监控利比亚的移动通信和卫星通信,筛选重要情报信息和线索。

在战场信息分发方面,多国部队的作战行动在正面宽1 100余千米、纵深600余千米的广阔区域内展开;空中力量分别部署在距战区700~2 800余千米范围内近20个机场及航空母舰上,指挥控制的各种信息通过大范围、高速度、大容量、高保密性的卫星通信系统实时分发,在多国部队内部实现数据共享,为各种作战力量及攻防作战行动的整体联动提供了有力支援。

在导航定位方面,空中精确打击所需的导航定位信息全部由太空作战力量提供,精确度小于米级的定位信息确保了对城区目标进行空地精确打击时有效控制附带损伤。

整个利比亚战争中,太空作战力量为多国部队提供80%的情报信息,帮助其实现战场单向透明,牢牢掌握战场主动权。在有预先情报准备的区域内,美军掌握战场动态情况并完成目标属性识别的时间小于5分钟。太空作战力量高效支援了发现、识别、打击、评估的空中精确打击链。对从苏尔特出逃的卡扎菲进行的打击行动,就是由太空侦察系统掌握动态情况,并引导战机和无人机进行阻滞打击的成功战例。

太空作战从理论到实践,并不是一个简单的跨越,需要经过漫长的战争形态探索和实战烽火的不断验证,太空作战实践更是如此。太空作战的发展从理论研究到实践运用,已经走过了半个多世纪的历程,走到今天,太空作战的实践虽然不是"而今迈步从头越",但还处在不断探索发展的初级关口。太空作战发展之所以这样艰难前行,既源于太空作战空间的特殊性,也源于太空作战对技术支撑的高精尖需求,同时还源于实践中对太空作战的认知程度。太空作战是对各种高新科技的综合集成,实践中不仅单项新技术需要实验认证,而且在各项技术实践检验的基础上还要进行技术的综合集成,正是需要这样不断在实践中探索求证,太空作战的推进才显现出漫长的阶段性特征。从历史上讲,世界上主要太空军事大国强国,虽然已经有了太空作战的丰富实践,并按照实践的历史演进划分了不同的时期阶段,但无论是初期、中期还是近期,在整个太空作战的发展过程中,还只能算作初始阶段,太空作战的实践运用还有很长的路要走。

第三节　太空作战实践运用的主要特点

太空作战在实践中走过了不同的发展时期,并且正朝着新的历史阶段不断迈进。在每一个实践发展阶段中,太空作战都有其不同的实践特点,这些特点的形成,有的反映出太空作战实际需求的牵引力,有的映衬出航天技术发展的推动力,但不论何种因素,太空作战实践都具有鲜明的时代特色,每一个发展阶段都有不同的时代发展印迹,代表着不同时代的作战形式。

一、初期太空作战实践运用特点

初期阶段的太空作战实践运用,虽然在认知层面人们对太空作战在战争中的重大作用有了一定程度的理解,但囿于军事航天技术发展水平,在具体的作战实践活动中,拿不出更尖端的太空作战武器装备,技术支撑难以实现作战需求。因此,这一阶段,太空作战主要以战略层面运用为主,这种方式仅限于美、苏两个超级大国核威慑战略的运用,为大国间解决重大政治危机提供极其重要的信息支援,并在一定程度上部分满足了常规战争对战场信息的需求,增强了参战部队的作战效能,是太空作战雏形的显现期。初期阶段,太空作战实践运用主要有以下特点。

一是突出战略层面的运用,注重太空作战力量的战略制胜。随着人们对外层空间成为未来战争"制高点"认识的逐步深入,制天权这一概念逐渐与军事战略相联姻。运用军事航天技术争取军事优势和作战胜利,已经成为各军事大国或强国谋划战略问题的重要内容。美、苏两霸在此期间进行了重要的军事博弈,都把太空军事应用作为重要砝码,付诸两大阵营对抗的实践过程中,从战略上统筹作战问题。虽然军事航天技术还处在"小荷才露尖尖角"的雏形阶段,在具体应用上也仅限于太空侦察信息保障应用,但是这种运用完全是战略层面的考虑,突出的是以战略运用制胜。

太空作战力量成型的初期,主要是作为战略侦察力量和战略预警力量来使用。战略侦察力量主要是对核打击力量的侦察,包括核武器试验场、制造基地、投送载具等。从柏林危机到古巴导弹危机,美国都是通过太空侦察力量的成功运用才识破苏联的核讹诈,美国也从与苏联的军事对抗中逐步认识到太空作战的巨大政治价值、军事价值和经济价值。20世纪60年代太空侦察力量在战略侦察层面上就已经趋于成熟。面对核战争的潜在威胁,传统的核武器投送手段渐渐为洲际弹道导弹让步,为了应对洲际弹道导弹的核威胁,美国又一次将目光投向了太空,开启了预警卫星的研制,美国在1970年首次发射预警卫星,开启了"国防支援计划",构建了美国的早期的战略导弹预警系统和预警体系。太空作战力量在战略层面的不断运用,使"天"的作战威力升级到了战略制胜的深层次,从战略上运用太空作战力量已经是作战方式的重要选择,成为太空作战实践初期阶段的军事发展亮点。

二是注重威慑作用,以太空威慑行动达成作战目的。冷战期间,如何将太空战略运用落到实处,防止出现战略上的"大而空"、战术上的"玄而虚",相互对抗的军事大国都把太空军事威慑作为解决这一问题的重要途径,因此,太空军事威慑也就成为这一时期太空作战实践运用的主要方式。由于当时核战略成为大国对抗的主要"撒手锏",在任何一方都不敢轻易出手的前提下,太空威慑就有了实施的空间,成为又一个具有与核威慑同等作用的手段。因此,对抗大国双方积极依赖太空技术,不遗余力采取实际措施相互威慑对方。正是由于这一阶段大国间核威慑与太空威慑并施,才阻止了冷战滑向"核冬天"的脚步,化解了许多重大国际战略危机。

三是作战手段单一,太空技术支撑相对不足。在太空作战实施初期阶段,由于军事航天技术发展刚刚起步,可用于太空作战的手段十分有限,基本处于太空侦察监视的简单运用,这种手段单一的局限性,使得太空作战需求"有想法没办法"。正是由于当时太空作战手段有限,太空作战需求又十分迫切,而满足这一需求又是实现国家重大战略的需要,因此,发展多样化的太空作战手段,成为军事航天技术快速发展的必然。在这种背景下,太空作战手段的多样化,成为各军事强国发展军事航天能力的目标选择。

四是对太空作战的认知有限,理论指导与牵引不够。由于在太空作战实践运用初始阶段,世界军事总体发展态势还处于机械化时期,人们对太空力量在作战中的重要地位和作用的认识还不够深入,在作战中运用太空作战力量的着眼点还不够聚焦,对于太空作战的理论指导有限。作战实践与作战理论的发展是相辅相成的,由于这一阶段战争形态还没有跨入信息化的时代门槛,作战理论的跟进也自然没有与之接轨,认识上的局限性和作战理论牵引力的有限性,使这一阶段的太空作战发展,处于相对慢进的状态。

二、中期太空作战实践运用的特点

太空作战运用发展到中期,已经与早期阶段有了明显区别,太空作战的重点逐渐由战略层面向战役战术层面转变,太空战场的作用非常明显,诸如获取信息、实施信息战、投送兵力、投射火力等均主要依赖太空支援,太空武器系统成为精确打击、精确交战和精确实时信息支援的重要支柱,并使太空对抗明显地表现出来。与此同时,逐步形成了与太空作战力量相配套的太空作战理论体系。在这一背景下,美国的三军航天司令部和联合航天司令部相继成立,美国空军的任务被进一步明确为太空控制、力量运用、力量加强、航天支援等内容,航天作战逐渐开始强调太空力量投送,主张利用外层空间环境对地面力量进行加强。归纳起来,有如下几个主要特点。

一是战略和战役战术运用趋于融合,从战略层级向战役战术层级的运用全面实施。随着战争形态演变,现代作战对太空军事需求不断增强,太空作战也逐步由战略层面向涵盖战略、战役、战术层面转变。近几场局部战争表明,从应对突发事件、指挥军兵种联合作战,到夺取战场信息优势、支援陆海空战场作战、推进战争进程,直至传递指挥控制命令、评估作战效果等方面,太空作战武器系统都在扮演不可或缺的重要角色,发挥着"神经中枢"和兵力倍增器作用。太空作战在战略和战役战术层面的广泛运用,以及无与伦比的作用表现,使信息的主导地位突现,为推进机械化战争形态向信息化战争形态提供了最直接牵引。

太空作战力量是由于核武器的发展和导弹技术的成熟而产生与发展起来的,太空作战力量自然也就被作为一种战略力量来运用。核武器的发明与使用彻底改变了人类的政治格局和军事发展,在太空作战力量诞生的初期,核战争的阴云笼罩着世界。第一颗人造卫星的发射本身就是苏联对美国的战略威慑。这种战略威慑是太空威慑与核威慑的共同体。美苏的军备竞赛直接促进了太空作战力量和太空作战应用技术的发展。两国先后发射人造卫星、航天飞机、宇宙飞船、空间站等。苏联首次成功地将人类送入了太空，美国进行了大名鼎鼎的"阿波罗"计划实现了人类历史上登月梦想。这既是政治上的对抗，经济上的比拼，科学技术的较量，更是军事战略的博弈。

在作战需求的刺激下和太空作战应用技术的支撑下，太空作战力量开始向战役和战术层级渗透。越南战争是美国为推行其全球霸权所进行的一场失败的战争，越南战争在促使美国政府反思对内、对外政策的同时，军方也开始了对战争力量运用、军队制度结构和今后军事力量的发展做了深刻的反思。越南地处中南半岛，为热带雨林气候，地形复杂山高林密，一定程度上影响了太空作战侦察力量的发挥，但也促进了太空作战力量的进一步发展。无线电短波通信和长波通信都有其自身的缺陷，在越南这种特殊气候、地形区域，一种更为稳定的指挥通信手段被迫切需要，在多方不断的努力下，军用卫星通信被率先在越南战场上使用，并取得了良好的效果。卫星通信开始逐步被使用推广，是将太空作战力量由战略向战术贯通的有力推手。

随着太空作战力量的加强和武器装备性能的提高，太空作战力量可以被更熟练地在战役战术层次运用。如果说第四次中东战争以色列的绝地反击，是依靠太空侦察力量发现了埃及叙利亚联军的阵地薄弱地带，而进行大胆穿插从而改变战局；英阿马岛战争，双方均有重要舰艇被敌方依靠太空侦察力量获取的情报而击沉等战例，还是太空作战力量由战略层面向战役战术层面运用的个案，那么海湾战争是机械化向信息化战争转变的拐点，太空作战力量被大量运用于各种战役战术之中，从侦察监视、通信保障、卫星定位导航、气象保障到电子侦察等多领域、大范围，都有更加广泛的战术的运用。

侦察卫星可以逐渐克服恶劣天气的影响，其分辨率可以看清报纸上大号字体构成的新闻标题。卫星通信被作战部队大范围的使用，因为其通信质量好，信号稳定，被各级指挥网络广泛采用。导航卫星的使用是人类历史上的一大发明，无论在战争中还是在生活中，人类都对导航定位有着大量的需求。导航卫星的组网使用，使得指挥部可以随时了解各作战单元包括飞机、舰艇的位置信息和运动信息，使指挥员更强有力地把握战场态势和指挥部队作战。卫星导航系统也可以更好地为作战单元选择最科学、最高效的机动路线和航路，大大提高了部队的反应时间和机动效率。精确制导武器的大量使用完全得益于制导技术快速发展，无论是复合式制导技术还是卫星制导技术都离不开卫星导航系统的大力支持。伊拉克战争中精确制导武器的使用量占到弹药消耗总量的90%，随着技术的进步和战争的发展这一比例还会不断增高。

无论从战略上的博弈、战役上的对抗,还是最后战术上的执行,都需要太空作战力量的深度联合和介入,甚至有的作战行动是由太空作战力量独自来完成的。经过几十年的发展,太空作战力量已经成功地实现由战略层级到战役战术层级的大量科学运用。究其原因是太空作战力量运用之后,产生了巨大作战效益,花费更小的代价、更短的时间、以更简洁的作战方式,可以获得最大的军事战果。太空作战力量带来如此多的好处,得到了世界各军事大国的推崇和追随,太空作战力量在信息化战争中"倍增器"的作用被广泛共识,太空作战力量由战略转入战役战术的速度也由此加快,促使部队战斗力也得到迅速提升。

二是战争形式注重向整体作战发展,太空作战力量渐成作战力量的核心。这一时期的太空作战实践运用表明,利用外层空间瞰制全球的独特战场优势所提供的战场侦察、监视、导航、预警和通信服务,可以有效实现陆基、海基、空基、天基作战平台和各类人员对作战信息实时交换和共享,从而为多军兵种、多维作战空间、多战场作战提供高效、海量的信息保障,使高技术条件下局部战争中的整体作战能力获得显著增强,由此引领现代战争向着以信息系统为支持,陆、海、空、天、电、网多维一体联合作战方向发展,并成为当前乃至未来一段时间的主要发展趋势。

信息化战争更加强调整体性,在作战力量的整体结构中,太空作战力量渐渐成为战争整体运用的核心力量。这种核心力量作用体现在作战的各个方面。以作战的基本指挥筹划为例,作战指挥机构和指挥员在指挥部队作战时,首先必须搞清楚作战打击的目标是什么,要打的敌人在哪里、己方在哪里、所指挥的部队在哪里,敌人的部队有多少、在什么地方、所指挥的部队部署在哪里、敌人的部队部署在哪里,从哪里进攻、怎么进攻、用什么进攻等一系列问题都必须清清楚楚。而太空作战力量的运用可以完美地回答这些问题。敌人在哪里、敌人的部队部署在哪里,都可以通过太空侦察力量、全球卫星导航系统和卫星通信系统获取相关的信息及时准确掌握。己方在哪里、所指挥的部队部署在哪里、从哪里进攻、怎么进攻、用什么进攻,也可以通过太空侦察力量、全球卫星导航系统、卫星通信系统、精确制导武器来解决。一次战斗从筹划到部署再到最后的执行,全程都需要太空作战力量的支持。太空作战力量的实践运用已经贯穿战争的始终,太空作战力量就是信息化战争中作战部队的基本核心。

太空作战力量这种核心作用,从伊拉克战争中可以更加清楚地看到。伊拉克战争太空作战力量是作战部队整体结构中的重心,超过九成的作战信息是由通信卫星来传输的,超过九成的弹药消耗都是使用激光或GPS卫星信号制导的导弹和智能炸弹。高效的卫星通信传输为伊拉克战争中的美军作战部队实施指挥,构成了一个稳定、高效、迅捷的通信网络,这样一个指挥通信网络和情报传输网络的存在,使得美军指挥员能够把部队快速组织起来,有效指挥到部队的各个终端环节,形成整体的作战能力。伊拉克战争对卫星通信系统的大量使用,逐渐改变了指挥通信和情报通信不稳定的情况,普及强化了卫星指挥通信网和卫星情报通信网的支柱作用,大大提高了作战指挥链的指挥效能和火力链的杀伤效能,并经过实战的检验而得到大力推广。卫星导航系统在信息化局部战争中的广泛使用,使得作战效能极高的精确制导武器,有了更加广泛的作战运用空间,也使得太空作战力量的核心作用得到了充分的体现。

没有太空作战力量这个核心力量参与的战争,只能进行低烈度的机械化战争。21世纪的今天,虽然世界上的一些地区仍有战争和冲突,没有运用太空作战力量的军事行动无一例外的都是较低烈度,多是采用20世纪的机械化装备进行传统机械化战争,其战役、战术筹划主要还停留在机械化战争的思维上。作战效能与有太空作战力量参与的现代化战争相比有天壤之别。太空作战力量实践运用的历史证明,拥有更多太空优势的一方将获取更大的利益。太空作战力量的出现及在战争中大规模的应用,是战争发展的必然趋势,而且太空作战力量使用的领域会更加广泛,使用的方法会更加多样,太空作战力量的使用也会更加普及,而不是只局限于几个太空强国,太空作战力量的核心优势,会在更多非太空强国的军队中得到广泛运用。

三是手段多样,应用范围扩大。通过纵向对比不难发现,这一时期的太空作战运用,已由最初的以单一的战略侦察手段为主,逐步拓展到了包括侦察监视、通信中继、导航定位、气象观测、军事测绘、导弹预警、电子对抗等多种手段的综合运用,战场的单向透明度大大增强。具有较强太空信息能力的一方,拥有全面感知战场空间的信息优势环境,把分散在不同空间位置的多种类型的作战部队和信息化武器装备,实施一体化"无缝隙连接",从而保证了指挥控制的精准、快速、高效、互通,极大地提高了武器装备效能和整体联合打击能力。

三、近期太空作战实践运用特点

总体来看,这一阶段太空作战似乎仍以为陆、海、空战场提供信息支援为主,以达成陆、海、空军作战力量倍增效果,但全面争夺制天权,发展进攻性太空武器系统,实现全球远程快速对地攻击,正日益成为太空作战的新发展方向。特别是美国遥遥领先的太空军事优势,使当今世界任何国家无出其右,但美仍注重在实战中不断提高实效,千方百计谋求创新发展,相继组织了一系列太空作战演练,使军事航天技术的理论研究与实践运用步入了良性循环发展轨道。当前乃至今后一个时期,太空作战实践运用的主要特点体现在以下方面。

一是更加强调太空的战略地位,明确提出控制太空战略。2001年1月,美国国家太空安全管理与组织评估委员会发表报告指出:美国对太空的日益依赖和由此产生的脆弱性,要求把保卫太空利益作为美国国家安全优先考虑的重点,高度重视研究太空作战的指导思想、概念及能力。2003年6月,美军公然提出:"任何国家和组织(包括美国的盟国在内)在没有获得美国认可的前提下,都不可以将太空资源用于发展军事情报或其他军事目的。"2006年8月,美国总统小布什签署了新的《国家航天政策》,强调美太空政策的核心要由"和平利用太空"向"太空安全"转变,并明确指出"加强美国的太空领导权,保证太空能力可在美国国家安全、国土安全及外交政策需要时为之服务","美国将阻止敌对势力进入太空。"2011年2月,美国国防部正式公布了《国家安全太空战略》报告,认为随着全球科技的不断发展,其他一些国家的太空能力日渐增强,美国的太空技术优势地位也随之逐步削弱。为保持太空军力优势,美国应大力加强太空情报能力建设和应用。

从美国发布的一系列政策文件和美国政要的言论中,可清楚地看出,美国已明确提出了控制太空战略,试图通过控制太空从而控制地球,保持并强化其世界霸主地位。换言之,夺取制天权、谋求太空霸权、维护太空绝对优势,将始终是今后各航天强国制定太空政策的核心思想。

欧盟各国也把发展独立的航天能力作为欧洲太空安全战略的重点,并实施了一系列新的太空安全政策。一是明确太空对欧洲发展的重要作用,重新评估欧美在航天领域的合作与分歧,强调欧洲发展航天能力的独立性,极力追求使"欧洲地区的事务由欧洲人来解决"同样适用于太空领域。如2003年欧洲领先美国成功将火星探测器发射入轨,显示出其与美国一争高下的意味极为浓厚。

二是着眼欧洲战略全局,积极优化航天职能机构,高效规划欧洲的航天活动,走一体化的航天发展道路。目前,虽然欧洲航天活动的主体仍然是各主权国家,但超越国家层次的联合已经逐渐显露实力,欧盟各成员国正携手建立共同管理、责任分担、成果共享的航天建设与利用机制。

三是将安全和防务作为未来欧洲航天发展的重点,不断完善各项政策法规,为全面整合欧洲航天力量提供指导和依据,并开始将太空技术的联合由

"民联"拓展到"军联"。日本于2009年5月通过了《航空基本法》，使日本航空自卫队得以利用太空资源。同时，日本加紧"研究、制定和规划"相关政策，为未来太空行动奠定法理。此外，日本还重金打造侦察卫星系统，积极构筑自主军事航天力量，企图借助航天发展谋求军事大国地位。印度密切关注太空军事化动向，并于2003年10月宣布创建航空航天司令部，优先研制对指挥与控制具有支撑作用的军用航天系统，努力提高航空航天作战能力。韩国、朝鲜以及台湾地区也采取借箭发星、租赁信道、积极开发卫星对抗手段等方式，竞相发展自己的太空军事系统，谋求在太空利用和对抗领域占有一席之地。

二是加强作战整体联动，对太空信息依赖性更强。近几次局部战争太空作战运用实践表明，太空军事系统通过提供信息支援，与陆、海、空传统作战力量相结合，已经显示出无可比拟的战略和战役战术价值。换一个视角分析，陆地、海上和空中的军事行动唯有与外层空间紧密结合，通过分布于陆、海、空、天、电、网战场的作战力量及其信息系统的联合行动，才能顺利实现既定作战目标和作战任务。在未来相当长的一段时间，天基系统的巨大军事价值仍将体现在对地面军事力量的增强上，无论陆战、海战还是空战，都将严重依赖天基系统在预警、监视、跟踪、定位、导航、气象、测绘、打击效果评估等方面提供支援和保障。随着陆、海、空、天、电、网多维一体战争形态的发展，尤其是新型太空作战手段的出现，这种依赖程度只会加深，绝不会减弱。

三是作战体系性明显提升，更加注重体系作战和多维融合。透过近几场战争迷雾可以发现，利用太空军事信息系统近似实时地了解战场情况，获取并传输整个战场上的各种信息，把侦察、指挥、控制、通信、情报、打击、保障等有机地结合起来，构成一体化的综合信息网络系统，进而将陆、海、空、天、电、网等多维战场连接集成为相互联系的综合复杂体，交战双方的对抗则变为体系与体系的对抗。战争的胜负不再取决于一种或某些系统，而是取决于整个作战体系的效能。随着航天技术的不断发展及其在军事领域的广泛应用，敌对双方特别是处于战略进攻的一方，将力图夺取制天权或局部制天权，以便为陆、海、空战场的军事行动提供有力支援，从而使未来夺取制天权斗争的体系对抗性更加突出。

从古至今，战争的成败都是通过大兵团决战的方式来解决。比如历史上的淝水之战、官渡之战、赤壁之战等。进入机械化时代之后，这一定律也没有被改变，如第二次世界大战中的库尔斯克会战、中途岛大海战、珊瑚岛大海战等。单一兵种的大规模力量集结，决战决胜的理念在冷战时期依然被广泛应用，古巴导弹危机，美国集结自己可以动员的所有海军作战力量对古巴进行封锁,五次中东战争中屡次出现装甲兵团和空中突击兵团大规模决战的场面,虽然这一时期太空作战力量已经开始崭露头角,但主要还是体现在侦察、监视和战场态势整体感知的层面,对战争的作战模式和作战理念没有完全的改变。在海湾战争之前,各作战力量通常是各自为战,在各自的作战空间夺取相应的控制权,各作战力量偶有配合,配合的规模根据战争具体情况差异很大,有时是小股力量的小型支援作战,有时是大规模大兵团之间的协同作战,但各作战力量的作战兵团之间的合作还只停留在协同的层面上。这既是作战武器装备性能的客观限制,也是作战力量、作战思想时代局限性的客观表现。

但是,因为太空作战力量的大规模使用并且逐渐由战略层级向战役战术层级的成功过渡,从而铸造了现代作战力量的新核心——太空作战力量,新兴作战力量核心的出现,使得各作战力量、作战兵团由原来各自为战和相对独立的作战状态转变为各作战力量纳入一个紧密的、完整的大型作战体系,体系作战力量得以建成。太空作战力量通过自己独特的力量优势,形成了一张巨大的作战网络,也可以说是新型作战体系,将各种作战力量都纳入的这个作战网络形成一个作战整体。利用太空作战侦察力量近似实时的情报侦察能力,将所获得的各种情报第一时间进行分析处理、整合之后依靠这个作战网络将信息及时分发给各作战单元,形成侦察、情报、通信、指挥、控制、行动、作战保障为一体的作战体系。这个由太空作战力量支撑的新型作战体系,将原来各作战力量之间割裂的指挥链,融合为统一的、唯一的指挥链,各作战单元无论是否参加即时的作战任务都统一为作战任务服务。新型作战体系也最大限度地减少了指挥层级,最大限度地优化指挥链,最高指挥层级可以直接实时指挥最基础的作战单元执行作战任务。各作战单元可以同时发挥自己的优势在同一个时域内执行同一个作战任务。

单一作战力量依靠大规模大兵团决战模式获取相应空间的控制权的作战模式不会再度出现,体系内以某一作战力量为作战主体获取某一空间控制权的联合作战模式将会成为趋势,体系对抗是未来战争中的主要表现形式。从未来信息化战争的基本发展趋势来看,这种新型作战体系对阵传统作战力量的优势还是非常明显的,传统作战力量在新时代体系作战面前显得十分脆弱,体系作战能力将随着太空作战力量的增强而变得更加强大。

体系作战带来的必然是多维作战力量和作战空间的融合。太空作战力量将陆、海、空、天、电、网等多维作战空间进行了无缝整合,使之成为一个庞大的整体,而这个庞大的整体是由太空作战力量所获取的制天权为基础,向各维空间进行力量拓展,实施各个空间无缝整合,让指挥链贯穿于各维空间,让火力链融合于指挥链,实现火力突击的最大作战效益,以火力链夺取各维空间的控制权,以指挥链来实现对多维空间的控制权。通过以往的太空作战力量的实践运用来看,未来战争必然是以夺取制天权为核心的体系作战,这种体系对抗不再是阶段性的局部冲突,而是决定双方未来命运的关键之战。体系作战是强者之间的较量,更是太空作战力量之间的巅峰对决,这也再次印证了肯尼迪早期的预言:"哪一个国家控制太空,它就能控制地球。"未来作战属于掌握制天权的强者。

四是太空对抗武器装备发展加快,武器装备性能逐渐提升,太空作战手段日趋多样。随着未来信息化战争对太空信息系统依赖性的日益增强,以"确保己方利用,阻止敌手利用"为目的的太空军事对抗将不可避免,太空军事对抗对于航天技术的需求不断提升,促进了太空对抗装备与技术的快速发展。尽管受研制经费、关键技术和国际军控条约等限制,但主要军事航天大国通过采取"寓反卫于反导"的策略,发展"硬摧毁"式反低轨卫星武器,由原来的威慑意义逐步形成实战能力;采取"掌握能力、慎重部署"的策略,突破激光、高功率微波等新概念武器反卫关键技术,而不急于部署。在大力发展和完善"硬摧毁"反卫武器的同时,还不遗余力发展干扰卫星通信链路的"软杀伤"式反卫武器,以及微小型卫星武器等,以期形成全面的太空对抗能力。太空对抗武器装备的快速发展,是太空军事化趋势的一种现实反映,也是争夺制天权的有效手段,随着太空军事化竞争的不断激烈,太空对抗武器装备的发展会越来越快。

冷战时期,美国曾把太空作战武器作为其战略核威慑力量的重要组成部分而予以大力发展。近年来,随着太空战略地位的日益提高,美国再次加紧发展太空作战技术和装备。一方面,设法提高航天器系统的生存防护能力,研制隐身卫星、微小型卫星甚至纳米卫星,对卫星采取抗干扰、轨道机动等措施,提高卫星系统的生存能力。另一方面,加快了太空作战武器的研制和试验的步伐。研究的装备包括地基、空基、天基激光武器,地基、天基动能武器,天基对地打击武器系统以及太空作战飞行器等。美国研发太空作战"撒手锏"武器的脚步一刻都没有停止,是第一个具备反卫星能力的国家,2008年美军就利用"标准-3"导弹在实战条件下击毁了一颗失控卫星。此外,美军还掌握了卫星信号干扰和欺骗、微卫星攻击、激光瘫毁等多种反卫星技术。2011年以来,美军对"全球即时打击"计划保持高额投资,陆续成功试射了"猎鹰HTV-2""先进高超音速武器"等高超音速太空作战武器装备。一旦该计划成为现实,美军将能够在一小时内打击包括地面卫星指挥中心在内的任何目标。从航天技术发展来看,如果形成"一小时打击圈",这是人类征服太空具有里程碑意义上的发展。由于目前世界上尚无其他国家掌握同样成熟的技术装备,美国已经具备独霸太空的军事实力和技术优势。凭借这一技术制高点,美国将牢牢地独霸着外太空或大气层外的制天权,从而死死地扣住军事防御和未来作战的"命门"——即信息、数据的卫星中继与安全传输。

俄罗斯继承了苏联的主要遗产,历来把太空安全视为国家总体实力和军事实力的象征,把谋求发展太空能力作为其恢复大国地位的重要手段,是当今世界第二大航天大国。面对美国在太空控制领域咄咄逼人的发展势头,俄罗斯采取了针锋相对的应对措施。在太空武器装备发展上,俄罗斯也不甘落后,他们重建军用卫星系统,从 2006 年起,实施"10 年联邦航天计划",在 10 年内对航天领域的投入将达到近 4 000 亿卢布,其投资重点之一就是发展军用卫星系统。自 2000 年以来,俄罗斯每年都发射多颗军用卫星,以补充和完善 GLONASS 等军用卫星系统,并研发新型侦察、气象等卫星系统。同时,俄罗斯还大力发展太空作战武器系统,除对卫星系统采取各种主、被动防护措施外,还在苏联已具备实战能力的反卫卫星以及进行了试验的地基激光反卫武器的基础上,大力加强本国太空作战武器系统的研制。俄罗斯在强激光、高功率微波等领域处于世界先进水平,也为俄发展相应的太空作战武器奠定了良好的基础。

在太空作战实践运用的近期阶段,太空作战武器装备的性能,在历次实战检验中均有精彩的表现,这也大大加快了太空作战装备的研发速度,增强了太空作战武器装备的装备性能。太空侦察卫星不但可以观测天地,还可以在星载孔径雷达的帮助下探测一定深度的地下目标和水下目标。探测的精度也更为准确,图像的分辨率也越来越高,可以通过目标不同的物理特征来辨别目标,也可以判别图像上目标的真假,信息侦察的手段更为全面。这在人类使用太空作战力量运用的初期是不敢想象的。太空作战侦察力量的武器装备性能提升,只是太空作战武器装备性能整体提升的一个缩影。卫星导航系统的精度越来越高,抗干扰能力越来越强,在战场上被广泛应用和认可。预警卫星具有较之以前更强的预警能力,可以提供更长的预警时间和更为精准的弹道轨迹计算。也是由于太空作战武器装备整体性能的提升,太空作战力量担负起了信息化作战部队的核心重任。

在这一阶段的太空作战实践运用中,有一个突出的现象,就是太空强国的作战对象是没有太空作战力量的国家,比如阿富汗和伊拉克。在这样作战实力对比中,太空作战力量的运用,更多是尝试和创新太空作战支援作战的相关战法,从侧面体现出了拥有太空作战力量的一方,与拥有传统作战力量的一方相比,所享有更加巨大的作战优势,可以实现在现有太空作战力量的基础上，发挥出现有装备的最大效能。当两个太空强国发生战争之时，战争也必然从太空率先打响。只要摧毁一方的太空作战力量，夺取了制天权，那么阿富汗战争或伊拉克战争的景象将会重现，而且是作战能力在几倍提升之后的重现。两个太空强国之间会为争夺制天权而展开激烈的太空攻防战。为了应对高强度的太空攻防战，各太空强国都加大了太空作战武器研发的速度，进一步提高太空作战武器装备的性能，各种新式太空作战武器和作战手段将悉数登场，太空作战也由太空作战支援作战逐步向太空攻防作战转变。

与此同时，各作战力量的大型、新型武器装备的研发也都融入太空作战力量的元素，各常规作战力量对太空作战力量的依赖程度将会大大提高，同时常规作战力量本身的作战效能也有大幅提升。因为有了新型作战装备的出现，作战手段也会更加丰富。相信在不久的将来会有更多新型太空作战武器装备出现。随着太空作战力量实践运用增多，作战部队的武器装备也会逐渐升级，武器装备的性能和作战手段会发生巨大变化，作战模式将会发生革命性的变化。虽然武器装备的效能和作战手段较之太空作战力量诞生之初已经有了长足的进步，但是其发展的空间依然非常广阔。

五是太空作战理论深入发展，太空作战力量建设逐步成规模。随着太空作战的不断向前发展，各太空强国的太空作战理论也相应跟进，以适应未来作战的理论指导需求。美国侧重从制定太空作战条令上强化太空作战理论的牵引作用。先后发布了3个版本的《太空作战》条令文件和《太空对抗作战》等法规。为很好地推进太空作战理论法规的落实，美军陆、海、空三军都进行过与太空作战有关的作战演习，通过太空作战演习，研究和验证未来太空作战的理论学说和作战条令，并改进和创新相关技术。俄罗斯也制定了以制天权为核心的军事战略学，俄罗斯国家安全扩大会议批准通过了《俄联邦军事学说草案》，认为未来战争中的军事行动将以天基为中心，未来军事战争的发展趋势之一是建立和保持太空优势，夺取制天权将成为夺取制空权和制海权的主要条件之一。

在加强太空作战理论研究的同时，太空作战部队的建设也在各军事航天强国开始了建军实施计划。随着美国军事航天的蓬勃发展，美国防部开始组建军事航天力量，先后组建了陆、海、空军航天司令部和三军联合司令部，航天部队总人数约40 000人。在天军的建设方面，美国采取了逐步过渡的方式，即首先加强空军航天司令部的职能，由其负责统管三军的军事航天活动，然后在空军内部成立一个航天兵种，在今后时机成熟的时候，再从空军独立出来，成立天军。目前，美国空军的航天职能已经得到了重点加强。俄罗斯组建新军事航天部队，2001年6月1日，俄罗斯正式组建航天部队，这是世界上第一支独立的航天部队,是一支集太空利用、太空作战和导弹防御于一体的武装力量实体。太空作战部队的建立,标志着太空作战力量进一步得到加强,现在虽然是极少数航天强国和大国组建了太空部队,但是随着未来信息化作战不断地向前延伸,天军这个作战的新兴力量,将逐步成为军队建设史上的一支锐不可当的强大力量。

第八章 太空作战发展趋势

战争匆匆前行的脚步,不停地拉扯着太空作战疾速飞奔,短短数十年间,太空作战这一新型领域的作战样式已经走向战争的前台,并引领着战争朝着更加全新的形态进发。冷战时期,美国和苏联两个大国就充分认识到了太空对未来作战的重要性,并开始在太空领域进行军事博弈,导演了一幕幕太空军事对抗的现代"样板戏"。冷战虽然早已经结束,但由此而诱发的太空军事竞争和对抗活动一刻也没有停止,尤其是近些年的几场信息化高技术局部战争实践,让全世界都开始抬头"仰望"太空,看到了太空这一高边疆在未来战争中的重要位置,夺取制太空权成为各国军事发展战略的目标追求,世界军队追赶太空作战发展的节奏不断加速,太空作战的发展趋势也变化迅然。在战争军事需求的牵引下,从太空作战理论、太空作战力量、太空作战任务、太空作战样式、太空作战指挥、太空作战武器装备到太空作战战场,都在发生着根本性的变化,太空作战的发展新趋势,预示着未来战争与太空将捆绑得越来越紧,太空的军事战略地位与太空领域所处的空间位置一样,将被推至更高的战略制高点上。

第一节 太空作战理论发展趋势

作战理论是牵引作战发展、总结作战经验、指导作战实践、保证作战胜利的重要因素。太空作战理论是随着现代航天技术的不断发展,随着作战对太空力量的实际需求不断完善起来的。作为一种新的理论,在较短时间内就快速形成了太空作战理论体系,这说明太空作战理论被广泛重视并运用。未来太空作战将随着信息化战争的走势成为主要作战样式,而且是应用和发展前景最为看好的作战样式,太空作战理论也将随着作战样式的不断发展,呈现出更多新趋势和新特点。正确认知和准确判断其发展趋势,对于指导未来太空作战意义重大。

一、由"虚"向"实"发展

太空作战理论作为一门研究太空作战规律的学科,需要不断总结太空作战实践经验,充分进行学科知识积累,广泛吸收和科学整合其他理论成果,并渐进式对太空作战形成系统化理性认识,最后升华为作战理论。在这样一个不断升华发展的过程中,太空作战理论的研究对象、内容和方法等,将呈现由相对虚化向更加务实的趋势发展。从目前对太空理论研究的实际情况看,虽然人们对太空作战理论进行了比较全面的研究,研究所涉及的对象和内容不断拓展,对全面揭示太空作战领域的作战模式也进行了比较系统的探索,但如何使太空作战理论真正从理论探讨层面,快速走向作战实践应用,仍然是太空作战理论需要进一步努力强化的。按照作战理论牵引作战实践发展的基本规律,太空作战应用理论和技术理论将更加朝着务实化的方向发展,太空作战应用和技术理论接"地气",就是为了满足太空实战化需求,不管什么理论能用、好用、管用是硬道理。因此,太空作战理论由"虚"向"实"的发展趋势,是理论建设和发展的一种必然,把作战理论系统化、科学化、具体化,目的是从太空作战理论的一般原理,逐步发展到指导太空作战的实战应用上。

从太空作战理论产生与发展的初始阶段看,由于受太空军事技术装备的制约,太空作战理论走向融入全部作战理论的过程,行进速度较慢,尚未达到与其他作战理论、作战力量和作战体系的有效对接与融合。太空对抗作战思想的出现,虽然是随着军用卫星系统应用于军事领域脚步,伴着各种反卫星武器研制的节拍而诞生的,"航空航天"也由此成为军事作战术语家族中的新成员,但太空作战理论研究的关注点,还是锁定在未来作战构想上,重点研究如何将太空变成可能的作战战场、太空作战武器装备系统以何种形式构建、以什么样的途径夺取近地外层空间制空权等,这一系列带着问号相对较"虚"的问题。虚字带有引号,体现了时代发展特征,具有明显的未来进行时印迹,太空作战理论正是反映不同时代的发展特征,寻着未来行进时的足迹而渐渐清晰成熟起来,把作战构想当中的虚化设计,一点点变成看得见摸得着的作战实践。

太空作战理论这种由"虚"转化为"实"的过程,是一个不断推进滚动发展的过程,这个过程不会停止。结合现今太空作战状况实际,分析太空作战理论发展趋势,这种由"虚"变"实"的节奏会越来越快,这是不以人的意志为转移的。促成转变节奏加快的原因是,未来战争的空间规模巨大,对太空战场的开发与利用不断扩大,太空这个如今的"准战场",将很快升级为全新的真正战场,太空作战理论所聚焦的将不再是一般的理论概念,对太空作战重要性、重大意义的表述和强调,而是通过理论的牵引使太空作战跨入实战化的大门,引领战争形态的走势,赢得未来作战的胜利。

二、由"粗略"向"细化"发展

由"粗略"逐步转为"细化",是太空作战理论发展的另一个主要趋势。太空作战理论的发展,与太空作战实践运用的各个历史阶段联系紧密,在太空作战每个实践发展阶段,太空作战理论都与其作战力量建设规模、作战样式创新、作战武器装备研发、作战技战术能力提高、作战指挥方式的改变、作战任务拓展等方面相随相连,并不断由"粗略"走向"细化"。对于这种粗略与"细化"的判断标准,不同阶段有不同的划分要求,尤其是对"细化"的标准要求步步升级,今天认定的"细化",可能明天就成为粗略。

如太空作战的中期实践阶段,是太空作战理论逐步形成的重要阶段。在这一阶段中,美国提出了"空地一体作战""空天战役"等概念及理论,苏联提出了"大纵深立体作战"等理论,强调瞄准现代战争全球性、大纵深、全方位、高立体等新特点进行战争准备,更加重视太空信息系统对战场的支援作用。在当时的技术背景和作战条件下,这些理论从"粗略"向"细化"迈出了一大步,以现今的标准衡量,当时的"细化"只是特定时期的"细化",与现在的标准相比又成了粗略,正是因为不同时期有不同的标准要求,太空作战理论才得以不断由"细化"向更加"细化"方向发展。

未来太空作战理论仍将呈"细化"发展趋势,与过去不同的是,这种趋势会越来越快速,一方面是源于迅猛发展的航天技术等各种高新技术推动的结果,另一方面是作战需求不断推陈出新强劲拉动的创新需要。太空作战理论由"粗略"向"细化"发展趋势主要有几下标志:一是作战理论指导将进一步从重战略层面指导走向战役战术层面操作。目前,太空作战理论在指导上,还是处于从高向下的状况,头重脚轻,战略层次指导的多,战役战术应用层次则指导的少,这与太空作战对理论的指导需求相差很远。在未来的太空作战理论发展上,战略理论研究与战役战术理论应用的结合会更加紧密,理论指导与太空作战的实践需求会贴得更近,有的将直接作用于指导单兵作战。

二是战法理论创新将渗透到各种技术作战单元。随着太空作战技术分工的不断细化,战法理论创新也将随之携手共同推进,围绕各种新型前沿技术创新战法。如利用无人技术开展太空对抗无人战;应用智能技术提升太空作战武器装备性能,实施太空非对称闪电战;利用导航定位技术开展战术导航战等,都将是太空作战理论战法创新的细化重点。

三是太空作战理论法规建设将不断细化。在现阶段,太空作战理论法规建设虽然有了较快的发展和完善,但还只能说是"万花丛中一点红",只有美军在太空作战理论法规建设方面走在了世界前列,美军在近十几年间对颁布的太空作战条令,进行了数次修订和重新发布,不断更改条令名称,从《空间对抗作战》到最新版的《太空作战联合条令》,一次次的修订颁发,使美军太空作战条令的规范更加详细具体。如果按太空作战对法规细化的标准要求比照,美军的太空作战理论法规建设也处于"门槛级",只是相对地、暂时地站在了前排。未来从太空作战理论发展的趋势分析,法规建设是其理论发展的重要方面,不仅要加强宏观指导性法规的制订,而且微观层面的各种细化法律规范也将快速跟进,尤其是与太空作战联系紧密的各种细则、手册等规范,将是太空作战理论法规建设研究的重点,使太空作战法规逐步形成体系,达到细化和规范化要求。

三、由"碎片化"向"体系化"发展

太空作战理论经过半个多世纪的发展,正在逐渐走向成熟,这是不争的事实。但是,这种成熟是相对性的成熟,发展中的成熟,一定范围内的成熟,"碎片化"阶段的成熟。表述为"碎片化"的成熟,是因为太空作战理论在更大的范围内,还尚未真正形成理论体系,构成完整的学科,全面融入军事理论体系。太空作战理论在未来发展趋势上,将围绕太空作战力量建设、太空武器装备研发、太空作战样式创新等重点,进一步系统研究和超前论证,对已经取得的理论成果科学总结归纳,形成体系,全面指导太空作战实践。

依据理论发展的基本规律判断,太空作战理论从"碎片化"向"体系化"的发展趋势,将主要体现在以下五个方面:一是理论涵盖范围,从较为单一窄小走向全面广泛。随着太空作战进入战争领域的范围不断拓展,对理论牵引的需求会越来越高,涵盖面将由窄变宽,现有的太空作战理论所涉及的范围,远远无法满足其实际作战需要。拓宽太空作战理论的涵盖范围,全面支持太空作战领域延伸,是发展趋势的一种必然选择,在今后一定时期内,随着太空作战实践发展的进程,太空作战理论的涵盖面会不断扩大,将对作战实践提供全域性支持。

二是理论学科形成,跨入军事和作战理论学科的正式"门槛"。一种理论要形成系统的学科,需要经过不断深化和完善的建设过程。太空作战理论目前还没有达到理论学科建设的要求,形成一个完整的学科体系,一些理论学科基本要素较为零散,还不系统。未来的发展将使这种状况得到根本转变,太空作战理论不仅会成为正式学科,而且这一新兴学科将得到广泛关注和高

度重视,成为军事和作战理论的"龙头"学科。

三是形成独立的教学专业,全面进入教学体系。理论的形成与应用离不开教学实践,作为作战理论能否进入专业教学,构成教学体系,是走向成熟的重要标志。当前太空作战理论以独立的教学专业进入教学,还没有真正实现,尤其是尚未构成教学体系。太空作战理论进入教学,是世界主要军事强国正在发展的重点,理论教学的保障,是太空作战理论形成体系的重要基础,未来这一基础将会得到充分加强,变得更加坚实牢固。

四是基础理论、应用理论和技术理论系统配套,整体性支撑太空作战实践。目前,不论是太空作战的基础理论、应用理论还是技术理论,虽然发展得都很快,并在一些太空作战重点领域取得了喜人的成果,但与理论体系化的要求比较,仍然处于"各自为战"的碎片状况之中。未来这种状况将会得到很大改变,各种理论之间将更加向系统化、整体化方向发展,为太空作战实践提供系统配套的理论支撑。

五是与其他作战理论融为一体,最大限度满足作战对理论的需求。太空作战理论"一枝独秀"无法形成理论体系,必须与其他作战理论相融合,使自身的理论价值和作用地位充分显现出来,成为整体作战理论的重要核心内容,才能不断构成独立的理论体系,为作战提供系统性的理论保障。随着各种作战对理论需求的不断增加,太空作战理论与其他理论相互融合的速度和力度也会进一步增强,各种客观条件的日益成熟,太空作战理论最终将形成完整的体系。

第二节 太空作战力量的发展趋势

太空作战力量是太空作战的核心要素,其建设成为世界各国高度关注的重点,不论是力量规模还是结构模式都在发生着根本性的改变。这种变化突出体现在航天军事大国太空作战力量的建设和发展上,因为航天军事大国的太空作战力量建设的轨迹,某种程度上代表着未来太空作战力量发展的大趋势。

一、由"单一结构"向"复合结构"方向发展

随着太空作战力量的进一步发展,太空力量的组织结构将更加合理、体系功能更加完善。目前,虽然世界上各主要航天军事大国的太空作战力量建设相对完善,但总体上力量建设还处于"单一结构"的状态,未来太空力量建

设将逐步改变这一现状,向"复合型"方向发展的速度会不断加快。

结构趋势发展大体有五种:一是太空监测力量,主要负责监视来自空中、水下和地面发射的洲际导弹,跟踪外层空间的敌方军用航天器,发现情况及时预警,并提供信息支援。二是太空进攻作战力量,主要依托太空作战平台,实施对太空、空中、海上和地面目标进行攻击的进攻作战行动。三是太空防御作战力量,主要负责实施拦截敌方洲际弹道导弹和军用航天器防御作战行动。四是太空勤务保障力量,主要负责太空技术支援保障、后勤保障和安全保障。五是新型航空航天远征力量,根据作战任务的不同,新型航空航天远征力量可分为基本作战型、应急突击型和机动支援型等类型,分别担负不同任务。虽然目前美国已经率先组建了几支航空航天远征部队,但只是航空航天远征力量建设的雏形,未来的新型航空航天远征力量,复合性将更高,任务区分将更细,与实战需求结合将更紧。

未来太空作战力量发展可能有更多种类型,有的可以预见,有的无法预测,但有一点是肯定的,复合发展是大趋势。单一结构无法跟上太空作战实践的脚步,太空作战任务的多元化发展,会加速推进太空作战力量建设"复合结构"的形成,这种发展趋势将是未来太空作战力量建设与发展的基本模式。

二、由"信息支援型"向"制天作战型"方向发展

回顾20世纪空中作战发展的历史,可以发现,空中作战经历了侦察与通信支援、争夺制空权、向陆海战场投入战略性力量等三个主要阶段。尽管空中作战和太空作战所用的作战平台和方法不同,但仍可以类比空中作战的发展过程,对太空作战未来的发展趋势进行预测,太空作战也将经历与空中作战相似的三个阶段。

目前,太空作战正处在第一阶段,即太空信息支援阶段。此阶段太空作战的主要任务是为陆、海、空军提供信息支援和保障,作战行动主要是利用太空信息系统进行侦察监视、导弹预警、通信中继、导航定位、气象观测、大地测量、核爆探测等。鉴于太空信息系统在战争中发挥着巨大的信息融合和力量增效作用,世界各航天大国在全面改进和完善其太空信息系统的同时,加紧发展反卫星武器,以求在战时能够干扰、破坏或摧毁对方在轨航天器,从而瘫痪其太空信息系统。反卫星武器的发展和运用,必将推动太空作战向争夺制天权阶段发展。

争夺制天权将是未来太空作战发展过程中的第二阶段。此阶段太空作战的任务将主要是夺取和保持制天权,并在此基础上向其他军兵种提供信息支援,其作战行动将围绕航天系统的攻防对抗而展开,主要包括防天预警侦

察、反导反卫星、太空封锁和航天基地防卫。太空正在成为极其重要的国家利益空间和高技术战争的重要依托，为争夺制天权，就必须大力发展"攻防一体化"的太空战略力量，同时具备太空自由应用和控制敌太空应用的能力，才能牢牢掌握"制天权"。这一阶段太空力量的任务职能，将由现在的以信息支援为主，逐步升级到以攻击作战为主，全力争夺太空领域控制权。建设一支具备战略威慑和太空攻防能力的太空作战力量，是未来主要军事强国争夺新的战略制高点的必然选择。

太空作战经历"信息支援型""制天作战型"两个阶段后，向地球表面投入战略性力量将是其未来发展的第三阶段。在此阶段，天军不仅能为陆、海、空军提供信息支援，夺取和保持制天权，而且还能从太空或经过太空攻击地球表面目标，为陆、海、空军提供火力支援，甚至直接达成战略或战役性目的。为了实现从太空或经过太空攻击地球表面目标，美俄等航天大国除大力发展弹道导弹外，还投入巨资研制轨道轰炸系统、部分轨道轰炸系统、天基定向能和动能武器等天对地攻击武器以及载人飞船、空间站、航天飞机、空天飞机等运载工具和发射平台。其中，俄罗斯重点研制轨道轰炸系统、部分轨道轰炸系统、载人飞船和空间站；美国则重点研制天基激光、微波和粒子束武器、航天飞机和空天飞机。根据美、俄等国天对地攻击武器和运载工具及发射平台的研制发展情况，预计未来一段时间，从太空或经过太空对地球表面陆上（地下）、海上（水下）和空中目标实施打击将成为可能。届时，天军将拥有向地球表面投入战略性力量的能力。

三、快速进入太空的力量将不断加强

随着太空作战需求的不断拓展，快速进入太空则成为航天军事大国追求的新目标。达到快速进入太空这个新目标并非易事，必须建设能够承担快速进入太空的力量，形成支撑快速进入太空的能力，未来快速进入太空的力量建设将不断加强，迅猛发展。

快速进入太空是要求太空作战力量，在战时干扰、拒止、打击条件下，能够迅速补充丧失或损坏的卫星或航天器，按照实战需要及时部署航天装备或作战力量。美空军《2020年航天构想》指出，"确保进入"就是按需使用太空交通线，实现无障碍运行。为了实现"确保进入"的战略目的，美空军计划采取下列措施：一是提高运载工具的能力，确保模块化、系统化的运载火箭可以适应不同载荷和轨道的要求并有批量储备，可以在接受任务后数小时内发射；二是增强星箭接口的通用性，使其能够在极短的时间内完成卫星与运载工具的转换，适应发射任务的各种需求；三是按照任务要求，使用移动式发射装置，确保运载工

具与卫星在数小时内即可进入发射状态;四是缩短发射准备时间,使指控站、运载工具、卫星等能够迅速完成定位、飞行落点、飞行轨迹等数据的测定;五是实现天基发射,确保发射的机动性、保密性和抗干扰性更强。美军构想提出的对策措施,发出的信号十分清晰,未来加强太空力量快速进入太空能力的建设,将是一种提升太空作战能力的竞争,有一支能够遂行快速进入太空执行任务的力量,就能牢牢掌握战争先机,赢得作战胜利就有了重要保证。

四、太空机动力量将成为建设重点

为了应对未来太空威胁,满足太空作战军事需求,增强太空机动能力,缩短反应和机动时间,将成为太空力量建设的重点。太空力量具备机动灵活的作战能力,必须有相应的装备相支撑,这也是未来太空机动力量建设与发展的重点。

从目前太空装备发展的现状判断,满足未来太空力量机动作战的需要,装备研发有以下几方面。一是研制机动性强、能源消耗量低的太空飞行器。太空作战力量要提升机动作战能力,达到机动性能好、作战能力强、运送效果佳的目标,先进的太空飞行器是未来首选装备。太空飞行器既是作战武器又是运输工具,集作战、运输功能于一身,目前美国在轨试验的 X-37B 型航空航天飞行器,就是这种装备的典型"标本"。

二是开发适用于太空运输系统的新型能源,包括太阳能、核能、甲烷等。太阳能电池为太空运输系统提供了最方便、最可靠的能源。世界上 90% 的人造卫星和载人飞船都采用太阳能电池供电。美国已于 2007 年开发出性能优异的太阳能电池,其地面光电转换率为 35.6%,在太空中为 30.8%。美国还将建设太阳能太空电力站,研制以太阳能代替传统燃料的航天飞机。太空武器装置系统新能源的开展应用,将全面提高太空力量的作战机动能力,为太空作战力量插上快速机动飞翔的"翅膀"。

第三节 太空作战样式的发展趋势

作战样式的产生源于作战需求,战法的运用始于谋略。太空作战与其他作战一样,需要打什么样的太空战就有着怎样的作战样式,只不过是作战的空间和需求不同而已。太空作战并不像大片上演的"星球大战",在未来很长一个时期内,太空作战还将以太空信息支援保障作战和太空威慑作战为主要作战样式,但随着战争态势和作战需求的发展,天对天打击、天对地打击、天地一体对抗作战等样式会相继出现。虽然这些作战样式是未来进行时,可从目前战法创新、作战需求牵引太空武器装备发展上看,太空作战样式的未来进行时将很快变成现在进行时,有的作战新样式已经在作战实践中显露"尖尖角",太空作战样式的发展趋势正悄然发生着变化。

一、由"地基为主"向"天地结合"方向发展

太空作战已经走过了半个多世纪的漫长岁月,但在战争的舞台上依然是个新"角色",太空作战样式与其他作战样式相比,依然是以依托地基为主采用相应的作战样式。从目前太空作战实践中比较认同的作战样式上分析,太空威慑作战、太空攻防作战和太空信息支援保障作战,都是基本以地面为主要依托的作战样式。虽然太空信息支援保障作战样式以太空系统为平台,依托太空系统细化为太空侦察监视支援保障、太空导航定位支援保障、太空通信支援保障、太空气象测地保障等多种样式或行动,但这些作战样式的实施仍旧围绕地基平台。太空攻防作战样式更是如此,目前设计和实践的太空攻防作战样式,基本是以地对天的样式出现,如弹道导弹攻防作战,反卫星作战等。弹道导弹攻防分别采用不同的作战样式,一是进攻导弹射程小于3 500千米时,导弹防御系统一般采用大气层内高、低空拦截的战术导弹攻防作战样式;二是进攻导弹射程大于3 500千米、速度大于5千米/秒时,导弹防御系统一般采用主动段和大气层外中段拦截的战略导弹攻防作战样式;三是随着临近太空武器的发展,导弹攻防战还包括进攻巡航(滑翔)导弹飞行高度大于20千米的临近太空攻防战。反卫星战根据太空作战武器运载平台的不同,分别采取陆基、海基、空基和天基四种作战样式,其杀伤手段主要有核能杀伤、动能杀伤和定向能杀伤三种。目前地基动能反卫星武器比较成熟,天基动能反卫星武器处于技术演示阶段。上述情况清晰看出,太空作战样式的实施目前还是以地基为主,随着太空作战需求的不断拓展,这种以地基为主的作战样式,将朝着天地结合的方向快速发展。

未来的太空作战会相继出现天对地突击战、天对天攻防战等多种作战样式。天对地突击行动,是指利用天基武器从外层空间,对地球表面陆海空战场上的目标实施打击的行动。战场位于距地球表面120千米以外的外层空间,在这一领域实施对地突击作战,不受国界、领海、领空的限制,具有较大的自由度,它打击的目标既可以是固定的战略性目标,又可以是陆海空战场上的运动目标;既可以是战区内的目标,又可以是全球范围内的目标。天对天攻防作战行动,是指利用天基武器在外层空间对敌方天基武器、空间站、太空卫星实施攻击或对天基武器攻击的防御作战行动,是太空攻防对抗的最高形

态。太空作战样式由以地基为主,向天地紧密结合的方向迈进,这是战争形态发展变化的必然,是作战实际需求拉动的结果,将来更多的天地结合、天地一体的作战样式会不断创新涌现出来。

二、由"硬摧毁"向"软杀伤"方向发展

和平利用太空是人类共同的愿望,但是太空军事大国和强国在不断推进太空军事化的脚步,太空作战的脚步离实战越来越近,各种太空作战样式也在太空军事化的竞争中不断演绎着新变化。针对太空作战样式的发展趋势,依据太空作战政治性、战略性和策略性强的特点,太空作战如何适应战略大局,根据作战现实需求,灵活运用不同的太空作战样式,不仅是个需要从理论上寻找答案的问题,而且是一个十分重要的实践课题。

从当前太空作战基本样式的实践运用看,以太空打击为主要目的的硬摧毁样式占主导,各种太空武器装备的研发也是以打击性武器装备为主。这种状况在未来的太空作战样式的发展趋势上将得到相应的改变,硬摧毁将不再是太空作战样式的首选,而软杀伤将成为重要的作战样式。

太空领域的作战不同于其他领域,太空是各国共有的领域,也是人类共同的家园。在没有战争的情况下,太空空间已经垃圾成堆,如果以摧毁性的方式在太空开展相互打击作战,那么太空就真正会成为一个垃圾场,作战的任何一方都是受害者,尤其是具有强大太空作战能力的国家,面临的太空垃圾威胁会更大。据美国有线电视新闻网(CNN)2017 年 1 月 18 日报道,太空垃圾逐年递增,给国际空间站造成严重威胁。报道称,目前地球轨道上共有约 7 000 吨太空垃圾,这些垃圾小到油漆碎片,大至发射后被弃的火箭或者报废的人造卫星。根据科学家的估算,超过 1 厘米的太空垃圾可能会射穿太空舱,直径大于 10 厘米的太空碎片能够对国际太空站造成严重威胁。由此可见,如何规避太空作战可能带来的太空垃圾威胁,是未来太空作战样式选择上的重要考虑因素。

也正是由于太空是一个特殊的领域,人类已经意识到其太空垃圾构成的现实威胁,发达国家正在着手实验研究对太空垃圾进行清理,还已经被污染的太空一片"净土"。英国萨里太空中心与其他组织合作,计划投资 1 570 万美元,试验太空垃圾消除项目,在 2017 年发射首个太空垃圾搜集网,及其他搜集小块垃圾的工具,对太空垃圾进行清理消除。在该中心试验的另一个系统中,他们会利用类似"鱼叉"的东西,专门捕捉更大的太空碎片。[①] 类似这

[①] 引自《环球时报》2017 年 1 月 20 日第五版。

样的试验世界许多国家都在进行研究工作,目的就是为了保持太空的清洁与安全。从这样的角度分析,研究未来太空作战样式将会出现更多的"绿色对抗"理念,避免太空垃圾污染、符合太空安全需求的作战样式将成为发展的主流趋势。

对太空的保护需要开展,太空对抗又不可避免,解决这一矛盾的办法只有在作战样式上寻找良策。未来信息化战争对太空的依赖度越来越大,太空作战样式也愈发凸显地位的重要,在作战中以软杀伤或"软硬兼施"的方法攻击对手太空装备系统,正在成为高度关注和重点运用的主要作战样式,这也是解决太空作战中减少太空污染的重要良策。针对作战需求而研发的太空作战武器装备,也朝着软杀伤作战样式的方向推进。如高功率微波武器技术,可通过高增益天线定向辐射高功率微波,使微波能量聚集在很窄的波束内,形成功率高、能量集中且具有方向性的微波射束,以极高的强度照射目标,达到毁坏电子元件、干扰电子设备来瓦解武器作战功能,破坏其信息系统,而不摧毁目标。美俄等航天军事强国,正在研发用于太空作战的高功率微波新概念武器技术,以满足这项技术对太空作战软杀伤样式的需求。《美国空军2025年战略规划》将发展天基高功率微波武器纳入规划,计划把高功率微波装置放在卫星上,用以破坏、干扰太空作战目标的电子信息系统,达成作战目的。

近年来美国还提出了"网络反导"构想,这一构想完全可算作是一种软杀伤作战样式,构想意图通过"主动抑制发射"的方式,即在对手战略导弹发射前侵入指挥控制系统或核心部件,抑制导弹发射,达到实质上的反导目的。俄罗斯军队也致力于研究高功率微波防空反导武器技术,以软杀伤的方式进行防空反导作战。两个航天强国的战略规划和技术发展趋向表明,软杀伤这一作战样式将在未来的太空作战中得到更加广泛的运用。

三、由"以攻为主"向"攻防兼备"方向发展

太空战这个概念进入人们视野半个多世纪以来,最吸引眼球、冲击敏感神经的莫过于"星球大战"的渲染,进攻、打击、摧毁成为太空作战的主题词。正是这样的指导思想引导下,使得太空作战紧紧地与攻击绑定在了一起,其作战样式的产生也多数印有进攻为主的"商标"。在目前阶段,太空作战的主要样式多是以攻击的形式出现,围绕太空进攻作战演绎出来的样式和手段较防御样式多了许多。如地对天打击、空对天打击、天对地打击、天对天打击等,都是以攻为主的作战样式,所采取的打击手段有导弹、动能、激光等,而运用于太空作战的防御样式则相对较少。防御样式则被弱化或忽视,也由此带

来太空装备系统基本无防护功能和措施的状况,这已经成为世界各航天军事强国的软肋。

对此美国近年来开始加强对太空系统的防御研究,重点探寻太空作战中的卫星防护战法与措施,并加大投入保证资金支持。2016年5月9日美国媒体报道,为加强对太空卫星系统的防护,美国防部在近几年已经投资220亿美元,以增强卫星系统的抗摧毁、抗打击、抗干扰能力。在卫星地面系统的防护上,也采取了一系列方法和措施,以确保太空作战可能给地面系统带来的攻击威胁。美空军太空司令部批准,将"天基红外系统"和"国防支援计划"的指挥控制从先前位于科罗拉多州巴克利空军基地、施里弗空军基地和博尔德的地面系统,统一转移到位于巴克利空军基地的任务控制站及位于施里弗空军基地的备份任务控制站中。美军的这一系列动作,不仅预示着美军将不断加强太空作战防御性建设,也代表着未来太空作战样式将由注重以攻击为主,向选择攻防兼备的样式方向发展。

无论在什么样的作战中,与进攻相比防御则难度更大,尤其是太空作战防御覆盖的范围极其广泛,防御空间涉及陆地、海洋、空中、太空、网络、电磁等多维领域。在这些不同的领域里,防御的力量运用、重点目标、方法手段等都各有不同,采取的防御样式也因作战需求有别,加之太空中的各种航天器和地面的装备系统,自身缺少防护能力,极容易成为攻击的捕获目标,防御的难度非常高。基于这种现实状况,未来太空作战的基本样式,将在不断丰富发展进攻方法手段的前提下,更加突出以防御为主线的作战样式创新,围绕主动防御开展样式构想与试验,攻防兼备将成为太空作战追求和发展的基本样式。

第四节 太空作战指挥的发展趋势

太空作战随着高新技术特别是信息技术的蓬勃发展,大量高精尖太空武器装备的广泛使用,对战争形态的演进、作战任务的拓展、作战力量的编成与运用、作战方式的创新等产生了巨大的影响,使太空作战指挥也将不断发生重大革命性的变化。未来太空作战指挥的决策方式、指挥手段、指挥方法、指挥时效、指挥结构等都将呈现与现在不同的发展趋势。

一、作战指挥决策将更加科学

太空作战指挥的科学性至关重要,主要表现为作战决策、计划组织和控制协调活动的科学性,其中最基本的是决策活动的科学性。随着各种高新太空作战武器装备特别是指挥自动化系统的广泛运用,以及与太空作战指挥相关的大量新兴学科的出现,如决策科学、系统论、对策论、控制论等,使太空作战指挥向着科学化方向快速发展。建立科学的太空作战指挥决策、计划组织和控制协调系统,严格按照科学决策程序进行作战决策,是未来世界各主要太空军事大国和强国重点追求的发展目标和方向。以往那种仅凭指挥员个人的指挥经验、采用简单的决策方式进行作战决策的状况将成为过去时,而运用信息化、自动化指挥手段确定决策目标、拟制作战方案和进行作战评估,特别是运用各种模拟技术,模拟推演交战过程,使未战而能预知作战胜负概率,为指挥员制定作战决策提供依据,将成为太空作战指挥的主要决策方式。虽然这是一种对未来太空作战指挥发展趋势的预判,但这种趋势现在已经显露端倪。

如今,系统化、网络化的指挥自动化系统正在不断运用于作战实践,为太空作战辅助决策提供了更加科学的技术手段,不仅能够代劳指挥人员在决策过程中所从事的诸如获取和处理情报、对比选择作战方案等事务性工作,还将协助或代替指挥员根据不同的情况定下不同的决心。此外,系统化、高效化指挥自动化系统的运用,使与太空作战相关的各项规则、作战的客观环境、作战进程的变化、指挥控制部队的作战行动及作战武器系统,都将朝着更加精准的方向发展,太空作战指挥决策将更加科学,这是一种快速普遍的行进趋势。

二、作战指挥的体系化将不断增强

作战的体系化对抗,是战争形态由机械化战争向信息化战争转变的突出表现,太空作战的明显特征就是体系化对抗,这一特征使得太空作战指挥也不断朝着体系化方面发展。为有效应对太空作战体系化对抗的实战要求,目前,世界主要军事大国已经提出了组建具有崭新体制编制的作战力量,突出体系化对抗的结构要求,体系化力量构建离不开太空力量,太空力量是作战力量体系化的重要支撑。如美国提出的组建四种多功能一体化的部队,即一体化的地面部队、空军远征部队、陆空机械化部队和陆海空联合特遣部队;俄军提出的组建集各军种作战功能于一身的多用途机动部队、适合于打"空天战"的航空航天部队和由各种非核战略力量组成的非核战略威慑部队等,都离不开太空力量的支撑,没有太空力量的核心作用,体系化就无法形成。

未来的作战是在基于信息系统的统一指挥下实施的系统对系统、体系对体系的全面对抗,因此,只有军事信息系统本身构成一个完备而严密的整体,才能快速灵活和高效地组织协调各种作战力量,以形成整体作战优势,天基信息系统是这一整体作战优势的核心所在。随着太空信息化系统的不断提高,军队将进一步调整军事指挥信息系统建设的组织领导体制,加强统一规划、统一管理和统一标准,通过系统硬件和软件的标准化,逐步解决各系统之间的兼容性问题,使各级各类在地理上分散的指挥机构和业务部门,甚至相关的民用系统,能够紧密地连接在一起,从而提高作战指挥的及时性和有效性,最终实现各军兵种指挥信息系统之间的互联、互通、互操作,以及陆、海、空、天、网、电一体化的联合作战行动。

构建一体化的军队是为了进行体系化的作战,一体化的军队编制和体系化的作战行动必然要求体系化的作战指挥。作战指挥体系化包括指挥组织结构体系化、指挥人员构成体系化和指挥手段体系化。从组织结构上看,未来的太空作战指挥机构将可能不再完全按专业或职能区分部门,而将按照作战指挥活动过程及指挥信息的流程设置综合性的部门,从而实现决心与计划、组织与实施、指挥与控制等功能的一体化。从人员构成上看,作战指挥人员将是一种通晓政治、外交、军事、技术,集军事理论、技术与操作能力于一身的"复合型"人才,并形成以军事专家为核心,与技术专家相结合的一体化的人才群体。从指挥手段上看,指挥自动化系统的指挥控制、侦察情报、预警探测、通信和电子对抗系统,战略、战役、战术三个层次,各军兵种和各业务系统,都将融为一体,实现指挥自动化系统与主战武器系统的有机结合和系统的互通兼容与资源共享,以最大限度地发挥其整体效能,体系化发展趋势将越来越明显。

由于天基信息系统在信息化战争中的作用越来越大,已经不可避免地成为各种软杀伤和硬摧毁的首先攻击目标。信息化程度越高,指挥手段对天基信息系统的依赖性就越强,一旦天基某些关键节点被干扰破坏,整个信息化作战体系就会受到很大影响,对战争的胜负产生巨大负作用。因此,未来太空作战中,在大力发展电子战装备、反辐射导弹装备等进攻性信息武器的同时,设法采取有效措施保护信息指挥系统不受干扰破坏和打击,成为建设的重点。通过提高技术能力,解决指挥信息系统的战场生存能力,以隐蔽、分散、加固、机动、冗余备份、通信加密等技术手段,不断提升指挥信息系统的防护性能,为作战提供有效保障。预计未来一个时期,将更加重视研制开发雷达对抗、通信对抗、网络对抗、情报密码对抗等新技术对抗手段,加快光纤通信、极高频卫星通信和自适应高频通信等抗击干扰能力强,保密性能高,机动灵活的信息传输技术的发展,提高指挥信息系统的抗干扰和抗摧毁能力,为作战指挥提供体系化支撑。

三、作战指挥的高智能化对抗将愈发突出

高智能较量将成为太空作战指挥领域内对抗的重要问题。未来指挥领

域内的对抗,主要表现为指挥人员高智能的较量和指挥自动化系统的智能化水平的较量。随着战场数字化、武器装备信息化、指挥手段智能化水平的不断提高,作战指挥领域内的对抗将进入高智能较量时期。数字通信技术的使用,将改变用机械手工记录和传递战场情报信息的方式,而计算机与网络技术的发展,又将使指挥人员不仅可以共享情报信息,而且可以实时交换情报信息,进行快速的综合分析判断;随着虚拟现实技术的运用,指挥人员将可以把设想的东西具体化、形象化,并参与其中,添加新的创意,主动设计战争;军事专家系统借助智能计算机技术,将可以把指挥员的知识和作战指挥经验加以程式化,存入计算机,并根据战场态势进行自动演示、归纳或推理、预测,以提高指挥人员利用智能化指挥手段进行高智能较量的水平。可以预见,未来作战指挥需要大量知识、信息和智力的投入,作战指挥的成功将属于不断掌握新知识、使用新技术、具有高智能的一方。

四、作战指挥的时效性将凸显

未来太空作战指挥的时效性将具有更重要的意义,因为信息化条件下作战,对作战指挥时效性的要求比以往任何时候都更为突出。

一是信息化条件下的太空作战,突发性强,节奏加快,情况变化急剧,战机稍纵即逝,使指挥反应时间将大为缩短,争时间、抢速度、抓战机等将成为太空作战指挥的关键内容。谁在时间上争取了先机与主动,谁就能获取更多的制敌条件。

二是指挥信息系统的发展,为提高太空作战指挥效能提供了可靠的物质基础。通过实时的信息搜集、传递、处理和显示,将使指挥员能在千里之外的大屏幕上,直观、形象、实时地观察到战场情况,提高"知彼知己"的程度和实时性,同时,指挥信息系统快速反应能力的进一步提高,还将确保太空作战指挥实现情况判断快、作战决策快、计划组织快、协调部队行动快,从而提高作战指挥的实时性。

三是指挥信息系统与作战系统的交联,将进一步加强各层次的系统协调发展。信息化战争的实践使人们认识到,没有先进可靠的指挥信息系统的支持,武器装备再先进,攻击能力再强,也无法有效发挥应有的作战效能。大力发展战略级指挥信息系统的同时,发展战术层级的指挥信息系统,并与各种作战武器装备有效交联,提高作战武器装备的效能和攻击精度,是未来太空作战指挥信息系统建设的主要趋势。

这种趋势突出表现为两点,一方面是战术指挥信息系统向作战单元和火力单元方面延伸,另一方面是主战武器依托指挥信息系统向信息化平台扩展,实现指挥控制系统与作战武器装备系统的综合化、集中化和一体化。例如作战单元或主战武器装备的信息设备将构成一个小的指挥信息系统,可随时进行侦察探测、目标识别、定位导航等信息处理,并通过通信装备加入上级指挥控制中心乃至联合军事指挥中心信息系统,及时接收各种作战命令和指令,发送各种战场信息和执行结果。

四是更加扩展系统作战空间,增强太空开发利用效率。太空是未来作战和高技术战争的制高点,这是十分清楚的,因此,控制和利用太空资源已经成为未来太空作战指挥信息系统发展的争夺焦点和重点。在卫星通信方面,将继续部署和完善军事战略、战役、战术和中继通信系统,用于指挥控制战略和战役战术部队的作战,转发从卫星和其他信息源获取的情报信息。在预警和侦察卫星方面,将继续研制和部署新一代红外遥感系统、光学成像系统、雷达探测系统等综合系统,不断增加系统的功能及监视的范围和精度,提高战术预警和攻击评估能力。

建立和保持太空优势是未来战争发展的一个基本趋势,太空、空中、地面已经成为不可分割的一个整体,因此,必须加强太空的攻防能力。未来随着战争形态的不断演进,作战需求的不断更新,天基指挥信息系统的建设发展速度将更加迅猛,数量与质量也将不断增加和提高,全面满足太空作战指挥时效性的要求。

太空作战指挥是世界性的重要军事课题,因为,目前不论是太空军事大国强国,还是其他太空军事发展中国家,在太空作战指挥这个问题上,还都是处于起步阶段,真正的太空作战还没有完全出现,对太空作战指挥的研究与实践仍有很长的路要走。在这一阶段中,如何在适应太空作战指挥特点的基础上,建立起科学合理、精简高效的指挥体系就成为摆在作战实践面前的现实命题。同时也提出另外一个重要问题,在不同的作战阶段,其指挥的侧重点应有所区别,也是未来太空作战实践中急需解决的问题,太空作战指挥的发展趋势,将在此引导下朝着更加完善的方向推进。

第五节 太空作战武器装备的发展趋势

太空作战领域的不断延伸,太空战场的不断扩大,使得太空作战武器装备的发展,也以十分迅猛的速度向前推进,尤其是随着太空作战这支新型力量的横空出世,太空作战武器装备的研发速度和列装程度,已经远远超过了人们的预测判断。无论是各太空军事大国还是相对落后的小国,在太空作战武器装备的发展需求上,都在不停地提升增长速度,实力强的想百尺竿头更进一步,能力弱的也力争在太空作战武器装备研发与应用上,先解决有无,抢占一席之地,以防被直面而来的太空军事时代甩得更远。正是世界各国军队认识到了太空作战武器装备对战争的重要地位和作用,对太空作战武器装备的军事需求才越来越迫切,其发展趋势也顺之而变。从发展的角度分析,太空作战武器装备的科技含量、系统结构、运用规模、研发手段和形成战斗力的周期,都将发生更加多样快速的变化。

一、天基系统由"单独运转"向"融合集成"发展

目前,太空作战武器装备一般分为两大类,一类是用于太空支援保障作战的天基信息装备系统,另一类是用于太空攻防作战的打击与防护性武器装备。迄今为止,这两类武器装备应用比较多的是第一类,这是源于太空作战力量在现阶段的主要任务是信息支援保障。虽然天基信息装备系统发展十分迅速,在太空信息支援保障作战中也凸显了运用效果,但是,天基信息系统的运用还多是"单独运转",侦察、预警、通信、导航定位、水文气象等卫星系统,基本是按照独立的运转形式进行运用,各种系统间没有构成体系性的融合运用,就连美国这样在天基信息系统具有绝对优势的军队,其系统运行也多是单独运转,尚未达到集成运用的水准。

从未来联合作战对天基信息系统的军事需求看,由当下的"单独运转"朝着"融合集成"的方向发展是必然趋势。联合作战样式的出现,得益于天基信息系统的给力支撑,有了天基系统的支援保障,联合作战才能确保实现真正意义上的联,现有天基信息系统与联合作战更高需求的联还有一定差距,随着天基信息系统技术的不断推进,这种差距将越来越小。"融合集成"运用将彻底改变天基系统的"单独运转",各种卫星以及卫星星座互联构成网络化运行模式,这种模式就是融合集成,将原有侦察、预警、通信、指挥和导航定位等天基信息系统形成体系,互相独立的系统之间不再"各司其事",实现天基系统的综合集成运用。未来天基系统对联合作战的支援保障,将在太空完成全球各种作战所需信息的获取、传输、处理和分配,真正实现陆、海、空、天、电、网一体化信息综合集成运用,天基系统的单独运转应用将成为过去时。

二、卫星系统构建由"大型化"向"微型化"发展

目前太空中运行的各种卫星系统,一般都是采用大型化的构建模式,这是航天技术发展因素决定的。随着航天新技术的不断涌现,用于微小型卫星制造的各种微型推进、微型探测、微型传导及热控系统技术不断成熟,卫星系

统构建由"大型化"向"微型化"发展的趋势开始显现,并逐渐应用于实践。当然,这种大型化向微型化发展不是绝对的,作战需求是多元的,有的需求是大型的卫星系统,有的则是微型的卫星系统,微型化在作战支援保障中更加灵活机动,作战需求前景会更加广泛些,微型化并不会完全取代大型化。

对于微型卫星的概念,目前还没有统一的定义,但比较一致的看法是它的重量在450千克以下,长、宽、高均不超过50厘米,研制成本在几百万美元至2 500万美元之间。由于小卫星具有成本低廉、发射灵活、组网快速等许多"特长",很适合在军事领域发挥,因此其前途不可限量,成为未来军用卫星发展的一个重要趋向。

从军事角度上看,卫星的微型化将会带来以下几个方面的好处:一是小卫星系统生存能力强。大型卫星很容易成为反卫星武器的攻击目标,一旦遭到破坏便"全军覆没"。若用多颗小卫星采用互为备份的组网工作方式,即使"牺牲"一两颗也不会对整个系统产生重大影响。二是小卫星发射灵活。它可以用小型运载火箭通过铁路、公路机动发射,也可以用飞机从空中发射,敌方很难摸清发射的底细。据报道,美国军方招标研制专门用于发射小型卫星的几种移动式运载工具,为的是"不把美国的全部鸡蛋都放在一个篮子里",随时可用其中的任意一种火箭及时发射执行单一任务的小型应急专用军事卫星。三是小卫星便于实施集群式组网部署与运行,提高其太空侦察的范围与时间和系统稳定性。四是小卫星具有较高的费效比。现代小卫星研制周期短、成本低的特点极符合现代军事的"胃口",因为现代战争越来越朝着速战速决的方向发展,战术卫星只要能满足战时需要,即使战后报废也不会造成过大损失。从进行一场高强度战争的费用来看,用小卫星取代寿命较长但费用昂贵的大型卫星还是很合算的。五是利于批量生产与储备。由于小卫星技术及其部件具有标准化、通用化等特点,不仅使微小型卫星可以像工业产品一样使用流水线进行批量生产,而且在和平时期就可以预先储存一些微小型卫星,一旦发生战争就可以随时发射使用。

当前,美、俄和欧洲各国等都在大力发展微小型卫星。美国陆、海、空三军都制定了微小型卫星研究发展计划,并已开始实施,如其研制的"烟斗"式特高频微小型卫星,重量不到22千克,由7颗位于同一平面的"烟斗"卫星就可组成一个通信卫星网。美军还计划研制更为先进的"用即发射"的小型卫星,一般大型卫星的发射周期为7~8年,而"用即发射"的卫星则可随时通过各种手段实现发射和部署。2017年3月13日,美国《防务新闻》周刊网站报道,美国空军希望靠小型卫星获取太空优势。美军认为,太空领域的竞争日益激烈、危险倍增,灵活性将成为保持优势、挫败潜在袭击的一个关键因素。

小型卫星灵活多变,有助于确保太空优势。太空环境越来越复杂,要保护所有的太空资产不受损失是不可能的,小型卫星的分散化装备对于国防至关重要。

为满足应对突发事件和局部战争的需要,俄罗斯制造出一种名为"克拉"的小卫星通用平台,整个平台重量仅为 96 千克,但其有效载荷却达 60 千克,工作寿命不低于 3 年。该平台可以将小型微型卫星单独或者与其他航天器一起送入轨道。同时,该平台配备助推发动机,使卫星平台的工作轨道具备较强的机动性。

英国人的设想更具有超前性,他们提出一个方案是发射几百颗如垒球般大小的"纤型"卫星,每颗星重量不足 1 千克,在 400 千米高的轨道上组成中继信息的卫星链,用于与遥远部队的通信。整个通信网将由 60~100 颗星组成,据估计每颗星的费用为 1.7 万美元。

印度 2017 年 2 月成功实现"一箭 104 星"的发射,把小卫星的一次性发射数量推向了新高,此前世界上一箭发射多星的最高数据是 37 星,美国虽然进行过一箭百星的发射,但是没有成功。一旦一箭百星发射成功,即标志着微小卫星的发展提速,卫星系统由大型化向微型化发展的转型期将加快。

随着微、纳米技术的进一步发展,各国对微型卫星研发的设想更加大胆,有的设想用几百颗重量不足 100 克的卫星来覆盖全球,完成监视和信息转发任务。微小型卫星的问世将给未来航天器的设计、制造和轨道控制带来深刻变化,各国在太空的角逐将更加激烈,未来的太空也将更加不平静。这也必将促使航天技术又快、又好、又省地向前发展,同时也必将大大推动军事航天的发展,为太空作战提供更加完美的卫星信息系统。

三、太空攻防武器装备向实战化和多样化方向发展

太空攻防武器装备随着太空作战的实战需求,呈现高投入、快发展、广研发、重实用的态势,不仅大大缩短了从试验室到战场的距离,而且武器装备的种类也由相对单一向功能多样迈进。

一是太空作战武器将由试验室走向实战战场。太空作战武器研发的速度不断加快,正加紧从研发试验阶段迈向实战应用。美国已经公开明确提出部署反卫星武器的时间表,在抓紧开展太空作战模拟演习的同时,紧锣密鼓地进行太空作战武器装备的实战运用转型。美、俄在导弹防御武器、反卫武器、轨道轰炸武器、动能拦截武器、天基反导武器、定向能武器的研制等方面取得了重大突破,并将在实际的作战中进行运用。太空作战武器装备实战化进程的加快,标志着太空军事化的竞争愈发激烈,这种竞争的恶性循环,导致

人类面临的太空威胁越来越大,太空武器剑出鞘直指实战的战场,就如同一把高悬在太空的利剑时刻都威胁着人类自己。

二是太空进攻性武器装备,朝着攻防兼备、系统配套的趋势发展。太空攻击性武器装备种类偏少、型号单一的发展现状,将随着军事航天技术的日益成熟和太空军事行动的升级扩展,得到根本性的改变,呈现更加多样和系统配套。美持续发展以太空作战平台和攻击武器为标志的太空主战装备,美国防部早在2010年就启动了"下一代远程打击"系统的研发,加紧试验X-37B空天飞机、"猎鹰HTV-2"高超音速飞行器、X-51超音速巡航导弹和"先进高超音速武器"等装备。X-37B是美国研制的世界第一架空天飞机,自2010年来已多次成功发射升空,它能在大气层内进行高超音速飞行,最高速度可达25马赫,是现代作战飞机速度的6～12倍,2014年10月创下了进入太空轨道持续运行674天的纪录。目前,X-37B仍在太空执行飞行任务,已经超过了2014年的持续飞行纪录。X-37B发射费用低、重复使用率高、军事用途多,将成为美国未来控制太空、争夺制天权的关键技术之一。X-51巡航导弹的速度为5马赫,"猎鹰HTV-2"飞行器借助运载火箭发射升空速度为20马赫,与火箭分离后以超音速在30分钟内滑行3 700千米,意味着它们能够在1～2小时内到达全球任何地方。

俄罗斯非常重视进攻性太空武器的研制,不断提高地基强激光武器和高功率微波武器的实战能力。预计未来若干年内,太空力量的武器装备将由现在的以"被动防御、单一保障"为主,向"攻防一体、以攻为主、系统配套"的方向过渡。

随着美国太空军事力量的主要任务从遂行太空信息支援向太空作战转变,美军开始积极发展太空进攻作战能力,拟重点研发以定向能武器、动能武器为主的反卫星武器。美国陆军陆基激光反卫星系统"中红外先进激光武器",早在1997年10月就进行了反卫星试验,向在轨运行的"红外地面监控导航卫星-3"(MSTI-3),发射了两束高能激光,一举将目标摧毁。此后,美陆军一直在白沙导弹靶场和星火导弹靶场,对该激光武器进行卫星追踪和大气校正试验。美国空军主要致力于研制机动性更强、威力更大的机载、天基激光反卫星武器,并计划在2020年前后开始部署。目前,美军已经完成XSS-10、XSS-11、DART低轨自主交会微型卫星飞行试验,地球同步轨道自主交会微型卫星的飞行试验。到2020年,美军将拥有更多的高功率微波武器、粒子束武器、"太空雷"等反卫星武器。

三是反卫星武器的研发力度加大。研制反卫星武器的发展趋势已经驶入快车道,其发展趋势是,地基与天基、动能与定向能等多种反卫星技术手段综合开发。反卫星武器的这种发展趋势，可以根据不同战争级别和作战需求，对各种轨道的卫星进行多手段、多程度的打击，提升武器的攻击能力，实现灵活的作战运筹和反应，不但可以具备硬摧毁和软杀伤等多种打击方式，还能够达到使攻击目标卫星暂时失灵和永久性失效等多种作战效果。

根据俄罗斯"十年联邦航天计划"，反卫星武器将是俄罗斯航天系统研发的重点。俄罗斯主要研制两大类反卫星武器，共轨式反卫星武器和激光与粒子束反卫星武器。目前俄罗斯已经建成15个快速反低轨道卫星系统发射台。在激光反卫星武器方面，俄罗斯计划部署的平台有地基、空基和天基三类，已具备较强的能力，其中地基反卫星激光器进展较大。此外俄罗斯还设计了其他反卫星空间作战手段，其一是把"太空雷"（杀手卫星）部署在卫星的轨道附近，作战时，通过接受地面指令，自行引爆摧毁美国卫星。其二是预先在大气层上方爆炸核装置，产生强烈电磁辐射，使目标卫星的探测、预警和传感器等系统失灵。其三是在天基激光反射镜轨道上设置反卫星机动卫星，向反射镜投放大量的钢球，实现攻击对手在轨卫星的作战目标。

四是多功能、新型高效的太空作战新概念武器装备将取得突破。现在应用于太空作战的一些武器装备还处于新概念阶段，脱掉新概念三个字是太空作战武器装备发展的必然。星载抓捕卫星装备、星载激光攻击武器、新型太空机器人等，一批目前还在研究阶段的新概念太空作战武器装备，在未来的太空战场上将大显身手。

五是太空防御武器装备成为发展重点。为了保护太空系统和地面重要战略目标不受敌方太空武器系统的打击，太空防御武器装备将作为未来建设和发展的重点。虽然太空防御系统的建设难度大、投入高，但发展国家导弹防御系统、战区导弹防御系统和太空防御系统，是霸权国家争霸世界的必要前提条件，必将成为航天军事强国的重要战略选择。早在十年前，美国就已在阿拉斯加州格里利堡导弹防御基地、加利福尼亚州范登堡空军基地部署了大量拦截导弹，近几年又在阿拉斯加部署了40多枚拦截导弹，同时又在北达科他州大福克斯建设第二个导弹防御基地。

为更好地实现对太空系统的防护，美军正加紧设置三道技术防线：首先，实施太空系统威胁告警与攻击报告。一方面，美国正在对其现有庞大的地基空间目标监视网进行现代化改进，以提高其对空间小目标的探测、识别能力，另一方面，正在研制"快速攻击识别、探测与报告系统"，以便在美国太空系统受到攻击时，告知是被激光器照射还是遭到物理攻击等情况。其次，针对不同的卫星采取不同的防护措施。美国目前已经在用的卫星防护手段主要有卫星加固、电子对抗防护、轨道机动、星座组网、在轨卫星备份、欺骗等。对于这些比较成熟的防护手段，美国还在进一步提高其水平。美国正在或将要发展的卫星防护手段包括：隐身、伪装、驱散高空核爆射线、自主运行以及发展微小卫星护卫大型卫星等。第三，快速发射在轨修复故障卫星。2003年1月美国就启动了"快速响应航天发射器"的研究开发计划，旨在开发一种全新的航天发射器，能在接到命令一两天内将有效载荷送入空间。此外，美军的"天基拦截器试验台"计划已取得初步进展，预计未来几年这种拦截器将在太空部署。

2004年3月30日，俄国国防部长就宣布将建立国家"空天防御"系统，以使现有的防空与防天力量实现无缝隙链接，以确保俄战略核力量的安全。该系统具有防空反导和太空防御"三位一体"的能力。据俄罗斯媒体报道，"空天防御"系统包括防空系统、舰队防空系统、地面监视系统和天基探测系统，其中，天基系统由9颗导弹预警卫星、11颗电子侦察卫星、2颗照相侦察卫星组成。

六是发展天对地作战武器装备将成"时尚"。为了加强天对地作战能力，开始研制新型太空飞行器、天基动能武器、航天母舰等对地打击系统，已经成为一些航天军事强国新的"时尚"追求。美国正在或计划研制的新型太空飞行器主要有"太空作战飞行器""太空机动飞行器""太空轰炸攻击机"等。这些跨大气层的新型飞行器可自由往返大气层内外，极有可能成为全新的航天轰炸机、战斗机和运输机，可大大增强美国太空军事力量的天对地作战能力。

美军计划实施的天基动能武器"上帝之杖"，就是利用太空平台搭载大量直径30厘米、长6.1米、重100千克的钨、钛或铀金属棒。这些金属棒安装有小型助推火箭，从距地面1 000千米的太空向下发射时速达11 587千米，可在几分钟内对地球上的任何地方进行打击，可摧毁大型建筑群或数百米深的地下掩体，并且不会产生辐射。航天母舰是一种巨型宇宙飞船，可在距地面36 000千米的太空与地球同步飞行，可率领一支包括4架航天飞机（航天飞机可在母舰上自由起降）、2艘太空拖船、一个轨道燃料库和一个太空补给站组成的航天舰队；母舰上还将配备火箭、导弹、原子弹头、激光炮和定向能武器。预计到2032年，美军将在太空同步轨道上部署至少3艘核动力航天母舰。

后　　记

　　太空作战理论研究的热潮渐渐兴起，这是太空作战军事需求牵引的结果。随着太空作战不断朝着实战化方面的发展，太空作战理论也将有更加深入的研究与拓展。作为军事理论研究的一分子，紧跟军事理论发展前沿，担起时代赋予的理论研究任务，既是一种光荣，也是一种责任和使命。肩负责任，完成任务，履行使命，理论工作者责无旁贷。有了责任感和使命感，也就有了理论研究和探索的动力，《太空作战概论》正是在这种心境奋催之下，才得以完成的。

　　虽然从事军事理论研究数十载，但是，对于太空作战这一新型领域的研究则是"入门级"，尽管自知学术水平有限，仍坚持不懈去编撰这本尚不成熟的专著，旨在为我军太空作战的深入研究奉献些许之力。随着信息化战争加速演进，太空作战离我们越来越近，理论工作者所能做的就是紧跟其前行的脚步，用手中笨拙的笔，书写与时代同步、与军事作战现实需求相适应的理论"产品"。尤其是直面太空作战这样全新的作战形式，我军太空作战实践经验急需提升，作战理论准备尚待加强的当口，对太空作战的研究则显得更加重要与必须。

　　由于太空作战在世界范围内都处于探索发展时期，目前有关太空作战理论的学科建设也在构建之中，离确立成熟的学科还有很长的路要走，可供学习参考的理论研究成果也不多，这对于原本学术水平有限的编著者来说，进一步增加了工作难度。因此，本书的编著难免出现各种不足，也不能满足不同层次读者的要求，对此，心怀忐忑，多感不安，敬请广大同仁与读者包涵见谅、批评指正。

　　此书由原军事科学院作战理论和条令研究部姜连举研究员编著，姜帅、袁红斌、耿志强、邹常超、王富军、董小龙、史志达、倪天友、左源参加了编著工作。在研究和撰写过程中，引用、吸纳了同行专家的一些研究成果，并得到了原军事科学院作战理论和条令研究部领导的大力支持和悉心指导，以及全军同行的有力支持，在此一并致谢！

主要参考文献

1. 秦荣斌：《太空卫星战》，上海，文汇出版社，2001。
2. 张战兵、亓端平：《天光幻影太空战》，石家庄，河北科学技术出版社，2001。
3. 徐海玉：《美军空天对抗理论与技术研究》，哈尔滨，哈尔滨工业大学出版社，2002。
4. 陈宏：《太空战争风云录》，北京，中国友谊出版公司，2002。
5. 沈伟光：《21世纪作战样式》，北京，新华出版社，2002。
6. 王永刚、刘玉文：《军事卫星及应用概论》，北京，国防工业出版社，2003。
7. 崔长琦：《点击星际天网》，太原，山西科学技术出版社，2003。
8. 卢天贶：《居高临下的太空武器》，天津，天津科学技术出版社，2003。
9. 潘厚任、王景涛：《太空学概论》，哈尔滨，哈尔滨工业大学出版社，2003。
10. 肖占中、宋效军：《神秘莫测的太空战》，北京，海潮出版社，2004。
11. 丁邦宇：作战指挥学，北京，军事科学出版社，2004。
12. 常显奇：军事航天学，北京，国防工业出版社，2005。
13. 徐根初、姜连举：信息化作战理论学习指南，北京，军事科学出版社，2005。
14. 蜀星：《挺进太空》，北京，解放军出版社，2005。
15. 潘少军、苏刚：《天战揭秘》，北京，兵器工业出版社，2005。
16. 宁凌、王春、荣晖：《太空对抗》，北京，军事谊文出版社，2006。
17. 杨学军、张望新：《优势来自空间》，北京，国防工业出版社，2006。
18. 张国力、吴皓琦：《太空幽灵：航天武器100问》，北京，国防工业出版社，2007。
19. 《中国军事百科全书》、《军事航天技术》，北京，中国大百科全书出版社，2008。
20. 勒敬纯等：《争霸太空》，北京，国防工业出版社，2008。
21. 徐立生、黄武元：《现代军事航天》，北京，星球地图出版社，2008。
22. 李跃：《导航与定位——信息化战争的北斗星》，北京，国防工业出版社，2008。
23. 郑国梁：太空战与国际法，北京，海潮出版社，2008。
24. 张健志、何玉彬：《争夺制天权》，北京，解放军出版社，2008。
25. 肖寒、朱焯伟：《太空探索》，北京，人民武警出版社，2009。
26. 王万春：《空天作战理论与实践》，北京，蓝天出版社，2010。

27. 军事科学院国防政策研究中心:《战略评估2011》,2012。
28. 姜连举:《空间作战学教程》,北京,军事科学出版社,2013。
29. 姜连举:《未来作战将在太空打响》,北京,军事科学出版社,2015。